U0532825

天喜文化

从声音到文字，分享人类智慧

老子奥义

张远山 著

天地出版社 | TIANDI PRESS

图书在版编目（CIP）数据

老子奥义 / 张远山著 . — 成都：天地出版社，
2024.9
ISBN 978-7-5455-8337-3

Ⅰ．①老… Ⅱ．①张… Ⅲ．①《道德经》- 研究
Ⅳ．① B223.15

中国国家版本馆CIP数据核字（2024）第085995号

LAOZI AOYI

老子奥义

出 品 人	陈小雨　杨　政
作　　者	张远山
责任编辑	王业云
责任校对	张月静
封面设计	桃　子
责任印制	王学锋

出版发行	天地出版社
	（成都市锦江区三色路238号　邮政编码：610023）
	（北京市方庄芳群园3区3号　邮政编码：100078）
网　　址	http://www.tiandiph.com
电子邮箱	tianditg@163.com
经　　销	新华文轩出版传媒股份有限公司
印　　刷	北京文昌阁彩色印刷有限责任公司
版　　次	2024年9月第1版
印　　次	2024年11月第2次印刷
开　　本	710mm×1000mm　1/16
印　　张	33
字　　数	503千字
定　　价	108.00元
书　　号	ISBN 978-7-5455-8337-3

版权所有◆违者必究

咨询电话：(028) 86361282（总编室）
购书热线：(010) 67693207（营销中心）

如有印装错误，请与本社联系调换

目 录

序言　中国哲学突破第一人第一书 //I

上卷　《老子》导论：老子之道突破伏羲之道

第一章　老子生平之谜和《老子》成书之谜

弁言　老子一生的三大时期 //005

一、青年求道期 //006
　1. 母邦陈国，不是楚国 //006
　2. 伏羲古都，太昊之墟 //007
　3. 师事常枞，得闻舌教 //008

二、中年史官期 //010
　1. 史官职责，左图右史 //010
　2. 孔子至周，问礼老子 //013
　3. 王子争位，老子辞官 //019

三、老年归隐期 //020
　1. 居宋初期，《老子》成书 //021
　2. 居宋期间，弟子众多 //023
　3. 孔子游宋，问道老子 //027

4. 孔子返鲁，追忆老聃 //030

5. 老子暮年，楚国灭陈 //033

6. 陈亡出关，留书关尹 //035

7. 老子死秦，秦佚吊之 //037

结语　老子之道与伏羲之道 //038

第二章　《老子》初始本的源代码是伏羲太极图

弁言　初始本"道枢"，主之以"太一" //045

一、《老子》"主之以太一"的天道内涵 //046

1. 伏羲之道"太一"三义：天文义、历法义、宗教义 //046

2. 《老子》蕴涵"太一"天文义："太一"帝星 //048

3. 《老子》蕴涵"太一"历法义："太一"历法图 //049

4. 《老子》蕴涵"太一"宗教义："太一"上帝 //050

5. 《老子》新增"太一"哲学义："道"是"无极恒道"，"一"是"太一常道" //052

6. 《老子》譬解天文历法：天文存在为"父"，历法知识为"母" //053

7. 《老子》"人法地，地法天，天法道"的天文层次 //054

二、《老子》"礼必本于太一"的人道内涵 //055

1. 《老子》从"太一"历法图提炼出价值五阶：道↘德↘仁↘义↘礼 //056

2. 《老子》从"太一"历法图外圈四卦提炼出侯王四境：德↘仁↘义↘礼 //057

3. 《老子》从"太一"历法图东西两卦提炼出正道奇术：泰道、否术 //058

4. 《老子》援引太庙神谕制度，教诲侯王顺从"太一"之父、母、子 //059

5. 《老子》援引明堂月令制度，教诲侯王"礼必本于太一" //062

6. 《老子》援引侯王谦称制度，教诲侯王遵循泰道 //065

7. 《老子》援引泰否左右制度，教诲侯王抛弃否术 //065

8. 《老子》教诲侯王遵循"太一"历法图治国：得一、抱一、执一 //072

三、老子自定的《老子》"太一"象数结构 //074

1. 《老子》七十七章对应北斗七星 //075

2.《德经》四十四章对应斗魁四星,《道经》三十三章对应斗柄三星 //076

四、战国道家共识:"太一"历法图是《老子》的源代码 //078

　1.《太一生水》以"太一成岁,知此谓圣"阐释《老子》 //078

　2.《庄子·天下》以"主之太一,知雄守雌"阐释《老子》 //081

　3.《子华子》四境、《庄子》四境源于《老子》四境 //085

　4. 伏羲太极图是道家通用的源代码 //086

　结语　大道至简,执一御万 //087

第三章　《老子》初始本的逻辑结构和义理层次

　弁言　《老子》初始本大量重复之谜 //091

　一、《老子》初始本的逻辑结构 //092

　　1.《老子》上下经结构:上经"贵德",下经"尊道" //092

　　2.《老子》上下经结构颠覆《周易》上下经结构 //093

　　3.《老子》上下经之"人道/天道"内涵结构 //099

　　4.《老子》上下经之"经/经说"形式结构 //100

　　5.《老子》"经/经说"结构是诸子百家的思维范式 //102

　　6.《老子》"经/经说"结构证明《德经》更加重要 //106

　二、《老子》初始本的义理层次 //107

　　1. 上经《德经》提出《老子》六大命题 //107

　　2. 下经《道经》论证《老子》六大命题 //109

　　3. 上经《德经》的义理层次 //111

　　4. 下经《道经》的义理层次 //111

　三、严遵论《老子》初始本的逻辑结构和义理层次 //113

　结语　解密《老子》结构,理解《老子》奥义 //116

第四章　《老子》传世本的系统篡改和全面反注

　弁言　"独尊儒术"把《老子》初始本降维为传世本 //119

　一、《老子》初始本:《德经》在前,《道经》在后 //120

二、《老子》传世本：《道经》在前，《德经》在后 //122

三、《老子》初始本、传世本的分章异同 //123

四、《老子》传世本的系统篡改和全面反注 //126

　1. 篡改"众父"为"众甫" //126

　2. 篡改"恒道"为"常道" //127

　3. 篡改"芒芴"为"恍惚" //128

　4. 篡改"执今之道"为"执古之道" //131

　5. 篡改"自为"为"自化" //132

　6. 篡改"不知有之"为"下知有之" //133

　7. 篡改"人亦大"、"人居其一"为"王亦大"、"王居其一" //135

　8. 篡改"受国之诟"、"唯之与诃"为"受国之垢"、"唯之与阿" //136

　9. 篡改"不可以不畏人"为"不可不畏" //137

　10. 篡改"什佰人之器"为"什佰之器" //138

　11. 篡改"大器免成"为"大器晚成" //138

　12. 篡改"安平泰"、"去大"为"安平大"、"去泰" //139

结语　复原《老子》真经，阐释《老子》真义 //140

下卷　《老子》奥义：七十七章对应北斗七星

上经　《德经》四十四章（1—44），对应斗魁四星

《德经》小引：上德不德，是以有德 //147

一、《德经》绪论六章（1—6）：侯王四型，人道四境 //148

　1. 上德不德章 //148

　2. 侯王得一章 //157

　3. 反者道动章 //163

　4. 上士闻道章 //167

　5. 道生一章 //172

　6. 天下至柔章 //183

《德经》绪论六章的义理层次 //187

二、侯王正道十三章（7—19）：侯王无为，百姓无不为 //188

    7. 名身孰亲章 //188

    8. 大成若缺章 //191

    9. 天下有道章 //194

    10. 不出于户章 //196

    11. 为学日益章 //199

    12. 圣人无心章 //202

    13. 出生入死章 //206

    14. 道生德畜章 //211

    15. 天下有始章 //214

    16. 挈然有知章 //218

    17. 善建不拔章 //222

    18. 含德之厚章 //225

    19. 知者不言章 //229

    侯王正道十三章的义理层次 //231

三、泰否正奇五章（20—24）：泰道治国，否术用兵 //232

    20. 以正治国章 //232

    21. 其政闷闷章 //237

    22. 治人事天章 //241

    23. 大国小鲜章 //245

    24. 大国下流章 //247

    泰否正奇五章的义理层次 //251

四、道主万物五章（25—29）：道主万物，侯王无为 //251

    25. 道主万物章 //252

    26. 为无为章 //255

    27. 其安易持章 //258

    28. 为者败之章 //261

    29. 古之为道章 //264

道主万物五章的义理层次 //269

五、泰道三宝四章（30—33）：泰道不争，莫能与争 //269

30. 江海百谷章 //270

31. 泰道三宝章 //272

32. 善为士者章 //275

33. 用兵有言章 //277

泰道三宝四章的义理层次 //280

六、知其不知二章（34—35）：闻道宜行，自知不知 //280

34. 吾言易知章 //281

35. 知不知章 //283

知其不知二章的义理层次 //284

七、民不畏威五章（36—40）：天道大威，侯王小威 //284

36. 民不畏威章 //285

37. 勇于不敢章 //287

38. 民不畏死章 //290

39. 民饥轻死章 //293

40. 生也柔弱章 //296

民不畏威五章的义理层次 //298

八、《德经》结论四章（41—44）：泰道柔弱，否术刚强 //299

41. 天道张弓章 //299

42. 柔之胜刚章 //304

43. 小国寡民章 //312

44. 信言不美章 //315

《德经》结论四章的义理层次 //318

下经　《道经》三十三章（45—77），对应斗柄三星

《道经》小引：道可道也，非恒道也 //321

一、《道经》绪论四章（45—48）：常道可道，恒道难言 //322

45. 道可道章 //322

46. 天下知美章 //329

47. 不尚贤章 //333

48. 道冲不盈章 //336

《道经》绪论四章的义理层次 //339

二、天地不仁四章（49—52）：天地不仁，圣君不仁 //340

49. 天地不仁章 //340

50. 谷神不死章 //343

51. 上善若水章 //347

52. 持而盈之章 //350

天地不仁四章的义理层次 //354

三、抱一贵德四章（53—56）：抱一爱民，圣君贵德 //354

53. 抱一爱民章 //355

54. 辐共一毂章 //358

55. 五色目盲章 //361

56. 宠辱若惊章 //363

抱一贵德四章的义理层次 //365

四、知常尊道三章（57—59）：守静知常，圣君尊道 //366

57. 执今之道章 //367

58. 古之善士章 //373

59. 守静知常章 //377

知常尊道三章的义理层次 //381

五、侯王四境六章（60—65）：太上不知，百姓自然 //382

60. 太上不知章 //383

61. 敬天畏人章 //389

62. 唯道是从章 //396

63. 曲则全章 //400

64. 希言自然章 //405

65. 跂者不立章 //408

侯王四境六章的义理层次 //411

六、道法自然三章（66—68）：人法天道，道法自然 //412

    66. 有状混成章 //412

    67. 重为轻根章 //417

    68. 善行无迹章 //419

    道法自然三章的义理层次 //424

七、知雄守雌四章（69—72）：泰道守雌，否术争雄 //425

    69. 知雄守雌章 //425

    70. 大制无割章 //428

    71. 以道佐君章 //432

    72. 兵者不祥章 //434

    知雄守雌四章的义理层次 //440

八、《道经》结论五章（73—77）：圣君无为，万物自为 //441

    73. 道恒无名章 //441

    74. 天道左右章 //446

    75. 人道大象章 //449

    76. 柔弱胜刚强章 //451

    77. 道恒无为章 //454

    《道经》结论五章的义理层次 //459

《老子》初始本今译 //461

附录一　老子生平年表 //482

附录二　《老子》大事年表 //489

附录三　《老子》初始本、王弼本经文对比（繁体字版）//493

跋　语　《老子》天下第一 //509

序言
中国哲学突破第一人第一书

距今八千年至四千年（前6000—前2000）的新石器时代中晚期，是全球范围的上古[1]文化创始时期。距今四千年至三千年（前2000—前1000）的青铜时代早中期，是全球范围的中古国家创立时期。上古民族的文化总基因和中古国家的文明源代码，为全球范围的文明民族在轴心时代实现哲学突破打下了坚实基础。

距今三千年至两千年的青铜时代中晚期（前1000—公元元年前后），是全球范围的轴心时代，各大文明民族先后实现了哲学突破。在印度，释迦牟尼（前623—前543）把他之前的印度教思想转化为佛教思想。在中国，老子（前570—前470）把他之前的伏羲天文之道转化为道家人文之道。在希腊，苏格拉底（前469—前399）把他之前的希腊自然哲学转化为希腊人文哲学。在西亚，耶稣（公元元年前后）把他之前的犹太教思想转化为基督教思想。

老子、释迦牟尼、苏格拉底、耶稣的哲学突破，均非凭空而来，均以上古民族的文化总基因和中古国家的文明源代码为基础。假如不了解老子之前的伏羲天文之道，不可能精确理解老子之后的道家人文之道。假如不了解释迦牟尼之前的印度吠陀思想，不可能精确理解释迦牟尼之后的佛学般若思想。假如不了解苏格拉底之前的希腊自然哲学，不可能精确理解苏格拉底之后的希腊人文哲学。假如不了解耶稣之前的犹太教"旧约"思想，不可能精确理解耶稣之后的基督教"新约"思想。

---

[1] 作者关于上古、中古的时代划分不同于常规分法，参见作者《伏羲之道》、《玉器之道》、《青铜之道》等著。——编者注

道家祖师老子作为轴心时代的中国哲学突破第一人，前承伏羲天文象数易（前6000—前2000），后启道家集大成者庄子（约前369—前286）。汉代以后合称三者为"易老庄"，"易"指《周易》。由于《老子》的真正源头并非《周易》的人文卜筮易，而是上古伏羲时代至夏代《连山》、商代《归藏》的天文象数易，所以我改称三者为"伏老庄"。

二十世纪八十年代至今，我心无旁骛地致力于探明道家源流，复原华夏真道，因为汉代以后的"易老庄"都是伪经伪学，是对先秦"伏老庄"真经真学的篡改、反注、颠覆、降维。我先做了二十多年（1980—2004）前期准备，再用八年时间（2005—2013）完成庄学三书《庄子奥义》、《庄子复原本》、《庄子传》，把西晋郭象至今流传一千七百年的郭象版《庄子》删改本，复原为郭象以前的魏牟版《庄子》初始本、刘安版《庄子》大全本，把反《庄子》的伪《庄子》复原为真《庄子》，把反庄学的伪庄学复原为真庄学。又用八年时间（2013—2021）完成伏羲学三书《伏羲之道：解密华夏文化总基因》、《玉器之道：解密中国文明源代码》、《青铜之道：解密华夏天帝饕餮纹》，把西周周文王至今流传三千年的《周易》人文卜筮易，复原为上古伏羲时代至夏代《连山》、商代《归藏》的天文象数易，把反易学的伪易学复原为真易学。经过四十多年长途跋涉，我终于来到了中国哲学第一高峰《老子》脚下，开启了复原华夏真道的登顶之旅。

汉武帝"罢黜百家，独尊儒术"以降两千年《老子》难以读通的根本原因，是历代注家迎合"政治正确"的三大历史错误：拿错剧本，背错台词，找错对象。

所谓拿错剧本，即汉武帝"罢黜百家，独尊儒术"以降两千年的《老子》传世本，颠倒了上经下经：初始本下经《道经》，变成了传世本上经《道经》；初始本上经《德经》，变成了传世本下经《德经》。

解决拿错剧本的方法是：比较战国中期至隋唐时期的《老子》十大版本（两大文献本、四大出土本、四大传世本），校勘出《老子》初始本的正确经序、正确章序、正确分章，把西汉中期汉武帝"罢黜百家，独尊儒术"以降两千年的《老子》传世本上经《道经》、下经《德经》，复原为西汉中期汉武帝"罢黜百家，独尊儒术"以前三百年的《老子》初始本上经《德经》、下经《道经》。

所谓背错台词，即汉武帝"罢黜百家，独尊儒术"以降两千年的《老子》

传世本经文，对西汉中期汉武帝"罢黜百家，独尊儒术"以前的《老子》初始本经文进行了系统篡改。

解决背错台词的方法是：比较战国中期至隋唐时期的《老子》十大版本之经文异同，校勘出西汉中期汉武帝"罢黜百家，独尊儒术"以前《老子》初始本的正确经文。

所谓找错对象，即汉武帝"罢黜百家，独尊儒术"以降两千年的《老子》传世本历代注家，对《老子》传世本的阐释，错误采用了《周易》的人文卜筮易和儒家的人文义理易，而非采用老子精通的伏羲天文象数易。

解决找错对象的方法是：阐释《老子》不能采用《周易》的人文卜筮易、儒家的人文义理易，只能采用老子精通的伏羲天文象数易。因为《老子》初始本上经《德经》首章《上德不德章》开宗明义反对"周礼"："夫礼者，忠信之薄，而乱之首也。"《庄子》所引老子之言"能无卜筮而知吉凶乎"，证明阐释《老子》不能采用《周易》的人文卜筮易。老子是孔子之师，道家先于儒家，道家义理异于儒家义理，所以阐释《老子》不能采用儒家义理。

汉武帝"罢黜百家，独尊儒术"以降两千年的《老子》传世本，上经下经已被颠倒，经文已被系统篡改，所以不是真《老子》，而是反《老子》的伪《老子》。汉武帝"罢黜百家，独尊儒术"以降两千年的历代注家，按照《老子》传世本的错误经序、错误章序、错误分章、错误经文，错误采用《周易》义理和儒家义理，错误阐释《老子》经义，所以不是真老学，而是反老学的伪老学。

汉武帝"罢黜百家，独尊儒术"以降两千年的《老子》传世本之系统篡改和全面反注，导致两千年来无人能够真正读懂《老子》。然而中国人承认无法读懂中国经典会有心理障碍，所以两千年来无人承认无法读懂《老子》，仅是背熟几句伪《老子》的伪格言"道可道，非常道"、"大器晚成"等等，把郢书燕说（悦）当作若有所悟。

外国人承认无法读懂中国经典没有心理障碍，所以卡夫卡说：

> 《老子》的格言是坚硬的核桃，我陶醉于其中，但是它们的核心对我却依然紧锁着。我反复读了好多遍。然后却发现，就像小孩玩彩色玻璃球那样，我让这些格言从一个思想角落滑到另一个思想角落，而丝毫没有前进。

通过这些格言玻璃球，我其实只发现了我的思想槽非常浅，无法包容老子的玻璃球。这是令人沮丧的发现，于是我就停止了玻璃球游戏。[1]

　　卡夫卡不知道，他无法读懂《老子》的次要原因，是汉武帝"独尊儒术"以后的《老子》传世本颠倒了上下经，破坏了《老子》初始本的逻辑结构和义理层次，导致《老子》传世本的每章每句每字，成了脱离思想槽而随意乱滚的格言玻璃球。卡夫卡更不知道，他无法读通《老子》的主要原因，是不了解老子之道的源头伏羲之道。

　　卡夫卡假如读的是汉武帝"罢黜百家，独尊儒术"以前的《老子》初始本，又对老子之道的源头伏羲之道有所了解，就会发现《老子》具有极其严密的逻辑结构和极其缜密的义理层次，每一颗格言玻璃球都不再随意乱滚，而是沿着伏羲之道的思想槽有序前进，逐一落入老子之道的正确洞口。

　　老子是西方人最为推崇的中国思想家，中国文化又被西方人称为"东方神秘主义"。所以老子其人和《老子》其书，成了"东方神秘主义"的第一代表。然而西方人不知道，老子其人和《老子》其书如此"神秘"的真正原因，是汉武帝"罢黜百家，独尊儒术"以降两千年，老子其人遭到了遮蔽扭曲和贬低污名，《老子》其书遭到了系统篡改和全面反注。因为汉武帝"罢黜百家"的第一目标，就是汉武帝之父汉景帝、汉武帝之祖汉文帝尊崇的第一政治圣典《老子》。由于老子之道的源头是伏羲之道，所以"罢黜"老子之道又殃及了作为老子之道源头的伏羲之道，于是伏羲六十四卦、伏羲太极图、夏代《连山》、商代《归藏》全部亡佚，中国文化仅剩汉武帝"罢黜百家，独尊儒术"以降两千年的儒家文化，与上古四千年、中古两千年彻底脱钩。

　　老子作为道家祖师，在汉武帝以降两千年的"罢黜"过程中，其人的母邦被篡改，其人的生平被遮蔽，其人的史料被散佚，其书的上下经被颠倒，其书的经文被篡改，其书的宗旨被反注，于是老子其人和《老子》其书越来越"神秘"。

　　汉武帝以降两千年的"罢黜百家，独尊儒术"，导致老子承续的上古知识和

---

[1] [捷]古斯塔夫·雅努施《卡夫卡对我说》，赵登荣译，174页，时代文艺出版社1991。

先秦知识百不存一。历代注家凭借有限的上古知识和错误的先秦知识，根本不可能理解《老子》真义，于是越注解越糊涂，越阐释越"神秘"。

本书上卷《〈老子〉导论：老子之道突破伏羲之道》，从轴心时代的哲学突破角度，全面阐释老子作为中国哲学突破第一人，《老子》作为中国哲学突破第一书，如何把伏羲天文之道转化为道家人文之道。

第一章《老子生平之谜和〈老子〉成书之谜》，廓清老子其人和《老子》其书的历史疑云，包括孔子问道于老子的历史真相，《老子》成书的时间上限、时间下限等等。

第二章《〈老子〉初始本的源代码是伏羲太极图》，解密《老子》初始本的一切重要观念、重要思想全部源于伏羲太极图，老子在此基础上做出了前无古人的哲学突破，建构了体大思精的道家哲学体系。

第三章《〈老子〉初始本的逻辑结构和义理层次》，解密《老子》初始本的"人道/天道"内涵结构，"经/经说"形式结构，以及《老子》结构是反《周易》结构，《老子》结构是诸子百家的思维范式。

第四章《〈老子〉传世本的系统篡改和全面反注》，解密《老子》初始本在汉武帝"罢黜百家，独尊儒术"以后降维为《老子》传世本的历史沿革，《老子》初始本的经文如何被系统篡改，《老子》初始本的经义如何被全面反注。

本书下卷《〈老子〉奥义：七十七章对应北斗七星》，根据《老子》初始本的源代码伏羲太极图及其"人道/天道"内涵结构、"经/经说"形式结构，阐释《老子》初始本的每章每句每字，把反《老子》的伪《老子》复原为真《老子》，把反老学的伪老学复原为真老学。

伏羲之道的本质是天文象数，老子之道的本质是人文制度，老子之道承于伏羲之道的本质是"人文效法天文，人道效法天道"，"以人合天，顺天应人"，亦即人文制度效法天文象数，所以《庄子·天下》称天文象数为"本数"，称人文制度为"末度"，合称两者为"数度"。

老子所著《老子》，把伏羲天文之道转化为道家人文之道，实现了轴心时代的中国哲学突破，老子遂成中国哲学突破第一人，《老子》遂成中国哲学突破第一书。

2022 年 12 月 30 日腊八节

上卷

《老子》导论
——老子之道突破伏羲之道

第一章

老子生平之谜和《老子》成书之谜

弁言　老子一生的三大时期

道家祖师老子，其人其书扑朔迷离，疑案重重，主要原因有二。

第一原因，西汉初期汉文帝、汉景帝把《老子》其书尊为第一政治圣典，崇尚"无为而治"的"黄老之道"。西汉中期汉武帝转而崇尚"有为而治"的"周孔之道"，宣布"罢黜百家，独尊儒术"，所以《老子》其书不再是第一政治圣典，又经历了两千多年持续降维，上下经被颠倒，经文被系统篡改，经义被全面反注。

第二原因，汉后道教把老子其人尊为"长生不死"的"太上老君"，所以老子其人不再被看作春秋晚期陈国人，又经历了两千多年持续神化，从天地开辟之初，到上古伏羲时代，再到中古夏商周，不断降世现身，创世之神盘古、上古仙人广成子等等全都成了"太上老君"的化身。比如唐代道士杜光庭《道德真经广圣义序》说，"太上老君降迹行教"，"历劫禀形，随方演化"，"千二百号，百八十名"，"自五太之首，逮殷周之前，为帝王师，代代应见"。

本文洗去汉代以降两千年出于政治原因对《老子》其书的降维，出于宗教原因对老子其人的神化，补充史证，考定年代，阐释疑案，梳理老子其人和《老子》其书的基本史实。

老子一生，可以分为三大时期：青年求道期，中年史官期，老年归隐期。

青年求道期，大约二十六年（前570—前545），与周灵王在位的二十七年（前571—前545）基本相当。

中年史官期，大约二十八年（前544—前517），与周景王在位的二十五年（前544—前520）基本相当。

老年归隐期，大约四十七年（前516—前470），与周敬王在位的四十三年（前519—前477）基本相当。

一、青年求道期

老子（前570—前470），姓李，氏老，名耳，字聃，号伯阳，世称"老聃"，尊称"老子"。比孔子（前551—前479）年长约十九岁。因其寿约百岁，死年晚于孔子。

老子从出生到二十六岁左右（前570—前545），是其青年求道期，与周灵王在位的二十七年（前571—前545）基本相当。

老子生于陈国，而非楚国，对于理解老子其人和《老子》其书意义重大，因为陈国是上古伏羲族古都，老子之道源于伏羲之道。

1. 母邦陈国，不是楚国

老子母邦是陈国，故乡是相邑（河南鹿邑），史证甚多。今本《史记·老子韩非列传》（以下简称《史记·老子列传》）作"楚苦县人"[1]，然而《礼记·曾子问》唐代孔颖达疏引《史记》却作"陈国苦县人"，证明后人改"陈"为"楚"。《后汉书·郡国二》："苦，春秋时曰相。"《汉书·地理志》有"淮阳国有县九：陈、苦……"，又有"陈国，今淮阳之地"，证明陈、苦同属淮阳国，而汉代淮阳国即春秋陈国故地。东汉边韶《老子铭》："楚相县人。"证明春秋时期的陈国相邑，在春秋末年（前479）楚国灭陈之后，才成为楚国苦县。东汉河上公《老子注》，西晋皇甫谧《高士传》，唐代陆德明《老子释文》，均称老子为"陈人"。所以老子母邦是陈国，唐代以前是普遍常识。唐代以后把《史记·老子列传》的"陈国"改为"楚国"，导致后人普遍以为老子是楚人。

阎若璩《四书释地》曰："苦县属陈，老子生长时，地尚楚未有。陈灭于（楚）惠王，在《春秋》获麟后三年，孔子已卒，况老聃乎？《史》冠'楚'于'苦县'上，以老子为楚人者，非也。"

郎擎霄《老子学案》亦曰："《史记》之称'楚'者，以苦县在汉时属楚，并非谓老子时属楚也。按陈尝再灭于楚。陈哀公三十五年为楚所灭（鲁昭公八年），后

---

[1] 此为撮引。为免繁复，本书引用古籍，时有撮引，不再另注。

五年惠公复兴（鲁昭公十三年），闵公二十一年卒灭于楚（获麟后三年）。即谓此'楚'字指春秋之楚亦通，但老子与孔子同时且其年算甚高，其必为陈而非楚也。"[1]

周定王九年、陈成公元年（前598），楚庄王因夏姬之乱灭陈，设为楚县。申叔时谏之，复立陈成公。陈国第一次亡国，第一次复国。事在老子生前二十八年。老子出生以后，必因父祖屡言而知之甚详。

周景王十一年、陈哀公三十五年（前534），楚公子弃疾灭陈，被楚灵王封为陈公。陈国第二次亡国，事在老子三十七岁，仕周担任史官之时。五年后，即周景王十六年、陈惠公五年（前529），楚公子弃疾弑楚灵王自立，即楚平王。楚平王又立陈惠公。[2]陈国第二次复国，事在老子四十二岁，仕周担任史官之时。

周敬王四十一年、陈湣公二十三年（前479），楚惠王灭陈，并予兼并，陈国绝祀。陈国第三次亡国，事在老子九十二岁，辞官以后居宋之时。

楚国从首次灭陈到最终灭陈，超过百年（前598—前479），所以亡国阴影笼罩老子一生。母邦亡于兼并战争，是《老子》反战的重要原因，所以老子反对春秋时代的大国兼并小国战争，主张回到"小国寡民"的上古伏羲时代。

老子母邦陈国，庄子母邦宋国，封疆均在今河南，所以道家是中原之学。孔子母邦鲁国，孟子母邦邹国，封疆均在今山东，所以儒家不是中原之学。然而汉武帝"罢黜百家，独尊儒术"以降两千年，独霸话语权的庙堂官学为了遮蔽道家是中原之学，把陈人老子、宋人庄子的母邦全都改为楚国。谎言重复千遍，国人均被洗脑，于是今人普遍以为儒家是中原之学，道家是南蛮之学。

2. 伏羲古都，太昊之墟

老子母邦陈国的国名，源于龙山时代（前3000—前2000）的上古伏羲族古都"陈留"，又名"宛丘"。《路史·后纪一》曰："太昊伏羲氏……都于宛丘，故陈为太昊之虚（墟）。"注曰："庖（伏）羲都陈留。"《竹书纪年》曰："太昊庖牺

---

[1] 郎擎霄《老子学案》，4页，上海大东书局1926。
[2] 楚灭陈后，陈四年无君（前534—前530）。前529年陈惠公初继位，年号即为惠公五年，乃循惯例补足前四年。

（伏羲）氏都宛丘。"《左传·昭公十七年》曰："陈，大皞（太昊）之虚也。"《左传·襄公二十九年》正义曰："陈者，大皞伏羲氏之虚也。于汉，则淮阳郡陈县，是其都也。"《潜夫论·五德志》曰："伏羲都于陈。"《水经注·渠》曰："陈国也，伏羲、神农并都之。"《历代陵寝备考》曰："伏羲都宛丘，神农氏仍之，故曰陈。"《续河南通志》曰："古太昊之墟，为宛丘之地，神农都之，始为陈。"

老子出生之前的春秋时期，陈国宛丘（河南周口淮阳区）已经按照伏羲先天八卦的格局，建有太昊陵，专祭太昊伏羲氏。唐、明、清持续修缮，至今完好，是全国重点文物保护单位。历代君主亲临太昊陵，御祭五十二次。

龙山时代的上古伏羲族古都之名"陈留"（河南周口淮阳区），又源于先仰韶时代（前6000—前5000）的上古伏羲族古都之名"陈仓"（陕西宝鸡）。《水经注·渭水》："荣氏《开山图注》曰：'伏羲生成纪，徙治陈仓。'"又据《补史记·三皇本纪》所言"华胥生庖牺于成纪"，《水经注·渭水》所言"成纪县，故帝太皞庖牺所生之处也"，以及《路史》注所言"庖羲都陈留"，可知上古四千年伏羲族不断东进，先后以成纪（甘肃天水）、陈仓（陕西宝鸡）、陈留（河南淮阳）为都。百年考古发现的甘肃天水大地湾遗址（前6000）、陕西宝鸡北首岭遗址（前5200）、河南周口平粮台城址（前2500），证明了上古至中古的伏羲传说真实可信（详见拙著《伏羲之道》）。平粮台城址出土的半枚纺轮，上刻伏羲先天八卦标示春分的三爻离卦☲，进一步证明老子母邦陈国是"太昊之墟"真实可信。

上古至春秋，春秋至今日，陈国故地大量保留伏羲古风，大量流传伏羲传说。老子于春秋晚期生于陈国，亲闻太昊之墟，亲睹太昊之陵，耳濡目染母邦陈国的伏羲古风、伏羲传说，是其晚年撰著《老子》弘扬伏羲之道、暮年出关往秦寻访伏羲祖地的最初种子。

3. 师事常枞，得闻舌教

少年老子，曾经师事宋人常枞。见于《说苑·敬慎》、《文子·上德》、《淮南子·缪称训》等籍。

常枞有疾。

老子往问焉，曰："先生疾甚矣，无遗教可以语诸弟子者乎？"

……

常枞张其口，而示老子曰："吾舌存乎？"

老子曰："然。"

"吾齿存乎？"

老子曰："亡。"

常枞曰："子知之乎？"

老子曰："夫舌之存也，岂非以其柔耶？齿之亡也，岂非以其刚耶？"

常枞曰："嘻！是已。天下之事已尽矣，无以复语子哉！"

（《说苑·敬慎》）

常枞是商代遗邦宋国人，所以又称"商容"（《淮南子·缪称训》）。常枞"舌教"，源于商代《归藏》传承的伏羲泰道，这是老子晚年撰著《老子》弘扬伏羲泰道的重要前因。《老子》所言"柔之胜刚，弱之胜强"等等，正是常枞所言"舌柔而存，齿刚而亡"的伏羲泰道。

《周礼·春官宗伯》曰："太卜掌三易之法，一曰《连山》，二曰《归藏》，三曰《周易》。其经卦皆八，其别皆六十有四。"证明周室同时拥有夏《连山》、商《归藏》、周《周易》。太卜属"巫"，掌三易而用于卜筮。太史属"史"，掌三易而用于历法。"巫史"共掌作为华夏文化总基因的伏羲六十四卦及其卦象合成的伏羲太极图。

周代诸侯只能获赐本朝圣典《周易》，不得拥有前朝圣典《连山》、《归藏》，但有两个例外：夏代遗邦杞国自有本国传承的夏代《连山》，商代遗邦宋国自有本国传承的商代《归藏》。孔子周游列国，即在杞国得见夏代《连山》，在宋国得见商代《归藏》。证见《礼记·礼运》："孔子曰：'我欲观夏道，是故之杞，而不足征也，吾得《夏时》焉。我欲观殷道，是故之宋，而不足征也，吾得《坤乾》焉。'"《连山》是夏代历法，所以别名《夏时》。《归藏》是商代历法，首"坤"次"乾"，所以别名《坤乾》。中古夏商周以历法为宪法，君主"口含天宪"，意为君主遵循历法治国（详见第二章）。

老子母邦陈国是伏羲古都、太昊之墟，老子师事的宋人常枞传其商易《归藏》和伏羲泰道，老子出任东周史官，执掌三易，精通伏羲天文象数易，都是老子之道传承伏羲之道的重要因缘。

二、中年史官期

老子的中年史官期，不在母邦陈国，而在东周首都洛邑（河南洛阳）。

老子大约从二十七岁到五十四岁（前544—前517），出任东周史官二十八年，主要时段是周景王在位的二十五年（前544—前520），至周敬王四年（前516）辞官归隐。

老子作为史官的双重职责和老子辞官归隐的特殊原因，对于理解老子其人和《老子》其书意义重大。

1. 史官职责，左图右史

老子担任东周史官，或称"守藏史"，或称"柱下史"。所以《汉书·艺文志》说："道家者流，盖出于史官，历记成败存亡祸福古今之道，然后知秉要执本，清虚以自守，卑弱以自持，此君人南面之术也。"

欲明《老子》所言"君人南面之术"，必须先明史官之"史"。《说文解字》曰："史，从又，持中。""又"为右手之象形，亦见《说文解字》："又，手也，象形。"段玉裁注："又，即今之右字。""中"是"口"与"丨"的合形。"口"即昆仑台（天文台）之象形，"丨"即立于昆仑台、用于圭表测影的八尺表木之象形。"中国"之"中"，即指天子之都是昆仑台的所在地，亦即历法正朔、标准时间的所出之地。所以"史"字的本义是，史官以"手"执"中"，观星制历，执掌天文。《尚书·大禹谟》"允执厥中"，正是"史"字的标准解释。

周代史官兼掌夏商周三易，而夏商周三易源于上古伏羲易，共同核心是伏羲六十四卦及其卦象合成的伏羲太极图。由于秦火汉黜导致上古至中古的华夏知识总图全面失传，所以秦汉以后仅知夏商周三易均有六十四卦，不知伏羲太极图由伏羲六十四卦的卦象合成。明白伏羲太极图由伏羲六十四卦的卦象合成，既是理解上古伏羲易、中古夏商周三易的先决条件，也是以易解《老》的先决条件。

伏羲六十四卦和伏羲太极图的根源是"天文"，显现为"象数"。"象"即以卦象标示天象，"数"即以爻数标示历数，所以上古伏羲易和中古夏商周三易的本质是天文象数易。老子作为东周史官，执掌并精通上古至中古的伏羲天文象数易。

史官第一职责是观星制历，执掌天文，即《汉书·艺文志》所言"秉要执本"。包括运用伏羲天文象数易，提前编制下一年的阴阳合历：既要确保下一年的二十四节气符合太阳历，即冬至的太阳位于南回归线上空，夏至的太阳位于北回归线上空，春分、秋分的太阳位于赤道上空；又要确保下一年的月相符合太阴历，即初一的月亮是新月，十五的月亮是圆月，月底的月亮是残月。史官第一职责属于"道"之范畴，这是老子撰著《道经》、主张"尊道"的根本原因。

史官第二职责是遵循天文，指导人文，即《汉书·艺文志》所言"君人南面之术"。包括指导侯王遵循天文历法治国，比如每年春分、夏至、秋分、冬至祭祀"太一"上帝，每月初一移居明堂十二室对应北斗斗柄之室，举行"告朔之礼"等等。每年岁末，诸侯赴京朝觐天子，天子赐予史官提前编制的翌年历书。诸侯归国以后，按照天子所赐历书之正朔，管理本国的全年农事，第一要义是不误农时。史官第二职责属于"德"之范畴，这是《老子》撰著《德经》、主张"贵德"的根本原因。

史官两大职责，见于"左图右史"一语。"左图"即史官第一职责所执掌的天文之"图"（伏羲太极图及其派生的河图洛书等等），"右史"即史官第二职责所执掌的人文之"史"。"史"又称"籍"称"书"，所以"左图右史"又称"左图右籍"、"左图右书"，省略"左右"二字，即为"图籍"或"图书"。"左图"是"右史"的依据，所以侯王治国的最高理念是"人文效法天文，人道效法天道"，亦即"以人合天，顺天应人"。

史官履行第一职责而观星制历，执掌天文，有上古至中古传承数千年的专业机构、专业设备、专业工具、专业符号，包括昆仑台（天文台），昆仑台上用于观星的天文窥管，用于测量太阳投影的圭表，用于记录每日圭影的六十四圭象。六十四圭象的第一功能是预测天道运行（提前编制翌年历书），第二功能是预测人道吉凶（择一卦象占卜）。所以"圭"+"卜"="卦"，"圭象"改称"卦象"，"六十四圭"改称"六十四卦"。上古伏羲族首创了昆仑台（天文台），首创了圭表测影，首创了记录圭影的伏羲六十四卦，首创了伏羲六十四卦合成的伏羲太极图，上古已经传遍华夏全境，中古夏商周的夏《连山》、商《归藏》、周《周易》全盘继承，并由史官执掌。所以东周史官老子精通伏羲天文象数易，并以伏羲太极图为源代码撰著《老子》，教诲天下侯王"人文效法天文，人道效法天道"，"以人合天，顺天应人"。

由于人文制度效法天文象数，所以天文象数称为"本数"，人文制度称为"末度"，两者合称"数度"。由于东周史官老子精通上古伏羲易和夏商周三易，所以《庄子·天下》曰："古之人其备乎！配神明，醇天地，育万物，和天下，泽及百姓；明于本数，系于末度；六通四辟，小大精粗，其运无乎不在。其明而在数度者，旧法世传之史尚多有之。"[1] 所言"古之人"，即伏羲氏。所言"旧法"，即伏羲天文象数易。所言"世传之史"，即世世传承、执掌三易的夏商周史官。《庄子·天下》又说，"世传之史"掌握"天地之美，万物之理，古人之全，神明之容"，最后又称东周史官老子为"古之博大真人"。《庄子·天下》又批评老子以后的儒墨等百家："悲夫，百家往而不返，必不合矣。后世之学者，不幸不见天地之纯，古人之大体，道术将为天下裂。"所言"天地之纯，古人之大体"和"道术"，仍是伏羲天文象数易。

由于后人常把史官狭义化为"记事之官"，所以很多国人误以为记录史事是史官的唯一职责。其实史官的第一职责是执掌"天道"（天文象数），第二职责才是遵循"天道"指导"人道"（人文制度），监督"人道"是否符合、是否违背"天道"。这是理解东周史官老子及其所著《老子》的重要前提。

以易解《老》是阐释《老子》的唯一正途，但是不能以《周易》的人文卜

---

[1] 本书引用《庄子》，均以拙著《庄子复原本》（天地出版社 2021）为据，不再另注。

筮易解《老》，必须以上古伏羲时代至夏代《连山》、商代《归藏》的天文象数易解《老》（详见第二章）。倘若以《周易》的人文卜筮易解《老》，必定违背《老子》真义（详见第三章）。

2. 孔子至周，问礼老子

东周史官老子精通天文、人文，名闻天下。于是好学的鲁国青年孔子自鲁至周，问礼于老子。

鲁国是周公封国，周礼由周公制定，所以春秋时代"周礼"崩坏之后，世称"周礼尽在鲁矣"（《左传·昭公二年》）。孔子是崇拜周公的周礼专家，故其问于老子，并非问其熟知的"礼"，而是问其不知的"礼之本"，即礼制的本源，所以青年孔子自鲁至周问"礼"于老子，实为问"道"于老子。

《庄子》、《吕氏春秋》、《礼记》、《孔子家语》、《韩诗外传》、《史记》、《说苑》、《新序》、《潜夫论》等大量古籍记载了孔子问礼于老子，此事原本并非疑案。但是汉武帝"罢黜百家，独尊儒术"以降两千年，很多后儒竭力否认孔子问礼于老子，此事遂成疑案。二十世纪三十年代的"古史辨"时期又疑古过甚，片面理解《史记·老子列传》附记的老子传说，导致这一疑案广为传播。梁启超、顾颉刚、钱穆等人不仅否认孔子问礼于老子的真实性，甚至否认老子其人、老子撰著《老子》的真实性。由于孔子问礼于老子的具体内容，与理解《老子》宗旨直接相关，本节予以详解。

孔子自鲁至周问礼于老子，地点是在东周首都洛邑。时间旧有多说，其中最为合理，符合所有相关限定的时间，是周景王二十四年、鲁昭公二十一年（前521）。此年孔子三十一岁，老子约五十岁。

《史记》记载此事较略，分见《孔子世家》、《老子列传》：

> 鲁南宫敬叔言鲁君曰："请与孔子适周。"鲁君与之一乘车，两马，一竖子俱，适周问礼，盖见老子云。
>
> 辞去，而老子送之曰："吾闻富贵者送人以财，仁人者送人以言。吾不能

富贵,窃仁人之号,送子以言曰:'聪明深察而近于死者,好议人者也。博辩广大危其身者,发人之恶者也。为人子者毋以有己,为人臣者毋以有己。'"

孔子自周反于鲁,弟子稍益进焉。(《史记·孔子世家》)

孔子适周,将问礼于老子。

老子曰:"子所言者,其人与骨皆已朽矣,独其言在耳。且君子得其时则驾,不得其时则蓬累而行。吾闻之,良贾深藏若虚,君子盛德容貌若愚。去子之骄气与多欲,态色与淫志,是皆无益于子之身。吾所以告子,若是而已。"

孔子去,谓弟子曰:"鸟,吾知其能飞;鱼,吾知其能游;兽,吾知其能走。走者可以为罔,游者可以为纶,飞者可以为矰。至于龙,吾不能知其乘风云而上天。吾今日见老子,其犹龙邪!"(《史记·老子列传》)

《孔子家语·观周》记载此事较详,分为三个部分。

第一部分总述:

孔子谓南宫敬叔曰:"吾闻老聃博古知今,通礼乐之原,明道德之归,则吾师也,今将往矣。"

对曰:"谨受命。"遂言于鲁君曰:"臣受先臣之命云:'孔子,圣人之后也,灭于宋。其祖弗父何,始有国而受(授)厉公。及正考父佐戴、武、宣,三命兹益恭。故其鼎铭曰:"一命而偻,再命而伛,三命而俯。循墙而走,亦莫余敢侮。饘于是,粥于是,以糊其口。"其恭俭也若此。臧孙纥有言:"圣人之后,若不当世,则必有明德而达者焉。孔子少而好礼,其将在矣。"属臣:"汝必师之。"今孔子将适周,观先王之遗制,考礼乐之所极,斯大业也。君盍以乘资之?臣请与往。"

公曰:"诺。"与孔子车一乘,马二四。竖子侍御,敬叔与俱。

至周,问礼于老聃,访乐于苌弘,历郊社之所,考明堂之则,察庙朝之度。于是喟然曰:"吾乃今知周公之圣,与周之所以王也。"

及去周,老子送之曰:"吾闻富贵者送人以财,仁者送人以言。吾虽不能富贵，而窃仁者之号，请送子以言乎。凡当今之士，聪明深察而近于死者，好讥议人者也。博辩闳达而危其身，好发人之恶者也。无以有己为人子者，无以恶己为人臣者。"

孔子曰："敬奉教。"自周反鲁，道弥尊矣。远方弟子之进，盖三千焉。[1]

第一部分总述，近于《史记·孔子世家》所记，未及《史记·老子列传》所记老子对孔子的批评。

第二、第三部分展开总述所言"观先王之遗制"的两大项目"考明堂之则，察庙朝之度"，《史记》遗漏未载。其中透露出以下重要信息：孔子进入明堂、太庙，当由老子引领并现场讲解。因为庙堂重地"闲人免进"，若无东周史官老子引领，无官无职的鲁国庶民孔子，恐怕无缘进入明堂、太庙。《论语·乡党》所记孔子"入太庙，每事问"，当属向老子发问。

第二部分展开总述所言"考明堂之则"，即考察东周的明堂法则：

孔子观乎明堂，睹四门墉，有尧舜与桀纣之象，而各有善恶之状、兴废之诫焉。又有周公相成王，抱之负斧扆，南面以朝诸侯之图焉。

孔子徘徊而望之，谓从者曰："此周之所以盛也。夫明镜所以察形，往古者所以知今。人主不务袭迹于其所以安存，而急急（忽忽）所以危亡，是犹未有以异于却走而欲求及前人也，岂不惑哉！"

老子先引领孔子"考明堂之则"，即考察夏商周明堂月令制度的"礼之本"。

夏商周明堂的基本格局，是四门八柱十二室（文中称为"睹四门墉"），对应四时八节十二月。老子的史官之名，称为"柱下史"，"柱下"即指明堂的四门八柱十二室。

明堂月令制度的"礼之本"，是"人文效法天文，人道效法天道"，"以人合

---

[1] 旧多认为《孔子家语》为三国王肃所撰伪书，1973年河北定州八角廊西汉墓（墓主为中山怀王刘修）出土《孔子家语》，证明其为先秦旧籍。

天，顺天应人"。具体制度是：侯王跟随北斗七星的顺时针旋转，每月初一（朔日）举行"告朔之礼"，移居北斗斗柄所指明堂之室。北斗斗柄旋转一周，侯王与之同步旋转一周。侯王每月居于对应斗柄的不同之室，发布合于天道的政令，谓之"月令"。

孔子引用老子论明堂之言，见于战国儒生尸佼所著《尸子·处道》："仲尼曰：'不出于户，而知天下；不下其堂，而治四方。'"即言侯王居于"明堂"而"治四方"。

《论语·八佾》言及"告朔之礼"："子贡欲去告朔之饩羊。子曰：'赐也，尔爱其羊，我爱其礼。'"孔子之所以喜爱"告朔之礼"，正是喜爱夏商周明堂的"人文效法天文"政治理念，亦即侯王居于斗柄所指之室。

马王堆帛书《周易·要》篇记载，孔子曰："明君不时不宿，不日不月，不卜不筮，而知吉与凶，顺于天地之心也，此谓易道。"孔言"不时不宿"，即谓不到某个时令，侯王不能住宿于对应时令的明堂之室。孔言"不卜不筮，而知吉与凶，顺于天地之心也，此谓易道"，即谓侯王"不出于户，以知天下；不窥于牖，以知天道"（《老子》初始本第10章），"易道"即伏羲天文象数易之道。

夏商周的明堂月令制度，及其基本理念"人文效法天文，人道效法天道"，"以人合天，顺天应人"，是读懂《老子》必须具备的知识背景，因为《老子》大量运用明堂月令制度及其基本理念（详见第二章）。假如不知夏商周的明堂月令制度及其基本理念，不可能理解《老子》真义。

第三部分展开总述所言"察庙朝之度"，即考察夏商周的太庙神谕制度：

> 孔子观周，遂入太祖后稷之庙。庙堂右阶之前，有金人焉，三缄其口，而铭其背曰：
>
> "古之慎言人也，戒之哉！无多言，多言多败。无多事，多事多患。安乐必戒，无所行悔。勿谓何伤，其祸将长。勿谓何害，其祸将大。勿谓不闻，神将伺人。焰焰不灭，炎炎若何。涓涓不壅，终为江河。绵绵不绝，或成网罗。毫末不札，将寻斧柯。诚能慎之，福之根也。口是何伤？祸之门也。强梁者不得其死，好胜者必遇其敌。盗憎主人，民怨其上。君子知天下之

不可上也，故下之；知众人之不可先也，故后之。温恭慎德，使人慕之。执雌持下，人莫逾之。人皆趋彼，我独守此。人皆或之，我独不徙。内藏我智，不示人技。我虽尊高，人弗我害。谁能于此？江海虽左，长于百川，以其卑也。天道无亲，而能下人。戒之哉！"

孔子既读斯文也，顾谓弟子曰："小人识之，此言实而中，情而信。《诗》曰：'战战兢兢，如临深渊，如履薄冰。'行身如此，岂以口过患哉？"

孔子见老聃而问焉，曰："甚矣，道之于今，难行也！吾比执道，而今委质以求当世之君，而弗受也。道于今，难行也！"

老子曰："夫说者流于辩，听者乱于辞。知此二者，则道不可以忘也。"

老子又引领孔子"察庙朝之度"，即考察夏商周太庙神谕制度的"礼之本"。

太庙神谕制度的"礼之本"，同样是"人文效法天文，人道效法天道"，"以人合天，顺天应人"。

孔子在老子引领之下，看见了东周太庙右阶之前的金人，以及刻于金人背部的《金人铭》。老子向孔子现场讲解了金人和《金人铭》：金人是华夏宗教至高神"太一"上帝的青铜神像，《金人铭》是"太一"上帝的神谕，核心宗旨是"执雌持下"的"伏羲泰道"。《金人铭》既见于《孔子家语·观周》，又见于刘向《说苑·敬慎》，全文224字，多于大多数商周青铜器的铭文字数，证明东周太庙金人的体量规格不逊于三星堆金人。三星堆金人同样也是华夏宗教至高神"太一"上帝的青铜神像。

不少国人误以为商周不能铸造类似于三星堆金人的巨型青铜神像，那是因为老子、孔子所见东周太庙金人，以及秦始皇伐灭六国以后销熔天下兵器所铸十二金人等巨型青铜神像，均因历代官方为了"断其龙脉"而销毁前朝重器，以及历代民间盗墓而消失。商周天子大墓均被盗掘一空，导致葬于商王墓葬区偏僻角落的妇好墓，成了葬品最为丰富的现存商墓。同理，埃及帝王谷核心区域的重要法老大墓均被盗掘一空，导致葬于帝王谷偏僻角落的次要法老图唐卡门墓，成了葬品最为丰富的现存法老墓。假如重要法老的大墓未被盗掘一空，葬品规格必定超越图唐卡门墓。假如商周天子的大墓未被盗掘一空，葬品规格必定超越妇好墓。假如东周太庙金人、秦始皇十二金人均未消失，体量规格必定超越三星堆金人。

《孔子家语·观周》所记孔子对老聃之言："甚矣，道之于今，难行也！吾比执道，而今委质以求当世之君，而弗受也。道于今，难行也！"意为"当世之君"不肯遵循"伏羲泰道"，所以"道于今，难行也"。其意略同《老子》初始本第34章："吾言甚易知，甚易行。而人莫之能知，莫之能行。"

夏商周的太庙神谕制度，以及东周太庙《金人铭》的核心宗旨"伏羲泰道"，也是读懂《老子》必须具备的知识背景，因为《老子》引用、化用了《金人铭》的绝大部分内容。比如《金人铭》曰："强梁者不得其死，好胜者必遇其敌。"《老子》第5章"人之所教，亦我而教人。故'强梁者不得其死'，吾将以为教父"，即引用其前句"强梁者不得其死"，同时宣布以东周太庙金人即"太一"上帝为"教父"，所以《老子》全书的大部分"吾"、"我"，均非老子之自称，而是老子尊为"教父"的"太一"上帝之自称。

再如《金人铭》曰："人皆趋彼，我独守此。人皆或之，我独不徙。"《老子》第61章化用为："众人皆有余，而我独若匮。……俗人昭昭，我独昏昏。俗人察察，我独闷闷。……众人皆有以，而我独顽以鄙。"两者句式全同，所以两者的"我独"之"我"，不是老子之自称，也是老子尊为"教父"的"太一"上帝之自称。这对正确理解《老子》至关重要。

再如《金人铭》曰："涓涓不壅，终为江河。……君子知天下之不可上也，故下之；知众人之不可先也，故后之。"《老子》第30章化用为："江海之所以能为百谷王者，以其善下之也，故能为百谷王。是以圣人之欲上民也，必以其言下之；其欲先民也，必以其身后之。"

再如《金人铭》曰："天道无亲，而能下人。"《老子》第42章化用为："天道无亲，恒与善人。"

再如《金人铭》曰："执雌持下，人莫逾之。"《老子》第53章化用为："天门启闭，能为雌乎？"第69章化用为："知其雄，守其雌，为天下溪。"假如不明白《金人铭》的"执雌持下"和《老子》的"知雄守雌"均言"伏羲泰道"，很难正确理解《老子》。

其他例子尚多，详见本书下卷。

尽管个别汉后学者知道《老子》化用东周太庙的《金人铭》，但是鲜有人知金人是"太一"上帝神像，鲜有人知《金人铭》是"太一"上帝的神谕，鲜有人知《老子》称"太一"上帝为"教父"。因为夏商周信仰"太一"上帝的知识，在秦始皇以"王"僭"帝"和秦火汉黜以后失传殆尽。

假如不知太庙神谕制度是《老子》的知识背景，不知《老子》尊"太一"上帝为"教父"，不知《老子》和《金人铭》的共同宗旨是"伏羲泰道"，很难正确理解《老子》。

孔子三十一岁从鲁至周问礼于老子，"观先王之遗制"，"考明堂之则，察庙朝之度"，所问不是形而下的"礼之仪"，而是形而上的"礼之本"，老子所答是"礼必本于太一"，这是读懂《老子》的必要知识准备。

"夫礼，必本于太一"，"夫礼，先王以承天之道"，"夫礼，必本于天"，"夫政，必本于天"，均为《礼记·礼运》所记孔子之言，全都源于孔子至周向老子问"礼之本"的老子教诲，所以历代学者普遍认为，《礼记·礼运》并非儒家学说，而是道家学说。《老子》的宗旨，正是"礼必本于太一"（详见第二章）。

3. 王子争位，老子辞官

孔子至周问礼于老子的次年，即周景王二十五年（前520），周室发生了重大事变。

周景王晚年，欲废嫡长子太子猛，改立庶子王子朝为太子，宾孟等人支持，单穆公、刘献公等人反对，未果而崩。

周景王二十五年四月，周景王死。单穆公、刘献公诛杀宾孟，立太子猛为王，即周悼王。十一月，王子朝弑杀周悼王，自立为王。单穆公、刘献公另立太子猛的同母弟王子匄为王，即周敬王。由此开启了长达五年（前520—前516）的王子朝、周敬王争位之战。苌弘支持周敬王，老子静观其变。

周敬王元年（前519），晋国出兵支持周敬王，尹文公等人支持王子朝。争位双方陷入对峙。

周敬王二年（前518），甘平公出兵支持王子朝。争位双方继续胶着。

周敬王三年（前517），尹文公领兵攻打周敬王，失败。

周敬王四年（前516），王子朝攻下刘氏封邑。晋国再次出兵支持周敬王，击败王子朝。十月，王子朝与其党羽"奉周之典籍以奔楚"（《左传·昭公二十六年》）。

王子朝、周敬王争位之乱，以及王子朝携带周室图籍出奔楚国，对老子个人和中国历史影响深远。

首先是老子个人的转折点。老子失去其所守藏的图籍，被迫辞官归隐，结束了中年史官期，开启了老年归隐期。《老子》初始本第1章曰："失道而后德，失德而后仁，失仁而后义，失义而后礼。夫礼者，忠信之薄，而乱之首也。"其直接背景，正是"周礼"导致的王子朝、周敬王争位之乱，所以《史记·老子列传》说，老子"见周之衰，乃遂去"。

其次是中国历史的转折点。此前是书在周室，学也在周室，此后是书不在周室，学也不在周室，亦即"天子失官，学在四夷"（《左传·昭公十七年》）。老子于春秋晚期辞官以后开创的道家，成为战国诸子百家兴起的先声和源头。所以钱基博《中国文学史·诸子》认为："《老子》冠时独出，为诸子之祖。"郭沫若《青铜时代·先秦天道观之进展》认为："老聃是百家的元祖。"

三、老年归隐期

老子于周敬王四年（前516）辞官归隐之时，大约五十五岁。因其寿约百岁，此后的归隐期长达四十余年，与周敬王在位的四十三年（前519—前477）基本相当。

《史记·老子列传》说，老子"居周久之，见周之衰，乃遂去。至关……"，导致后人的普遍误解是：老子辞官以后立刻出关往秦，五十五岁以后的漫长晚年全都在秦。其实《史记·老子列传》不仅遗漏了孔子在东周首都洛邑考察明堂月令制度、太庙神谕制度向老子问"礼之本"，也遗漏了老子辞官以后客居宋国沛邑长达近四十年。由于楚国最终灭陈，老子无望叶落归根，才在九十余岁的暮年离宋往秦。

1. 居宋初期，《老子》成书

老子辞官以后，并非居于故乡陈国相邑，而是长期客居宋国沛邑。

周敬王四年（前516），老子因王子朝携籍奔楚而辞官以后，一直客居宋国沛邑。

周敬王四十一年（前479），楚国最终灭陈，老子随后即离开客居近四十年的宋国沛邑，出关往秦。

老子母邦既然是陈国，故乡既然是相邑，辞官以后为何不居陈国相邑，而是客居宋国沛邑？因为老子生前二十八年，以及老子三十七岁之时，陈国已被楚国伐灭两次，尽管两次均能侥幸复国，但是楚国威胁始终存在，亡国阴影笼罩陈国。所以老子辞官以后不居陈国相邑，客居宋国沛邑。

老子居宋初期，《老子》已经成书，证见《说苑》、《论语》、《礼记》、《尸子》等籍。

> 韩平子问于叔向曰："刚与柔孰坚？"
>
> 对曰："臣年八十矣，齿再堕而舌尚存，老聃有言曰：'天下之至柔，驰骋乎天下之至坚。'又曰：'人之生也柔弱，其死也刚强；万物草木之生也柔脆，其死也枯槁。因此观之，柔弱者生之徒也，刚强者死之徒也。'夫生者毁而必复，死者破而愈亡；吾是以知柔之坚于刚也。"
>
> 平子曰："善哉！然则子之行何从？"
>
> 叔向曰："臣亦柔耳，何以刚为？"
>
> 平子曰："柔无乃脆乎？"
>
> 叔向曰："柔者纽而不折，廉而不缺，何为脆也？天之道，微者胜。是以两军相加，而柔者克之；两仇争利，而弱者得焉。《易》曰：'天道亏满而益谦，地道变满而流谦，鬼神害满而福谦，人道恶满而好谦。'夫怀谦不足

之柔弱，而四道者助之，则安往而不得其志乎？"

平子曰："善！"（《说苑·敬慎》）

叔向和韩平子，都是春秋晚期的晋国重臣。

韩平子又称韩贞子，是韩宣子之子。《史记·韩世家》："宣子卒，子贞子代立。"《史记索隐》引《世本》曰："平子名颀，宣子子也。"韩宣子（前562—前514在位）死于晋顷公十二年（前514），韩平子在位五十八年（前513—前456）而死。假定韩平子寿数八十岁，则其生年约为前535年，卒年为前456年。

叔向，晋平公为太子时担任太傅，历仕晋平公（前557—前532在位）、晋昭公（前531—前526在位）、晋顷公（前525—前512在位），与韩宣子同朝为官。假定晋平公即位之年（前557），叔向三十多岁，再假定叔向寿约九十岁，则其生年约为前590年，卒年约为前501年。叔向（前590—前501）比老子（前570—前470）约长二十岁，比韩平子（前535—前456）约长五十五岁。

此事发生于叔向八十岁之时，即周敬王九年、晋定公元年、韩平子三年（前511），韩平子二十五岁。老子六十岁，居宋第六年。

据此可知：《老子》成书的时间上限，是老子仕周担任史官时期；《老子》成书的时间下限，是老子居宋初期，六十岁（前511）之前。正因老子居宋初期《老子》已经成书，且已流传天下，所以比老子年长二十岁的晋人叔向，才有机会在其暮年阅读、引用、评论《老子》。

比老子年轻十九岁的鲁人孔子，同样也阅读、引用、评论了《老子》，见于《论语》、《礼记》、《尸子》等籍。

或曰："'以德报怨'，何如？"子曰："何以报德？以直报怨，以德报德。"（《论语·宪问》）

子曰："以德报怨，则宽身之仁也。以怨报德，则刑戮之民也。"（《礼记·表记》）

仲尼曰："不出于户，而知天下；不下其堂，而治四方。"（《尸子·处道》）

孔子及其弟子阅读、引用、评论《老子》，不限于"以德报怨"和"不出于户，而知天下"，兹不尽举。

由于《史记·老子列传》遗漏了老子辞官以后客居宋国沛邑近四十年，旧多以为老子辞官以后立刻出关往秦，应关尹之请而即兴书写《老子》，于是引出了《老子》成书于战国初期、战国中期、战国晚期，甚至《老子》为庄子后学托名伪撰等无稽之谈。

2.居宋期间，弟子众多

老子客居宋国沛邑初期，《老子》已经成书并且流传天下，此后天下士子慕名至沛，成为老子弟子。

《庄子·庚桑楚》记载了老子弟子庚桑楚与老子再传弟子南荣趎：

> 老聃之役有庚桑楚者，偏得老聃之道，以北居畏垒之山。其臣之画然知者，去之；其妾之挈然仁者，远之。拥肿之与居，鞅掌之为使。居三年，畏垒大穰。
>
> 畏垒之民相与言曰："庚桑子之始来，吾洒然异之。今吾日计之而不足，岁计之而有余。庶几其圣人乎？子胡不相与尸而祝之，社而稷之乎？"
>
> 庚桑子闻之，南面而不释然。弟子异之。
>
> 庚桑子曰："弟子何异于予？夫春气发而百草生，正得秋而万实成。夫春与秋，岂无得而然哉？天道已行矣。吾闻至人尸居环堵之室，而百姓猖狂不知所如往。今以畏垒之细民，而窃窃焉欲俎豆予于贤人之间，我其杓之人邪？吾是以不释于老聃之言。"
>
> 弟子曰："不然。夫寻常之沟，巨鱼无所还其体，而鲵鳅为之制；步仞之丘，巨兽无所隐其躯，而孽狐为之祥。且夫尊贤授能，先善与利，自古尧舜已然，而况畏垒之民乎？夫子亦听矣！"
>
> 庚桑子曰："小子来！夫函车之兽，介而离山，则不免于网罟之患；吞舟之鱼，荡而失水，则蝼蚁能苦之。故鸟兽不厌高，鱼鳖不厌深。夫全其

形生之人，藏其身也，不厌深渺而已矣。且夫二子者，又何足以称扬哉？是其于辨也，将妄凿垣墙而殖蓬蒿也；简发而栉，数米而炊，窃窃乎又何足以济世哉？举贤则民相轧，任知则民相盗。之数物者，不足以厚民。民之于利甚勤，子有杀父，臣有杀君，正昼为盗，日中穴阫。吾语汝，大乱之本，必生于尧舜之间，其末存乎千世之后。千世之后，其必有人与人相食者也。"

南荣趎蹴然正坐曰："若趎之年者已长矣，将恶乎托业，以及此言邪？"

庚桑子曰："全汝形，抱汝生，无使汝思虑营营。若此三年，则可以及此言矣。"

南荣趎曰："目之与形，吾不知其异也，而盲者不能见；耳之与形，吾不知其异也，而聋者不能闻；心之与形，吾不知其异也，而狂者不能得。形之与形亦辟矣，而物或间之邪？欲相求，而不能相得。今谓趎曰：'全汝形，抱汝生，勿使汝思虑营营。'趎勉闻道，达耳矣。"

庚桑子曰："辞尽矣。奔蜂不能化藿蠋，而能化螟蛉；越鸡不能伏鹄卵，鲁鸡固能矣。鸡之与鸡，其德非不同也；有能与不能者，其才固有巨小也。今吾才小，不足以化子。子胡不南见老子？"

南荣趎赢粮，七日七夜至老子之所。

老子曰："子自楚之所来乎？"

南荣趎曰："唯。"

老子曰："子何与人偕来之众也？"

南荣趎惧然顾其后。

老子曰："子不知吾所谓乎？"

南荣趎俯而惭，仰而叹，曰："今者吾忘吾答，因失吾问。"

老子曰："何谓也？"

南荣趎曰："不知乎，人谓我朱愚；知乎，反愁我躯。不仁则害人，仁则反愁我身。不义则伤彼，义则反愁我己。我安逃此而可？此三言者，趎之所患也。愿因楚而问之。"

老子曰："向吾见若眉睫之间，吾因以得汝矣。今汝又言而信之。若规规然若丧父母，揭竿而求诸海也。汝亡人哉！惘惘乎？汝欲返汝情性，而无由入。可怜哉！"

南荣趎请入就舍，召其所好，去其所恶。十日息愁，复见老子。

老子曰："汝自洒濯熟哉？郁郁乎？然而其中津津乎？犹有恶也？夫外韄者，不可繁而促，将内楗；内韄者，不可缪而促，将外楗。外内韄者，道德不能持，而况仿道而行者乎？"

南荣趎曰："里人有病，里人问之。病者能言其病，病者犹未病也。若趎之闻大道，譬犹饮药以加病也。趎愿闻卫生之经而已矣。"

老子曰："卫生之经？能抱一乎？能勿失乎？能无卜筮而知吉凶乎？能止乎？能已乎？能舍诸人而求诸己乎？能翛然乎？能侗然乎？能儿子乎？儿子终日嗥，而不嗌不嗄，和之至也；终日握，而手不掜，共其德也；终日视，而目不瞬，偏不在外也。行不知所之，居不知所为，与物委蛇而同其波，是卫生之经矣。"

南荣趎曰："然则是至人之德已乎？"

曰："非也。是乃所谓冰解冻释者，能乎？夫至人者，相与交食乎地，而交乐乎天，不以人物利害相撄，不相与为怪，不相与为谋，不相与为事。翛然而往，侗然而来，是谓卫生之经矣。"

曰："然则是至乎？"

曰："未也。吾固告汝曰：'能儿子乎？'儿子动不知所为，行不知所之，身若槁木之枝，而心若死灰。若是者，祸亦不至，福亦不来。祸福无有，恶有人灾也？"

老子弟子庚桑楚"北居畏垒之山"，庚桑楚弟子南荣趎"七日七夜"而"南见老子"，都是相对于老子南居于宋国沛邑而言。庚桑楚之言，老子教诲南荣趎之言，无不符合《老子》。《史记·老子韩非列传》说《庄子》"《畏累虚》、《亢桑子》之属，皆空语无事实"，《畏累虚》、《亢桑子》是刘安版《庄子》大全本的两篇"杂篇"，郭象版《庄子》删残本所删十九篇中的两篇。

庚桑楚的著作《庚桑子》，又名《亢桑子》或《亢仓子》。天宝元年（742），唐玄宗册封庚桑子为"洞灵真人"，册封《庚桑子》为《洞灵真经》。

《庄子·则阳》又记载了老子另一弟子柏矩：

> 柏矩学于老聃，曰："请之天下游。"
> 老聃曰："已矣！天下犹是也。"
> 又请之。
> 老聃曰："汝将何始？"
> 曰："始于齐。"
> 至齐，见辜人焉，推而僵之，解朝服而幕之，号天而哭之曰："子乎！子乎！天下有大灾，子独先罹之？"曰："莫为盗？莫为杀人？"
> 荣辱立，然后睹所病；货财聚，然后睹所争。今立人之所病，聚人之所争，穷困人之身，使无休时，欲无至此，得乎？古之君人者，以得为在民，以失为在己；以正为在民，以枉为在己，故一物有失其形者，退而自责。今则不然，匿为物，而过不识；大为难，而罪不敢；重为任，而罚不胜；远其途，而诛不至。民知力竭，则以伪继之。日出多伪，士民安取不伪？夫力不足则伪，知不足则欺，财不足则盗。盗窃之行，于谁责而可乎？

柏矩别书不载，"学于老聃"的时间，也应在老子居宋期间。所言"古之君人者，以得为在民，以失为在己；以正为在民，以枉为在己"，符合《老子》所言"君人南面之术"之伏羲泰道。

老子居宋时期的弟子，除了《庄子》记载的庚桑楚、柏矩等人，另有范蠡、文子等人。

老子居宋第十一年，即周敬王十四年、楚昭王十年、吴王阖闾九年（前506）冬天，伍子胥、孙武率领吴军攻破楚国郢都，掘楚平王墓，鞭尸三百。楚昭王（前515—前489在位）逃离郢都，流亡随国、郑国。

老子居宋第十二年，即周敬王十五年、楚昭王十一年、吴王阖闾十年（前505）春天，周敬王趁着楚乱，派人刺杀了逃到楚国的王子朝。王子朝之墓，在楚国宛邑西鄂县（今河南南阳石桥镇）。西鄂晁氏，是以"朝"（晁）为姓的王子朝后裔。

3. 孔子游宋，问道老子

老子居宋第二十二年，孔子周游列国第三年，即周敬王二十五年、鲁定公十五年（前495），孔子自曹至宋，问道于客居宋国沛邑的老子。事见《庄子·天运》：

孔子行年五十有一而不闻道，乃南之沛见老聃。

老聃曰："子来乎？吾闻子，北方之贤者也，子亦得道乎？"

孔子曰："未得也。"

老子曰："子恶乎求之哉？"

曰："吾求之于度数，五年而未得也。"

老子曰："子又恶乎求之哉？"

曰："吾求之于阴阳，十有二年而未得也。"

老子曰："然。使道而可献，则人莫不献之于其君；使道而可进，则人莫不进之于其亲；使道而可以告人，则人莫不告其兄弟；使道而可以与人，则人莫不与其子孙。然而不可者，无它也，中无主而不止，外无征而不行。由中出者，不受于外，圣人不出；由外入者，无主于中，圣人不隐。名者，公器也，不可多取。仁义者，先王之蘧庐也，止可以一宿，而不可久处，觏而多责。

"古之至人，假道于仁，托宿于义，以游逍遥之墟，食于苟简之田，立于不贷之圃。逍遥，无为也；苟简，易养也；不贷，无出也。古者谓是采真之游。以富为是者不能让禄，以显为是者不能让名，亲权者不能与人柄；操之则栗，舍之则悲。尔一无所鉴，以窥其所不休者，是天之戮民也！

"怨恩、取与、谏教、生杀，八者正之器也，唯循大变无所湮者，为能用之。故曰：正者，正也。其心以为不然者，天门弗开矣。"

孔子见老聃而语仁义。

老聃曰："夫播糠眯目，则天地四方易位矣；蚊虻噆肤，则通夕不寐矣。夫仁义憯然，乃愤吾心，乱莫大焉。吾子使天下无失其朴，吾子亦放风而动，总德而立矣。又奚傑傑然揭仁义，若负建鼓而求亡子者邪？夫鹄不日浴而白,乌不日黔而黑。黑白之朴,不足以为辨;名誉之观,不足以为广。泉涸,鱼相与处于陆;与其相呴以湿,相濡以沫,不若相忘于江湖。"

孔子见老聃归,三日不谈。

弟子问曰:"夫子见老聃,亦将何规哉?"

孔子曰:"吾与汝处于鲁之时,人用意如飞鸿者,吾为弓弩而射之;用意如游鹿者,吾为走狗而逐之;用意如井鱼者,吾为钩缴以投之。至于龙,吾不知也。吾乃今于是乎见龙!龙,合而成体,散而成章,乘乎云气,而养乎阴阳。予口张而不能噎,舌举而不能讱,予又何规老聃哉?"

子贡曰:"然则人固有尸居而龙见,渊默而雷声,发动如天地者乎?赐亦可得而观乎?"遂以孔子声见老聃。

老聃方将倨堂而应,微曰:"予年运而往矣,子将何以诫我乎?"

子贡曰:"夫三王之治天下不同,其系声名一也。而先生独以为非圣人,如何哉?"

老聃曰:"小子少进!子何以谓不同?"

对曰:"禹用力而汤用兵,文王顺纣而不敢逆,武王逆纣而不肯顺,故曰不同。"

老聃曰:"小子少进!余语汝三皇五帝之治天下。黄帝之治天下,使民心一;民有其亲死不哭,而民不非也。尧之治天下,使民心亲;民有为其亲杀其服,而民不非也。舜之治天下,使民心竞;民妇孕七月而生子,子生五月而能言,不至乎孩而始谁,则人始有夭矣。禹之治天下,使民心变;人有心而兵有顺,杀盗非杀人,自为种而天下耳。是以天下大骇,儒墨皆起。其作始有伦,而今乎归。汝何言哉?余语汝:三王之治天下,名曰治之,而乱莫甚焉。三王之知,上悖日月之明,下睽山川之精,中堕四时之施,其知憯于蛎虿之尾、鲜窥之兽。莫得安其性命之情者,尔犹自以为圣人,不可耻乎?其无耻也!"

子贡蹴蹴然,立不安。

孔子谓老聃曰:"丘治《诗》、《书》、《礼》、《乐》、《易》、《春秋》六经,自以为久矣,熟知其故矣;以干者七十二君,论先王之道,而明周召之迹,一君无所钩用。甚矣夫!人之难说也?道之难明邪?"

老子曰:"幸矣,子之不遇治世之君也!夫六经,先王之陈迹也,岂其所以迹哉?今子之所言,犹迹也。夫迹,履之所出,而迹岂履哉?夫白鹢之相视,眸子不运而风化。虫,雄鸣于上风,雌应于下风而化。类自为雌雄,故曰风化。性不可易,命不可变,时不可止,道不可壅。苟得于道,无自而不可;失焉者,无自而可。"

孔子不出三月,复见曰:"丘得之矣。乌鹊孺,鱼傅沫,细腰者化;有弟而兄啼。久矣夫,丘不与化为人!不与化为人,安能化人?"

老子曰:"可。丘得之矣。"

所言"孔子南之沛见老聃",不误。所言"孔子行年五十有一","一"应为"七"。鲁定公九年至十三年(前501—前497),孔子五十一岁至五十五岁,先后担任鲁国的中都宰、大司寇,摄相事,所以孔子五十一岁时,尚未开始周游列国,不可能前往宋国沛邑问道于老子。致误的原因可能有二,或是撰者记忆不确,或是"七"讹为"一"。

周敬王二十三年、鲁定公十三年(前497),孔子五十五岁,因鲁定公迷恋齐国赠送的女乐而不事国政,孔子愤而辞官,自鲁至卫,开始周游列国。鲁哀公十一年(前484),孔子应鲁哀公之请,自卫返鲁,结束周游列国。孔子周游列国十四年,年龄从五十五岁至六十八岁。

老子居宋第二十二年,即周敬王二十五年、鲁定公十五年(前495),孔子周游列国第三年,孔子五十七岁,自曹至宋,到达宋国沛邑,第二次问道于老子。

孔子一生两次问道于老子,时间、地点全都不同。第一次孔子三十一岁,自鲁至周;老子五十岁,在周为官。第二次孔子五十七岁,自曹至宋;老子七十六岁,辞官居宋。二事相隔二十六年。

孔子在宋第二次问道于老子,盘桓时间超过三个月,所以《庄子·天运》记载了其中多次场景,但非所有场景。《庄子·天运》未记的部分场景,见于《礼记·曾子问》和《孔子世家》(详见下节)。

老子居宋第二十五年,即周敬王二十八年(前492),孔子在宋国沛邑第二次问道于老子之后三年,老子在周为官之时的同事,孔子三十一岁时自鲁至周"问礼于老聃,访乐于苌弘"之苌弘(约前562—前492),卷入晋国六卿的赵氏与范氏、中行氏内战,因支持范氏而得罪赵氏。周敬王迫于晋国执政赵简子的压力,把苌弘流放蜀地。苌弘悲愤自杀,三年后其血化为碧玉。《庄子·外物》、《庄子·胠箧》均曾言及苌弘。

老子居宋第二十六年,即周敬王二十九年、陈湣公十一年(前491),孔子在宋国沛邑第二次问道于老子之后四年,孔子至陈,事奉陈国末代君主陈湣公(前501—前479在位)。

老子居宋第二十八年,即周敬王三十一年、陈湣公十三年、吴王夫差七年、楚昭王二十七年(前489),孔子在宋国沛邑第二次问道于老子之后六年,孔子居陈第三年,吴趁晋、楚争强而伐陈,楚救陈,孔子离陈至楚。事见《史记·孔子世家》:"孔子居陈三岁,会晋、楚争强,更伐陈。及吴侵陈,陈常被寇。孔子曰:'归与归与!吾党之小子狂简,进取不忘其初。'于是孔子去陈。"孔子至楚,叶公礼之。《庄子·人间世》记载了孔子、叶公的对话。

有些学者据此猜测,孔子居陈三年期间曾经问道于辞官归陈的老子。实无确据。孔子周游列国十四年期间,老子始终客居宋国沛邑,不在故乡陈国相邑,所以孔子第二次问道于老子,不在陈而在宋。

4. 孔子返鲁,追忆老聃

孔子周游列国十四年(前497—前484),颜回、子路、子贡等早年弟子随行。颜回(前521—前481)小孔子三十岁,返鲁第四年死于鲁。子路(前542—前480)小孔子九岁,返鲁第五年死于卫。子贡(前520—前456)小孔子三十一岁,返鲁以后在外经商。所以孔子返鲁以后,早年弟子或死或散。

孔子五十五岁开始周游列国之时,小孔子四十六岁的曾参(前505—前436)年仅九岁,小孔子四十四岁的子夏(前507—前420)年仅十一岁,尚非孔门弟子，无缘随行周游列国，无缘亲见孔子在宋问道于老子。孔子六十八岁返鲁之时，曾参二十二岁、子夏二十四岁，始为孔门弟子。所以孔子答曾参、子夏之问，多次追忆在宋第二次问道于老子。

《礼记·曾子问》记载了孔子追忆在宋第二次问道于老子的四事，三事为曾参所问，一事为子夏所问，孔子四言"吾闻诸老聃"。其中第二事，是孔子答曾参第二问：

> 曾子问曰："葬引至于圹，日有食之，则有变乎？且不乎？"
>
> 孔子曰："昔者吾从老聃助葬于巷党，及圹，日有食之。老聃曰：'丘！止柩就道右，止哭以听变。'既明，反而后行。曰：'礼也。'反葬，而丘问之曰：'夫柩不可以反者也。日有食之，不知其已之迟数，则岂如行哉？'老聃曰：'诸侯朝天子，见日而行，逮日而舍奠。大夫使，见日而行，逮日而舍。夫柩不蚤（早）出，不莫（暮）宿。见星而行者，唯罪人与奔父母之丧者乎！日有食之，安知其不见星也？且君子行礼，不以人之亲痁患。'吾闻诸老聃云。"

孔子之言的两个关键词"日有食之"、"助葬于巷党"，是考定此事之时间、地点的关键线索。

不少学者认为，"巷党"即《论语·子罕》所言"达巷党人"。其实《论语》之"达巷"，是鲁国曲阜某条巷子的专名，"党人"即邻居，古以五百家为党。《礼记·曾子问》之"巷党"，则是通名，即同一巷子的邻居，未言巷子位于何国何邑。《礼记·曾子问》孔子所述"吾闻诸老聃"之地，应为老子辞官以后长期客居之地宋国沛邑。因为孔子第一次在洛邑问道于老子，各书仅记孔子问明堂、太庙，未记孔子"从老聃助葬于巷党"。老聃助葬于巷党，是因为客居宋国沛邑已有二十二年之久，周边邻居均已熟识。孔子"从老聃助葬于巷党"，不可能发生于第一次问道的初识之时，只可能发生于第二次问道的老友之间。

学者们把宋国沛邑之"巷党"，误解为鲁国曲阜之"达巷"，然后查找《春秋》、《左传》所记"日有食之"，发现相关时段有四次日食：第一次是周景王二十五年、鲁昭公二十二年（前520），第二次是周敬王二年、鲁昭公二十四年（前518），第三次是周敬王九年、鲁昭公三十一年（前511），第四次是周敬王二十五年、鲁定公十五年（前495）。于是误以为四年中的某一年，或是老子在鲁，或是孔子至周，第二次问道于老子。

大多数学者不赞成第一次，即周景王二十五年、鲁昭公二十二年（前520）。因为孔子去年（前521）刚刚自鲁至周问道于老子，今年是周景王死后发生争位之乱的第一年，孔子不可能再次至周问道于老子。老子今年仍然在周担任史官，也不可能去周至鲁。

大多数学者赞成第二次，即周敬王二年、鲁昭公二十四年（前518）。比如阎若璩《四书释地·序》曰："《曾子问》孔子曰：'昔者吾从老聃助葬于巷党，及垣，日有食之。'唯昭公二十有四年夏五月乙未朔，日有食之，见《春秋》，此即孔子从老聃问礼也。"

阎若璩认为《礼记·曾子问》所言"日食"之年，正是孔子自鲁至周问道于老子之年。然而詹剑峰《老子其人其书及其道论》否定了阎若璩之说："鲁昭公二十二年（孔子三十二岁），周室已发生内乱，打了五年之久，孔子当然不能于周室两派贵族斗争之时去观光问礼。而鲁昭公二十五年（孔子三十五岁），鲁国也发生内乱，昭公出奔，国内无君，孔子因乱适齐，流亡在外者也有几年，自无'鲁君与之一车两马'之事。而鲁昭公二十六年，周室王子朝已'奉周之典籍以奔楚'，老子也因之免官归居于陈，孔老自无在周相见之理。"[1]

詹剑峰的批评合理，《礼记·曾子问》所言"日食"之年不可能是鲁昭公二十四年，因为此年是争位之战的第三年，孔子不可能自鲁至周，老子不可能离周至鲁。

大多数学者也不赞成第三次，即周敬王九年、鲁昭公三十一年（前511）。

部分学者赞成第四次，即周敬王二十五年、鲁定公十五年（前495）。比如黄方刚《老子年代之考证》认为："孔子两见老子，第一次孔子五十一岁，第二

---

[1] 詹剑峰《老子其人其书及其道论》，31页，华中师范大学出版社2006。

次孔子五十七岁。"[1]

黄方刚认为孔子两见老子,确为卓见,但孔子五十一岁自鲁至周第一次问道于老子,决无可能。因为孔子五十一岁是周敬王十九年、鲁定公九年(前501),老子已于周敬王四年(前516)辞官离周,客居宋国沛邑已有十六年。

黄方刚认为的,鲁定公十五年(前495)孔子五十七岁第二次问道于老子,符合所有相关条件。老子居宋第二十二年,孔子周游列国第三年,即周敬王二十五年、鲁定公十五年(前495),孔子在宋国沛邑第二次问道于老子,盘桓三个月以上,其间多次问道,并且曾经跟随老子助葬于宋国沛邑之巷党,恰好发生日食。孔子六十八岁返鲁以后,回答晚年弟子曾参、子夏之问,回忆在宋国沛邑第二次问道于老子,一再言及"吾闻诸老聃"。

5. 老子暮年,楚国灭陈

老子居宋第三十八年,即周敬王四十一年、楚惠王十年、陈湣公二十三年、宋景公三十八年(前479),孔子在宋国沛邑第二次问道于老子之后十六年,楚惠王灭陈。这是楚国第三次灭陈,并予兼并,陈国绝祀。老子时年九十二岁。

同年,孔子死于鲁国曲阜,享年七十三岁(前551—前479)。

同年,老子客居的宋国发生了"荧惑守心"的特殊天象,见于《史记·宋微子世家》:

(宋景公)三十七年(年代误),楚惠王灭陈。荧惑守心。心,宋之分野也。景公忧之。

司星子韦曰:"可移于相。"景公曰:"相,吾之股肱。"

曰:"可移于民。"景公曰:"君者待民。"

曰:"可移于岁。"景公曰:"岁饥民困,吾谁为君!"

子韦曰:"天高听卑。君有君人之言三,荧惑宜有动。"于是候之,果徙三度。

---

[1] 黄方刚《老子年代之考证》,《古史辨(四)》,381页,上海古籍出版社1982。

宋景公不愿把"天谴"移于国相、国民、年成，而有"君人之言三"，完全符合《老子》褒扬的"君人南面之术"。刘向《新序·杂事四》抄引此事，然后明引《老子》："《老子》曰：能受国之不祥，是谓天下之王也。"

此事有助于理解老子"见周之衰"辞官以后，为何不选择客居姬姓诸侯国，而是选择客居商代遗邦宋国。因为周代《周易》首"乾"次"坤"，其"君人南面之术"属于《老子》批判的"否术"，商代《归藏》首"坤"次"乾"（别名《坤乾》，孔子于宋得之），其"君人南面之术"属于《老子》褒扬的"泰道"。宋襄公、宋景公全都遵循"坤柔而存，乾刚而亡"的伏羲泰道，亦即老子之师宋人常枞所传"舌柔而存，齿刚而亡"的伏羲泰道。

楚国在老子垂暮之年灭陈，老子失去了叶落归根、返回故乡的最终希望，于是决定离宋往秦。与老子一样批判周道的墨家，与老子的选择相同，所以墨家总部从来不设在姬姓诸侯国，而是墨子之时设于宋国（第一代巨子禽滑釐），墨子死后移至楚国（第二代巨子孟胜）、返回宋国（第三代巨子田襄子），最后移至秦国（第四代巨子腹䵍、第五代巨子唐姑果）。

《史记》遗漏了老子辞官以后客居宋国沛邑长达三十八年，导致两千年来普遍误以为老子辞官以后立刻出关往秦。由于老子辞官以后客居宋国沛邑长达三十八年，宋国沛邑成为老子一生居住时间最长之地，老子与"巷党"邻居已经熟识到为其"助葬"，所以老子出关往秦的出发地，既非东周首都洛邑，亦非故乡陈国相邑，而是客居之地宋国沛邑。

《庄子·寓言》明确记载老子"西游于秦"的出发地是宋国沛邑：

阳子居南之沛，老聃西游于秦，邀于郊，至于梁而遇老子。

老子中道仰天而叹曰："始以汝为可教，今不可也。"

阳子居不答。至舍，进盥漱巾栉，脱屦户外，膝行而前曰："向者弟子欲请夫子，夫子行不闲，是以不敢。今闲矣，请问其过。"

老子曰："而睢睢，而盱盱，而谁与居？大白若辱，盛德若不足。"

阳子居蹴然变容曰："敬闻命矣！"

其往也，舍迎将。其家公执席，妻执巾栉，舍者避席，炀者避灶。其返也，舍者与之争席矣。

杨朱（前395—前335）是战国中期魏国人，并非老子亲传弟子，出生时老子（前570—前470）已死七十多年，所以不宜把《庄子》中的"阳子居"直接视为杨朱，而宜视为杨朱的寓言化。由于杨朱是战国中期影响最大的老子后学，所以庄子亲撰的《庄子·应帝王》，首创了借用杨朱的寓言化人物"阳子居"与老子对话的寓言。庄子弟子蔺且所撰《庄子·寓言》又予仿效，同时点明了重要史实：老子"西游于秦"的出发地是宋国沛邑。

庚桑楚弟子南荣趎南行问道于老子之地，孔子周游列国第二次问道于老子之地，楚惠王灭陈以后老子"西游于秦"的出发之地，都是老子辞官以后长期客居之地：宋国沛邑。

6. 陈亡出关，留书关尹

老子客居宋国沛邑三十八年，在九十二岁之暮年，楚国伐灭兼并母邦陈国，于是老子离开宋国沛邑，"西游于秦"。

《史记·老子列传》曰：

> 老子修道、德，其学以自隐无名为务。居周久之，见周之衰，乃遂去。
> 至关，关令尹喜曰："子将隐矣，强为我著书。"
> 于是老子乃著书上、下篇，言道、德之意五千余言而去，莫知其所终。

"关令尹喜曰"，读作"关/令尹/喜曰"。"关"一般认为是函谷关，葛洪《抱朴子》记为"散关"。"令尹"是周代官名。"关令尹"简称"关尹"，见于《国语·周语》："敌国宾至，关尹以告。"所以关尹其人姓名不传，仅知官职。"喜曰"意为"喜悦地说"，旧多误读为"关令/尹喜/曰"，误以为函谷关关令姓"尹"名"喜"。

西汉中期司马迁撰写《史记·老子列传》以后，西汉晚期刘向已经误读为

"关令/尹喜/曰"，故其所撰《列仙传》曰："关令尹喜者，周大夫也。"刘向或为这一误读的始作俑者。随后东汉班固《汉书·艺文志》承之曰："名喜，为关吏，老子过关，喜去吏而从之。"后人普遍沿袭此误。

《庄子》之《达生》、《天下》，《列子》之《力命》、《杨朱》、《黄帝》，《吕氏春秋》之《不二》均称"关尹"，均为"关令尹"之简称。关尹著书九篇，刘向《列仙传》称为《关令子》，班固《汉书·艺文志》称为《关尹子》，都是源于官职"关令尹"。假如关尹姓尹名喜，其书不应称为《关令子》或《关尹子》，而应称为《尹子》或《尹喜子》，正如齐人尹文之书称为《尹文子》。

"老子乃著书上、下篇"，"著书"二字不确，应为留书。竹帛时代，《老子》五千言堪称鸿篇巨制，何况逻辑结构如此严密，义理层次如此缜密（详见第三章），不可能是即兴之作。抄写五千言已难速成，遑论即兴著书五千言。所以关尹在函谷关留住老子期间，顶多是老子感其心诚，取出行囊之中的《老子》竹简赠之，或是允其留下一个抄本。由于关尹是老子众多弟子中传播《老子》影响最大者，关尹后学又有著名的列子等人，所以关尹后学遂将老子出关留书传奇化，传为老子出关之时应关尹之请即兴著书。司马迁不知老子辞官以后居宋三十八年，也不知老子居宋初期《老子》已经成书，晋人叔向、鲁人孔子均已引用、评论，因而误书为老子出关之时即兴"著书"。

关尹不是老子第一弟子或唯一弟子，入门时间晚于范蠡、文子、庚桑楚、柏矩等老子居宋期间的众多弟子。由于司马迁未言老子其他弟子，又误书老子辞官以后立刻出关往秦，应关尹之请即兴"著书"，后人普遍误以为关尹是老子第一弟子或唯一弟子。

《老子》不可能是老子出关之时的即兴之作，只可能是老子毕生撰著的精心之作，撰写时间是老子在周为官至居宋初期。

《老子》成书以后，迅速流传天下。春秋晚期的叔向、孔子、范蠡等人，已经引用、评论《老子》。战国早期的墨子等人，战国中期的庄子、尹文子、慎到、苏秦、颜斶等人，战国晚期的荀况、吕不韦、韩非等人，广泛引用、评论《老子》（详见附录二：《老子》大事年表）。考古所见的战国中期郭店《老子》，仅是《老子》流传天下的抄本之一。

《老子》标志着先秦道家的诞生，标志着轴心时代的中国哲学突破之实现。《庄子》标志着先秦道家的完成，标志着轴心时代的中国哲学突破之巅峰。没有《老子》，就不可能有《庄子》。

7. 老子死秦，秦佚吊之

老子客居宋国沛邑三十八年，时刻准备叶落归根，返归故乡陈国相邑。由于楚国不断威胁陈国，所以老子被迫长期客居宋国沛邑。假如老子天年将终之时，陈国未被楚国伐灭，老子很可能会叶落归根，至少命其弟子扶柩归葬故里。由于老子天年将终之时，楚国最终伐灭兼并了陈国，老子失去了叶落归根、归葬故里的最后希望，被迫出关往秦。

或问：即使老子"见周之衰"而对东周失望，因楚灭陈而无法返归母邦，老子在楚国灭陈以后，仍然可以终老宋国沛邑，为何却在垂暮之年离开久居之地宋国沛邑，前往中原诸侯普遍鄙视的秦国？

答曰：中原诸侯普遍鄙视秦国，是因为秦国民风古朴不尚"周礼"。老子不鄙视秦国，也是因为秦国民风古朴不尚"周礼"。除此之外，另有更为重要的原因：老子自幼在母邦陈国所闻伏羲传说中，伏羲故乡"成纪"（甘肃天水）、伏羲古都"陈仓"（陕西宝鸡）全都属于秦地。所以老子在楚国灭陈、返乡无望之后，于垂暮之年决定出关往秦，终老于毕生神往的精神故乡。

尤其值得注意的是，自古传说关尹是甘肃天水人，可能也与老子出关寻访伏羲古都、搜罗伏羲传说、探索伏羲之道有关。

老子百岁左右死于秦国，见于《庄子·养生主》：

老聃死，秦佚吊之，三号而出。
弟子曰："非夫子之友邪？"
曰："然。"
"然则吊焉若此，可乎？"
曰："然。始也吾以为至人也，而今非也。向吾入而吊焉，有老者哭之，如哭其子；少者哭之，如哭其母。彼其所以会之，必有不祈言而言，不祈哭而哭者。是遁天倍情，忘其所受；古者谓之遁天之刑。适来，夫子时也；适去，夫子顺也。安时而处顺，哀乐不能入也；古者谓是帝之悬解。脂穷于为薪，火传也，不知其尽也。"

《史记·老子列传》说老子"莫知其所终"，甚至说"盖老子百有六十余岁，或言二百余岁，以其修道而养寿也"。汉后道教又把老子神仙化，认为老子长生不死。

梁玉绳《史记志疑》辨之曰："《庄子·养生主》曰：'老聃死，秦失（佚）吊之。'则老子非长生神变莫知其所终者。释道宣《广弘明集·辨惑篇》序云：'李叟生于厉乡，死于槐里，庄生可为实录，秦佚诚非妄论。'又道宣跋孙盛《老子疑问反讯》篇后云老子：'遁于西裔，行及秦壤，死于扶风，葬于槐里。'《水经注》十九言：'就水出南山就谷，北径大陵西，世谓之老子陵。'《路史后记》七注：'鄠县柳谷水西，有老子墓。'"

综上所述，老子一生史迹，分为三大时期：青年求道期，中年史官期，老年归隐期。老子一生枢要，则是十三个关键词：生陈，师宋，仕周，答孔（第一次，在周），辞官，居宋，著书，授徒，答孔（第二次，在宋），陈灭，出关，留书，死秦。老子其人的史事，无不符合《老子》其书的宗旨，老子其人是《老子》其书无可置疑的作者。关于老子其人和《老子》其书的一切疑案，无不源于汉武帝的"罢黜百家，独尊儒术"，以及此后两千年历代注家的有意遮蔽或无识淆乱。

结语　老子之道与伏羲之道

本文已证，老子其人与《老子》其书，与伏羲之道息息相关。

老子母邦陈国，是伏羲古都"太昊之墟"。老子生前，陈国按照伏羲先天八卦建造太昊陵。这是老子晚年撰著《老子》弘扬伏羲之道的最初种子。

老子师事宋人常枞，得传商易《归藏》，得闻"舌柔而存，齿刚而亡"的伏羲泰道。这是老子晚年撰著《老子》弘扬伏羲之道的重要准备。

老子出任东周史官，精通伏羲天文象数易，兼掌夏《连山》、商《归藏》、周《周易》。这是老子晚年撰著《老子》弘扬伏羲之道的职业素养。

孔子赴周问道于老子，"考明堂之则，察庙朝之度"，得见东周太庙金人和《金人铭》，老子教以明堂月令制度、太庙神谕制度的核心理念"人文效法天文，人道效法天道"，"以人合天，顺天应人"，这是老子晚年撰著《老子》弘扬伏羲之道的思想基础。

王子朝争位之乱，导致老子中年辞官。陈国长期面临楚国的兼并威胁，导致老子晚年客居宋国沛邑长达三十八年。这是老子晚年撰著《老子》弘扬伏羲之道，授徒庚桑楚、柏矩、范蠡、文子等人的基本时间。

楚惠王十年、陈湣公二十三年（前479），楚国最终灭陈。老子暮年失去叶落归根、返归母邦的最后希望，遂从长期客居之地宋国沛邑出发，出关往秦。经过函谷关时，被关尹留住。老子感其心诚，出示居宋初期成书的《老子》竹简，允许关尹留下一个抄本。

老子至秦，在上古伏羲族故地得闻大量伏羲传说，得见大量伏羲古风，最后终老于秦，葬于秦地，享年大约百岁。

老子死后，历史进入战国。孔子的弟子后学游于庙堂，鼓动诸侯变法。老子的弟子后学隐于江湖，弘扬伏羲之道。由于夏商周三代是黄帝族统治伏羲族，所以儒家弘扬的"黄帝之学"始终是显学。老子所处的春秋晚期，以及老子后学所处的战国时代，黄帝族的统治面临崩溃，于是老子开创的道家重新弘扬"伏羲之道"。儒道两家以及从中分化而出的诸子百家之思想争鸣，在战国中期的齐国稷下学宫，融合为"黄老之学"。"黄老"之"黄"，即儒家弘扬的"黄帝之学"。"黄老"之"老"，即道家弘扬的"伏羲之道"。

历代注家中的少数人，已经隐约明白老子之道承于伏羲之道。

两汉之际扬雄按照《老子》"太一"、"玄之又玄"，撰著《太玄经》，抉发伏羲天文象数易，即言："伏羲氏谓之易，老子谓之道。"（桓谭《桓子新论·闵友》）

唐人陆希声《道德真经传·序》曰："昔伏羲画八卦，象万物，穷性命之理，顺道德之和；老氏亦先天地，本阴阳，推性命之极，原道德之奥，此与伏羲同其元也。"

清人吴世尚《老子宗指序》论之更详：

《老子》曰："吾言甚易知，甚易行，天下莫能知，莫能行。言有宗，事有君，夫惟无知，是以不我知。知我者希，则我者贵。"夫老氏之言何宗乎？宗我伏羲先天之图，文王六十四卦之象者也。

盖尝观之羲皇手图仪象卦画，四周于外，数及于九百六十有三。而太极则混而为一，而处乎中，是固所谓体用一源，显微无间者也。尧舜自其外而内者言之，故曰"执中"。孔子自其内而外者言之，故曰"一贯"。老子则以内对外而言之，故"以本为精，以物为粗"。虽其歧本末为二致，校体用之重轻，立言未免未莹，然不谓之勘验分明不可也。抑孔子于此偶一言之，而老子则数数言之。故其所称，或谓之道，或谓之玄，或谓之无，或谓之一，以至曰常，曰虚，曰始，曰朴，曰无，曰中，曰母，曰无名，曰玄牝，曰混成，曰恍惚，曰窈冥，曰寂寥，曰无状之状、无象之象，皆所谓有异名，无异指，则唯其于此见之极明，故言之有味而不厌也。又老子深悟图之仪象、卦画，皆有对待、变化、断续、起止，不能知太极之常而不已，一而不杂也，故教人返朴归元，致虚守静。静者，文王所以用易之道也。何也？蓍之得卦，六爻不变，则占象辞，象之不全吉，不过数卦，其余则皆吉者。是《连山》、《归藏》以及文王，其用易皆以静为常，可知老子柔弱慈俭正所谓静之意也。则老子之所宗，实与吾儒无异指也。然先天之图，世既未之见，文易占静，人更未之言。故《老子》曰："无名，天地之始；有名，万物之母。"又曰："归根曰静，知常曰明。"正示人以此理也。况"易有太极"一语，人人习而读之，而究不知其何状也。《老子》曰："有物混成，先天地生。寂兮寥兮，独立而不改，周行而不殆，可以为天下母。"此数语发明太极，真可谓浑沦亲切，和盘托出者矣。即图之层次，除《易》之所云，亦未有晓了直截于《老》之"道生一，一生二，二生三，三生万物"之数言者。……余不敏终身，于《易》得见此图，推以观《老》，则见其所言无非从此流出，遂尽屏诸家之解，而独以其所宗者疏而通之，且更以先天之图图之于前，复取老子之所言吻合于我孔子、周子之所言者，总汇而分注于其下，夫然后此书之理明白切实，平易精约，文义贯通，事情晓畅。……《老子》之大原，出于先天图者也。夫先天图之不传久矣，唯老子说得直恁分明，故遂注而释之，为《易》之一助。

古今名人多爱读《老子》，然实见得大头颅者，嗣宗、康节而已。嗣宗曰："《易》谓之太极，《春秋》谓之元，《老子》谓之道。"康节以老子为知《易》之体，孟子为知《易》之用。此外陆希声依稀近之。希声云："伏羲氏画八卦，象万物，穷性命之理，顺道德之和。老氏先天地，本阴阳，推性命之极，原道德之奥，此与伏羲同其原也。"[1]

尽管阮籍、邵雍、陆希声、吴世尚等人隐约明白老子之道承于伏羲之道，吴世尚更是根据北宋陈抟公之于世的"先天图"（即伏羲太极图）阐释《老子》，但在百年考古大量出土上古伏羲族的伏羲太极图和伏羲六十四卦之前，没有可能论证《老子》初始本的源代码是伏羲太极图，所以他们的模糊阐释全都难以服人。只有在我创立伏羲学，精确解密老子精通的伏羲天文象数易之后，才有可能精确论证《老子》初始本的源代码是伏羲太极图。

---

[1] 吴世尚《老子宗指序》，熊铁基主编《老子集成》第9卷，366、368页，宗教文化出版社2011。

第二章

《老子》初始本的源代码是伏羲太极图

弁言　初始本"道枢"，主之以"太一"

只有明白了《老子》不是老子出关之时应关尹之请的即兴书写，而是老子精思密虑的毕生著作（详见第一章），才有可能把《老子》视为体大思精的哲学体系，进而探索《老子》哲学体系的源代码。假如误以为《老子》是老子出关之时应关尹之请的即兴书写，就会像旧老学那样把《老子》视为即兴书写的格言集锦，就不可能把《老子》视为体大思精的哲学体系，也就不可能探索《老子》哲学体系的源代码。

老子之道的源代码之所以是伏羲之道，是因为伏羲之道是中古夏商周两千年的文化基因。上古四千年的伏羲之道之所以成为华夏文化的总基因，第一原因是中古夏商周两千年的"三易"《连山》、《归藏》、《周易》，核心都是伏羲六十四卦，第二原因是精通夏商周"三易"的东周史官老子于春秋晚期撰著《老子》，把伏羲之道的天文科学体系，转化为道家之道的人文哲学体系，实现了轴心时代的哲学突破，开启了战国时代的诸子百家。而诸子百家的人文哲学思想，全面影响了秦汉至今的近古两千年。

伏羲之道的核心，就是伏羲六十四卦及其卦象合成的伏羲太极图。《礼记·礼运》用天文术语"太一"描述伏羲太极图："夫礼，必本于太一，分而为天地，转而为阴阳，变而为四时。"《吕氏春秋·大乐》也用天文术语"太一"描述伏羲太极图："太一出两仪，两仪出阴阳。"《周易·系辞上》则用历法术语"太极"描述伏羲太极图："易有太极，是生两仪，两仪生四象，四象生八卦。"

老子后学所撰《太一生水》，用"太一成岁"的"太一"历法图（伏羲太极图）阐释整部《老子》。庄子后学所撰《庄子·天下》，用"主之以太一"概括整部《老子》。两者共同认为：《老子》的源代码是"太一"历法图（伏羲太极图）。

《老子》的"道"和"一"，分别对应伏羲之道的两大天文范畴："道"是上古伏羲族之"宣夜说"范畴的宇宙总体规律,"一"是上古伏羲族之"浑天说"范畴的宇宙局部太阳系规律"太一"。《老子》"道生一"的真义是:"宣夜说"范畴的宇宙总体规律"道",产生并总摄"浑天说"范畴的宇宙局部太阳系规律"太一"。这是理解《老子》"主之以太一"的终极起点。

由于人类难以尽知"宣夜说"范畴的宇宙总体规律"道",所以《老子》反复申说"上德不德,是以有德"、"知不知,上矣"、"道,可道也,非恒道也"。由于人类可以略知"浑天说"范畴的宇宙局部太阳系规律"太一",所以《老子》以"道生一"为第一基石,一方面说"唯道是从",另一方面说"侯王得一以为天下正"、"圣人执一以为天下牧"、"执今之道",亦即教诲天下侯王绝对信仰"宣夜说"范畴的宇宙总体规律"道",然后顺从宇宙局部的太阳系规律"太一",遵循"太一"历法图(伏羲太极图)治国。

本文梳理《老子》"主之以太一"的三大系统证据,即《老子》"主之以太一"的天道内涵,《老子》"礼必本于太一"的人道内涵,《老子》"礼必本于太一"的数术结构,论证伏羲之道是《老子》之道的源头,"太一"历法图(伏羲太极图)是《老子》的源代码。

一、《老子》"主之以太一"的天道内涵

"太一"是伏羲之道的固有名相,通用于上古伏羲时代至中古夏商周的华夏天文、华夏历法、华夏宗教,所以《老子》"主之以太一"中的"太一"共有四义:伏羲之道固有的"太一"天文义、"太一"历法义、"太一"宗教义,以及《老子》新增的"太一"哲学义。

1. 伏羲之道"太一"三义:天文义、历法义、宗教义

伏羲之道固有的"太一"三义,全都植根于天象,所以互有联系,略有差异。

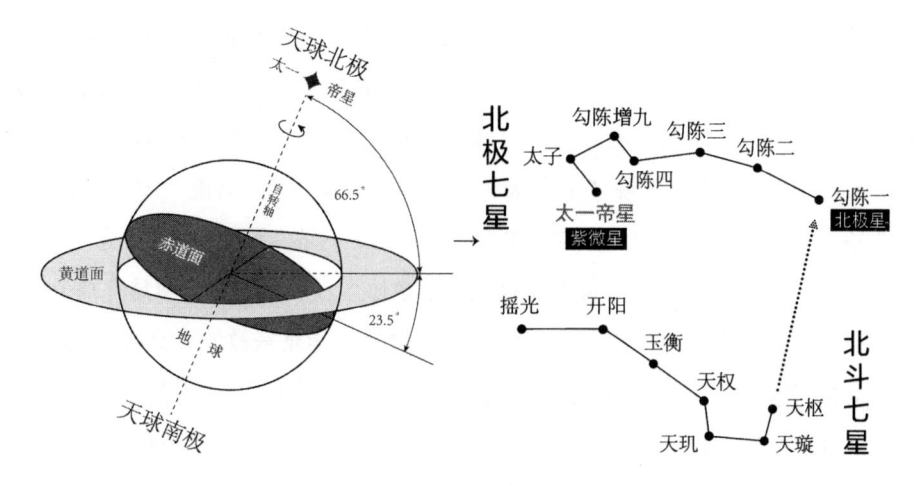

第二章 《老子》初始本的源代码是伏羲太极图　　047

▲地球自转轴指向太一帝星

"太一"天文义，即地球自转轴北端所指、永居天球中心不动的"太一"帝星（小熊座 β）。此星发出紫光，亮度低微，所以又称"紫微星"。"紫微星"所在中央天区，即称"紫微垣"。《史记·天官书》："中宫天极星，其一明者，太一常居也。"即取"太一"天文义："太一"帝星。

"太一"历法义，即太阳围绕"太一"帝星旋转的"太极"体系，专指太阳围绕"太一"帝星旋转而形成的圭表测影图，亦即用于计算一年历法的伏羲太极图（详见拙著《伏羲之道》）。《礼记·礼运》描述伏羲太极图："夫礼，必本于太一，分而为天地，转而为阴阳。"《吕氏春秋·大乐》描述伏羲太极图："太一出两仪，两仪出阴阳。"均取"太一"历法义："太一"历法图（伏羲太极图）。

"太一"宗教义，即"太一"帝星神格化的"太一"上帝。《史记·封禅书》："天神贵者太一，太一佐曰五帝。"屈原《九歌》首篇《东皇太一》，均取"太一"宗教义："太一"上帝。由于"太一"帝星又称"紫微星"，所以"太一"上帝又称"紫微大帝"。汉后道教把"太上老君"视为"紫微大帝"化身，宗教义移用于神化教祖老子，所以道教神话叙述"老子出关"：关尹夜观天象，发现"紫气东来"，预示老子即将来到函谷关。秦汉以后人"王"僭用天"帝"之号，宗教义又移用于神化君主，所以皇宫称为"紫禁城"。

地球自转轴的陀螺式摇摆，导致中宫天极星不断改变（永居天心不动仅是小年错觉）。上古伏羲族于新石器时代中期创立华夏天文体系，当时的中宫天极星是"太一"帝星（小熊座β），但是数千年后的西汉时期，中宫天极星已经变成了"勾陈一"（小熊座α），即今日俗称的"北极星"。西汉司马迁撰写《史记·天官书》，为什么不说"中宫天极星"是"勾陈一"，仍说"中宫天极星"是"太一"帝星（紫微星）？因为《史记·天官书》不是"天文"书，而是"天官"书，"天官"体系是"天文"体系神格化的宗教体系。宗教信仰必须具有神圣性，永远不能改变至高神，所以新石器时代中期以后，华夏宗教的至高神永远是中宫天极星"太一"帝星神格化的"太一"上帝、"紫微大帝"。但是宗教信仰又必须具有兼容性，包括兼容中宫天极星之大年变化，所以汉代以后的道教神谱，把新的中宫天极星"勾陈一"神格化为"勾陈大帝"，作为辅佐"太一"上帝的次要天帝。而华夏天文学为了兼容中宫天极星的大年变化，把地球自转轴的摇摆区域命名为"紫微垣"，即把"紫微星"永居天心不动，修正为"紫微垣"范围，正如皇帝可以住在紫禁城的任何一处。秦始皇每晚改变寝宫的表层原因是躲避刺客，深层原因是对位天象，因为秦始皇以"王"僭"帝"之后，不再像夏商周之"王"那样对位北斗星君，而是对位"太一"上帝。

伏羲之道固有的"太一"三义，均见于"主之以太一"的《老子》。

2.《老子》蕴涵"太一"天文义："太一"帝星

"主之以太一"的《老子》，首先蕴涵伏羲之道的"太一"天文义："太一"帝星。

上古伏羲族创立的华夏天文体系，包含两大天文范畴：宣夜说，浑天说。

"浑天说"是上古伏羲族在仰韶时代（前5000—前3000）创立的初级天文理论，用于阐释以地球、太阳、"太一"帝星为中心的太阳系规律。"浑天说"取象于"鸡子"（鸡蛋），认为地球如蛋黄而居于中，天球如蛋清而包于外。《老子》"道生一"之"一"，"侯王得一以为天下正"之"一"，"载营魄抱一"之"一"，"圣人执一以为天下牧"之"一"，"有生于无"之"有"，均指"浑天说"范畴的"太一"（太极）之道。

"宣夜说"是上古伏羲族在龙山时代（前3000—前2000）创立的终极天文理论，用于阐释不以地球、太阳、"太一"帝星为中心的宇宙总体规律。"宣夜说"超越了"浑天说"的"太极"体系，认知了地球、太阳、"太一"帝星均非宇宙中心；宇宙没有中心，亦即没有极星，所以谓之"无极"。《老子》"道生一"之"道"，"有生于无"之"无"，"复归于无极"之"无极"，均指"宣夜说"范畴的"无极"之道。

中古夏商周史官执掌天文历法，熟知上古伏羲时代创造的两大天文理论。东周史官老子所撰《老子》，用"道生一"和"有生于无"，表述"道"的两大天文层级："道"和"无"均指"宣夜说"范畴的"无极"之道，"一"和"有"均指"浑天说"范畴的"太一"之道（太极之道）。

《周易·系辞上》"易有太极"，《庄子·逍遥游》"无极之外，复无极也"，《庄子·大宗师》"夫道……在太极之上而不为高"，北宋周敦颐《太极图说》"无极而太极"，无不继承作为《老子》第一基石的两大天文层级："道"，"易"，"无极"，均指"宣夜说"范畴的宇宙总体规律；"一"，"太一"，"太极"，均指"浑天说"范畴的宇宙局部太阳系规律。

3.《老子》蕴涵"太一"历法义："太一"历法图

"主之以太一"的《老子》，同样蕴涵伏羲之道的"太一"历法义："太一"历法图（伏羲太极图）。

"太极"之"太"即太阳，"太极"之"极"即"太一"极星。"太极"名相的精确内涵是：太阳围绕"太一"极星旋转一年（实为地球自转轴指向"太一"极星，每日自转一周，每年围绕太阳公转一周），所以伏羲太极图是太阳围绕"太一"极星旋转一年的"太一"历法图，包含阴阳、两仪、四象、八节、十二月、二十四节气、七十二物候，等等。

《道生一章》曰："道生一，一生二，二生三，三生万物。""道"是"宣夜说"范畴的宇宙总体规律"无极之道"，"一"以下是"浑天说"范畴的太阳系规律"太一之道"，对应"太一"历法图，亦即伏羲太极图："一"即天文术语"太一"，等价于历法术语"太极"。"二"即阴阳两仪。"三"即阴爻、阳爻构成的三爻八卦。"万物"即伏羲六十四卦对应的万物（参看《周易·说卦》）。

《周易·系辞上》："易有太极，是生两仪，两仪生四象，四象生八卦。"《礼记·礼运》："夫礼，必本于太一，分而为天地，转而为阴阳。"《吕氏春秋·大乐》："太一出两仪，两仪出阴阳。"这些先秦古籍，或用历法术语"太极"，或用天文术语"太一"，一切描述全都符合伏羲太极图，所以"太一"历法图正是伏羲太极图。

4.《老子》蕴涵"太一"宗教义："太一"上帝

"主之以太一"的《老子》，同样蕴涵伏羲之道的"太一"宗教义："太一"上帝。

天文存在是能指描述的受指，不可能错。历法知识是描述受指的能指，有可能错。所以历法知识之神圣性，依附于天文存在之神圣性。华夏阴阳合历所含太阳历二十四节气之神圣性，依附于天文层面的冬至圭影最长、夏至圭影最短、春分秋分昼夜等长。华夏阴阳合历所含太阴历每月十五之神圣性，依附于天文层面的每月十五月圆。中古夏商周为了把天文存在、历法知识的神圣性，转化为君主统治的神圣性，于是"神道设教"，把"太一"帝星神格化为"太一"上帝，先把天文存在、历法知识的神圣性，转化为宗教体系、神话体系的神圣性，再把宗教体系、神话体系的神圣性，转化为君主统治的神圣性：用君王颁布的历法符合天文，证明"君权神授"。

由于观星制历的并非夏商周君王，而是夏商周史官，所以"神道设教"的"君权神授"论，仅对不通天文历法的人们有效，对执掌天文历法的史官无效。东周史官老子深知，历法符合天文无法证明君王之神圣性，证明君王之神圣性的唯一通途是君王效法天道治国。

东周史官老子同样深知，"太一"上帝是"太一"帝星的神格化，所以《道冲不盈章》对"太一"上帝进行了哲学祛魅："吾不知其谁之子，象帝之先。""帝"即"太一"帝星神格化的"太一"上帝。"象帝之先"，还原了"太一"上帝的产生过程：先有天文义的"太一"帝星，后有宗教义的"太一"上帝。点破"道"先于"帝"，是以上古伏羲之道，对中古夏商周之神道设教的哲学祛魅。苏格拉底对上古希腊神话之神道设教，释迦牟尼对上古婆罗门教之神道设教，耶稣对上古犹太教之神道设教，全都进行了类似于老子的哲学祛魅。一个民族若未完成对神道设教的哲学祛魅，就不可能实现哲学突破。上古部落文化进入中古国家的初级文明，必然经历神道设教，即把天文体系神格化为天神体系，建构统一信仰。中古国家的初级文明进入近古国家的中级文明，必然经历哲学突破，即对初级文明的神道设教予以哲学祛魅。一个民族假如没有实现哲学突破，就不可能从中古国家的初级文明升级为近古国家的中级文明。事实上仅有极少数民族实现了哲学突破，从中古国家的初级文明升级为近古国家的中级文明。

《老子》"象帝之先"四字，对夏商周宗教的"太一"上帝之神圣性，以及自封"太一"上帝之子、自称"君权神授"的夏商周君主之神圣性，予以哲学祛魅，标志着中国文明实现了"以道代帝"的哲学突破。

《老子》一方面用"象帝之先"四字，实现了"以道代帝"的哲学突破；另一方面又借用了夏商周宗教的"太一"上帝，称其为"教父"，亦见《道生一章》："故'强梁者不得其死'，吾将以为教父。""强梁者不得其死"并非老子之言，而是引用镌刻于东周太庙"太一"上帝神像背部的神谕《金人铭》。《老子》引用《金人铭》，所取正是"太一"宗教义"太一"上帝，故称"太一"上帝为"教父"。

老子并未彻底否定中古夏商周宗教的"太一"上帝，仅是予以哲学祛魅，并且借用"太一"上帝的神谕《金人铭》，教诲天下侯王。正如苏格拉底并未彻底否定希腊宗教的奥林匹亚众神，而是借用德尔斐神庙的阿波罗神谕"认识你自己"，教诲希腊民众；释迦牟尼并未彻底否定婆罗门教的印度众神，而是改造婆罗门教的信仰，传播佛学智慧；耶稣并未彻底否定犹太教的上帝，而是借用犹太教上帝的旧约"十诫"，传播基督教的新约"福音"。四大民族的四大哲人，所处民族环境虽异，所处历史时段则同，所以因应外境的方式大同小异，殊途同归。

5.《老子》新增"太一"哲学义："道"是"无极恒道"，"一"是"太一常道"

对于华夏古道固有的"太一"三义，《老子》的哲学处置不尽相同：对于华夏古道固有的"太一"天文义、历法义，《老子》是顺势继承并予哲学提炼；对于华夏古道固有的"太一"宗教义，《老子》是顺势扬弃并予哲学祛魅。所以《老子》全书的一切表述，无不围绕"哲学突破"的两大使命：一是认知人类的永恒无知，二是对于宗教的哲学祛魅。认知人类的永恒无知，则是《老子》的第一教诲。

"主之以太一"的《老子》，除了蕴涵华夏古道固有的"太一"三义（天文义、历法义、宗教义），又新增了"太一"第四义：哲学义，亦即道家义。

首先，老子把"道生一"之"道"，亦即"宣夜说"范畴的宇宙总体规律"无极之道"，称为不可知、不可得、不可抱、不可执、不可道的"恒道"，见于《道可道章》："道，可道也，非恒道也。"所以《知不知章》说："知不知，上矣。不知不知，病矣。"

其次，老子把"道生一"之"一"，亦即"浑天说"范畴的宇宙局部太阳系规律"太一之道"，称为可知、可得、可抱、可执、可道的"常道"，见于《含德之厚章》："和曰常，知常曰明。"又见于《守静知常章》："知常，明也。不知常，妄作凶。"所以《侯王得一章》说："天得一以清，地得一以宁，神得一以灵，谷得一以盈，侯王得一以为天下正。"《抱一爱民章》则说："载营魄抱一。"《曲则全章》又说："圣人执一以为天下牧。"

"宣夜说"范畴的宇宙总体规律"无极之道"，"浑天说"范畴的宇宙局部太阳系规律"太一之道"，都是老子之前的伏羲之道固有的，但把"无极之道"称为不可知、不可得、不可抱、不可执、不可道的"恒道"，把"太一之道"称为可知、可得、可抱、可执、可道的"常道"，则是《老子》新增的"太一"哲学义。

老子新增"太一"哲学义之前，"太一生两仪，两仪生阴阳，阴阳生四象，四象生八卦"属于神创宇宙论。"太一"为宗教义，即"太一上帝"，意为：太一上帝创造了全部宇宙。

老子新增"太一"哲学义之后，"太一生两仪，两仪生阴阳，阴阳生四象，四象生八卦"不再是神创宇宙论,而是自然宇宙论。老子首先把"太一"宗教义还原为"太一"天文义、"太一"历法义。"太一"天文义是:"太一"帝星是太阳系一切天体绕之旋转的中宫天极星。"太一"历法义是:"太一"历法图(伏羲太极图)揭示了太阳系天体围绕"太一"帝星旋转的周期规律。所以"太一"宗教义的神创宇宙论"太一上帝创造了全部宇宙",在"太一"哲学义的自然宇宙论中,仅是"太一上帝创造了局部宇宙太阳系"。

老子在把"太一"宗教义还原为"太一"天文义、"太一"历法义的基础上,又进一步揭示了自然宇宙论的"太一"哲学义:"浑天说"范畴的宇宙局部太阳系规律"太一"之道,仅是人类可知的次级天道"太一常道";"宣夜说"范畴的宇宙总体规律,则是人类不可知的顶级天道"无极恒道"。所以《道生一章》之"道生一"意为:不可知的无极之道,生可知的太一之道。《道冲不盈章》之"吾不知其谁之子,象帝之先"意为:不可知的无极之道,先于可知的太一之道;天文历法的太一之道,先于宗教神话的太一上帝。

正是老子新增的"太一"哲学义:"道"是不可知的"无极恒道","一"是可知的"太一常道";"道"先于"一","一"先于"帝","帝"是"一"的神格化;把伏羲天文之道突破为道家人文之道,把神创宇宙论突破为自然宇宙论,实现了轴心时代的中国哲学突破。

6.《老子》譬解天文历法:天文存在为"父",历法知识为"母"

《老子》除了把对应华夏天文学两大范畴"宣夜说"、"浑天说"的"道生一"作为第一基石,又严格区分了天文存在和历法知识:譬解天文存在为"父",譬解历法知识为"母"。

《老子》初始本两见"父"字,分别譬解"宣夜说"范畴、"浑天说"范畴的天文存在。《唯道是从章》之"众父",譬解"宣夜说"范畴的宇宙总体规律"无极恒道",尊之为顶级天文存在的"众父"。《道生一章》之"教父",譬解"浑天说"范畴的宇宙局部太阳系规律"太一常道",尊之为次级天文存在的"教父"。

《老子》初始本七见"母"字,全都譬解"浑天说"范畴的历法知识,亦即"太一"历法图（伏羲太极图）。《天下有始章》"天下母"，"既得其母"，"复守其母"，《治人事天章》"有国之母"，《道可道章》"有，名万物之母也"，《敬天畏人章》"贵食母"，《有状混成章》"独立而不改，周行而不殆，可以为天地母"，无一例外均指"浑天说"范畴的历法知识"太一"历法图（伏羲太极图）。

"宣夜说"范畴的宇宙总体规律"无极恒道"，人类仅知其天文存在，不知其历法知识，所以《老子》仅仅譬解其天文存在为"众父"，不譬解其历法知识为"众母"。"浑天说"范畴的宇宙局部太阳系规律"太一常道"，人类既知其天文存在，又知其历法知识，所以《老子》既譬解其天文存在为"教父"，又譬解其历法知识为"天下母"、"天地母"、"万物之母"、"有国之母"。

7.《老子》"人法地，地法天，天法道"的天文层次

厘清了上述诸多名相分别属于两大天文范畴"宣夜说"、"浑天说"，就能精确理解《有状混成章》：

> 道大，天大，地大，人亦大。域中有四大，而人居其一焉。
> 人法地，地法天，天法道，道法自然。

《有状混成章》首先标举"宇宙四大"："道大，天大，地大，人亦大。"

"人"是宇宙第四大，属于"浑天说"范畴的"万物"层级。"人亦大"，是因为"人是万物之灵长"。

"地"是宇宙第三大，属于"浑天说"范畴的"地球"层级。"地大"，是因为"人"居于地球。

"天"是宇宙第二大，属于"浑天说"范畴的"天球"层级。"天大"，是因为地球从属于天球，即地球以"太一"帝星为"道枢"，以"太一"上帝为"教父"，以"太一"历法为"天下母"。

"道"是宇宙第一大，属于"宣夜说"范畴的"宇宙"层级。"道大"，是因为地球人只能略知"浑天说"范畴的宇宙局部太阳系规律"太一常道"，无

法尽知"宣夜说"范畴的宇宙总体规律"无极恒道"。在"宣夜说"范畴的全部宇宙中,"浑天说"范畴的"太一"帝星不是全部宇宙的"道枢","太一"上帝不是主宰宇宙的"众父","太一"历法图(伏羲太极图)不是宇宙万物的"天下母"。

《有状混成章》随后标举"宇宙四法":"人法地,地法天,天法道,道法自然。"

"人法地"是宇宙第四法,即"浑天说"范畴的万物效法地球。地球自转导致日出之昼和日落之夜,"人法地"即"日出而作,日落而息"。地球公转导致一年四季春夏秋冬,"人法地"即"春耕夏种,秋收冬藏"。

"地法天"是宇宙第三法,即"浑天说"范畴的地球效法天球。太阳系的天球,以"太一"帝星为"道枢",所以地球人以"太一"上帝为"教父",以"太一"历法为"天下母"。

"天法道"是宇宙第二法,即"浑天说"范畴的太阳系规律"太一常道"效法"宣夜说"范畴的宇宙总体规律"无极恒道"。

"道法自然"是宇宙第一法,即"宣夜说"范畴的宇宙总体规律"无极恒道"仅仅效法自己。因为"无极恒道"是全部宇宙的最高主宰,没有更高的效法对象,只能效法自己。

二、《老子》"礼必本于太一"的人道内涵

《老子》"礼必本于太一"的人道内涵,以"主之以太一"的天道内涵为前提。"主之以太一"的天道内涵,是指《老子》以"太一"历法图(伏羲太极图)为源代码。"礼必本于太一"的人道内涵,是指《老子》教诲天下侯王遵循"太一"历法图(伏羲太极图)治国。所以贯穿《老子》全书的价值五阶"道↘德↘仁↘义↘礼",侯王四境"德↘仁↘义↘礼",以及"扬泰抑否"的"君人南面之术",无不源于"太一"历法图(伏羲太极图)。

1.《老子》从"太一"历法图提炼出价值五阶：道↘德↘仁↘义↘礼

《老子》首章《上德不德章》，开宗明义曰：

失道而后德，失德而后仁，失仁而后义，失义而后礼。

《老子》首章《上德不德章》的价值五阶：道↘德↘仁↘义↘礼，源代码正是"太一"历法图，即伏羲太极图。

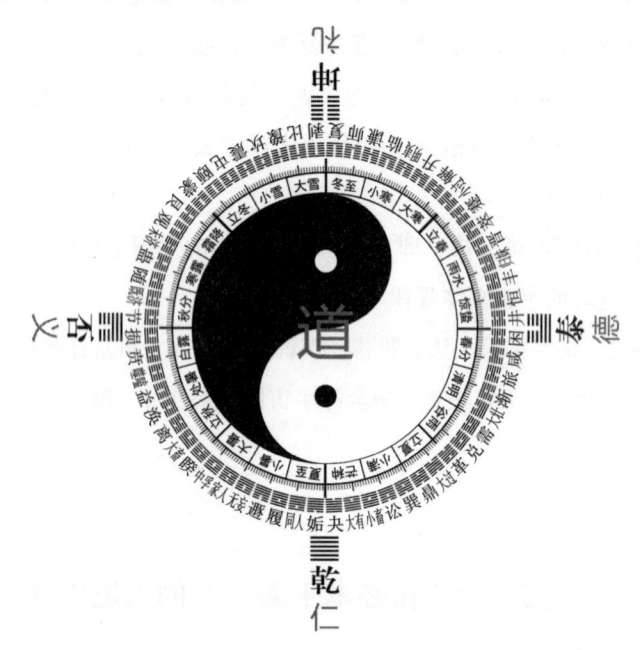

▲伏羲太极图（伏羲族方位：上北下南，左西右东）

伏羲太极图的中心，对应"太一"帝星。伏羲太极图是《太一生水》所言"太一成岁"的历法图，因为太阳系一切天体无不围绕"太一"帝星旋转（此为地球观测者的直观），所以伏羲太极图是"太一"历法图。《老子》把伏羲太极图揭示的"太一常道"，提炼为价值五阶的第一价值"道"。

《老子》又把伏羲太极图开辟"四时"的外圈四卦，提炼为价值五阶的后四价值：春分泰卦☷☰，提炼为"德"。夏至乾卦☰☰，提炼为"仁"。秋分否卦☰☷，提炼为"义"。冬至坤卦☷，提炼为"礼"。

提炼自伏羲太极图的价值五阶：道↘德↘仁↘义↘礼，见于《老子》初始本首章，贯穿《老子》全书。

2.《老子》从"太一"历法图外圈四卦提炼出侯王四境：德↘仁↘义↘礼

由于人类不可能尽得"天道"，所以剔除价值五阶的第一价值"道"，后四价值即为"人道四境"：德↘仁↘义↘礼，对应伏羲太极图开辟"四时"的外圈四卦：泰↘乾↘否↘坤，亦即《太一生水》所言"太一成岁"之"四时"。

由于《老子》的教诲对象不是普通人，而是侯王，所以《老子》初始本首章《上德不德章》，又把"人道四境"落实为"侯王四型"：

上德无为而无以为，上仁为之而无以为，上义为之而有以为，上礼为之而莫之应，则攘臂而扔之。

"上德"侯王顺道"无为"，以"德"治国。"上仁"侯王悖道"有为"，以"仁"治国。"上义"侯王悖道"有为"，以"义"治国。"上礼"侯王悖道"有为"，以"礼"治国。

《老子》初始本首章的"人道四境"和"侯王四型"，应用于《出生入死章》，即为"侯王摄生四境"：

出生入死。生之徒，十有三。死之徒，十有三。民之生生而动，动皆之死地，亦十有三。夫何故也？以其生生之厚也。

盖闻善摄生者，陆行不避兕虎，入军不被甲兵。兕无所投其角，虎无所措其爪，兵无所容其刃。夫何故也？以其无死地焉。

以"德"治国的上德侯王顺道"无为"，善于统摄民生，所以民众"无死地"。

以"仁"治国的下德侯王悖道"有为"，较不善于统摄民生，所以民众"生之徒，十有三"。

以"义"治国的下德侯王悖道"有为"，很不善于统摄民生，所以民众"死之徒，十有三"。

以"礼"治国的下德侯王悖道"有为"，极不善于统摄民生，所以民众"动皆之死地，亦十有三"。

《老子》初始本首章的"人道四境"和"侯王四型"，应用于《太上不知章》，即为"侯王四境"：

> 太上，不知有之。其次，亲而誉之。其次，畏之。其下，侮之。

以"德"治国的上德侯王顺道"无为"，所以民众"不知有之"。

以"仁"治国的下德侯王轻度悖道"有为"，所以民众"亲而誉之"。

以"义"治国的下德侯王重度悖道"有为"，所以民众"畏之"。

以"礼"治国的下德侯王极度悖道"有为"，所以民众"侮之"。

提炼自伏羲太极图外圈四卦的侯王四境：德↘仁↘义↘礼，见于《老子》初始本首章，贯穿《老子》全书。

3.《老子》从"太一"历法图东西两卦提炼出正道奇术：泰道、否术

《老子》初始本首章《上德不德章》，又按照顺道"无为"、悖道"有为"，把"侯王四型"分为"上德"和"下德"两类：

> 上德不德，是以有德。下德不失德，是以无德。

以"德"治国的"上德"侯王，仅有一型，独有标志是顺道"无为"，所以《老子》把"上德"侯王对位于伏羲太极图外圈正东的春分泰卦䷊。

以"仁↘义↘礼"治国的"下德"侯王，共有三型，共同标志是悖道"有为"，所以《老子》把"下德"侯王对位于伏羲太极图外圈正西的秋分否卦䷋。

但是这一提炼并非《老子》首创的私见，而是夏商周政治制度的建构原理，所以《老子》全书援引夏商周的四大政治制度，即太庙神谕制度、明堂月令制度、侯王谦称制度、泰否左右制度，阐明夏商周政治制度的建构原理是"礼必本于太一"，夏商周政治制度的核心是"扬泰抑否"。

夏商周政治制度的基本理念是"人文效法天文"，证见《周易·易经·贲》："观乎天文，以察时变；观乎人文，以化成天下。"又见《周易·系辞上》："天生神物，圣人则之。天地变化，圣人效之。天垂象，圣人象之。"又见《周易·文言》："夫大人者，与天地合其德，与日月合其明，与四时合其序，与鬼神合其吉凶。"落实基本理念"人文效法天文"的建构原理是"礼必本于太一"，所以"礼必本于太一"贯穿于夏商周的一切政治制度，包括《老子》援引的夏商周四大政治制度：太庙神谕制度、明堂月令制度、侯王谦称制度、泰否左右制度。

4.《老子》援引太庙神谕制度，教诲侯王顺从"太一"之父、母、子

《老子》援引"礼必本于太一"的夏商周太庙神谕制度，教诲天下侯王顺从"太一"之父、母、子。

首先，《老子》教诲天下侯王顺从"太一"之"父"，亦即信仰天道。见于《道生一章》、《唯道是从章》。

> 人之所教，亦我而教人。故"强梁者不得其死"，吾将以为教父。（道生一章）

> 孔德之容，唯道是从。……自今及古，其名不去，以顺众父。（唯道是从章）

《道生一章》先言"人之所教，亦我而教人"，阐明夏商周政治制度的建构原理是"礼必本于太一"；后引镌刻于东周太庙"太一"上帝神像背部的神谕《金人铭》"强梁者不得其死"，称颂"太一"上帝为"教父"。

《唯道是从章》进而言高于"教父"的"众父"，教诲天下侯王：顺从可知、

可得、可道的"浑天说"范畴之太阳系"教父"，即为顺从不可知、不可得、不可道的"宣夜说"范畴之宇宙"众父"。

其次，《老子》教诲天下侯王顺从"太一"之"母"，亦即遵循"太一"历法图（伏羲太极图）治国。见于《道可道章》、《有状混成章》、《天下有始章》、《治人事天章》、《敬天畏人章》。

> 道，可道也，非恒道也；名，可名也，非恒名也。无，名万物之始也；有，名万物之母也。（道可道章）
>
> 有状混成，先天地生。寂兮寥兮，独立而不改，周行而不殆，可以为天地母。（有状混成章）
>
> 天下有始，以为天下母。既得其母，以知其子。既知其子，复守其母，殁身不殆。（天下有始章）
>
> 有国之母，可以长久，是谓深根固柢、长生久视之道也。（治人事天章）
>
> 我欲独异于人，而贵食母。（敬天畏人章）

《道可道章》之"恒道"，即"宣夜说"范畴的宇宙总体规律"无极恒道"，其天文存在可知，其历法知识不可知、不可得、不可道，不能被人类拥有，故称"无"。可道的"常道"，即"浑天说"范畴的宇宙局部太阳系规律"太一常道"；其天文存在可知，其历法知识可知、可得、可道，能被人类拥有，故称"有"。天文存在属"父"，历法知识属"母"，故称"太一"历法图（伏羲太极图）为"万物之母"。

《有状混成章》之"有状混成，先天地生"，即"浑天说"范畴的宇宙局部太阳系规律"太一常道"；"太一"为因，"天地"为果，故言"先天地生"，故称"太一"历法图（伏羲太极图）为"天地母"。

《天下有始章》之"天下有始，以为天下母"，即言夏商周政治制度"礼必本于太一"，故称"太一"历法图（伏羲太极图）为"天下母"。

《治人事天章》之"有国之母，可以长久"，亦言夏商周政治制度"礼必本于太一"，故称"太一"历法图（伏羲太极图）为"有国之母"。

《敬天畏人章》之"我欲独异于人,而贵食母",亦言夏商周政治制度"礼必本于太一",故称遵循"太一"历法图(伏羲太极图)治国为"贵食母"。

最后,《老子》教诲天下侯王顺从"太一"之"子",即遵循"泰道"治国。见于《道生一章》、《天下有始章》。

> 道生一,一生二,二生三,三生万物。万物负阴而抱阳,冲气以为和。(道生一章)
>
> 既得其母,以知其子。既知其子,复守其母,殁身不殆。(天下有始章)

"道生一"之"道",即"宣夜说"范畴的宇宙总体规律"无极恒道"。"道生一"之"一",即"浑天说"范畴的宇宙局部太阳系规律"太一常道"。

"道生一,一生二,二生三,三生万物"的关键词,是连言四次的"生",所以后续两句阐明道"生"万物之基本原理:"万物负阴而抱阳,冲气以为和。"两句均言"太一"历法图(伏羲太极图)标示春分的泰卦:"负阴而抱阳",即言泰卦之卦象䷊,上卦背负三阴,下卦抱持三阳;"冲气以为和",即言泰卦之卦义,上卦阴气下行,下卦阳气上行,阴阳二气相冲而和。

由于"太一"历法图(伏羲太极图)以春分泰卦标示道"生"万物之基本原理,以秋分否卦标示道"杀"万物之基本原理,所以《老子》教诲天下侯王首先遵循"太一"历法图(伏羲太极图)治国,其次效法春气"生"物的基本原理"泰道",不能效法秋气"杀"物的基本原理"否术"。

《老子》称天文存在"太一"帝星及其神格化的"太一"上帝为"教父",称历法知识"太一"历法图(伏羲太极图)为"万物之母"、"天地母"、"天下母"、"有国之母",所以称"泰道"为"太一"父母之"子"。

《天下有始章》之"既得其母",义同《侯王得一章》之"侯王得一",因为"太一"历法图(伏羲太极图)揭示的太阳系规律,是地球生物圈的万物之"母"。"以知其子","子"即"太一"父母"生"万物的基本原理"泰道"。

"既得其母,以知其子"意为:侯王既然遵循"太一"历法图(伏羲太极图)治国,就应知晓春气"生"物的基本原理"泰道",乃是"太一"父母之"子"。"泰道"之"母"是作为历法知识的"太一"历法图，亦即"有国之母"。"泰道"之"父"是作为天文存在的"太一"帝星及其神格化的"太一"上帝，亦即"教父"。

"既知其子，复守其母，殁身不殆"意为：侯王既已知晓春气"生"物的基本原理"泰道"是"太一"父母之"子"，只要遵循"泰道"治国，就能国泰民安，"殁身不殆"，"长生久视"，"子孙祭祀不绝"。

由于《老子》初始本以"太一"上帝为"教父"，所以《老子》初始本的文体是宗教神话时代的神谕体兼先知体，其第一人称"我"和"吾"，或为"太一"上帝的神谕口吻，或为作为宗教祭司的先知口吻、圣君口吻。神谕体、先知体其实都是祭司体，祭司代表自己说话就是先知体，祭司代表上帝说话就是神谕体。由于《老子》的教诲对象是侯王，所以先知体兼神谕体是教诲侯王的恰当文体。神谕体兼先知体决定了《老子》的极简主义文风，省略成分极多。只有充分了解史官老子熟知的上古至中古知识背景，同时充分了解《老子》的教诲对象和思想宗旨，才能正确理解《老子》大量省略的究竟是什么。

5.《老子》援引明堂月令制度，教诲侯王"礼必本于太一"

《老子》援引"礼必本于太一"的夏商周明堂月令制度，教诲天下侯王遵循"太一"历法图（伏羲太极图）治国。见于《不出于户章》、《上善若水章》。

> 不出于户，以知天下；不窥于牖，以知天道。（不出于户章）
> 居善地……动善时。（上善若水章）

理解《不出于户章》和《上善若水章》，必须了解夏商周的王城结构、明堂结构、式盘结构全都效法"太一"历法图（伏羲太极图）之伏羲十二辟卦。

夏商周的王城十二门、明堂十二室、式盘十二支，全都效法伏羲太极图之十二辟卦。夏商周侯王每月所居明堂之室，对应北斗七星之斗柄：每月初一，侯王移居斗柄所指明堂之室。夏商周的明堂月令制度，详见《礼记·月令》，《吕氏春秋》之十二纪，《逸周书》之《明堂解》、《月令解》，蔡邕《明堂月令论》等，

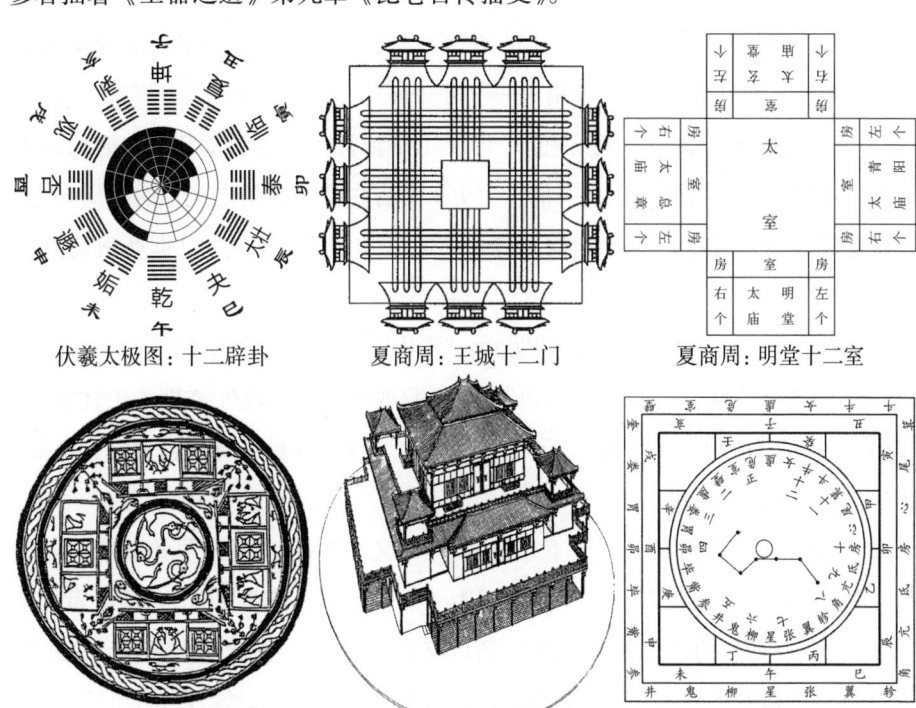

第二章 《老子》初始本的源代码是伏羲太极图　　063

参看拙著《玉器之道》第九章《昆仑台传播史》。

伏羲太极图：十二辟卦　　夏商周：王城十二门　　夏商周：明堂十二室

战国齐：明堂十二室　　汉代：明堂十二室　　汉代：式盘十二支

▲伏羲十二辟卦→王城十二门、明堂十二室、式盘十二支

夏商周侯王所居明堂，四方各三室，合计十二室，对应北斗斗柄所指十二月：春季三月（寅月、卯月、辰月），侯王逐月移居东方三室（寅室、卯室、辰室）。夏季三月（巳月、午月、未月），侯王逐月移居南方三室（巳室、午室、未室）。秋季三月（申月、酉月、戌月），侯王逐月移居西方三室（申室、酉室、戌室）。冬季三月（亥月、子月、丑月），侯王逐月移居北方三室（亥室、子室、丑室）。闰年之闰月，侯王移居明堂中间的太室。

道家出于史官，史官执掌伏羲天文象数易。夏商周的明堂月令制度，按照天文"本数"，制定人文"末度"，合称"数度"（《庄子·天下》）。"度"之本义，即"天有三百六十度"之"度"。"制度"之本义，即"人"之"制"合于"天"之"度"。所以《周礼·春官宗伯·大史》曰："大史（太史）正岁年，以序事。颁之于官府及都鄙，颁告朔于邦国。闰月，诏王居门，终月。"《说文解字》释"闰"

曰:"余分之月,五岁再闰,告朔之礼,天子居宗庙,闰月居门中。从'王',在'门'中。《周礼》曰:'闰月,王居门中。'""王居门中"之"门",正是明堂之"门",亦即《不出于户章》"不出于户"之"户"。

《说文解字》所言"告朔之礼",即侯王每月初一移居明堂某室之时的祭天仪式。老子作为《周礼·春官宗伯·大史》所言主持"告朔之礼"的东周太史,深知夏商周明堂月令制度的建构原理是"礼必本于太一",所以据此教诲天下侯王:

侯王居于"礼必本于太一"的明堂,"不出"明堂之"户",就能"知天下";"不窥"明堂之"牖",就能"知天道"。侯王只要顺道"无为",亦即不干扰农时,"天下"百姓就能顺应"天道",遵循"自然"节令,春耕、夏种、秋收、冬藏,于是天下太平,国泰民安。

《老子》所言"稽式"、"天下式",均用本义"式盘"(见上页第6图),"稽式"意为"稽古之式盘","天下式"意为"治理天下之式盘"。正因夏商周式盘效法"太一"历法图(伏羲太极图),所以又称"法式"。汉后注家不知"稽式"、"天下式"均指效法"太一"历法图的夏商周式盘,望文生义地空泛阐释"稽式"、"天下式",不可能读懂《老子》。

司马谈《论六家要指》:"道家使人精神专一,动合无形,赡足万物。其为术也,因阴阳之大顺,采儒墨之善,撮名法之要,与时迁移,应物变化,立俗施事,无所不宜,指约而易操,事少而功多。"《周易·象传·丰》:"日中则昃,月盈则食,天地盈虚,与时消息。"《论语·学而》:"子曰:道千乘之国,敬事而信,节用而爱人,使民以时。"《文子·道原》:"调其数而合其时,时之变间不容息,先之则太过,后之则不及。"所言"与时迁移"、"与时消息"、"使民以时"、"调其数而合其时",均与侯王逐月移居北斗斗柄所指明堂之室有关,亦即《上善若水章》之"动善时","居善地"。

孔子两次问"礼"于老子(详见第一章),"考明堂之则,察庙朝之度",必闻老子"礼必本于太一"之教。所以战国儒家所撰《礼记·礼运》遂言:"夫礼,必本于太一,分而为天地,转而为阴阳。"

《老子》初始本援引的夏商周明堂月令制度,以及侯王所居明堂之室对应北斗七星之柄，北斗七星指向太一帝星等，不仅是准确理解《不出于户章》、《上善若水章》的必备知识，而且是准确理解《老子》初始本之象数结构的必备知识（详见本章第三节）。

6.《老子》援引侯王谦称制度，教诲侯王遵循泰道

《老子》援引"礼必本于太一"的侯王谦称制度，教诲天下侯王遵循"泰道"，自损自弱。见于《侯王得一章》、《道生一章》。

> 侯王得一以为天下正……是以侯王自谓孤、寡、不穀，此其贱之本邪？（侯王得一章）
>
> 人之所恶，唯孤、寡、不穀，而王公以自名也。是故物或损之而益，或益之而损。（道生一章）

《侯王得一章》先言"侯王得一以为天下正"，即侯王"既得其母，复知其子"，得到"太一"历法图（伏羲太极图）之后，必须以春气"生"物的基本原理"泰道"为治国正道；后言"是以侯王自谓孤、寡、不穀"，即言侯王遵循"泰道"，自损自弱而用谦称。

《道生一章》先言侯王谦称"孤、寡、不穀"，然后援引镌刻于东周太庙"太一"上帝神像背部的《金人铭》贬斥"否术"之言"强梁者不得其死"，点破"教父"（"太一"上帝）之神谕，正是褒扬春气"生"物的基本原理"泰道"，贬斥秋气"杀"物的基本原理"否术"，亦即"扬泰抑否"。

7.《老子》援引泰否左右制度，教诲侯王抛弃否术

《老子》援引"礼必本于太一"的夏商周泰否左右制度，教诲天下侯王效法"太一"，"扬泰抑否"。见于《天道左右章》、《兵者不祥章》、《以正治国章》、《柔之胜刚章》。

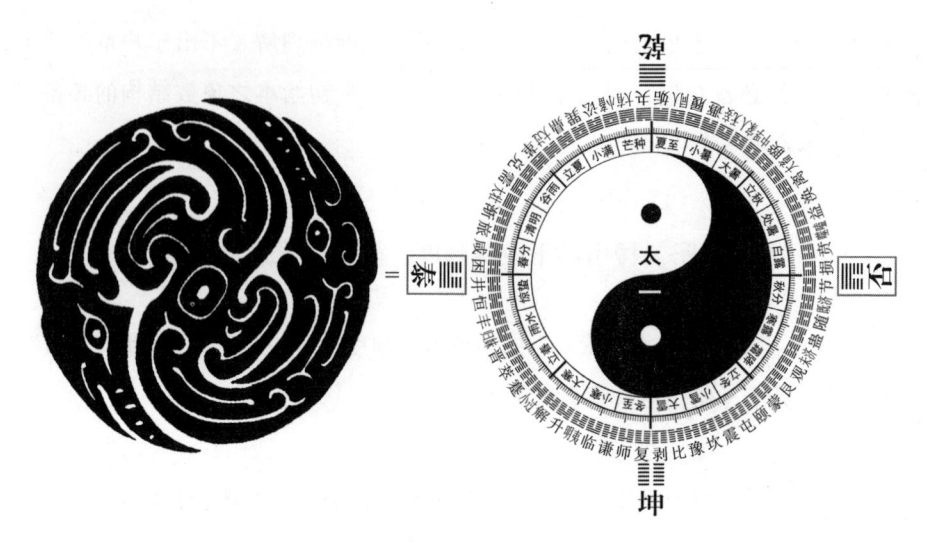

▲夏商周"太一"历法图（黄帝族方位：上南下北，左东右西）

道泛兮，其可左右。（天道左右章）

君子居则贵左，用兵则贵右。……是以吉事尚左，丧事尚右。偏将军居左，上将军居右，言以丧礼居之也。（兵者不祥章）

圣人执左契，而不责于人。（柔之胜刚章）

以正治国，以奇用兵。（以正治国章）

《天道左右章》之"道泛兮，其可左右"，对应夏商周"太一"历法图之左右[1]：左为春气"生"物的泰卦，右为秋气"杀"物的否卦。天道生杀万物，既有春气"生"物的"泰道"，也有秋气"杀"物的"否术"。

《兵者不祥章》之"君子居则贵左，用兵则贵右"，即言夏商周按照"礼必本于太一"的政治理念，建构了泰否左右制度。

明白了夏商周的泰否左右制度，就能正确理解《柔之胜刚章》《以正治国章》。

《柔之胜刚章》之"圣人执左契，而不责于人"，亦言夏商周的泰否左右制度，以春气"生"物的泰道治国，不以秋气"杀"物的否术治国。

---

[1] 左图为西周太一图，右图为张远山复原的伏羲太极图初始卦序，详见张远山：《伏羲之道》，岳麓书社2015。

《以正治国章》之"以正治国,以奇用兵",亦言夏商周的泰否左右制度,以春气"生"物的泰道治国,以秋气"杀"物的否术用兵。

春分泰卦☷☰位于"太一"历法图(伏羲太极图)正东,东方属木,主生,东方苍龙七宿同样主生。侯王的历法对位是东方春分泰卦,侯王的天文对位是东方苍龙七宿,冠冕、服饰、器物、仪仗均用龙形,所执权柄为"左契",所以侯王的治国正道是春气"生"物的"泰道"。

秋分否卦☰☷位于"太一"历法图(伏羲太极图)正西,西方属金,主杀,西方白虎七宿同样主杀。将军的历法对位是西方秋分否卦,将军的天文对位是西方白虎七宿,冠冕、服饰、器物、仪仗均用虎形,所执兵符为"虎符",所以将军的用兵奇术是秋气"杀"物的"否术"。

与马王堆帛书《老子》同墓出土的马王堆帛书《黄帝四经》,乃是著录于《汉书·艺文志》而亡佚两千年的《黄帝四经》。《黄帝四经》继承了《老子》所言"以正治国,以奇用兵",故其《称》篇曰:"奇从奇,正从正。奇与正,恒不同廷。"故其《十大经·前道》亦曰:"名正者治,名奇者乱。正名不奇,奇名不立。正道不殆,可后可始。乃可小夫,乃可国家。小夫得之以成,国家得之以宁。小国得之以守其野,大国得之以并兼天下。"

需要特别说明的是,上古伏羲族的伏羲太极图采用伏羲族方位:上北下南、左西右东,故其泰卦居右,否卦居左。中古夏商周的"太一"历法图采用黄帝族方位:上南下北、左东右西,故其泰卦居左,否卦居右。因此《天道左右章》之"道泛兮,其可左右",意为"道泛兮,其可泰否";《兵者不祥章》之"君子居则贵左,用兵则贵右……吉事尚左,丧事尚右",意为"君子居则贵泰,用兵则贵否……吉事尚泰,丧事尚否";《以正治国章》之"以正治国,以奇用兵",意为"以泰治国,以否用兵"。

个别学者明白《老子》所言"左右",源于夏商周政治制度之"左右"。

比如高亨《重订老子正诂》曰:"《逸周书·武顺》篇:'吉礼左还,顺天以立本。武礼右还,顺地以利兵。'《诗·裳裳者华》:'左之左之,君子宜之。右之右之,君子有之。'毛传:'左阳道,朝祀之事。右阴道,丧戎之事。'并与《老子》

此文相合。"[1]

再如高明《帛书老子校注》曰："'左'为阳位属吉，'右'为阴位属丧。《礼记·檀弓上》'二三子皆尚左'，郑玄注：'丧尚右，右阴也。吉尚左，左阳也。'"[2]

又如徐志钧《老子帛书校注》曰："春秋时贵族日常生活中以左为上。无论宾主席位，马车乘坐，器物执着，都是这样。《礼记·曲礼下》：'执主器，操币、圭、璧，则尚左手。'注：'谓以左手为尊也。'"[3] 参看郑玄注："上左，上右，拱手时左手在上或右手在上也。"

高亨、高明、徐志钧虽已明白《逸周书》、《诗经》及毛传、《礼记》及郑注所言左阳右阴，合于《老子》所言左阳右阴，然而不知《老子》所言左阳右阴，植根于夏商周政治制度之左阳右阴，更加不知夏商周政治制度之左阳右阴，植根于夏商周"太一"历法图之左阳右阴、左泰右否。因为在拙著《伏羲之道》之前，伏羲太极图之初始卦序及其上古伏羲族方位、中古黄帝族方位已经失传两千多年。

尽管汉后两千多年的历代学者不再了解老子熟知的伏羲太极图初始卦序及其两种方位，然而稍后于春秋老子的战国诸子，仍然了解老子熟知的伏羲太极图初始卦序及其两种方位，所以继承《老子》的战国"黄帝之书"、稷下"黄老学派"以及诸子百家，全都明白《老子》所言"泰否左右"源于夏商周泰否左右制度。

比如《黄帝四经》之《十大经·雌雄节》，继承《老子》而阐明了"夏后氏"开创的泰否左右制度，乃是效法"太一"历法图（伏羲太极图）：

> 皇后历吉凶之常，以辨雌雄之节，乃分祸福之向。……
> 凡人好用雄节，是谓妨生。大人则毁，小人则亡。以守不宁，以作事不成。以求不得，以战不克。厥身不寿，子孙不殖。是谓凶节，是谓散德。
> 凡人好用雌节，是谓承禄。富者则昌，贫者则[康]。以守则宁，以作事

---

[1] 高亨《重订老子正诂》，73页，开明书店 1943。
[2] 高明《帛书老子校注》，391页，中华书局 1996。
[3] 徐志钧《老子帛书校注》，257页，学林出版社 2002。

则成。以求则得,以战则克。厥身[长生,子孙不绝。是谓吉]节,是谓绛德。

故德积者昌,[刑]积者亡。观其所积,乃知祸福之向。([]内缺字为笔者补入。)

"雌雄节"之名,承于《老子》"知其雄,守其雌"。"雌"指"太一"历法图(伏羲太极图)春分泰卦之上卦三阴,"雄"指"太一"历法图(伏羲太极图)秋分否卦之上卦三阳,因为侯王对位上卦,民众对位下卦。"节"指"太一"历法图(伏羲太极图)春分泰卦之节气、秋分否卦之节气。

"皇后"指开创夏商周泰否左右制度的夏代侯王,"皇"训古,"后"即"夏后氏"之"后",商代盘庚迁殷之前,酋长、君王均称"后"。

"皇后历吉凶之常,乃分祸福之向",意为"夏后氏"开创了效法"太一"历法图(伏羲太极图)的夏商周泰否左右制度:遵循"太一"历法图(伏羲太极图)之吉凶常道,分辨祸福之趋向。

"凡人好用雄节,是谓妨生"一节,阐明夏商周泰否左右制度之"抑否",因为侯王奉行秋气"杀"物的否术必将"妨生"。

"凡人好用雌节,是谓承禄"一节,阐明夏商周泰否左右制度之"扬泰",因为侯王遵循春气"生"物的泰道方能"承禄"。

"故德积者昌,刑积者亡"一节,阐明"泰道"为"德政",积久必昌;"否术"为"刑政",积久必亡。

稷下"黄老学派"的第一经典《管子》,也继承了《老子》所言"左右":

生长之事,文也;收藏之事,武也。是故文事在左,武事在右,圣人法之,以行法令,以治事理。(《管子·版法解》)

左者出者也,右者入者也。出者而不伤人,入者自伤也。(《管子·白心》)

《管子·版法解》之"版法",意为图版之法,亦即"太一"历法图(伏羲太极图)之图法。故其所言"文事在左,武事在右",承于《老子》"君子居则贵左,用兵则贵右",对应夏商周"太一"历法图(伏羲太极图)之左阳右阴、左泰右否。故其所言"生长之事",亦即"春生夏长",对应夏商周"太一"历法图(伏羲太极图)左面的阳仪。故其所言"收藏之事",亦即"秋收冬藏",对应夏商周"太一"历法图(伏羲太极图)右面的阴仪。故其所言"圣人法之,以行法令,以治事理",即言夏商周泰否左右制度的建构原理"礼必本于太一"。

《管子·白心》之"左者出者也,右者入者也",即言"太一"历法图(伏羲太极图)左面为东,是日出月出之方;右面为西,是日入月入之方。"出者而不伤人,入者自伤也",即言东方泰道不伤人,西方否术伤人。

必须特别注意的是,《老子》提炼自"太一"历法图(伏羲太极图)的对词"泰/否"及其宗旨"扬泰抑否",被老子弟子范蠡创造性转化为对词"德/刑"及其宗旨"扬德抑刑",见于范蠡所撰《范子·计然》:"德取象于春夏,刑取象于秋冬。"(《太平御览》卷二二引)范蠡明言"德"(即春气生物的泰道)取象于"太一"历法图(伏羲太极图)阳仪之春夏二季,"刑"(即秋气杀物的否术)取象于"太一"历法图(伏羲太极图)阴仪之秋冬二季。

战国"黄帝之书"继承了范蠡对《老子》的创造性转化,所以对词"德/刑"及其宗旨"扬德抑刑"大量见于《黄帝四经》。比如《十大经·雌雄节》:"德积者昌,刑积者亡。"再如《十大经·观》:"春夏为德,秋冬为刑。……刑德皇皇,日月相望,以明其当,而盈屈无匡。"又如《十大经·姓争》:"刑德皇皇,日月相望,以明其当。……刑晦而德明,刑阴而德阳,刑微而德彰。其明者以为法,而微道是行。"

稷下"黄老学派"又继承了战国"黄帝之书",所以对词"德/刑"及其宗旨"扬德抑刑",也见于《管子·势》:"不犯天时,不乱民功。秉时养人,先德后刑。顺于天,微度人。"又见于《管子·四时》:"阳为德,阴为刑。"

经过春秋末年老子弟子范蠡、战国"黄帝之书"、稷下"黄老学派"的持续传播,对词"德/刑"最终成为诸子百家的通用术语,大量见于战国秦汉文献。

比如战国道家著作《鹖冠子·王铁》:"天者诚其日,德也。日,诚出诚入,南北有极,故莫弗以为法则。天者信其月,刑也。月,信死信生,终则有始,故莫弗以为政。天者明其星,稽也。列星不乱,各以序行,故小大莫弗以章。"

再如大量吸收《老子》的韩非所著《韩非子·二柄》:"二柄者,刑德也。何谓刑德?曰:杀戮之谓刑,庆赏之谓德。"

又如《春秋繁露·阳尊阴卑》："阳为德，阴为刑。"均据"太一"历法图（伏羲太极图）而言"德／刑"。

还有《淮南子·兵略训》："国得道而存，失道而亡。所谓道者，体圆而法方，背阴而抱阳，左柔而右刚，履幽而戴明，变化无常，得一之原，以应无方，是谓神明。"（《文子·自然》略同）"背阴而抱阳"，即"太一"历法图（伏羲太极图）左面的春分泰卦："背阴"即泰卦上卦三阴，"抱阳"即泰卦下卦三阳。"左柔"即泰卦居"左"而"柔"，"右刚"即否卦居"右"而"刚"。"履幽而戴明"，即"太一"历法图（伏羲太极图）右面的秋分否卦："戴明"即否卦上卦三阳，"履幽"即否卦下卦三阴。"变化无常，得一之原，以应无方，是谓神明"，即言得到"变化无常"的"太一"历法图（伏羲太极图），可以因应无方，上应神明之道。《淮南子·精神训》专言"背阴抱阳"、"以正治国"之泰道，《淮南子·兵略训》专言"履幽戴明"、"以奇用兵"之否术，深明《老子》宗旨"扬泰抑否"。

综上所论，夏商周政治制度的基本理念"人文效法天文"和建构原理"礼必本于太一"，导致泰否左右制度合于"太一"历法图（伏羲太极图）之泰否左右。由于夏商周的泰否左右制度植根于"太一"历法图（伏羲太极图）之泰否左右，所以《老子》第一宗旨是"扬泰抑否"。由于《老子》第一宗旨是"扬泰抑否"，所以战国"黄帝之书"、稷下"黄老学派"才会"扬德抑刑"。所以"扬泰抑否"并非《老子》的新创私见，而是源于夏商周政治制度的建构原理"礼必本于太一"，所以《柔之胜刚章》才说："柔之胜刚，弱之胜强，天下莫不知，莫能行。"老子所处春秋晚期，天下侯王"莫不知"夏商周政治制度的建构原理是"礼必本于太一"，天下侯王"莫不知"夏商周政治制度的第一宗旨是"扬泰抑否"，却又"莫能行"，所以老子"见周之衰"而撰著《老子》，抉发夏商周政治制度的建构原理"礼必本于太一"和第一宗旨"扬泰抑否"。

《老子》援引夏商周四大政治制度，阐明其建构原理"礼必本于太一"和第一宗旨"扬泰抑否"，《汉书·艺文志》称为"历记成败存亡祸福古今之道"。夏商周四大政治制度共同遵循的"泰道"，《太一生水》称为"天道贵弱"，《庄子·天下》称为"以濡弱谦下为表，以空虚不毁万物为实"，《汉书·艺文志》称为"清虚以自守，卑弱以自持"。

战国"黄帝之书"、稷下"黄老学派"，不仅全都继承《老子》提炼自"太一"历法图（伏羲太极图）的对词"泰/否"及其宗旨"扬泰抑否"，而且全都明白《老子》哲学体系的源代码是"太一"历法图（伏羲太极图）。后人假如不知"太一"历法图（伏羲太极图）是《老子》哲学体系的源代码，不仅不能正确理解《老子》，也不能正确理解继承《老子》的战国"黄帝之书"、稷下"黄老学派"以及诸子百家，因为老子不仅是百家之祖，而且是百家之源。

《老子》援引夏商周的太庙神谕制度、明堂月令制度、侯王谦称制度、泰否左右制度，意在阐明"人之所教，亦我而教人"，亦即"主之以太一"的天道内涵、"礼必本于太一"的人道内涵均非老子的个人私见，而是夏商周政治制度的建构原理和一贯传统。但是夏商周的另一政治传统"绝地天通"，亦即"民可使由之，不可使知之"，导致夏商周政治制度的建构原理"礼必本于太一"，长期成为庙堂内部的隐秘知识。经由《老子》援引夏商周四大政治制度并阐明其建构原理"礼必本于太一"，"礼必本于太一"才在战国时代传播天下，成为华夏文明的公共知识。

按照夏商周政治制度的基本理念"人文效法天文"和建构原理"礼必本于太一"，秋气"杀"物之时，方能用兵用刑。所以邦国开战须在秋后，谓之"秋后算账"。处决死囚也在秋后，谓之"秋后问斩"。罗马帝国处决死囚则在二月，所以罗马太阳历的二月天数最少。

道家祖师老子提炼自"太一"历法图（伏羲太极图）的"泰道/否术"以及《老子》第一宗旨"扬泰抑否"，是轴心时代中国哲学突破的核心内容。此后战国"黄帝之书"、稷下"黄老学派"、诸子百家无不继承发挥老子的哲学突破。各家的继承发挥虽有差异，但其共同源头是"太一"历法图（伏羲太极图），因为"太一"历法图（伏羲太极图）是伏羲六十四卦的卦象合成，而伏羲六十四卦见于夏代《连山》、商代《归藏》、周代《周易》，是上古华夏（前6000—前2000）至中古夏商周（前2000—前221）的华夏文化总基因。

8.《老子》教诲侯王遵循"太一"历法图治国：得一、抱一、执一

《老子》"主之以太一"的天道内涵，"礼必本于太一"的人道内涵，全部提

第二章 《老子》初始本的源代码是伏羲太极图

炼自"太一"历法图（伏羲太极图），所以《老子》教诲天下侯王遵循"太一"历法图（伏羲太极图）治国。见于《侯王得一章》、《抱一爱民章》、《唯道是从章》、《执今之道章》、《知雄守雌章》。

> 侯王得一以为天下正。（侯王得一章）
> 载营魄抱一，能毋离乎？……爱民治国，能毋以知乎？（抱一爱民章）
> 圣人执一以为天下牧。（唯道是从章）
> 一者，其上不皦，其下不昧。……执今之道……以为道纪。（执今之道章）
> 知其白，守其黑，为天下式。为天下式，恒德不贷，复归于无极。（知雄守雌章）

《侯王得一章》之"侯王得一以为天下正"，《抱一爱民章》之"载营魄抱一"和"爱民治国"，《唯道是从章》之"圣人执一以为天下牧"，《执今之道章》之"执今之道"，都是教诲天下侯王遵循"太一"历法图（伏羲太极图）治国。

或问：既然"道生一"意为"宣夜说"范畴的"道"产生并总摄"浑天说"范畴的"一"，那么《老子》为什么不主张侯王"得道"、"抱道"、"执道"，把"宣夜说"范畴的"道"作为治国正道，却主张侯王"得一"、"抱一"、"执一"，把"浑天说"范畴的"一"作为治国正道？

因为《老子》反复申言"知不知，上矣。不知不知，病矣"，"上德不德，是以有德"，亦即人类难以尽知"宣夜说"范畴的"道"，只能略知"浑天说"范畴的"一"。所以侯王不可能"得道"、"抱道"、"执道"，不可能把"宣夜说"范畴的"道"作为治国正道；只能"得一"、"抱一"、"执一"，只能把"浑天说"范畴的"一"作为治国正道，亦即遵循"太一"历法图（伏羲太极图）治国。

《执今之道章》所言"一者，其上不皦，其下不昧"意为："无极恒道"人类不知，"太一常道"人类已知。所以"执今之道"、"以为道纪"意为："侯王执一以为天下牧"，即执今人已知的"太一常道"，奉为永难尽知的"无极恒道"之纲纪。

《知雄守雌章》所言"为天下式"，即言侯王把"太一"历法图（伏羲太极图）作为治理天下的"法式"，但要时刻铭记自己不知"无极恒道"，所以必须"恒德不贷，复归于无极"。

《老子》把"道生一"作为哲学体系的第一基石，教诲天下侯王：信仰不可知、不可得、不可道、不可有的宇宙总体规律"无极恒道"，遵循可知、可得、可道、可有的太阳系规律"太一常道"；彻悟人类的永恒无知，永不自居全知全能，永不悖道"有为"，永不任意"妄作"。

《老子》把"宣夜说"范畴的"道"称为不可知、不可得、不可道的"恒道"，把"浑天说"范畴的"一"称为可知、可得、可道的"常道"，所以《天下有始章》把侯王遵循"太一"历法图（伏羲太极图）治国，称为"袭常"。

《老子》称天文存在为"父"，称历法知识为"母"，所以《治人事天章》把"太一"历法图（伏羲太极图）称为"有国之母"，《敬天畏人章》把侯王遵循"太一"历法图（伏羲太极图）治国，称为"贵食母"。

或问：《老子》为什么以"太一"历法图（伏羲太极图）为源代码，一切重要价值全都从中提炼而出？

答曰：因为"太一"历法图（伏羲太极图）是华夏文化、中国文明的总基因，而《老子》哲学体系的宗旨是"人文效法天文，人道效法天道"，亦即"以人合天，顺天应人"，所以《老子》以"太一"历法图（伏羲太极图）为源代码，建构其哲学体系。

三、老子自定的《老子》"太一"象数结构

老子以"太一"历法图（伏羲太极图）为源代码，建构《老子》哲学体系，纳入"主之以太一"的天道内涵和"礼必本于太一"的人道内涵，所以老子自定了《老子》初始本的"太一"象数结构：全书七十七章，对应北斗七星；上经《德经》四十四章，对应斗魁四星；下经《道经》三十三章，对应斗柄三星。

1.《老子》七十七章对应北斗七星

《老子》初始本之七十七章对应北斗七星，可举内部证据、外部证据、考古证据各三。

内部证据一，上古伏羲时代创立的华夏天文体系，由北斗七星领衔二十八宿，围绕"太一"帝星旋转。华夏天文体系转化为华夏历法体系，合为伏羲天文象数易的"太一"象数体系："象"即天象，"数"即历数。老子身为执掌天文历法的东周史官，精通伏羲天文象数易之"太一"象数体系，所以把《老子》初始本之总章数，定为对应北斗七星的七十七章，总摄"主之以太一"的天道内涵和"礼必本于太一"的人道内涵。

内部证据二，《老子》援引的太庙神谕制度，是"太一"帝星神格化的"太一"上帝之神谕。老子以"太一"上帝为"教父"，所以把《老子》初始本之总章数，定为对应北斗七星的七十七章。

内部证据三，《老子》援引的明堂月令制度，侯王随着北斗七星旋转而移居斗柄所指明堂之室。所以老子把《老子》初始本之总章数，定为对应北斗七星的七十七章。

外部证据一，道家集大成者庄子，明白《老子》的"太一"象数结构，明白《老子》七十七章对应北斗七星而仿效之，所以撰写了对应北斗七星的《庄子》内七篇。

外部证据二，与庄子同时的孟子，同样明白《老子》的"太一"象数结构，同样明白《老子》七十七章对应北斗七星而仿效之，所以撰写了对应北斗七星的《孟子》内七篇。

今人假如囿于汉武帝"罢黜百家，独尊儒术"以后的门户之见，可能感到奇怪：孟子是儒家，不是道家，为什么像庄子一样仿效《老子》？因为"太一"象数体系是华夏公共知识，并非道家私有知识。战国之时尚无后世的百家分类，更无汉武帝"罢黜百家，独尊儒术"以后的门户之见，所以战国诸子百家共尊"黄老"，把老子尊为诸子百家之元祖。孔子曾经师事老子、问道于老子（见于《论语》、《礼记》、《孔子家语》、《庄子》、《史记》等大量古籍），也使孟子仿效《老子》毫无心理障碍。何况孟子作为齐国稷下学宫的学士，广义上也属于稷下"黄老学派"的成员，所以孟子只反"杨墨"，不反老子。孟子仿效《老子》，相当于现代学者遵从主流学术界的学术规范，只会为孟子加分，不会为孟子减分。

外部证据三，西汉道家传人刘安，曾与九大门客共同编纂了抉发伏羲天文象数易的《淮南道训》（汉后久佚，今存少量佚文），所以同样明白《老子》的"太一"象数结构，同样明白《老子》七十七章对应北斗七星，同样明白《庄子》内七篇对应北斗七星，所以按照《老子》的"太一"象数结构，把《庄子》初始本扩充为《庄子》大全本："内篇七"对应北斗七星，"外篇二十八"对应二十八宿，"杂篇十四"对应东方苍龙七宿、西方白虎七宿；三项合计七七四十九篇，对应《老子》七十七章。另附刘安自撰的"解说三"，不属象数结构。

考古证据一，北大收藏的西汉中期汉简本《老子》，早于西汉晚期成书的《老子》传世本之祖本（详见第三章），属于《老子》初始本系统，全书七十七章，上经《德经》四十四章，下经《道经》三十三章。这是《老子》初始本总章数和上经《德经》章数、下经《道经》章数的考古证据之强证。

考古证据二、三，马王堆出土的西汉初期帛甲本、西汉早期帛乙本，均为上经《德经》四十四章连抄，下经《道经》三十三章连抄，各章之间没有明确的分章标志，但其上经《德经》四十四章和下经《道经》三十三章的经文，与汉简本基本相当。这是《老子》初始本总章数是七十七章、上经《德经》是四十四章、下经《道经》是三十三章的考古证据之弱证，即对强证不构成反证。

《老子》四大出土本中，仅有郭店出土的战国中期楚简本是摘抄本，不能作为《老子》初始本总章数、上经《德经》章数、下经《道经》章数的考古证据。

以上九大证据，充分证明《老子》七十七章对应北斗七星。

2.《德经》四十四章对应斗魁四星，《道经》三十三章对应斗柄三星

上古伏羲族于新石器时代中期创立的华夏天文体系，以北斗七星领衔二十八宿围绕"太一"帝星旋转，所以北斗七星共有三大天文功能。

北斗七星的第一天文功能是揭示全部天体围绕"太一"帝星旋转，作为四

季北斗合成符的万字符是夏商周天文历法的"斗建"符号：天盘万字符卍标示天球之顺时针旋转，地盘万字符卐标示地球之逆时针旋转。所以中古夏商周祭祀"太一"上帝的乐舞称为"万舞"，意为"万字符之舞"。商代甲骨文之"卍舞"，正是《诗经》、《墨子》、《左传》、《史记》等大量古籍所言"万舞"，"万"是"卐"的秘藏写法（详见拙著《玉器之道》）。所以战国道家著作《鹖冠子·环流》曰："斗柄东指，天下皆春。斗柄南指，天下皆夏。斗柄西指，天下皆秋。斗柄北指，天下皆冬。"《史记·天官书》则曰："斗为帝车，运于中央，临制四乡。分阴阳，建四时，均五行，移节度，定诸纪，皆系于斗。"

北斗七星的第二天文功能和第三天文功能，分别属于斗魁四星（斗勺四星），斗柄三星（斗杓三星）。

斗魁四星的天文功能是指认北极星：新石器时代中期是以天玑星、天权星的延长线指认"太一"帝星，秦汉以后是以天璇星、天枢星的延长线指认"勾陈一"（参看本章第一节之图）。所以华夏神谱除了对应北斗七星的北斗星君，另有对应斗魁四星的斗魁星君。遍布华夏全境的"魁星阁"，供奉之神并非北斗星君，而是斗魁星君。

斗柄三星的天文功能是指认二十八宿之第一宿"角宿"：开阳星、摇光星的延长线指向二十八宿之第一宿，亦即苍龙七宿之第一宿"角宿"，所以《史记·天官书》曰："北斗七星，杓携龙角。"

老子自定的《老子》初始本之"太一"象数结构，分别对应北斗七星、斗魁四星、斗柄三星的天文功能：全书七十七章，对应围绕"太一"帝星旋转的北斗七星；上经《德经》四十四章，对应指向"太一"帝星的斗魁四星；下经《道经》三十三章，对应指向"龙角"的斗柄三星。

老子按其自定的《老子》"太一"象数结构，先把天文层面之"象"，转化为历法层面之"数"，表达"主之以太一"的天道内涵；再把天文历法之"本数"，转化为政治制度之"末度"，表达"礼必本于太一"的人道内涵。

老子自定的《老子》初始本之"太一"象数结构，再次证明《老子》不是老子出关之时应关尹之请的即兴书写，而是老子精思密虑的毕生著作。

明白老子自定的《老子》初始本之"太一"象数结构，不仅有助于理解《老子》初始本援引的夏商周四大政治制度：太庙神谕制度、明堂月令制度、侯王谦称制度、泰否左右制度，也有助于理解上经《德经》"礼必本于太一"的人道内涵，有助于理解下经《道经》"主之以太一"的天道内涵，更有助于理解"太一"历法图（伏羲太极图）是《老子》初始本的源代码。

四、战国道家共识："太一"历法图是《老子》的源代码

《老子》初始本的源代码是夏商周"太一"历法图（即夏商周伏羲太极图），并非我的个人私见，而是战国道家的共识和常识，证见老子后学所撰《太一生水》，庄子后学所撰《庄子·天下》。

1.《太一生水》以"太一成岁，知此谓圣"阐释《老子》

与郭店《老子》同墓出土的《太一生水》，撰者是老子后学，宗旨是解密《老子》"太一"象数结构的源代码是"太一"历法图（伏羲太极图）。两节分别阐释《老子》"主之以太一"的天道内涵和"礼必本于太一"的人道内涵。

《太一生水》第一节，阐释《道生一章》之"道生一，一生二，二生三，三生万物"。其言曰：

> 太一生水。水反辅太一，是以成天。天反辅太一，是以成地。天地复相辅也，是以成神明。神明复相辅也，是以成阴阳。阴阳复相辅也，是以成四时。四时复相辅也，是以成寒热。寒热复相辅也，是以成湿燥。湿燥复相辅也，成岁而止。
>
> 故岁者，湿燥之所生也。湿燥者，寒热之所生也。寒热者，四时之所生也。四时者，阴阳之所生也。阴阳者，神明之所生也。神明者，天地之所生也。天地者，太一之所生也。
>
> 是故太一藏于水，行于时；周而又始，以己为万物母；一缺一盈，以己

为万物经。

　　此天之所不能杀，地之所不能埋，阴阳之所不能成。君子知此之谓圣，不知此之谓冥。

《太一生水》第一节，解密《老子》"太一"象数结构的源代码是"太一"历法图（伏羲太极图），阐释《老子》"主之以太一"的天道内涵，分为四层。

第一层，主词是"成"，即伏羲天文象数易之"成数"，乃言"太一"历法图（伏羲太极图）是《老子》的源代码。要义是"太一成岁"，因为"太一"历法图（伏羲太极图）是计算一岁"成数"的历法图。始于最初之因"太一"，中间过程是"成天地"，"成神明"，"成阴阳"，"成四时"，"成寒热"，"成湿燥"，结于最终之果"成岁而止"。

第二层，主词是"生"，即伏羲天文象数易之"生数"，仍言"太一"历法图（伏羲太极图）是《老子》的源代码。要义是"岁生于太一"，因为一岁生于太阳围绕"太一"帝星旋转一周。始于最终之果"岁"，中间过程是"湿燥之所生"，"寒热之所生"，"四时之所生"，"阴阳之所生"，"神明之所生"，"天地之所生"，结于最初之因"太一之所生"。

上古伏羲时代至中古夏商周的伏羲天文象数易，以"成数"表示由因推果的顺推过程，以"生数"表示由果推因的逆推过程。所以第一层、第二层的要素全同，顺序互逆，"太一"是最初之因，"成岁"是最终之果。

第三层，概括第一层、第二层，解密《老子》"太一"象数结构的源代码是"太一"历法图（伏羲太极图）。"太一藏于水"，对应《老子》"上善若水"。"行于时"，对应《老子》"动善时"。"周而又始，以己为万物母；一缺一盈，以己为万物经"，对应《老子》"独立而不改，周行而不殆，可以为天地母"。

第四层，把前三层所言"天道"，移用于"人道"："君子知此之谓圣，不知此之谓冥。"因为《老子》把遵循"太一"历法图（伏羲太极图）治国的"侯王"称为"圣人"："侯王得一以为天下正"，"圣人执一以为天下牧"。

《太一生水》第二节，解密《道生一章》之"万物负阴而抱阳，冲气以为和"，是老子提炼自"太一"历法图（伏羲太极图）春分泰卦的"泰道"。其言曰：

下，土也，而谓之地。上，气也，而谓之天。道亦其字也，青昏其名。

以道从事者，必托其名，故事成而身长。圣人之从事也，亦托其名，故功成而身不伤。

天地名字并立，故化其方，不思相尚。

天道贵弱，削成者，以益生者；伐于强，积于弱。何谓也？天不足于西北，其下高以强；地不足于东南，其上厚以壮。不足于上者，有余于下；不足于下者，有余于上。

《太一生水》第二节，阐释《老子》"礼必本于太一"的人道内涵，也分四层。

第一层，"下，土也，而谓之地。上，气也，而谓之天"，是以伏羲六十四卦之上卦、下卦对位天地、君臣，上卦对位天与君，下卦对位地与臣。"道亦其字也，青昏其名。"对应《老子》"字之曰道"。此"道"是太阳围绕"太一"帝星旋转的"太一常道"。

第二层，先言"以道从事者，必托其名，故事成而身长"，这是泛言人类之"泰道"。后言"圣人之从事也，亦托其名，故功成而身不伤"，这是专言侯王之"泰道"，即"君人南面之术"。

第三层，"天地名字并立，故化其方，不思相尚"。"天地名字并立"，比拟君臣并立。"故化其方"，意为侯王选择天道之一端"泰道"。"不思相尚"，意为天不以"否术"灭地，地亦不以"否术"灭天；君不以"否术"杀臣，臣亦不以"否术"杀君。

第四层，"天道贵弱"，对应《老子》"柔弱胜刚强"之泰道：天道既然贵弱，对位于天的侯王，也应效法"天道"而"贵弱"。

"天道贵弱"之"泰道"，是"削成者，以益生者；伐于强，积于弱"，这是阐释《道生一章》第二节的泰道："万物负阴而抱阳，冲气以为和。"君位居上"成"而"强"，必须削其"成"而伐其"强"，使之不太强；臣位居下"生"而"弱"，必须益其"生"而积其"弱"，使之不太弱。

然后以华夏地理大势为喻，对应《老子》"人法地"。"天不足于西北，其下高以强"，以华夏西北之天低地高，隐喻君弱臣强的"泰道"。"地不足于东南，其上厚以壮",以华夏东南之天高地低,隐喻君强臣弱的"否术"。其潜台词是:文王八卦对位君道之乾卦,位于西北;所以侯王必须效法华夏西北之天低地高,遵循君弱臣强之"泰道"。

最后小结,"不足于上者,有余于下",对应《老子》"天之道,损有余而益不足",阐释《老子》主张的"以正治国"之"泰道"。君位居上"成"而"强",是"有余"者,宜"损之又损之"。臣位居下"生"而"弱",是"不足"者,宜"益之又益之"。"不足于下者,有余于上",对应《老子》"人之道则不然,损不足而益有余",阐释《老子》反对的"以奇用兵"之"否术"。

综上所言,《太一生水》全文,解密《老子》初始本的"太一"象数结构。第一节阐释《老子》初始本"主之以太一"的天道内涵,即《老子》以"太一"历法图(伏羲太极图)为源代码。第二节阐释《老子》初始本"礼必本于太一"的人道内涵,即《老子》以"太一"历法图(伏羲太极图)之"泰道"为治国正道。

2.《庄子·天下》以"主之太一,知雄守雌"阐释《老子》

《庄子·天下》,撰者是庄子再传弟子魏牟,宗旨是总论天下道术、方术。

《天下》第一章,专论老子之道承于伏羲之道,亦即解密《老子》"太一"象数结构的源代码是"太一"历法图(伏羲太极图):

> 古之人其备乎!配神明,醇天地,育万物,和天下,泽及百姓;明于本数,系于末度;六通四辟,小大精粗,其运无乎不在。其明而在数度者,旧法世传之史尚多有之。
> 其在于《诗》、《书》、《礼》、《乐》者,邹鲁之士、搢绅先生多能明之。
> 其数散于天下而设于中国者,百家之学时或称而道之。

第一层,总论伏羲之道是老子之道的源代码。

"古之人",即上古伏羲氏。"其备乎",即"古之道术"伏羲太极图之完备。"配神明,醇天地,育万物,和天下,泽及百姓;明于本数,系于末度;六通四辟，小大精粗，其运无乎不在"，展开"古之道术"伏羲太极图之"完备"以及"其运无乎不在"："本数"，即伏羲太极图计算一年历法的天文象数。"末度"，即按照伏羲太极图之天文象数而创建的夏商周人文制度。

"六通"，即伏羲六十四卦之六爻。"四辟"，即伏羲太极图外圈开辟四时之卦。

"其明而在数度者，旧法世传之史尚多有之"，即中古夏商周之人文制度，效法"旧法"伏羲太极图之天文象数，"世传"于夏商周史官，最后传至东周史官、道家祖师老子。

第二层，总论孔子问道于老子。"其在于《诗》、《书》、《礼》、《乐》者，邹鲁之士、搢绅先生多能明之"，即儒家祖师孔子问道于道家祖师老子，然后创立了儒家"方术"。

第三层，总论老子"道术"是百家"方术"之祖。"其数散于天下而设于中国者，百家之学时或称而道之"，即百家"方术"称道"古之道术"伏羲之道、老子之道。

《天下》第二章至第四章，是百家"方术"三章，详尽展开百家"方术"称道"古之道术"伏羲之道、老子之道："古之道术有在于是者，墨翟、禽滑釐闻其风而悦之。……古之道术有在于是者，宋钘、尹文闻其风而悦之。……古之道术有在于是者，彭蒙、田骈、慎到闻其风而悦之。"

《天下》第五章，专论关尹所传老子"道术"，继承了"古之道术"伏羲之道：

> 以本为精，以物为粗，以有积为不足，澹然独与神明居；古之道术有在于是者，关尹、老聃闻其风而悦之。
> 建之以常无有，主之以太一；以濡弱谦下为表，以空虚不毁万物为实。
> 关尹曰："在己无居，形物自著。其动若水，其静若镜，其应若响。芴乎若亡，寂乎若清。同焉者和，得焉者失。未尝先人，而常随人。"
> 老聃曰："知其雄，守其雌，为天下溪；知其白，守其辱，为天下谷。"人皆取先，己独取后。曰："受天下之垢。"人皆取实，己独取虚。无藏也，故有余，岿然而有余。其行身也，徐而不费。无为也，而笑巧。人皆求福，

己独曲全。曰:"苟免于咎。"以深为根,以约为纪。曰:"坚则毁矣,锐则挫矣。"常宽于物,不削于人。

可谓至极,关尹、老聃乎?古之博大真人哉!

此章分为两部分。

第一部分,概括关尹所传《老子》初始本之宗旨。

"古之道术",即伏羲之道。"关尹、老聃闻其风而悦之",即关尹所传老子之道,继承伏羲之道。

"建之以常无有,主之以太一",阐释《老子》第一基石"道生一":前句对应"宣夜说"范畴之"无极恒道",后句对应"浑天说"范畴之"太一常道"。乃言《老子》哲学体系"建之以"不可知、不可得、不可道、不可有的宇宙总体规律"无极恒道","主之以"可知、可得、可道、可有的"太一"历法图(伏羲太极图)。侯王首先必须信仰不可知的"无极恒道",然后必须遵循可知的"太一"历法图(伏羲太极图)治国。

"以濡弱谦下为表,以空虚不毁万物为实",乃言《老子》第一宗旨"扬泰抑否",教诲天下侯王遵循"太一"历法图(伏羲太极图)之春气"生"物的"泰道"治国。

第二部分,引用《关尹子》、《老子》要义,并予点评,论证第一部分之概括。所引老言"知其雄,守其雌","知其白,守其辱"等,均属《老子》第一宗旨"扬泰抑否"之名言。

《天下》第六章,亦即最后一章,专论庄子之道传承伏羲之道、老子之道:"古之道术有在于是者,庄周闻其风而悦之。"因为庄子是道家集大成者,撰者是庄子再传弟子魏牟。

综上所言,由于伏羲之道的本质是天文象数,老子之道的本质是人文制度,老子之道承于伏羲之道的本质是人文制度效法天文象数,所以《庄子·天下》揭示《老子》的"太一"象数结构,称天文象数为"本数",称人文制度为"末度",合称两者为"数度"。由于老子人文之道承于伏羲天文之道,所以《老子》人文之道以伏羲天文之道的最高结晶伏羲太极图为源代码,实现了从天文之道到人文之道的哲学突破。

老子后学所撰《太一生水》和庄子后学所撰《庄子·天下》，均以"太一"概括《老子》宗旨，全都兼及"主之以太一"的天道内涵和"礼必本于太一"的人道内涵，全都抉发了《老子》的"太一"象数结构，全都解密了"太一"历法图（伏羲太极图）是《老子》的源代码。证明"太一"历法图（伏羲太极图）是《老子》的源代码，既非两者之私见，亦非两者之巧合，而是得自老子真传的先秦道家之共识和常识。

这一得自老子真传的先秦道家之共识和常识，西汉时代仍有传承。

比如西汉早期，司马迁之父司马谈的《论六家要指》，是《庄子·天下》之后总论天下道术、方术的名篇，也像《庄子·天下》一样批评百家"方术"，独赞道家"道术"："道家使人精神专一，动合无形，赡足万物。其为术也，因阴阳之大顺……与时迁移，应物变化，立俗施事，无所不宜，指约而易操，事少而功多。"证明司马谈仍然明白伏羲天文之道是道家人文之道的源代码，仍然明白《老子》宗旨是"主之以太一"的天道内涵和"礼必本于太一"的人道内涵。

再如西汉末期，严遵弟子扬雄的《太玄经》，内容是抉发伏羲天文象数易，书名也取自《老子》"太一"、"玄之又玄"，既认为"伏羲氏谓之易，老子谓之道"，又认为"圣贤制法作事，皆引天道以为本统"（转引自桓谭《桓子新论·闵友》），证明扬雄得到严遵真传，仍然明白伏羲天文之道是道家人文之道的源代码，仍然明白《老子》宗旨是"主之以太一"的天道内涵和"礼必本于太一"的人道内涵。

然而汉武帝"罢黜百家，独尊儒术"以后，夏商周"太一"历法图（伏羲太极图）失传，夏代《连山》、商代《归藏》亡佚，《老子》初始本降维为《老子》传世本，后人再也不可能明白伏羲天文之道是道家人文之道的源代码，也不可能明白《太一生水》、《庄子·天下》共同解密了"太一"历法图（伏羲太极图）是《老子》"太一"象数结构的源代码，更看不懂司马谈《论六家要指》对道家的评论、扬雄《太玄经》对《老子》的评论，于是得自老子真传的先秦道家之共识和常识，在汉武帝"罢黜百家，独尊儒术"以后两千多年，再也无人知晓。

3.《子华子》四境、《庄子》四境源于《老子》四境

正因《老子》的"太一"象数结构,并非《太一生水》撰者和《庄子·天下》撰者之私见,亦非两者之巧合,而是得自老子真传的先秦道家之共识和常识,所以战国道家《子华子》的"人生四境",战国道家《庄子》的"生命四境",全都继承《老子》的"侯王四境",全都对应夏商周"太一"历法图(伏羲太极图)的外圈四卦。

战国中期的道家后学子华子,把《老子》的"侯王摄生四境",转换为《子华子》的"人生四境":"全生为上,亏生次之,死次之,迫生为下。"

《子华子》把《老子》的"善摄生"、"无死地",转换为"全生为上"。意为:以"德"治国的上德侯王顺道"无为"统摄民生,民众循德"自为"而"无不为",得以"全生"。

《子华子》把《老子》的"生之徒,十有三",转换为"亏生次之"。意为:以"仁"治国的下德侯王悖道"有为"统摄民生,三成的民众陷入"亏生"。

《子华子》把《老子》的"死之徒,十有三",转换为"死次之"。意为:以"义"治国的下德侯王悖道"有为"统摄民生,三成的民众被诛而死。

《子华子》把《老子》的"民之生生而动,动皆之死地,亦十有三",转换为"迫生为下"。意为:以"礼"治国的下德侯王悖道"有为"统摄民生,三成的民众陷入"迫生"。

战国中期的道家集大成者庄子,一方面把《老子》的"侯王四境"发展为《庄子》的"生命四境":"至知—大知—小知—无知"(详见拙著《庄子奥义》);另一方面把《老子》的"侯王四境",按照《老子》的本意分为"两类侯王",发展为《庄子·大宗师》的相忘江湖寓言:"泉涸,鱼相与处于陆;与其相呴以湿,相濡以沫,不如相忘于江湖。与其誉尧而非桀也,不如两忘而化其道。""相忘于江湖"对位"侯王四境"之第一境,即"太上不知有之"的上德侯王一型;"鱼相与处于陆"对位"侯王四境"之后三境,即"其次亲而誉之,其次畏之,其下侮之"的下德侯王三型。

由于夏商周"太一"历法图(伏羲太极图)既是《老子》的源代码,也是《子

华子》、《庄子》的源代码，所以《老子》的"侯王四境"，《子华子》的"人生四境"，《庄子》的"生命四境"，全都对应"太一"历法图（伏羲太极图）的外圈四卦。

夏商周"太一"历法图（伏羲太极图）属于"天道"，道家祖师老子在春秋晚期把"天道"转化为"人道"，建构了"人文效法天文，人道顺应天道"、"以人合天，顺天应人"的道家哲学体系。战国的道家后学子华子和道家集大成者庄子继承老子，进一步发展、丰富、完善了道家哲学体系。所以老子是轴心时代的中国哲学突破第一人，《老子》是轴心时代的中国哲学突破第一书；庄子是轴心时代的中国哲学突破集大成者，《庄子》是轴心时代的中国哲学突破集大成之书。

4. 伏羲太极图是道家通用的源代码

本文最后，将伏羲太极图（"太一"历法图）是《老子》的源代码，《老子》四境是《子华子》四境、《庄子》四境的源代码，列为二表。

表1 伏羲太极图是《老子》的源代码

伏羲太极图→	天道	侯王四型（第1章）	侯王四境（第60章）	侯王摄生四境（第13章）
四时卦象 春分泰卦→	人道四境 德	上德无为，以德治国	太上，不知有之	民众无死地
夏至乾卦→	仁	下德有为，以仁治国	其次，亲而誉之	民众生之徒，十有三
秋分否卦→	义	下德有为，以义治国	其次，畏之	民众死之徒，十有三
冬至坤卦→	礼	下德有为，以礼治国	其下，侮之	民众动皆之死地亦十有三

表2 《老子》四境是《子华子》四境、《庄子》四境的源代码

老子：侯王四型	老子：侯王四境	老子：侯王摄生四境	子华子：人生四境	庄子：生命四境
上德无为，以德治国	太上，不知有之	民众无死地	全生为上	至知
下德有为，以仁治国	其次，亲而誉之	民众生之徒，十有三	亏生次之	大知
下德有为，以义治国	其次，畏之	民众死之徒，十有三	死次之	小知
下德有为，以礼治国	其下，侮之	民众动皆之死地亦十有三	迫生为下	无知

表1直观呈现了伏羲太极图（"太一"历法图）是《老子》价值五阶、人道四境、侯王四型、侯王四境、侯王摄生四境的源代码。表2直观呈现了《老子》的侯王四型、侯王四境、侯王摄生四境是《子华子》人生四境、《庄子》生命四境的源代码，所以伏羲太极图（"太一"历法图）是道家通用的源代码。华夏八千年道术，伏老庄一脉相承。

《老子》的"侯王四境"，把伏羲"天道"转化为侯王"人道"，是第一次视线下移，教诲天下侯王"人文效法天文，人道效法天道"，"以人合天，顺天应人"。

《子华子》的"人生四境"，把侯王"人道"转化为民众"人道"，是第二次视线下移，教诲天下民众"人文效法天文，人道效法天道"，"以人合天，顺天应人"。

《庄子》的"生命四境"，把《老子》的侯王"人道"和《子华子》的民众"人道"予以综合，并非视线下移，而是充类至尽，教诲全体人类"人文效法天文，人道效法天道"，"以人合天，顺天应人"。

结语　大道至简，执一御万

读过《伏羲之道》的读者，曾经有过疑问：天文宇宙如此广大，如此繁复，难道可用伏羲六十四卦及其卦象合成的伏羲太极图简单概括？我复原的伏羲太极图，是否符合伏羲原意？

读过《庄子奥义》的读者，也曾有过疑问：庄学宇宙如此广大，如此繁复，难道可用《庄子》首篇《逍遥游》的"庄学四境"简单概括？我概括的"庄学四境"，是否符合庄子原意？

阅读《老子奥义》的读者，或许也有疑问：老学宇宙如此广大，如此繁富，难道可用《老子》首章《上德不德章》的"价值五阶"及其派生的"侯王四境"简单概括？我概括的"老学四境"，是否符合老子原意？

其实正如牛顿用极其"简单"的三大定律，概括了经典物理学，建构了"浑天说"范畴的科学体系；爱因斯坦用极其"简单"的质能转化公式，概括了非经典物理学，建构了"宣夜说"范畴的科学体系。伏羲、老子、庄子的伟大之处，正是不像普通人那样把简单问题复杂化，而是通过"大道至简"的极简表达，把复杂问题简单化：伏羲用极其"简单"的阴阳二爻，概括了太阳的周年运动，实现了华夏天道的开天辟地；老子用极其"简单"的伏羲四时卦象，建构了道家哲学体系，实现了华夏人道的哲学突破；庄子用承于老学四境而极其"简单"的庄学四境，完善了道家哲学体系，实现了华夏真道的终极登顶。华夏真道的三大巨人伏羲、老子、庄子，都是"大道至简"的至高典范。

第三章

《老子》初始本的逻辑结构和义理层次

弁言　《老子》初始本大量重复之谜

　　只有明白《老子》初始本是老子精思密虑的毕生著作（详见第一章），进而明白《老子》初始本之上下经结构为老子自定（详见第二章），才有可能探索《老子》初始本的逻辑结构和义理层次。假如误以为《老子》是老子出关之时应关尹之请的即兴书写，就会像旧老学那样把《老子》视为即兴书写的格言集锦，就不可能把《老子》视为体大思精的哲学体系，也就既不可能探索《老子》初始本的源代码，也不可能探索《老子》初始本的严密逻辑结构和缜密义理层次。

　　《老子》初始本之上下经具有严密逻辑结构的重要标志是：下经《道经》大量重复上经《德经》的句子。由于西汉晚期刘向重编的《老子》传世本颠倒了《老子》初始本之上下经，亦即颠倒了老子自定的《老子》初始本之上下经结构，于是作为《老子》上下经结构之重要标志的重复句子，也被颠倒为："下经"《德经》大量重复"上经"《道经》的句子。

　　《老子》传世本的汉后注家完全无法解释，"下经"《德经》为什么大量重复"上经"《道经》的句子和名相。因为他们全都盲信《史记·老子列传》之误书，坚信《老子》是老子出关之时应关尹之请而即兴书写的格言集锦，不可能想到这些重复句子是《老子》上下经结构之重要标志。所以大多数注家认定："下经"《德经》大量重复"上经"《道经》的句子，没有特殊意义，仅是耄耋老人即兴书写的啰唆。极少数注家断定，"下经"《德经》大量重复"上经"《道经》的句子，是历代抄本的错简重出，于是轻率删去"下经"《德经》的重复句子，进一步破坏了老子自定的上下经结构，进一步强化了《老子》是即兴书写的格言集锦这一错觉。其实《老子》初始本是下经《道经》大量重复上经《德经》的句子，即使真有错简重出，也应该删去下经《道经》的重复句子，而非删去上经《德经》的重复句子。

　　老子自定的上下经结构，决定了《老子》上下经的所有重复，都是作为上下经结构之重要标志的必要重复，也是解密《老子》上下经结构的关键入口。

一、《老子》初始本的逻辑结构

老子自定的《老子》上下经结构，包括两大方面。首先是上下经的内涵结构：上经《德经》"贵德"，论述"礼必本于太一"的"人道"；下经《道经》"尊道"，论述"主之以太一"的"天道"。其次是上下经的形式结构：上经《德经》为"经"，下经《道经》为"经说"；下经证上经，天道证人道。

1.《老子》上下经结构：上经"贵德"，下经"尊道"

老子自定《老子》上下经结构的证据，见于《道生德畜章》：

> 道生之，德畜之，物形之，器成之，是以万物尊道而贵德。
> 道之尊也，德之贵也，夫莫之爵而恒自然。

"尊道而贵德"，正是老子自定的《老子》初始本之上下经结构：

上经《德经》"贵德"，因此以"德"名篇，首句言"德"："上德不德，是以有德。"

下经《道经》"尊道"，因此以"道"名篇，首句言"道"："道，可道也，非恒道也。"

假如不了解道家的"道不可知论"，按照一般理解，既然老子自定的《老子》初始本之上下经结构是"尊道贵德"，那么上经应该是"尊道"的《道经》，下经应该是"贵德"的《德经》，为什么《老子》初始本的上下经结构却反过来？

因为《老子》之《执今之道章》明言"道"不可见、不可闻、不可得："视之不见，名之曰微；听之不闻，名之曰希；搏之不得，名之曰夷。"由于"道"不可见、不可闻、不可得，所以只能信仰"道"之存在而"尊"之。由于"德"得之于"道"而可见、可闻、可得，所以必须因循"德"之本性而"贵"之。

哲学家建构哲学体系，只能以本人拥有的确切知识为逻辑起点，不能以本人不拥有的知识盲点为逻辑起点。正因"道"不可知，"德"得之于"道"而可知，所以上经《德经》先论可知之"德"而"贵"之，下经《道经》再论不可知之"道"而"尊"之。因为"道"生万物，分施万物以"德"，所以"德"是"道"的种子，"尊道"者必先"贵德"。每物所得之"德"，低于"道"，不能等同于"道"，所以上经《德经》首句即言："上德不德，是以有德。"任何"有德"者，绝对不会自居"有道"；任何自居"有道"者，绝对不会"有德"。所以上经《德经》次句即言："下德不失德，是以无德。"

综上所言，老子自定的《老子》初始本之上下经结构，立基于道家根本思想"道不可知论"：上经《德经》"贵德"，即"贵"可知、可得、可道之"德"；下经《道经》"尊道"，即"尊"不可知、不可得、不可道之"道"。汉武帝"罢黜百家，独尊儒术"以后的《老子》传世本，颠倒了老子自定的《老子》初始本之上下经结构，违背了道家根本思想"道不可知论"。

2.《老子》上下经结构颠覆《周易》上下经结构

老子自定的《老子》上下经结构，源于夏商周"三易"的上下经结构。而夏商周"三易"的上下经结构，源于伏羲太极图的上下半年圭影图，亦即"阴阳两仪"，俗称太极阳鱼、太极阴鱼。

伏羲六十四卦合成的伏羲太极图，是记录"太一成岁"的全年圭影图，分为上半年三十二卦合成的太极阳鱼，下半年三十二卦合成的太极阴鱼。所以夏代《连山》、商代《归藏》全都分为上下经：上经三十二卦记录冬至以后的上半年圭影变化，内圈从复至夬三十卦180爻计180日，外圈春分泰卦、夏至乾卦各计1日，合为上半年六个月182日；下经三十二卦记录夏至以后的下半年圭影变化，内圈从姤至剥三十卦180爻计180日，外圈秋分否卦计1日，冬至坤卦上下卦各计1日，合为下半年六个月183日。六十四卦合计全年365日。每逢四年闰一日，夏至乾卦上下卦各计1日，六十四卦合计全年366日（详见拙著《伏羲之道》）。所以《尚书·尧典》曰："期三百有六旬有六日，以（太阴历）闰月定（太阳历）四时成岁。"

周文王"演易"重排卦序，所以《周易》的人文卜筮卦序，异于夏代《连山》、商代《归藏》的天文象数卦序，但是仍然分为上下经：上经三十卦，始于乾卦、坤卦，终于坎卦、离卦，言"天道"；下经三十四卦，始于咸卦、恒卦，终于既济、未济，言效法"天道"的"人道"。所以《周易·序卦》如此阐释《周易》上下经之卦序："（上经）有天地，然后有万物；有万物，然后（下经）有男女；有男女，然后有夫妇；有夫妇，然后有父子；有父子，然后有君臣；有君臣，然后有上下；有上下，然后礼义有所错。"《周易·系辞上》如此概括《周易》上下经之宗旨："（上经）天尊地卑，乾坤定矣。（下经）卑高以陈，贵贱位矣。"

表面上，《周易》上经言"天道"，下经言效法"天道"的"人道"，植根于"太一"历法图（伏羲太极图），继承了夏商政治传统"礼必本于太一"。实际上，夏代《连山》、商代《归藏》采用了"太一"历法图（伏羲太极图）的天文象数卦序，揭示了"浑天说"范畴的太阳系规律"太极象数"；周文王"演易"而重排的《周易》卦序，却是违背"太一"历法图（伏羲太极图）之天文象数卦序的人文卜筮卦序。所以《周易》上经三十卦根据人文卜筮卦序阐释的"天道"，不是真天道，而是经过"人文"改造的伪"天道"。《周易》下经三十四卦阐释的"人道"，也是效法伪"天道"的伪"人道"。

因为周文王"演易"重排卦序的依据，不是上古伏羲至夏代《连山》、商代《归藏》采用的真天文理论"浑天说"，而是对"浑天说"予以"人文"改造的伪天文理论"盖天说"。周文王把《周髀算经》的伪天文理论"盖天说"之"天圆地方"，作为其"演易"重排卦序的起点，先推演出《周易》上经三十卦的人文卜筮卦序，阐明"天圆地方"推演出的"天尊地卑"之伪"天道"，再推演出《周易》下经三十四卦的人文卜筮卦序，阐明效法"天圆地方—天尊地卑"之伪"人道"：夫尊妇卑—父尊子卑—君尊臣卑。随后周武王灭商，周公根据《周髀算经》之伪天文理论"盖天说"，《周易》上经之伪"天道"，《周易》下经之效法伪"天道"的伪"人道"，建构了"周礼"体系。[1] 此即"商周之变"的实质："商周之变"前是根据"人文效法天文，人道效法天道"的顺道理念，实行"以人合天，顺天应人"的"泰道"政治；"商周之变"后是以"人文效法天文，人道效法天道"

---

[1] 参看拙著《玉器之道》463—471页，《西周"以琮礼地"与盖天说"天圆地方"》，中华书局2018。

的顺道名义，实行"以天合人，逆天治人"的"否术"政治。

老子身处"周礼"体系全面崩坏的春秋晚期，认为《周易》所言"观乎天文，以察时变；观乎人文，以化成天下"，尽管符合夏商政治传统"人文效法天文，人道效法天道"，但是人文必须效法真天文，人道必须效法真天道。《周髀算经》鼓吹的天文，是"盖天说"的伪天文"天圆地方"；《周易》上经鼓吹的天道，是立基于伪天文"天圆地方"的伪天道"天尊地卑"，《周易》下经鼓吹的人道，是立基于伪天道"天尊地卑"的伪人道"君尊臣卑"。所以老子撰著了全反《周易》上下经结构的《老子》，"历记成败存亡祸福古今之道"（《汉书·艺文志》），首章《上德不德章》开宗明义痛斥周礼："夫礼者，忠信之薄，而乱之首也。"褒扬夏商政治传统"人文效法天文，人道效法天道"，"以人合天，顺天应人"，抨击"周礼"体系"伪人文效法伪天文，伪人道效法伪天道"，"以天合人，逆天治人"。

《左传》鲁昭公二十五年（前517）记载，郑国大夫游吉（子大叔）晋见赵简子，赵简子问"礼"，游吉援引已死五年的"先大夫"郑相子产（约前580—前522）之言。子产论述了植根于《周髀算经》之"盖天说"、植根于《周易》之上下经结构的"周礼"宗旨："夫礼，天之经也，地之义也，民之行也。……协于天地之性，是以长久。"[1] 即言周文王根据《周髀算经》的"盖天说"，推演出《周易》上经的"天之经，地之义"，再推演出《周易》下经的"民之行"；然后周公再推演出"周礼"，认定其"协于天地之性，是以长久"。

---

[1]《左传·昭公二十五年》：子大叔见赵简子，简子问揖让、周旋之礼焉。对曰："是仪也，非礼也。"简子曰："敢问何谓礼？"对曰："吉也闻诸先大夫子产曰：'夫礼，天之经也，地之义也，民之行也。天地之经，而民实则之。则天之明，因地之性，生其六气，用其五行。气为五味，发为五色，章为五声。淫则昏乱，民失其性。是故为礼以奉之：为六畜、五牲、三牺，以奉五味；为九文、六采、五章，以奉五色；为九歌、八风、七音、六律，以奉五声。为君臣上下，以则地义；为夫妇外内，以经二物；为父子、兄弟、姑姊甥舅、昏媾姻亚，以象天明；为政事、庸力、行务，以从四时；为刑罚威狱，使民畏忌，以类其震曜杀戮；为温慈惠和，以效天之生殖长育。民有好恶、喜怒、哀乐，生于六气，是故审则宜类，以制六志。哀有哭泣，乐有歌舞，喜有施舍，怒有战斗；喜生于好，怒生于恶。是故审行信令，祸福赏罚，以制死生。生，好物也；死，恶物也。好物，乐也；恶物，哀也。哀乐不失，乃能协于天地之性，是以长久。'"简子曰："甚哉，礼之大也！"对曰："礼，上下之纪、天地之经纬也，民之所以生也，是以先王尚之。故人之能自曲直以赴礼者，谓之成人。大，不亦宜乎！"简子曰："鞅也请终身守此言也。"

子产约长老子十岁，二人是同时代人，均为孔子之师。《史记·仲尼弟子列传》曰："孔子之所严事：于周，则老子；……于郑，子产。"周景王二年（前543），子产约三十八岁，担任郑相，老子时年二十八岁，仕周。周景王九年（前536），郑相子产公布刑鼎，天下哗然，老子时年三十五岁，仕周。周景王二十三年（前522），郑相子产约五十九岁死，老子时年四十九岁，仕周。周敬王三年（前517），即王子朝、周敬王争位第四年，游吉晋见赵简子，援引已死五年的"先大夫"子产之言，老子时年五十四岁，仕周。明年，即周敬王四年（前516），王子朝携籍奔楚，老子时年五十五岁，辞官居宋。

游吉晋见赵简子援引的子产之言，传颂天下，老子必闻，这是触发老子撰著《老子》的直接动机。本书第一章已言：《老子》成书于老子在周为官至居宋初期，老子六十岁之前。现在可以进一步精确为：游吉援引子产之言之年（前517），老子五十四岁，是《老子》动笔之年。叔向引用、评论《老子》（前511）的前一年（前512），老子五十九岁，是《老子》最迟完成之年。因此老子撰著《老子》的时间窗口，仅有六年（前517—前512）。此前四年（前521），即子产死后一年，孔子自鲁至周向老子问"礼之本"，也是《老子》动笔的重要触媒。此后一年（前511），叔向引用、评论《老子》。

《老子》宗旨，正是针对子产之言"夫礼，天之经也，地之义也，民之行也……协于天地之性，是以长久"[1]，并与《周髀算经》、《周易》、"周礼"针锋相对。

---

[1] 只有明白《老子》"可以长久"针对子产"是以长久"，方能透彻理解《庄子·德充符》为何如此奚落子产："申徒嘉，兀者也，而与郑子产同师于伯昏无人。子产谓申徒嘉曰：'我先出，则子止；子先出，则我止。'其明日，又与合堂同席而坐。子产谓申徒嘉曰：'我先出，则子止；子先出，则我止。今我将出，子可以止乎，其未邪？且子见执政而不违，子齐执政乎？'申徒嘉曰：'先生之门，固有执政焉如此哉？子悦子之执政，而后人者也？闻之曰：鉴明，则尘垢不止；止，则不明也。久与贤人处，则无过。今子之所取大者，先生也。而犹出言若是，不亦过乎？'子产曰：'子既若是矣，犹与尧争善。计子之德，不足以自反邪？'申徒嘉曰：'自状其过，以不当亡者众；不状其过，以不当存者寡。知不可奈何而安之若命，唯有德者能之。游于羿之彀中，然而不中者，命也。人以其全足笑吾不全足者多矣，我怫然而怒；而适先生之所，则废然而反。不知先生之洗我以善邪？吾之自悟邪？吾与夫子游十九年矣，而未尝知吾兀者也。今子与我游于形骸之内，而子索我于形骸之外，不亦过乎？'子产蹴然改容更貌曰：'子无乃称！'"庄子的潜台词是，孔子既师事子产，又师事老聃，然而子产岂能与老聃同日而语？

《周髀算经》根据伪天文理论"盖天说",判定"天地之性"是"天圆地方";《周易》上经三十卦,根据"盖天说"之伪"天道",判定"天地之性"是"天尊地卑";《周易》下经三十四卦,推演出仿效伪"天道"的伪"人道",认为"协于天地之性"的"民之行",必须"君尊臣卑","是以长久"。

《老子》根据真天文理论"浑天说",判定"天地之性"是"天地皆圆";《老子》初始本之下经《道经》三十三章,对应北斗七星之斗柄三星,根据"浑天说"之真"天道",判定"天地之性"是"天柔地刚";《老子》初始本之上经《德经》四十四章,对应北斗七星之斗勺四星,推演出仿效真"天道"的真"人道",认为"协于天地之性"的"民之行",必须"君柔臣刚","可以长久"。

正因《周易》植根于伪天文理论"盖天说",《老子》植根于真天文理论"浑天说",所以两者判定的"天之经,地之义"截然相反,两者推演出"协于天地之性"的"民之行"也截然相反,所以《老子》反复申言"可以长久",全都针对郑相子产之言"是以长久",亦即针对植根于"盖天说"的《周髀算经》、《周易》、"周礼"之"天圆地方—天尊地卑—君尊臣卑":

有国之母,可以长久,是谓深根固柢、长生久视之道也。(治人事天章)

知足不辱,知止不殆,可以长久。(名身孰亲章)

天长地久。天地之所以能长且久者,以其不自生也,故能长生。是以圣人后其身而身先,外其身而身存。不以其无私乎?故能成其私。(谷神不死章)

知常容,容乃公,公乃王,王乃天,天乃道,道乃久,殁身不殆。(守静知常章)

飘风不终朝,骤雨不终日。孰为此者?天地。天地尚不能久,而况于人乎?(希言自然章)

因此老子自定的《老子》上下经之结构、宗旨、依据,与《周易》上下经之结构、宗旨、依据,完全相反——

《周易》上经言植根于"盖天说"的伪天道"天尊地卑",下经言植根于"盖天说"的伪人道"君尊臣卑"。

《老子》上经言植根于"浑天说"的真人道"君柔臣刚",下经言植根于"浑天说"的真天道"天柔地刚"。

除此之外,《老子》又以"道生一"为第一基石,辨明"浑天说"范畴的"太一常道"仅是宇宙局部的太阳系规律,并非宇宙总体规律"无极恒道"。因此侯王即使掌握了"太一常道",也不能自居尽知"无极恒道",必须自知无知而顺道无为。所以《老子》上经《德经》根据"浑天说"范畴的宇宙局部太阳系规律"太一常道",阐明"君柔臣刚"的真"人道",主张"侯王得一以为天下正";《老子》下经《道经》根据"宣夜说"范畴的宇宙总体规律"无极恒道",阐明"浑天说"范畴的宇宙局部太阳系规律"太一常道"不是绝对知识,所以"太一常道"只能支持侯王顺道无为,不能支持侯王悖道有为、任意妄作。侯王必须时刻牢记"上德不德,是以有德",亦即时刻牢记"知不知,尚矣;不知不知,病矣"。

综上所言,老子自定的《老子》上下经之结构、宗旨、依据,与《周易》上下经之结构、宗旨、依据全部相反,是老子有意为之的结果。因为老子"见周之衰",所以"历记成败存亡祸福古今之道",追溯"周礼"崩坏之根源,将崩坏归因于《周易》上经植根于伪天文理论"盖天说"的伪"天道",归因于《周易》下经植根于伪天文理论"盖天说"的伪"人道"。所以《老子》以真天文理论"浑天说"之真"天道",抨击伪天文理论"盖天说"之伪"天道";以顶级天文理论"宣夜说"之"无极恒道",超越性否定了次级天文理论"浑天说"之"太一常道"的绝对权威,所以"礼必本于太一"的侯王不具有绝对权威。

至此可明,老子自定的《老子》上下经之结构、宗旨、依据,是对《周易》上下经之结构、宗旨、依据的彻底否定。然而汉武帝"罢黜百家,独尊儒术"以后的《老子》传世本,颠倒了老子自定的《老子》初始本之上下经结构,导致了《老子》传世本之上下经与《周易》之上下经完全同构:《周易》之上经、《老子》传世本之上经均言"天道",《周易》下经、《老子》传世本之下经均言"人道"。《老子》传世本的汉后注家,进而"以易解老":根据《周易》上经之伪"天道",把《老子》传世本上经《道经》之真"天道",反注为伪老学之伪"天道";根据《周易》下经之伪"人道",把《老子》传世本下经《德经》之真"人道",反注为伪老学之伪"人道"。《老子》初始本之真义,遂被彻底遮蔽,彻底反转。

3.《老子》上下经之"人道/天道"内涵结构

老子自定的《老子》初始本之上下经结构：上经《德经》"贵德"，下经《道经》"尊道"。

老子后学之《太一生水》，庄子后学之《庄子·天下》，解密了《老子》初始本之上下经结构：上经《德经》的宗旨是"礼必本于太一"，下经《道经》的宗旨是"主之以太一"（详见第二章）。

两者均言《老子》初始本之上下经的内涵结构，所以用语虽异，内涵一致：上经《德经》"贵德"，即贵"礼必本于太一"的"人道"；下经《道经》"尊道"，即尊"主之以太一"的"天道"。

综合两者，即为《老子》初始本之上下经的内涵结构："人道/天道"结构。今举三例证之。

例一，下经《道经》之《天地不仁章》——

> 天地不仁，以万物为刍狗。
> 圣人不仁，以百姓为刍狗。

第一层，下经《道经》提供"天道"论据："天地不仁。"
第二层，论证上经《德经》的"人道"命题：侯王必须效法天道而"圣人不仁"，即圣君不以仁义礼治国。

例二，下经《道经》之《希言自然章》——

> 飘风不终朝，骤雨不终日。孰为此者？天地。
> 天地尚不能久，而况于人乎？

第一层，下经《道经》提供"天道"论据："天地"有为，"尚不能久"。
第二层，论证上经《德经》的"人道"命题：侯王假如有为，必不能久。

例三，下经《道经》之《天道左右章》——

道泛兮，其可左右。成功遂事，而弗名有也。
爱利万物而不为主，可名于小。
万物归焉而不知主，可名于大。
是以圣人之能成大也，以其不为大也，故能成大。

第一层，下经《道经》提供"天道"论据：天道自"小"，而后成"大"。
第二层，论证上经《德经》的"人道"命题：侯王必须效法天道，自"小"而后成"大"。

所以《老子》初始本自定的上下经结构"尊道贵德"，仅是内涵结构："人道/天道"结构。

"人道/天道"内涵结构的功能是：上经《德经》提出"人道"命题，下经《道经》提供"天道"论证。下经《道经》证毕上经《德经》一切命题，于是完成《老子》初始本的哲学体系：人文效法天文，人道效法天道；以人合天，顺天应人。

4.《老子》上下经之"经/经说"形式结构

抽去《老子》初始本上下经"人道/天道"内涵结构之内涵，即为《老子》初始本上下经之"经/经说"形式结构。

由于《老子》初始本的上经《德经》提出命题，下经《道经》提供论证，所以上经《德经》是"经"，下经《道经》是"经说"。今以《执今之道章》为例：

视之不见，名之曰微；听之不闻，名之曰希；搏之不得，名之曰夷。（论证"道"不可知）

三者不可至计，故混而为一。（论证"一"可知）

一者，其上不皦，其下不昧。（概括"道"不皦故不可知，"一"不昧故可知）

寻寻不可名，复归于无物，是谓无状之状。（论证"道"不皦故不可知）

无物之象，是谓芴芒。随而不见其后，迎而不见其首。（论证"一"不

昧故可知）

执今之道，以御今之有。以知古始，是谓道纪。（论证《德经》"侯王得一以为天下正"）

此章论证了《老子》第一基石"道生一"，《老子》第一命题"侯王得一以为天下正"，《老子》第一教诲"知不知"，义理分为六层——

第一层："视之不见，名之曰微；听之不闻，名之曰希；搏之不得，名之曰夷。"这是论证："宣夜说"范畴的宇宙总体规律"道"，人类不可知、不可得。

第二层："三者不可至计，故混而为一。"这是论证："宣夜说"范畴的宇宙总体规律"道"，人类不可知而无法计算；"浑天说"范畴的宇宙局部太阳系规律"一"（太一），人类可知且可以计算。

第三层："一者，其上不皦，其下不昧。"这是论证：高于"一"（太一）的"道"，对人类"不皦"不明，所以不可知而无法计算。低于"道"的"一"（太一），对人类"不昧"不暗，所以可知且可以计算。

第四层："寻寻不可名，复归于无物，是谓无状之状。"这是论证：高于"一"（太一）的"道"，为什么对人类"不皦"不明。因为它是"无状之状"。

第五层："无物之象，是谓芴芒。随而不见其后，迎而不见其首。"这是论证：低于"道"的"一"（太一），为什么对人类"不昧"不暗。因为上古伏羲族发明了使"不皦"的"无状之状"，变成"不昧"的"无物之象"的特殊方法，即圭表测影：把太阳之"芒"，转化为圭影之"芴"；记录于伏羲六十四卦，合成为"太一"历法图（伏羲太极图）。而"太一"历法图（伏羲太极图）揭示的天道规律，无首无尾而永恒循环。

第六层："执今之道，以御今之有。以知古始，是谓道纪。"这是论证："一"虽低于"道"，但是可知、可得，所以只可能"侯王得一以为天下正"、"圣人执一以为天下牧"，不可能"侯王得道以为天下正"、"圣人执道以为天下牧"。

"执今之道，以御今之有"，即《曲则全章》所言"圣人执一以为天下牧"，所以圣君把"太一"历法图（伏羲太极图）作为治国牧民之正道。

"以知古始"，即根据"其下不昧"的宇宙局部太阳系规律"一"（太一），推知并信仰"其上不皦"的宇宙总体规律"道"之遍在永在。

"是谓道纪",即把可知、可得的宇宙局部太阳系规律"一"(太一),视为不可知、不可得的宇宙总体规律"道"之纲纪。因此人类"唯道是从,以顺众父"的唯一通途,就是遵循"为道日损,损之又损之"的"泰道",彻底认知对宇宙总体规律"道"的永恒无知,无限顺从已经认知的宇宙局部太阳系规律"一"(太一)。

5.《老子》"经/经说"结构是诸子百家的思维范式

老子自定的《老子》上下经结构"尊道贵德",包含"人道/天道"内涵结构和"经/经说"形式结构。对于《老子》初始本而言,"人道/天道"内涵结构与"经/经说"形式结构是不可分割、浑然一体的统一结构。

由于老子是道家祖师,所以战国时期的道家后学全盘继承了《老子》上下经的"人道/天道"内涵结构和"经/经说"形式结构。由于老子是中国哲学突破第一人,《老子》是中国哲学突破第一书,所以战国时期的诸子百家,都把《老子》上下经的"人道/天道"内涵结构和"经/经说"形式结构作为思维范式。由于诸子百家的思想内涵颇有差异,论证诸子百家把《老子》上下经的"人道/天道"内涵结构作为思维范式,繁琐难明,本文略之。论证诸子百家把《老子》上下经的"经/经说"形式结构作为思维范式,简单易明,今举二例。

例一,《墨子》仿效《老子》上下经的"经/经说"结构。

《墨子》的《墨经》六篇,两篇一组,分为三组:第一组两篇是《经上》、《经说上》,第二组两篇是《经下》、《经说下》,第三组两篇是《大取》、《小取》。第一组、第二组之所以分为两篇,正是仿效《老子》上下经的"经/经说"结构。第三组《大取》、《小取》则是墨家的名学总论,没有仿效《老子》上下经的"经/经说"结构。

> 故,所得而后成也。(《墨子·经上》第四十,第1条)
> 故,小故,有之不必然,无之必不然。体也,若有端。大故,有之必无然,若见之成见也。(《墨子·经说上》第四十二,第1条)

第三章 《老子》初始本的逻辑结构和义理层次

止,类以行人,说在同。(《墨子·经下》第四十一,第1条)

止,彼以此其然也,说是其然也;我以此其不然也,疑是其然也。(《墨子·经说下》第四十三,第1条)

《经上》、《经下》、《经说上》、《经说下》的作者,非常明白《老子》上下经是"经/经说"结构,故予全盘仿效。

《老子》上经《德经》,是提出"人道"命题的"经",不提供"天道"论证;下经《道经》,是提供"天道"论证的"经说"。所以下经《道经》必须重复上经《德经》之"人道"命题,作为"经"与"经说"的逻辑勾连标志,从而完成论证。

《墨子》之《经上》、《经下》,是提出形式命题的"经",不提供逻辑论证;《经说上》、《经说下》,是提供逻辑论证的"经说"。所以《经说上》、《经说下》必须重复《经上》、《经下》之形式命题,作为"经"与"经说"的逻辑勾连标志,从而完成论证。

《墨子》之"经"和"经说",分别位于不同篇章,假如"经说"不重复"经"之命题,"经说"与"经"就缺少逻辑勾连标志,任何人都无法读懂"经"和"经说"。假如《墨子》的注家不明白《墨子》的"经/经说"结构,既不可能读懂《墨子》之"经",也不可能读懂《墨子》之"经说",进而殃及读者无法理解《墨子》真义。

《老子》之"经"和"经说",分别位于上经《德经》和下经《道经》,假如下经《道经》不重复上经《德经》之命题,下经之"经说"与上经之"经"就缺少逻辑勾连标志,任何人都无法读懂上经《德经》和下经《道经》,也就读不懂《老子》全书的每章每句每字。由于汉武帝"罢黜百家,独尊儒术"以后的《老子》传世本颠倒了《老子》初始本上下经的"经/经说"结构,甚至删去了《道经》重复《德经》的逻辑勾连标志,所以《老子》传世本的汉后注家既不可能读懂作为"经"的《德经》,也不可能读懂作为"经说"的《道经》,进而殃及读者无法理解《老子》的每章每句每字。

例二,《韩非子》仿效《老子》、《墨子》的"经/经说"结构。

韩非熟读《老子》初始本,非常明白《老子》初始本之上下经是"经/经说"结构，所以《韩非子》之《解老》，先解上经《德经》，后解下经《道经》。韩非同样熟读《墨子》，也非常明白《墨子》全盘仿效了《老子》初始本首创的"经/经说"结构，所以《韩非子》之《内储说》、《外储说》，仿效了《老子》、《墨子》共有的"经/经说"结构。不过韩非已经认识到《老子》、《墨子》的"经"与"经说"位于不同篇章，对不了解"经/经说"结构的读者是阅读障碍和理解障碍，所以把"经"与"经说"放在同一篇，分为上下两部分——

经一：权借

权势不可以借人，上失其一，臣以为百。故臣得借则力多，力多则内外为用，内外为用则人主壅。其说在老聃之言"失鱼"也。

说一：势重者，人主之渊也；臣者，势重之鱼也。鱼失于渊而不可复得也，人主失其势重于臣而不可复收也。古之人难正言，故托之于鱼（隐扣《老子》"鱼不可脱于渊"）。赏罚者，利器也，君操之以制臣，臣得之以拥主。故君先见所赏，则臣鬻之以为德；君先见所罚，则臣鬻之以为威。故（《老子》）曰："国之利器，不可以示人。"（《内储说下：六微》）

经六：挟智

挟智而问，则不智者至；深智一物，众隐皆变。其说在昭侯之握一爪也。

说六：韩昭侯握爪，而佯亡一爪，求之甚急。左右因割其爪而效之。昭侯以此察左右之诚否。（《内储说上：七术》）

《内储说下：六微》，第一部分是提出"六微"命题的"经一"至"经六"，第二部分是论证"六微"命题的"说一"至"说六"。其"经一"和"说一"，不仅仿效《老子》初始本上下经的"经/经说"结构，而且把《老子》之言"国之利器，不可以示人"作为"经说"，以证韩非欲明之"经"："权势不可以借人。"《内储说上：七术》，第一部分是提出"七术"命题的"经一"至"经七"，第二部分是论证"七术"命题的"说一"至"说七"。《外储说》之左上、左下，《外储说》之右上、右下，同样仿效了《老子》、《墨子》的"经/经说"结构。

《墨子》和《韩非子》的"经/经说"结构，都有明确的逻辑勾连标志，亦即结构标志。《孟子》和《庄子》的"经/经说"结构，则是没有结构标志的隐形结构：内篇相当于"经"，外篇相当于"经说"。[1] 所以《老子》初始本首创的"经/经说"结构，是战国诸子百家普遍仿效的思维范式。

明白了《老子》初始本首创的"经/经说"结构是战国诸子百家普遍仿效的思维范式，就能理解《史记·老子列传》为什么不说"老子乃著书二篇"，而说"老子乃著书上下篇"。因为在西汉晚期《老子》传世本颠倒上下经、破坏《老子》初始本的"经/经说"结构之前，士人读的都是上下经尚未颠倒、"经/经说"结构尚未破坏的《老子》初始本，全都明白《老子》"上下篇"是"经/经说"结构。

综上所言，《老子》初始本首创的"经/经说"结构，是战国诸子百家普遍仿效的思维范式，也是战国诸子到西汉中期司马迁的士人常识。然而汉武帝"罢黜百家，独尊儒术"以后，《老子》传世本颠倒了《老子》初始本之上下经，于是《老子》初始本首创、战国诸子普遍仿效的"经/经说"结构沉入了历史忘川，未能成为汉后中国的文化常识，读懂《老子》遂成不可能之事。

轴心时代全球范围的哲学突破，对于实现哲学突破的每一民族，都是人类认知世界的思想体系的开天辟地式创举，所以每一民族的哲学突破第一人，都是思维范式的首创者，但其思维范式的形式化程度不太高，需要后继者发展完善，提高其思维范式的形式化程度。

比如希腊哲学突破第一人苏格拉底，其所首创的希腊"辩证法"，形式化程度不太高。到了弟子柏拉图的《对话录》，希腊"辩证法"的形式化程度大为提高。到了柏拉图两位弟子亚里士多德的《工具论》、欧几里得的《几何原本》，希腊"辩证法"的形式化程度更加纯粹，希腊逻辑体系大成。

中国哲学突破第一人老子，其所首创的"经/经说"结构，形式化程度也不太高；但是已经成为《庄子》、《孟子》、《韩非子》等诸子百家普遍仿效的思维范式。经过《墨子》之《墨经》六篇的发展，"经/经说"结构的形式化程度大为

---

[1] 学者多据东汉赵岐《孟子题辞》、应劭《风俗统义》等文献推定《孟子》曾有内篇、外篇之分，今本仅存内篇，外篇已佚。

提高，开启了墨家异宗"名家"。到了名家两大巨子惠施的《惠子》和公孙龙的《公孙龙子》，形式化程度更加纯粹，中国名学体系趋于大成。可惜秦汉时期的历史改道，导致《惠子》全部亡佚，《公孙龙子》亡佚大半，趋于大成的中国名学体系中途夭折。老子作为中国哲学突破第一人，《老子》作为中国哲学突破第一书，其对中国名学体系的启动之功也沉入了历史忘川，仅仅留下了后人莫名其妙的所谓"格言"："名可名，非常名。"

6.《老子》"经/经说"结构证明《德经》更加重要

古今中外的一切"经/经说"结构，都是"经"比"经说"重要。

《老子》上经《德经》是提出命题的"经"，重要性高于《老子》下经《道经》论证命题的"经说"。《墨子》之《经上》、《经下》是提出命题的"经"，重要性高于《经说上》、《经说下》论证命题的"经说"。《韩非子》之《内储说》、《外储说》第一部分是提出命题的"经一"、"经二"，重要性高于第二部分论证命题的"说一"、"说二"。《孟子》内篇、《庄子》内篇是提出命题的"经"，重要性高于《孟子》外篇、《庄子》外篇演绎命题的"经说"。

提出命题是人类思想的根本，论证命题是人类思想的辅助。论证固然可使命题更具说服力，但是论证从属于命题，依附于命题，服务于命题。比如费马大定理和哥德巴赫猜想，仅仅提出命题，未能提供论证，但其命题仍然意义重大，吸引后人持续论证并完成论证。假如费马不提出命题，哥德巴赫不提出猜想，后人的论证就无从谈起。假如必须在提出命题的"经"和提供论证的"经说"之间，作出非此即彼的取舍，宁可没有论证，不能没有命题；宁可没有《经说上》、《经说下》，不能没有《经上》、《经下》；宁可没有《内储说》、《外储说》之"说一"、"说二"，不能没有《内储说》、《外储说》之"经一"、"经二"；宁可没有《孟子》外篇、《庄子》外篇，不能没有《孟子》内篇、《庄子》内篇；宁可没有《老子》下经《道经》，不能没有《老子》上经《德经》。

汉武帝"罢黜百家，独尊儒术"以后，《老子》传世本颠倒了《老子》初始本之上下经，导致汉后两千年误以为《道经》比《德经》重要，实为买椟还珠。

这样的买椟还珠，正是汉武帝"罢黜百家，独尊儒术"以后的常态。郭象注《庄子》，《庄子》属于"经"，郭象注属于违背经义的反"经说"，却有盲从"政治正确"者认为郭象比庄子伟大。王弼注《老子》，《老子》属于"经"，王弼注属于违背经义的反"经说"，却有盲从"政治正确"者认为王弼比老子伟大。在权力主宰一切的时代，迎合权力的伪学，必然遮蔽并替代不迎合权力的真学。

二、《老子》初始本的义理层次

老子自定的《老子》初始本之上下经结构：上经《德经》"贵德"，下经《道经》"尊道"。上经《德经》提出"人道"命题，下经《道经》为上经《德经》之"人道"命题提供"天道"论证。"人道"是道术，属"德"，"德"为"道"施，万物皆有，是由"德"进"道"的可靠逻辑起点，所以《德经》必须是上经。"天道"是道体，属"道"，"道"难尽知，不是建构哲学体系的可靠逻辑起点，所以《道经》只能是下经。

按照《老子》上下经的"人道/天道"内涵结构和"经/经说"形式结构，上经《德经》是提出"人道"命题的"经"，下经《道经》是提供"天道"论证的"经说"。所以《老子》初始本之上下经，具有宏观而严密的逻辑结构和微观而缜密的义理层次：上经《德经》提出《老子》"君人南面之术"的六大命题，下经《道经》论证《老子》"君人南面之术"的六大命题。

1. 上经《德经》提出《老子》六大命题

老子自定的《老子》初始本之上下经结构，上经《德经》"贵德"。所"贵"之"德"，即效法"浑天说"范畴之"太一"天道的"人道"，专指"君人南面之术"。

上经《德经》的宗旨是"礼必本于太一"，教诲天下侯王"人道效法天道"，遵循"浑天说"范畴的"太一"历法图（伏羲太极图）治国，所以上经《德经》

开宗明义曰："侯王得一以为天下正。"

由于"浑天说"范畴的"一"（太一常道）可知、可得、可道，是建构哲学体系的可靠起点，所以《老子》初始本以《德经》为上经，以《上德不德章》为全书首章。《上德不德章》首句"上德不德，是以有德"，即"上德"之人彻悟"宣夜说"范畴的"道"（无极恒道）不可知、不可得、不可道，所以"上德"侯王遵循"浑天说"范畴的"一"即"太一"历法图（伏羲太极图）治国。

按照《老子》上下经的"人道／天道"内涵结构和"经／经说"形式结构，上经《德经》是提出"人道"命题的"经"，所以上经《德经》提出了《老子》六大命题——

《老子》第一基石"道生一"，阐明天道两大层级，即"宣夜说"范畴的宇宙总体规律"无极恒道"，"浑天说"范畴的宇宙局部太阳系规律"太一常道"。所以上经《道生一章》曰："道生一，一生二，二生三，三生万物。"

《老子》第一命题"侯王得一以为天下正"，阐明侯王"人道"只能效法人类可知、可得、"可道"的"太一常道"，不能效法人类不可知、不可得、"不可道"的"无极恒道"。所以上经《侯王得一章》曰："天得一以清，地得一以宁，神得一以灵，谷得一以盈，侯王得一以为天下正。"

《老子》第一宗旨"扬泰抑否"，阐明侯王必须效法春气"生"物的"泰道"，不能奉行秋气"杀"物的"否术"。所以上经《道生一章》曰："万物负阴而抱阳，冲气以为和。"《以正治国章》又曰："以正治国，以奇用兵。"

《老子》第一教义"人道效法天道"（礼必本于太一），阐明人道"末度"效法天道"本数"。所以上经《治人事天章》曰："治人事天莫若啬。"上经《善为士者章》又曰："是谓用人，是谓配天。"上经《信言不美章》又曰："天之道，利而不害；人之道，为而不争。"

《老子》第一教诲"知不知"，阐明人类只能略知"浑天说"范畴的宇宙局部太阳系规律"太一常道"，无法尽知"宣夜说"范畴的宇宙总体规律"无极恒道"。侯王必须时刻铭记人类不知"无极恒道"，不可自居尽知天道，不可自居全知全能，不可悖道"有为"，不可任意"妄作"。所以上经首章《上德不德章》开宗明义曰："上德不德，是以有德。下德不失德，是以无德。"上经《古之为道章》又曰："以知治国，国之贼也；不以知治国，国之德也。"上经《知不知章》又曰："知不知，上矣。不知不知，病矣。"

《老子》第一政纲"无为无不为"，阐明侯王顺道"无为"，民众循德"无不为"。所以上经《为学日益章》曰："损之又损之，以至于无为。无为而无不为。"上经《以正治国章》又曰："我（圣君自称）无为而民自为。"

2. 下经《道经》论证《老子》六大命题

老子自定的《老子》初始本之上下经结构，下经《道经》"尊道"。所"尊"之"道"，分别是"宣夜说"、"浑天说"两大天文层级的不同"天道"，亦即"道生一"之"道"和"道生一"之"一"。

下经《道经》的宗旨是"主之以太一"，论证上经《德经》为何主张"礼必本于太一"，而非主张"礼必本于道"；论证上经《德经》为何教诲天下侯王遵循"浑天说"的"太一常道"治国，而非遵循"宣夜说"的"无极恒道"治国。因为"浑天说"的"太一常道"可知、可得、可道，"宣夜说"的"无极恒道"不可知、不可得、不可道，所以下经《道经》开宗明义曰："道，可道也，非恒道也。"

由于"宣夜说"范畴的"道"（无极恒道）不可知、不可得、"不可道"，不是建构哲学体系的可靠起点，所以《老子》初始本以《道经》为下经，以《道可道章》为下经首章。《道可道章》首句"道，可道也，非恒道也"，即上经《德经》所言侯王治国的"人道"，仅仅效法可知、可得、可道的"浑天说"范畴的宇宙局部太阳系规律"太一常道"，而非效法不可知、不可得、不可道的宇宙总体规律"无极恒道"。

按照《老子》上下经的"人道／天道"内涵结构和"经／经说"形式结构，下经《道经》是提供"天道"论证的"经说"，所以下经《道经》论证了上经《德经》提出的《老子》六大命题——

首先论证上经《德经》提出的《老子》第一基石"道生一"："一"是可知、可得、"可道"的宇宙局部太阳系规律"太一常道"，"道"是不可知、不可得、"不可道"的宇宙总体规律"无极恒道"。所以下经首章《道可道章》曰："道，可道也，非恒道也。"下经《知雄守雌章》又曰："复归于无极。"

其次论证上经《德经》提出的《老子》第一命题"侯王得一以为天下正"：侯王所"得"之"一"是可知、可得、"可道"的宇宙局部太阳系规律"太一常道"，而非不可知、不可得、"不可道"的宇宙总体规律"无极恒道"。所以下经《曲则全章》曰："圣人执一以为天下牧。"下经《知雄守雌章》又曰："为天下式，恒德不贷，复归于无极。"

其次论证上经《德经》提出的《老子》第一宗旨"扬泰抑否"，所以下经《抱一爱民章》曰："天门启闭，能为雌乎？"下经《知雄守雌章》又曰："知其雄，守其雌，为天下溪。"下经《人道大象章》又曰："执大象，天下往。往而不害，安平泰。"下经《柔弱胜刚强章》又曰："是谓微明：柔弱胜刚强。"

其次论证上经《德经》提出的《老子》第一教义"人道效法天道"（礼必本于太一），所以下经《天地不仁章》曰："天地不仁，以万物为刍狗；圣人不仁，以百姓为刍狗。"下经《道法自然章》又曰："人法地，地法天，天法道，道法自然。"

其次论证上经《德经》提出的《老子》第一教诲"知不知"，所以下经《抱一爱民章》曰："爱民治国，能毋以知乎？"下经《太上不知章》又曰："绝知弃辩，民利百倍。"《敬天畏人章》曰："我愚人之心也哉，沌沌兮！"下经《有状浑成章》又曰："吾不知其名，字之曰道。"

最后论证上经《德经》提出的《老子》第一政纲"无为无不为"，所以下经末章《道恒无为章》曰："道恒无为，侯王若能守之，万物将自为。"

汉武帝"罢黜百家，独尊儒术"以后的《老子》传世本，颠倒了《老子》初始本之上下经，《道可道章》成为全书首章，所以汉后注家浑然不知《道可道章》的"可道"二字，专指上经《德经》所言效法"浑天说"范畴之"太一常道"的"人道"；浑然不知《道可道章》的"恒道"二字，专指下经《道经》即将展开的"宣夜说"范畴的"无极恒道"。由于《老子》传世本以《道可道章》为全书首章，以"道可道，非常道"为阐释起点，所以汉后注家浑然不知《道可道章》的精确内涵。首章阐释既误，后文阐释皆误。全书阐释均反《老子》真义，《老子》遂被彻底降维。

3. 上经《德经》的义理层次

《老子》初始本上经《德经》四十四章（1—44），专言效法"浑天说"范畴之"太一常道"的"人道"。按其义理层次，分为八大部分。

第一部分《德经》绪论六章（1—6），标举提炼自"太一"历法图（伏羲太极图）的价值范式"道↘德↘仁↘义↘礼"和侯王四型"德↘仁↘义↘礼"；按照"去彼取此"范式，"取此"以"德"治国的无为圣君，"去彼"以"仁↘义↘礼"治国的有为俗君。标举《老子》第一基石"道生一"，标举《老子》第一命题"侯王得一以为天下正"，标举《老子》第一宗旨"扬泰抑否"。

第二部分"侯王正道"十三章（7—19），标举《老子》第一政纲"无为无不为"，展开《老子》第一命题"侯王得一以为天下正"。

第三部分"泰否正奇"五章（20—24），标举《老子》第一教义"人道效法天道"（礼必本于太一），展开《老子》第一宗旨"扬泰抑否"，教诲天下侯王遵循春气"生"物的"泰道"，摒弃秋气"杀"物的"否术"。

第四部分"道主万物"五章（25—29），阐明侯王遵循"泰道"的天道依据。

第五部分"泰道三宝"四章（30—33），阐明侯王"成其大"的"泰道三宝"。

第六部分"知其不知"二章（34—35），教诲天下侯王"闻道"必须"行道"，标举《老子》第一教诲"知不知"。

第七部分"民不畏威"五章（36—40），教诲天下侯王奉行"否术"必定失败。

第八部分《德经》结论四章（41—44），小结《德经》义理，阐明《老子》第一教义"人道效法天道"（礼必本于太一）。

4. 下经《道经》的义理层次

《老子》初始本下经《道经》三十三章（45—77），论证"宣夜说"范畴的宇宙总体规律"无极恒道"为何不可知、不可得、"不可道"，"浑天说"范畴的宇宙局部太阳系规律"太一常道"为何可知、可得、"可道"。按其义理层次，分为八大部分。

第一部分《道经》绪论四章（45—48），论证《老子》第一基石"道生一"，作为《道经》论证《德经》的基础。

第二部分"天地不仁"四章（49—52），按照提炼自"太一"历法图（伏羲太极图）的《老子》价值范式"道↘德↘仁↘义↘礼"，论证《德经》为何反对"仁↘义↘礼"。

第三部分"抱一贵德"四章（53—56），按照提炼自"太一"历法图（伏羲太极图）的《老子》价值范式"道↘德↘仁↘义↘礼"，论证《德经》为何主张"抱一贵德"。

第四部分"知常尊道"三章（57—59），按照提炼自"太一"历法图（伏羲太极图）的《老子》价值范式"道↘德↘仁↘义↘礼"，论证《德经》为何主张"知常尊道"。

第五部分"侯王四境"六章（60—65），按照提炼自"太一"历法图（伏羲太极图）的《老子》价值范式"道↘德↘仁↘义↘礼"，论证《德经》的侯王四型"德↘仁↘义↘礼"。

第六部分"道法自然"三章（66—68），按照提炼自"太一"历法图（伏羲太极图）的《老子》价值范式"道↘德↘仁↘义↘礼"，论证《德经》的《老子》第一教义"人道效法天道"（礼必本于太一）。

第七部分"知雄守雌"四章（69—72），按照提炼自"太一"历法图（伏羲太极图）正东的春分泰卦、正西的秋分否卦，论证夏商周政治制度"礼必本于太一"而"扬泰抑否"；论证"泰道"是"天下莫不知"的正道，"否术"是"天下莫不知"的奇术。

第八部分《道经》结论五章（73—77），书尾总结《老子》第一宗旨"扬泰抑否"和《老子》第一政纲"无为无不为"。

根据老子自定的《老子》初始本之上下经结构，上经《德经》"贵德"，下经《道经》"尊道"，以及《老子》初始本之上下经的"人道/天道"内涵结构和"经/经说"形式结构，全面理解《老子》初始本之《道经》证《德经》、下经证上经、天道证人道，就能透彻理解《老子》初始本的每章每句每字，充分认知老子作为中国哲学突破第一人、《老子》作为中国哲学突破第一书的开天辟地价值。

三、严遵论《老子》初始本的逻辑结构和义理层次

西汉晚期严遵（约前87—6）所著《老子指归》，上经《德经》、下经《道经》各有小序，后者已佚，前者幸存。其上经《德经》序，非常可贵地概括了《老子》初始本的逻辑结构和义理层次——

昔者老子之作《道德经》也，原本形气，以至神明。性命所始，情意所萌。进退感应，呼吸屈伸。参以天地，稽以阴阳。变化终始，人物所安。穷徽极妙，以睹自然。演要伸类，著经二篇。叙天之意，见地之心。将以为国，养物生民。章有表里，不得易位。章成体备，若本与根。文辞相践，不可上下。广被道德，若龙与麟。增一字即成疣赘，损一文即成瘢疮。自大陈小为之上，纪道论德谓之经。

始焉"上德不德"，化由于道，而道不为之主，故授之以"昔之得一"。
昔之得一，动由反行，非有性莫之能闻，故授之以"上士"。
上士性高聪明，深远独闻，傲世轻物，唯道是荷，故授之以"道生一"。
道生一，至虚无名，禀受混冥，造化清浊，陶冶太和，故授之以"天下至柔"。
天下至柔，纤妙无形，贯坚穿远，无所不胜，故授之以"身有名货"。
身有名货则强大，强大则祸生，故授之以"大成"。
大成若虚，空无名货，万物类通，故授之以"天下有道"。
天下有道，在于人君，人君无欲，万物以存，故授之以"不出户"。
不出户，以知万民之性命，顺受乐安，故授之以"为学日益"。
为学日益，文生事起，伤神害民，故授之以"圣人无心"。
圣人无心，合民之神，慎民性命，归之素真，故授之以"出生入死"。
出生入死，动损精神，去无归有，不得长存，故授之以"道生之"。
道生之以虚无，无所不存，寂泊不动，无所不然，故授之以"天下有始"。
天下有始，无为是宗，以通万事，无所不明，故授之以"使我有知"。

使我有知，道修而行，恐失自然，祸及子孙，故授之以"善建"。

善建以德，与物相连，泽及后世，流末繁昌，故授之以"含德之士"。

含德之士，体道履神，比于赤子，若无见闻，故授之以"知者不言"。

知者不言，阴阳玄化，内以正身，身以及家，家以及人，故授之"以正治国"。

以正治国，无令而行，外方异俗，不制自宾，故授之以"方而不割"。

方而不割，万物以全，无所不克，天道大光，故授之以"治大国"。

治大国者不可大作大为，大作大为，大乱大动则亡，故授之以"大国"。

大国形便，天下愿之，静下见归，躁上多兵，故授之以"道物"。

道物之凿凿，得之者通，宝之者存，保之者玄，故授之以"为无为"。

为无为则运变无形，不见所治而万物滋生，故授之以"其安易持"。

未兆易谋，持以若愚，不见所事而百祸自亡，万福自来，故授之以"古之为道"。

古之为道，以愚万民，绝端灭绪，冥塞知门，故授之以"江海"。

江海不知，虚静处下，以至百谷，故授之以"天下谓我大似不肖"。

不肖之道，独合天心，兴师动众，无敌无胜，故授之以"用兵"。

用兵之理，因天应人，自本而起，不由我心，故授之以"吾言易知"。

吾言易知，无识无明，无言无务，使事自然，故授之以"知不知"。

知不知，去心去意，生而若死，存而若亡，废我巧态，以逐祸患，故授之以"民不畏威"。

民不畏威，轻禁易入，身陷于司，大命绝天，故授之以"勇于敢"。

勇于敢动其贼心，杀生失理，法废灭亡，故授之以"民不畏死"。

民不畏死，多欲不禁，适情顺意，以至困穷，故授之以"人之饥也"。

人之饥也，重税多赋，好征营营，坚强躁实，以伐其生，故授之以"人之生也"。

人之生也，柔弱畏敬，和淳纤微，聪明日益，其死也坚强，故授之以"天之道"。

天之道，损满益空，养柔顺弱，败坚破刚，故授之以"天下莫柔弱于水"。

第三章 《老子》初始本的逻辑结构和义理层次

> 柔弱于水，以至坚强，安微乐小，危以为宁，故授之以"小国"。
> 小国之君，形虚势弱，悬命于邻，故授之以"信者"。
> 信者万民之所助，而将相之所存，天地之所佑，而道德之所助也。[1]

严遵毕生精研"易老庄"，同时以易解《老》、以易解《庄》，故其上经《德经》之小序，仿拟《周易·序卦》。《周易·序卦》以"故受之以（某卦之卦名）"句式，逐一论述了《周易》卦序的逻辑结构和义理层次。严遵的上经《德经》之小序，则以"故授之以（某章之首句）"句式，逐一论述了《德经》章序的逻辑结构和义理层次。

严遵认为，《老子》初始本"章有表里，不得易位。章成体备，若本与根。文辞相践，不可上下……增一字即成疣赘，损一文即成瘢疮。"亦即认为《老子》初始本具有严密的逻辑结构和缜密的义理层次，所以《老子》初始本的章序"不得易位"，《老子》初始本的文序"不可上下"，《老子》初始本字字精确，不可增损改易。

严遵是《老子》初始本的最后注家，也是目前所见认为《老子》初始本具有严密逻辑结构和缜密义理层次的唯一注家。《老子》传世本颠倒《老子》初始本之上下经以后，汉后注家再也不可能发现《老子》初始本的严密逻辑结构和缜密义理层次，更不可能发现《老子》初始本上下经的"人道/天道"内涵结构和"经/经说"形式结构。汉后注家坚信《老子》是老子出关之时即兴著书的格言集锦，不再认为《老子》的章序"不得易位"，《老子》的文序"不可上下"，于是对章序任意"易位"，对文序任意"上下"，对经文增损篡改，对经义臆测妄注。一旦发现自己的臆测不通，不会承认自己不懂《老子》真义，而是归咎于老子过关之时即兴著书留下了纰漏。一旦发现自己的妄注矛盾，不会承认自己不懂《老子》真义，仍然归咎于老子过关之时即兴著书留下了矛盾。

---

[1] 严遵《老子指归》，熊铁基主编《老子集成》第1卷，66、67页，宗教文化出版社2011。严遵本《老子》上经《德经》四十章，文序异于帛甲本、帛乙本之上经《德经》，同于汉简之上经《德经》，同于河上本、王弼本、傅奕本之下经《德经》，仅是少分四章。

结语　解密《老子》结构，理解《老子》奥义

拙著《庄子奥义》曾说："'内七篇'之所以是中国哲学永难超越的智慧巅峰，中国文学永难超越的语言极品，植根于庄子创造的总体结构。创造结构是至高创造，理解结构是至高理解。"同样，老子之所以是中国哲学突破第一人，《老子》之所以是中国哲学突破第一书，植根于老子创造的《老子》初始本上下经之严密逻辑结构和缜密义理层次。

汉武帝"罢黜百家，独尊儒术"以后的《老子》传世本，颠倒了《老子》初始本之上下经，破坏了《老子》初始本的严密逻辑结构和缜密义理层次，导致了《老子》初始本的哲学体系彻底非逻辑化，彻底非体系化，彻底玻璃球化，彻底格言化，彻底警句化，彻底碎片化，彻底遮蔽了中国哲学突破第一人、中国哲学突破第一书的哲学突破意义。一个老头即兴书写的碎片式格言警句，即使每句都是金句，假如没有认识论、方法论的思维范式双重价值，也就没有任何哲学突破意义。

拙著《伏羲之道》已经通过解密伏羲六十四卦、伏羲太极图的逻辑结构和义理层次，把被反易学的伪易学严重降维的伪《易经》，复原其真经真义，复原其至高维度。拙著《庄子奥义》已经通过解密《庄子》的逻辑结构和义理层次，把被反庄学的伪庄学严重降维的伪《庄子》，复原其真经真义，复原其至高维度。拙著《老子奥义》则将通过解密《老子》初始本的逻辑结构和义理层次，把被反老学的伪老学严重降维的伪《老子》，复原其真经真义，复原其至高维度，厘清其上承伏羲之道、下启庄子之道的哲学突破意义。

第四章

《老子》传世本的系统篡改和全面反注

弁言　"独尊儒术"把《老子》初始本降维为传世本

《史记·老子列传》如此记载《老子》初始本的诞生：

> 老子修道、德，其学以自隐无名为务。居周久之，见周之衰，乃遂去。
> 至关，关令尹喜曰："子将隐矣，强为我著书。"
> 于是老子乃著书上、下篇，言道、德之意五千余言而去，莫知其所终。

老子"见周之衰，乃遂去"，然后撰著《老子》，批评"周之衰"的根源在于"周礼"。所以《老子》初始本首章《上德不德章》直奔主题曰："失道而后德，失德而后仁，失仁而后义，失义而后礼。夫礼者，忠信之薄，而乱之首也。"

汉后两千年的《老子》读者，仅知《老子》首章是《道可道章》，熟知其名言"道可道，非常道"，不知《老子》首章是《上德不德章》，很不熟悉以上几句。因为他们读的都是西汉以后的《老子》传世本，不是西汉以前的《老子》初始本。

众所周知，孔子推崇"周礼"，曾向老子请教"周礼"。

《史记·老子列传》如此记载孔子向老子问礼：

> 孔子适周，将问礼于老子。
> 老子曰："子所言者，其人与骨皆已朽矣，独其言在耳。且君子得其时则驾，不得其时则蓬累而行。吾闻之，良贾深藏若虚，君子盛德容貌若愚。去子之骄气与多欲，态色与淫志，是皆无益于子之身。吾所以告子，若是而已。"
> 孔子去，谓弟子曰："鸟，吾知其能飞；鱼，吾知其能游；兽，吾知其能走。走者可以为罔，游者可以为纶，飞者可以为矰。至于龙，吾不能知其乘风云而上天。吾今日见老子，其犹龙邪！"

孔子毕生志在"克己复礼",欲复周公制定的"周礼"。然而孔子僻处鲁国,不在东周首都洛邑,仅仅熟知"周礼",不知"周礼"之本,于是前往洛邑,向名闻天下的东周史官老子请教"周礼之本",没想到老子批评"周礼"曰:"子所言者,其人与骨皆已朽矣,独其言在耳。"

"其人",即孔子所梦的周公。"其言",即周公制定、孔子推崇的"周礼"。

《庄子·天运》记载孔子五十七岁时,周游列国第三年,在宋国沛邑向老子第二次问道(详见第一章),老子教诲孔子曰:"夫六经,先王之陈迹也,岂其所以迹哉?今子之所言,犹迹也。夫迹,履之所出,而迹岂履哉?"即言周公制定、孔子推崇的"周礼",仅是"迹",不是"所以迹",亦即"周礼"违背了"礼必本于太一"。

或问:司马迁记载老子批评"周礼",为何表达得如此含糊?

答曰:因为与司马迁同时的汉武帝否定了其祖汉文帝、其父汉景帝的"崇尚黄老,无为而治",转向了"独尊儒术,有为而治"。司马迁撰著《史记》之时,已被汉武帝阉割去势,所以记载老子批评"周礼",不得不表达得极其含糊,否则连脑袋也保不住。

汉武帝"罢黜百家,独尊儒术",不仅迫使司马迁不敢直言《老子》批评"周礼",而且导致其祖汉文帝、其父汉景帝尊崇的第一政治圣典《老子》变得不合时宜,于是《德经》在前、《道经》在后的《老子》初始本,变成了《道经》在前、《德经》在后的《老子》传世本。《老子》传世本的汉后注家,又在颠倒上下经的基础上,系统篡改《老子》初始本的经文,全面反注《老子》初始本的经义,于是伪《老子》替代了真《老子》,伪老学替代了真老学。

一、《老子》初始本:《德经》在前,《道经》在后

《老子》初始本《德经》在前,《道经》在后,可举六大硬证。

其一,道家集大成者庄子所撰"内七篇",第五篇《德充符》言"德",第六篇《大宗师》言"道"。证明庄子所见战国中期的《老子》,是《德经》在前,《道

经》在后。

其二，法家集大成者韩非所撰《解老》，总共三十六章（旧多误分为三十七章）。其第一章至第九章，逐句解说了《德经》首章《上德不德章》的每一句，列于最前，占《解老》总篇幅的四分之一。直到第二十八章，才解说了《道经》首章《道可道章》的"道之可道，非常道也"两句，但未逐句解说《道可道章》的每一句。证明韩非所见战国晚期的《老子》，仍是《德经》在前，《道经》在后。而且韩非认为，《上德不德章》重要性居首，《道可道章》重要性很弱。

其三，1973年湖南长沙马王堆西汉墓出土的西汉初期《老子》帛甲本、西汉早期《老子》帛乙本，全都《德经》在前，《道经》在后。证明西汉初期至西汉早期的《老子》，仍是《德经》在前，《道经》在后。[1]

其四，2009年入藏北京大学的西汉中期《老子》竹简本，写明"上经《德经》，下经《道经》"。证明西汉中期的《老子》，仍是《德经》在前，《道经》在后。

其五，西汉中期成书的《文子》传世本，全书十二卷的一半卷名，即卷五《道德》，卷六《上德》，卷九《下德》，卷十《上仁》，卷十一《上义》，卷十二《上礼》，卷名全都取自《老子》上经《德经》第1章《上德不德章》。证明西汉中期的《老子》，仍是《德经》在前，《道经》在后。

其六，西汉晚期的严遵所撰《老子指归》十三卷七十二章，前七卷解说《老子》上经《德经》四十章（今存），后六卷解说《老子》下经《道经》三十二章（今佚）。证明严遵所见西汉晚期的《老子》，仍是《德经》在前，《道经》在后。

以上考古证据和文献证据共同证明：春秋晚期至西汉晚期流传五百年（前512—公元元年前后）的《老子》初始本，都是《德经》在前，《道经》在后。

---

[1] 詹剑峰《老子其人其书及其道论》认为："马王堆新出土的帛书《老子》有甲本与乙本，都是《德经》在先，《道经》在后。甲本不避刘邦的讳，足证它是先秦的旧书。韩非的《解老》，首先解《德经》第一章，而解《道经》第一章的文字放在全篇的后面。可见韩非所据的《道德经》与帛书本相合，而与通行的王弼本相反。"4页，华中师范大学出版社2006。

二、《老子》传世本：《道经》在前，《德经》在后

西汉晚期至今的《老子》传世本，颠倒了《老子》初始本的上下经，变成了《道经》在前，《德经》在后。

西汉中期汉武帝的政策转向，是伪《老子》替代真《老子》的根本原因。颠倒《老子》上下经、把真《老子》变成伪《老子》的始作俑者，则是比严遵年轻十岁的西汉晚期国家图书馆馆长刘向（约前77—前6）。

刘向颠倒《老子》上下经的证据，原本见于刘向所撰《别录》和刘向之子刘歆所撰《七略》。由于《别录》、《七略》均已亡佚，所以刘向颠倒《老子》上下经这一老学史最大秘密，两千年来鲜为人知。

幸而南宋谢守灏《混元圣纪》援引刘歆《七略》保留了证据："按刘歆《七略》，刘向雠校中《老子》书二篇，……定著二篇，八十一章。上经第一，三十七章。下经第二，四十四章。……八十一章，象太阳极之数。《道经》在上，以法天；天数奇，故有三十七章。《德经》在下，以法地；地数偶，故有四十四章。"[1]

南宋董思靖《道德真经集解·序说》也援引刘歆《七略》提供了旁证："河上公分八十一章，以应太阳之极数。上经三十七章，法天数奇；下经四十四章，法地数偶。刘歆《七略》云：刘向定著二篇八十一章，上经三十七章，下经四十四章。……通应九九之数。"[2]

刘向颠倒《老子》初始本之上下经，并非价值中立的学术行为，而是配合朝廷政策转向的政治行为。

西汉初期的汉文帝、汉景帝之所以"崇尚黄老，无为而治"，是因为《老子》初始本首章《上德不德章》开宗明义的"上德无为，下德有为"，是对汉文帝、汉景帝"崇尚黄老，无为而治"的直接支持，所以《老子》初始本是实现"文景之治"的第一政治圣典。

---

[1] 谢守灏《混元圣纪》，《中华道藏》第46册，49页，华夏出版社2004。
[2] 董思靖《道德真经集解》，光绪三年（1877）陆心源《十万卷楼丛书》刻本，3—4页。董氏原文"（刘向）上经三十四章，下经四十七章"误，陈成吒厘正，今从。熊铁基主编《老子集成》第4卷，351页，宗教文化出版社2011。

西汉中期的汉武帝否定了其父汉景帝、其祖汉文帝的"崇尚黄老，无为而治"，转向"独尊儒术，有为而治"，于是《老子》初始本首章《上德不德章》开宗明义的"上德无为，下德有为"，变成了对汉武帝"独尊儒术，有为而治"的直接否定。曾经的第一政治圣典《老子》初始本，变成了汉武帝政策转向的第一政策障碍。

为了扫清汉武帝政策转向的第一政策障碍，西汉晚期的国家图书馆馆长刘向颠倒了《老子》初始本之上下经，也同时颠覆了《老子》初始本之宗旨。

首先，《上德不德章》从《老子》初始本的第1章，变成了《老子》传世本的第38章。于是《老子》初始本开宗明义的"上德无为，下德有为"，从书首隐入书腰，变得无足轻重。

其次，《道可道章》从《老子》初始本的第45章，变成了《老子》传世本的第1章。于是《老子》传世本开宗明义的"道可道，非常道"，从书腰提至书首，昭告天下：汉文帝、汉景帝的"崇尚黄老，无为而治"并非"常道"，汉武帝的"独尊儒术，有为而治"才是"常道"。

刘向颠倒《老子》上下经，可谓"不著一字，尽得风流"，具有"四两拨千斤"的妙用：反对"有为"的《老子》初始本，从此降维为支持"有为"的《老子》传世本。支持"崇尚黄老，无为而治"的真《老子》，从此降维为支持"独尊儒术，有为而治"的伪《老子》。

套用现在的说法：汉武帝在下一盘延续两千年的大棋，刘向下出了这盘两千年大棋的胜着。

三、《老子》初始本、传世本的分章异同

刘向除了颠倒《老子》初始本之上下经，又对《老子》初始本进行了重新分章。

目前所见刘向以前的四大出土本，历史年代最早的是1993年湖北荆门郭店战国中期楚墓出土的《老子》楚简本，因其仅是《老子》初始本的三种摘抄，无法提供《老子》初始本的明确分章。

历史年代居中的是1973年湖南长沙马王堆三号墓出土的西汉初期《老子》帛甲本、西汉早期《老子》帛乙本，两者尽管都是先抄上经《德经》，后抄下经《道经》，是刘向颠倒《老子》初始本之上下经的重要硬证，但是两者都是上经《德经》四十四章连抄，下经《道经》三十三章连抄，也无法提供《老子》初始本的明确分章。

历史年代最晚的是2009年入藏北京大学的西汉中期《老子》汉简本，上经《德经》四十四章，下经《道经》三十三章，合计七十七章。这是刘向以前的《老子》初始本的明确分章。《老子》初始本的上下经结构和上下经章数，具有明确的天文对位：全书七十七章，对应北斗七星；上经《德经》四十四章，对应北斗七星之斗魁四星，下经《道经》三十三章，对应北斗七星之斗柄三星（详见第二章之夏商周明堂月令制度）。

与刘向同时的严遵本《老子》，《德经》仍是上经，《道经》仍是下经，同于《老子》初始本，但他精通"三易"，遂按《归藏》占八、《周易》占九，把《老子》初始本分为八九七十二章：上经《德经》分为五八四十章，比初始本、传世本少分四章；下经《道经》分为四八三十二章，比初始本少分一章，比传世本少分五章。

刘向按照《周易》占九，把《老子》传世本分为九九八十一章，见于其子刘歆所撰《七略》：上经《道经》三十七章，下经《德经》四十四章。

刘向是《老子》传世本分为八十一章的始作俑者，然而汉后注家大多误以为河上公是《老子》传世本分为八十一章的始作俑者。因为汉后注家普遍误信河上公与西汉早期的汉文帝同时，误信河上公早于西汉晚期的刘向，于是把河上公之分章承于刘向，颠倒为刘向之分章承于河上公。比如上引南宋董思靖《道德真经集解·序说》，先言"河上公分八十一章，以应太阳之极数。上经三十七章，法天数奇；下经四十四章，法地数偶。"后言"刘歆《七略》云：刘向定著二篇八十一章，上经三十七章，下经四十四章。……通应九九之数。"

这一颠倒，遮蔽了一项重要史实。史实真相是：代表官方意志的刘向本《老子》，是传世本之祖本；代表民间意志的河上本《老子》，仅是服从官方意志的主流传世本。现在颠倒为：代表民间意志的河上本《老子》，是传世本之祖本；代表官方意志的刘向本《老子》，仅是"顺应民意"而"定著"。于是代表官方意

第四章 《老子》传世本的系统篡改和全面反注

志的刘向颠倒《老子》初始本之上下经的"独尊儒术"动机，遂被彻底遮蔽。

现代学界的基本共识是，"河上公"是东汉晚期人[1]，托名于西汉早期的"河上丈人"[2]。所以东汉晚期的河上本《老子》，是民间意志服从官方意志的第一个主流传世本。唐代以后，河上本《老子》的影响力才被王弼本《老子》超越。

刘向至今两千年的主流《老子》传世本，包括东汉晚期的河上本《老子》，魏晋时期的王弼本《老子》，隋唐时期的傅奕本《老子》等，除了承袭刘向本《老子》之颠倒上下经，也承袭了刘向本《老子》之分章，都是上经《道经》三十七章，下经《德经》四十四章。因为西汉晚期国家图书馆馆长刘向重编《老子》并非私人著述，而是代表西汉晚期官方意志的钦定本《老子》。所以颠倒上下经并重新分章的刘向本《老子》，是西汉晚期至今一切《老子》传世本之祖本。

刘向本《老子》下经《德经》四十四章，与《老子》初始本上经《德经》四十四章，章数相同。刘向未对《德经》重新分章，是因为《德经》已被刘向移至下经，重要性大为降低，不必多费手脚。篡改经典的要诀是：无关紧要之处，尽量少动；至关重要之处，点金成石。

刘向本《老子》上经《道经》三十七章，比《老子》初始本下经《道经》三十三章，多分四章。刘向对《道经》重新分章且多分四章，是因为《道经》虽被刘向移至上经，整体宗旨仍然不利于支持"有为"，所以必须把关键章节的经文予以割裂，斩断逻辑关联，便于反注义理。刘向对《道经》重新分章的重点，是把至关重要的《太上不知章》，割裂为三章。

刘向按照《周易》占九，而把官方钦定本《老子》分为八十一章，以便把反《周易》的《老子》初始本降维为挺《周易》的《老子》传世本，但他不可能把真实动机告诉你，而是为其重新分章杜撰了一条"神圣理由"：老子之母李氏，怀胎八十一年，始生老子；所以老子撰著《老子》，分为八十一章。

今人可能觉得这一"神圣理由"极其荒唐，然而古人认为非常合理。所以

---

[1] 王卡点校河上公《老子道德经章句·前言》："河上公章句应成书西汉之后，魏晋之前，大约在东汉中后期。" 3页，中华书局1993。
[2] 陈成吒《先秦老学考论》，220页，华东师范大学2014博士论文（知网）。

南宋陈景元《道德真经藏室纂微·开题》曰：

> （老子）寄胎托娠，经八十一年，极太阳九九之数。……《道经》居先，《德经》次之，上下二卷，法两仪之生育；八十一章，像太阳之极数。是以上经明道以法天，下经明德以法地。而天数奇，故上经三十有七章。地数偶，故下经四十有四章。[1]

历代注家不会自问：老子出关之时即兴著书，随手写下格言警句，莫非还要即兴决定，前三十七段格言"上经明道以法天"，后四十四段格言"下经明德以法地"？莫非还要扳着手指，凑满八十一段就搁笔，充当过函谷关的买路钱？

四、《老子》传世本的系统篡改和全面反注

西汉晚期国家图书馆馆长刘向重编的官方钦定本《老子》传世本，除了颠倒上下经、重新分章，又对《老子》初始本的经文予以系统篡改。由于"罢黜百家，独尊儒术"是汉武帝以后延续两千年的封建王朝基本国策，所以刘向以后两千年的历代注家，又在刘向颠倒上下经、重新分章、篡改经文的基础上，继续系统篡改经文，直至经文面目全非。刘向以后两千年的历代注家，又在系统篡改经文的基础上，全面反注《老子》义理，于是真《老子》变成了伪《老子》，真老学变成了伪老学。

本节略举系统篡改、全面反注十二例，更多例子详见本书下卷。

1. 篡改"众父"为"众甫"

《老子》初始本之"众父"，见于下经《道经》之《唯道是从章》：

---

[1] 熊铁基主编《老子集成》第2卷，574—576页，宗教文化出版社2011。

> 孔德之容，唯道是从。……自今及古，其名不去，以顺众父。

《老子》初始本之《唯道是从章》，是主张"从道"的重要章节。经文把"宣夜说"范畴的宇宙总体规律称为"道"，同时譬解为"众父"，所以"唯道是从"即"唯父是从"，符合老子所处周代的父权制思想。《庄子·大宗师》之"以天为父"，承于《老子》初始本之"以道为父"，证明道家"有父"，并非"无父"，仅是主张"以道为父"，反对"以君为父"（《庄子·齐物论》）。

《老子》传世本之《唯道是从章》，篡改"众父"为"众甫"，消灭了《老子》初始本唯一以"道"为"父"之处，为孟子攻击杨墨"无君无父"制造伪证。汉后注家再无可能明白《老子》初始本真义，于是妄言《老子》主张"唯道是从"即"唯母是从"。比如俞樾《老子平议》曰："'众父'者，犹云'万物母，天下母'也。"如此混淆"父"与"母"，怎么可能明白《老子》初始本以天文存在为"父"、以历法知识为"母"？更无可能明白《老子》初始本所言"侯王得一"、"有国之母"、"贵食母"，都是教诲侯王遵循"太一"历法图（伏羲太极图）治国。

近代注家又沿着汉后注家的错误方向走得更远，妄言《老子》崇拜母系社会，反对父系社会，向往原始社会，开历史倒车，等等。

2. 篡改"恒道"为"常道"

《老子》初始本之"恒道"，见于下经《道经》之《道可道章》：

> 道，可道也，非恒道也；名，可名也，非恒名也。
> 无，名万物之始也；有，名万物之母也。
> 故恒无，欲以观其妙；恒有，欲以观其所窍。
> 两者同出，异名同谓。玄之又玄，众妙之门。

《老子》初始本之《道可道章》，是分判"宣夜说"范畴之"恒道"和"浑天说"范畴之"常道"的重要章节。"宣夜说"范畴的宇宙总体规律"无极恒道"，其天文存在可知，其历法知识不可知、不可得、不可道、不可有，故称"无"或"恒无"。"浑天说"范畴的宇宙局部太阳系规律"太一常道"，其天文存在可知，其历法知识可知、可得、可道、可有，故称"有"或"恒有"。

"道，可道也，非恒道也"，是下经《道经》首章《道可道章》之首句，即言上经《德经》主张"侯王得一以为天下正"，是效法"道生一"之"一"，而非效法"道生一"之"道"。因为"道生一"之"一"尽管可知、可得、可道、可有，仅是"浑天说"范畴的宇宙局部规律"太一常道"；"道生一"之"道"尽管不可知、不可得、不可道、不可有，却是"宣夜说"范畴的宇宙总体规律"无极恒道"。所以《老子》初始本之下经《道经》，在全书最后结论部分的《知雄守雌章》，明言"复归于无极"。

对于"宣夜说"范畴的宇宙总体规律"恒道"，人类只可"观其"天文存在之"妙"，无法"观其"历法知识之"所窍"。"窍"即作为"万物之母"的历法知识之"玄牝"，亦即"太一"历法图（伏羲太极图）的春气"生"物之产门：泰道。

《老子》传世本之《道可道章》，篡改"恒道"为"常道"，遮蔽了《老子》初始本分判"无极恒道"、"太一常道"的关键名相，汉后注家再无可能明白"道生一"之"道"和"一"分属"宣夜说"范畴和"浑天说"范畴，更无可能明白"道生一"是《老子》第一基石而准确理解《老子》的每章每句每字。

3. 篡改"芒芴"为"恍惚"

《老子》初始本之"芒芴"，见于下经《道经》之《唯道是从章》：

> 道之为状，唯芒唯芴。
> 芴兮芒兮，其中有象。
> 芒兮芴兮，其中有物。
> 幽兮冥兮，其中有精。
> 其精甚真，其中有信。

第四章 《老子》传世本的系统篡改和全面反注

"浑天说"范畴的宇宙局部太阳系规律"太一常道",其天文存在可知,其历法知识可知、可得、可道、可有,故称"有"或"恒有"。那么人类如何知之、得之、道之、有之?答曰:得之于"芒芴",亦即上古伏羲族首创、中古夏商周承袭的中国天文学根本方法:圭表测影。

上古伏羲族首创圭表测影,并以伏羲六十四圭记录全年圭影,伏羲太极图是全年圭影的合成图。夏商周三易以伏羲六十四圭占卜,圭+卜=卦,所以"伏羲六十四圭"改称"伏羲六十四卦"。

"芒"即太阳光芒,"芴"即圭表投影。二字合词,正序作"芒芴",乃言圭表测影之原理:正午阳光之"芒",投射圭影之"芴",可将无法测量的太阳所在纬度,转化为可以测量的圭影长短。逆序作"芴芒",乃言圭表测影之过程:根据圭影之"芴",认知正午阳光之"芒",即可算出全年每日的太阳所在纬度。伏羲六十四卦以阳爻之"芒"对应太阳纬度,以阴爻之"芴"对应圭影长短。比如伏羲太极图外圈的开辟四时之卦:坤卦☷六阴,记录冬至太阳位于南回归线上空,太阳最南,圭影最长;乾卦☰六阳,记录夏至太阳位于北回归线上空,太阳最北,圭影最短;泰卦☷下三阳,上三阴,记录春分太阳由南而北到达赤道上空,昼夜等长,阴阳平分;否卦☰下三阴,上三阳,记录秋分太阳由北而南到达赤道上空,昼夜等长,阴阳平分。

"芴"即太阳之"芒"的圭表投影,旁证众多:太阳之"陽",伏羲天文象数易、夏商周三易之"易",表示日出之"旸",字皆从"日"从"勿"。记录七十二物候之"物",侯王祭天所持玉圭称"笏",表示时间极短之"忽",表示生命终止之"殁",字皆从"勿"。因为"勿"字源于上古伏羲族的"日囫纹"、"月囵纹"。[1]"囫囵"的本义是"葫芦",所以上古伏羲族的创世神话是"葫芦创世说"。"囫囵"后来转写为"混沦",所以上古伏羲族的"囫囵说"、"混沦说"即"浑天说",上古伏羲族的天文台称为"昆仑台"(详见拙著《伏羲之道》)。

---

[1] 张远山《伏羲之道》,170 页,岳麓书社 2015。

▲仰韶—龙山文化的上古伏羲族彩陶：日囵纹，月图纹

一旦明白"芒芴"是圭表测影专名，《唯道是从章》字字皆明。

"道之为状，唯芒唯芴"意为：欲明"太一常道"之状，唯有观测太阳光芒照射表木投于土圭的影子长短。

"芴兮芒兮，其中有象"意为：观测圭影之长短，即知太阳之位置，其中就有伏羲六十四卦之卦象。

"芒兮芴兮，其中有物"意为：观测太阳光芒照射表木之投影，即知太阳之位置以及二十四节气、七十二物候。

"幽兮冥兮，其中有精。其精甚真，其中有信"意为：尽管"宣夜说"范畴的"无极恒道"幽冥难知，但是圭表测影可得"太一常道"之精华；这一精华非常真实，非常可信。

唯因圭表测影所得"太一常道"真实可信，所以侯王必须遵循"太一"历法图（伏羲太极图）揭示的"太一常道"治国。所以与《老子》帛甲本、帛乙本同墓出土的《黄帝四经》之《称》曰："侍表而望则不惑，案法而治则不乱。"战国道家著作《鹖冠子·天权》则曰："彼立表而望则不惑，按法而割者不疑。"西汉道家著作《淮南子·说林训》亦曰："循绳而斫则不过，悬衡而量则不差，植表而望则不惑。"所谓"案法而治"，正是按照"太一"历法图（伏羲太极图）治国。

《庄子》数见"芒芴"，无不合于圭表测影。《庄子·至乐》："芒乎芴乎，而无从出乎？芴乎芒乎，而无有象乎？""而无从出乎"，言"芒芴"出于圭表测影。"而无有象乎"，言圭表测影之"象"。《庄子·山木》："芴乎芒乎，其送往而迎来。""送往"，即太阳南藏。"迎来"，即太阳北归。《庄子·天下》："芒乎何之？芴乎何适？""芒乎何之"，即太阳北归。"芴乎何适"，即太阳南藏。《庄子·应帝王》浑沌寓言，以"倏"与"忽"言极短时间，即圭影微移之一瞬。"匆匆"义同"倏忽"，"匆"亦从"勿"。华夏造字先贤认为：无物不随时间"倏忽"微移而微异。万物倏忽微异，庄子谓之"物化"，道家谓之"造化密移"。

《老子》传世本之《唯道是从章》，篡改"芒芴"、"芴芒"为"恍惚"、"惚恍"，《庄子》传世本也篡改"芒芴"、"芴芒"为"恍惚"、"惚恍"，汉后注家再无可能明白"芒芴"是圭表测影专名。尽管"恍惚"仍有"芒芴"的若干遗意，比如只能说"恍然大悟"，不能说"惚然大悟"，因为"恍"属"明"，"惚"属"暗"。"悟"是由暗趋明，不是由明趋暗，所以"恍"可言"悟"，"惚"不可言"悟"。

汉后注家把"恍惚"视为两个没有独立意义、没有精确内涵的词素组成的联绵词，而予不知所云的妄注。王弼注曰："万物以始以成，而不知其所以然，故曰恍兮惚兮，惚兮恍兮，其中有象也。"注了等于没注，谁能明白这种"恍兮惚兮，惚兮恍兮"的"玄学"？

旧老学第一权威王弼尚且不懂，王弼追随者当然更加不懂。比如奚侗注曰："'忽怳'，亦可倒言'怳忽'，与'仿佛'同谊，谓所见不能审谛也。"再如蒋锡昌注曰："'恍惚'，亦即仿佛。'是谓惚恍'，谓道若存若亡，恍惚未定也。"[1]更多注家认为"恍惚"不必注释，人人能懂。一旦不懂而自以为懂，再无可能明白《老子》真义。

4. 篡改"执今之道"为"执古之道"

《老子》初始本之"执今之道"，见于下经《道经》之《执今之道章》：

> 一者，其上不皦，其下不昧。……执今之道，以御今之有。以知古始，是谓道纪。

"一者"，即"浑天说"范畴的宇宙局部太阳系规律"太一常道"。"今之道"，

---

[1] 蒋锡昌《老子校诂》，83页，上海书店1992；奚侗语见82页所引。

即今人可得、可执的"太一常道"。因其可"得",上经《德经》之《上德不德章》遂言"侯王得一以为天下正"。因其可"执",下经《道经》之《曲则全章》遂言"圣人执一以为天下牧"。

《老子》传世本把"执今之道"篡改为"执古之道",又把"圣人执一以为天下牧"篡改为"圣人抱一以为天下式",汉后注家再无可能明白"执今之道"即"圣人执一"。

《老子》初始本"执今之道"意为:侯王执守今人所知的"太一"天道治国。《老子》传世本"执古之道"意为:侯王执守古代先王的"人道"治国。《老子》传世本的系统篡改和全面反注,彻底遮蔽了《老子》初始本真义。

5. 篡改"自为"为"自化"

《老子》初始本九见"无为",一见"无为而无不为",二见"自为"。两处"自为",分见上经《德经》之《以正治国章》,下经《道经》之末章《道恒无为章》,命义都是阐释《为学日益章》之"无为而无不为":

为学者日益,为道者日损。损之又损之,以至于无为,无为而无不为。(为学日益章)

是以圣人之言曰:我无为而民自为。(以正治国章)

道恒无为,侯王若能守之,万物将自为。(道恒无为章)

《老子》初始本之《以正治国章》、《道恒无为章》,全都连言"无为"和"自为",都是阐释《为学日益章》之"无为而无不为",即以"自为"阐释"无不为"。要义有二。

其一,阐明"无为"与"无不为"的主体不同:侯王必须顺道"无为",民众必须循德"无不为"。

其二,阐明民众之循德"无不为",就是循德"自为"。

《老子》传世本之《以正治国章》、《道恒无为章》,全都篡改"自为"为"自化",斩断了"无不为"与"自为"的义理关联,汉后注家再无可能明白《老子》第一政纲"无为无不为"之真义,更无可能明白"无不为"是民众"自为"。于是汉后注家妄注"无为"与"无不为"的主体相同,剥夺了民众"自为"而"无不为"的天赋权利。因为民众"自为"而"无不为",不利于汉武帝以降两千年的"独尊儒术,有为而治"。

《老子》初始本主张民众"自为"和"无不为",真义是民众不接受"名教"之教化,"百姓皆谓我自然",亦即真老学、真庄学传人嵇康所言"越名教而任自然"。

《老子》传世本篡改民众"自为"为民众"自化"并予反注,其义反转为民众自觉接受"名教"之教化,然后"习惯成自然",亦即旧老学第一权威王弼反注《老子》宗旨为"名教合于自然",旧庄学第一权威郭象反注《庄子》宗旨为"名教即自然"。所以《老子》传世本篡改"自为"为"自化",是旧老学颠覆真老学的关键大棋,也是旧庄学颠覆真庄学的关键大棋。

6. 篡改"不知有之"为"下知有之"

《老子》初始本之"太上,不知有之",见于下经《道经》之《太上不知章》:

> 太上,不知有之。其次,亲而誉之。其次,畏之。其下,侮之。
> 信不足焉,有不信。犹兮,其贵言也。功成事遂,百姓皆谓我自然。

刘向之前的四大出土本(楚简本、帛甲本、帛乙本、汉简本)和刘向之后的四大传世本(河上公今本、王弼本、傅奕本、想尔本)均作"太上,下知有之",导致这一篡改难以发现。即使发现,论证也难。今举《老子》初始本必作"不知有之"的八大硬证。

硬证一,此章后文"百姓皆谓我自然",是"不知有之"的最强内证。百姓"不知"有君,才有可能"皆谓我自然"。假如"下知有之",即无可能"百姓皆谓我自然"。

硬证二，下经《道经》之《善行无迹章》曰："善行者，无辙迹。""无辙迹"，即"不知有之"。这是"不知有之"的次强内证。

硬证三，河上公今注："'太上'，谓太古无名号之君。'下知有之'者，下知上有君而不臣事，质淳朴也，若不知者。"河上公今注"若不知者"，与今注所引经文"下知有之"抵牾，证明河上公今注和今注所引经文均非原文，均被篡改。河上公古注和古注所引经文，应为："'太上'，谓太古无名号之君。'不知有之'者，上有君而不臣事，质淳朴也，若不知者。"河上本《老子》必作："太上，不知有之。"这是"不知有之"的最强文本证据。

硬证四，南宋范应元引用项羽妾冢本《老子》之《天道左右章》"万物归焉而不知主"（传世本多作"万物归焉而不为主"）。这是"不知有之"的次强文本证据。

硬证五，元人吴澄《道德真经注》、元人邓锜《道德真经三解》、明太祖《御注道德真经》、明成祖《永乐大典·老子》、明人朱得之《老子通义》、明人焦竑《老子翼》、明人周如砥《道德经集义》、明人王夫之《老子衍》、清世祖顺治帝《御注道德经》、清人吴世尚《老子宗指》、清人潘静观《道德经妙门约》等，今人奚侗《老子集解》、朱谦之《老子校释》、马叙伦《老子校诂》等，均已校正为"太上不知有之"。朱得之曰："'下知有之'虽亦可通，终于民忘帝力之风似有渣滓，不若从'不'字，则与'民莫之令而自均'、'百姓皆曰我自然'，民日迁善，而不知为之者，意义相合。"[1] 奚侗曰："作'下'，于理不协。"[2] 朱谦之曰："太古至治之极，以道在宥天下，而未尝治之，民相忘于无为，不知有其上也。作'不'义长。"[3] 马叙伦曰："作'不知'为长。本书'上无为而民自化'、'民之饥，以其上食税之多也'，皆以'民'与'上'对文，无作'下'者可证。"[4] 这是"不知有之"的群体文本证据。

硬证六，《庄子·应帝王》："老聃曰：明王之治，功盖天下，而似不自己；化

---

[1] 朱得之《老子通义》，熊铁基主编《老子集成》第6卷，381页，宗教文化出版社2011。
[2] 奚侗《老子集解》，熊铁基主编《老子集成》第13卷，9页，宗教文化出版社2011。
[3] 朱谦之《老子校释》，69页，中华书局2000。
[4] 蒋锡昌《老子校诂》引，107页，上海书店1992。

贷万物，而民弗恃；有莫举名，使物自喜。"——"明王"，扣《老子》"太上"。"有莫举名"，扣《老子》"不知有之"。"使物自喜"，扣《老子》"百姓皆谓我自然"。这是"不知有之"的最强外证。

硬证七，《庄子·泰初》："上如标枝，民如野鹿。端正而不知以为义，相爱而不知以为仁，实而不知以为忠，当而不知以为信；蠢动而相使，不以为赐。是故行而无迹，事而无传。"——"上如标枝"，扣《老子》"太上"。四言"不知"，扣《老子》"不知有之"。"不以为赐"，扣《老子》"百姓皆谓我自然"。"行而无迹，事而无传"，扣《老子》"善行者，无辙迹"。这是"不知有之"的次强外证。

硬证八，《礼记·曲礼上》："太上贵德，其次务施报。""太上贵德"，即"太上不知有之"的圣君不求民众"施报"。"其次务施报"，即"其次"以下的俗君均求民众"施报"。这是"不知有之"的儒家旁证。

湖北荆州郭店一号墓出土的战国中期楚简本《老子》，墓主是法家慎到，战国晚期的《韩非子·难三》，撰者是法家韩非，两者均作"太上，下知有之"，所据都是已经篡改过的法家版《老子》。因为法家主张极端"尊君"，反对《老子》初始本的"不知有之"，所以战国中期以后的法家版《老子》已把经文篡改为"下知有之"。刘向之前的四大出土本（楚简本、帛甲本、帛乙本、汉简本）和刘向之后的四大传世本（河上公今本、王弼本、傅奕本、想尔本）均作"下知有之"，乃是承袭战国中期以后的法家版《老子》，因为汉武帝的"独尊儒术"，实为外儒内法。

7. 篡改"人亦大"、"人居其一"为"王亦大"、"王居其一"

《老子》初始本之"人亦大"、"人居其一"，见于下经《道经》之《有状混成章》：

道大，天大，地大，人亦大。域中有四大，而人居其一焉。
人法地，地法天，天法道，道法自然。

"天地人"三才,源于伏羲先天八卦之三爻,是华夏文化的基本观念。《老子》初始本认为"天地人"无不效法天道,故言"四大"、"四法"。"人亦大","人居其一",与下文"人法地"衔接。

刘向之前的四大出土本(楚简本、帛甲本、帛乙本、汉简本)和刘向之后的两大主流传世本(河上本、王弼本)把"人亦大"、"人居其一"篡改为"王亦大"、"王居其一",与下文"人法地"抵牾,仍是承袭战国中期以后的法家版《老子》。战国中期以后的法家版《老子》如此篡改,原因仍是法家极端"尊王"。

刘向之后的两大非主流传世本(傅奕今本、范应元今本)均作"人亦大……而王处其一尊",已非傅奕古本、范应元古本原貌。范应元注曰:"'人'字,傅奕同古本。按后文'人法地',则古本文义相贯。"证明傅奕古本、范应元古本均作"人亦大","人居其一",傅奕今本、范应元今本已被后人根据河上本、王弼本而篡改。

《老子》初始本的真义是尊"人"不尊"王",《老子》传世本篡改反注以后,反转为尊"王"不尊"人"。

8. 篡改"受国之诟"、"唯之与诃"为"受国之垢"、"唯之与阿"

《老子》初始本之"受国之诟"、"唯之与诃",分见上经《德经》之《柔之胜刚章》,下经《道经》之《敬天畏人章》:

> 受国之诟,是谓社稷之主;受国之不祥,是谓天下之王。(柔之胜刚章)
> 唯之与诃,相去几何?美之与恶,相去何若?(敬天畏人章)

《老子》初始本之"诟"与"诃",与"其下,侮之"之"侮","大白若辱"、"知足不辱"、"宠辱若惊"、"知其白,守其辱"之"辱","报怨以德"、"和大怨,必有余怨"之"怨",其义相近,均言民众对下德侯王的诟病、诃骂、侮辱、抱怨。

《老子》初始本的大量章节省略教诲对象"侯王",汉后注家只要把这些章节的教诲对象从"侯王"泛化为普通人,即可遮蔽《老子》真义。然而《柔之胜刚章》没有省略教诲对象"社稷之主"、"天下之王",于是《老子》传世本只有改"诟"为"垢",才能遮蔽《老子》初始本真义。

《敬天畏人章》尽管省略了教诲对象"侯王",但是"诃"与"诟"义近,所以《老子》传世本又把"诃"系统篡改为"阿",再把"阿"反注为服从之声、应诺之声,反转了《老子》初始本真义。再把"美之与恶"系统篡改为"善之与恶",把百姓赞美或厌恶侯王,反转为与百姓、侯王无关的空泛善、恶。

9. 篡改"不可以不畏人"为"不可不畏"

《老子》初始本之"不可以不畏人",亦见下经《道经》之《敬天畏人章》:

唯之与诃,相去几何?美之与恶,相去何若?
人之所畏,亦不可以不畏人。

"唯"与"美",原意是民众对上德侯王的拥戴和赞美。"诃"与"恶",原意是民众对下德侯王的诃骂和厌恶。所以《老子》初始本的真义是:民众拥戴、赞美上德侯王,民众诃骂、厌恶下德侯王,两者差别极大,以此教诲天下侯王成为上德侯王。

《老子》传世本改"诃"为"阿",反注为"唯"与"阿"都是应诺之词,两者差别极小;又改"美"为"善",反注为"善"与"恶"都是主观好恶,两者同样差别极小。近代注家又沿着历代反注的错误方向走得更远,妄言老子主张"善恶"互相转化的"朴素辩证法",彻底遮蔽了《老子》初始本真义。

"人之所畏,亦不可以不畏人",义承"唯之与诃"、"美之与恶",其真义是:被民众畏惧的侯王,也不可以不畏惧民众(的诃骂和厌恶)。

《老子》传世本则在改"诃"为"阿"的基础上,又把"不可以不畏人"系统篡改为"不可不畏",于是反转为:人人畏惧侯王,所以任何人都不可以不畏惧侯王。彻底反转了《老子》初始本真义。

最有意味的是，三大出土本（楚简本、帛乙本、汉简本）均作"人之所畏，亦不可以不畏人"，三大出土本的众多整理者、注释者理应发现《老子》传世本删去了句尾"人"字，经文有误，注释有误。然而三大出土本的众多整理者、注释者，集体坚信反《老子》的伪《老子》经文不误，集体坚执反老学的伪老学注释不误，集体判定三大出土本的句尾"人"字是衍文。只要伪《老子》、伪老学的成心在胸，整理者、注释者必定无视出土本的铁证。

10. 篡改"什佰人之器"为"什佰之器"

《老子》初始本之"什佰人之器"，见于上经《德经》之《小国寡民章》：

> 小国寡民，使有什佰人之器而不用，使民重死而远徙。虽有舟车，无所乘之；虽有甲兵，无所陈之。使民复结绳而用之。

"使有什佰人之器而不用"，义同《不尚贤章》"不尚贤"。"什佰人之器"，即什夫长、佰夫长之类"贤人"。

《老子》传世本删去"人"字，改为"什佰之器"，导致老子心目中的理想社会非常奇怪：既然不用这些器物，为什么要制作、购买、保存这些器物？吃饱饭没事干，闲着也是闲着？手里钱财太多，不花白不花？家里地方太大，空着也是空着？

假如老子所撰《老子》如此智商欠费，老子怎么可能成为中国哲学突破第一人，《老子》怎么可能成为中国哲学突破第一书？

11. 篡改"大器免成"为"大器晚成"

《老子》初始本之"大器免成"，见于上经《德经》之《上士闻道章》：

第四章 《老子》传世本的系统篡改和全面反注

> 大方无隅,大器免成,大音希声。
> 天象无形,道隐无名。夫唯道,善始且善成。

"大器免成",与前语"大方无隅",后语"大音希声",连类而举,譬解章末的"天象无形,道隐无名",其义甚明。

《老子》传世本篡改为"大器晚成",今已成为无人不知的成语。篡改反注者唯恐"生不逢时",唯恐"不才明主弃",无不自居怀才不遇的"大器"。尽管一直不遇"明主",仍以"大器晚成"自慰。然而这与《老子》真义何干?

《周易·系辞上》曰:"形而上者谓之道,形而下者谓之器。"《老子》全书均言"为道",怎么可能主张"成器"?急于用世的孔子,尚且主张"君子不器";不想用世的老子,怎么可能主张"成器"?

《老子》初始本主张"去大",主张"使有什佰人之器而不用",怎么可能主张"大器晚成"?

12. 篡改"安平泰"、"去大"为"安平大"、"去泰"

《老子》初始本之"安平泰",见于下经《道经》之《人道大象章》;《老子》初始本之"去大",见于下经《道经》之《大制无割章》:

> 执大象,天下往。往而不害,安平泰。(人道大象章)
> 圣人去甚,去大,去奢。(大制无割章)

《老子》初始本唯一言及的卦象,是上经《德经》之《道生一章》的"负阴而抱阳",即伏羲太极图标示春分的泰卦之象。所以下经《道经》之《人道大象章》,即《老子》初始本之倒数第三章,在书尾把"负阴而抱阳"的泰卦之象,称为"大象"。

"执大象,天下往"意为:圣君执守泰卦的泰象,就能成为天下归往的天下之王。

"往而不害，安平泰"意为：圣君执守泰卦的泰象而成为天下归往的天下之王，不会受到危害，而是国泰民安。"泰"字，正是"大象"泰卦的卦名。

诸多《老子》传世本（以及四大出土本）却把"安平泰"篡改为"安平大"，与《老子》初始本主张"去大"抵牾。

篡改者也发现了把"安平泰"篡改为"安平大"，与《老子》初始本主张"去大"抵牾，于是一不作二不休，又把《大制无割章》之"圣人去大"，系统篡改为"圣人去泰"。此章改"泰"为"大"，彼章改"大"为"泰"，翻手为云，覆手为雨，以此遮蔽、反转《老子》初始本真义。

综上所举，《老子》传世本的经文与《老子》初始本的经文全面不同，《老子》传世本的义理与《老子》初始本的义理全面相反，并非个别抄手的偶然抄刻讹误和个别注家的偶然理解失误，而是迎合官方意识形态"罢黜百家，独尊儒术"的系统篡改和全面反注。

结语　复原《老子》真经，阐释《老子》真义

上古伏羲族的"宣夜说"和"浑天说"，是作为华夏文化总基因的真天文理论。中古夏商周黄帝族的"盖天说"，则是作为官方意识形态的伪天文理论。鼓吹"天圆地方—天尊地卑—君尊臣卑"的"盖天说"，导致汉后两千年的国人完全不知上古伏羲族的"宣夜说"，又误以为"浑天说"始于东汉张衡，晚于中古夏商周的"盖天说"，又误以为"盖天说"和"浑天说"是中国天文理论的两大流派。周代以降流行三千年的"盖天说"，实为"宣夜说"和"浑天说"的严重降维。

《老子》初始本的老学真义，承于上古伏羲族的真天文理论"浑天说"，按照"人文效法天文，人道效法天道"、"以人合天，顺天应人"的顺道理念，褒扬"天地皆圆—天柔地刚—君柔臣刚"的"泰道"，老子遂成中国哲学突破第一人，《老子》初始本遂成中国哲学突破第一书。

《老子》传世本的老学伪义，承于中古夏商周黄帝族的伪天文理论"盖天说"，

按照"天文迎合人文，天道迎合人道"、"以天合人，逆天治人"的悖道理念，鼓吹"天圆地方—天尊地卑—君尊臣卑"的"否术"，伪老子遂成庙堂权谋第一人，伪《老子》遂成愚民洗脑第一书。汉代以降流行两千年的《老子》传世本，实为《老子》初始本的严重降维。

本书把"盖天说"对"宣夜说"、"浑天说"的降维，予以还原性升维；把《老子》传世本对《老子》初始本的降维，予以还原性升维。首先根据《老子》十大版本（两大文献本、四大出土本、四大传世本），复原《老子》真经；然后以"宣夜说"、"浑天说"阐释《老子》真经，还原《老子》真义。

让我们告别汉武帝"罢黜百家，独尊儒术"以降两千年的伪《老子》，进入汉武帝"罢黜百家，独尊儒术"以前五百年的真《老子》。不从伪《老子》的"道可道，非常道"开始，而从真《老子》的"上德不德，是以有德"开始，读懂《老子》的每章每句每字。

下卷

《老子》奥义

——七十七章对应北斗七星

上经

《德经》四十四章（1—44），
对应斗魁四星

《德经》小引：上德不德，是以有德

老子自定的《老子》初始本之上下经结构：上经《德经》"贵德"，下经《道经》"尊道"。上经《德经》提出"人道"命题，下经《道经》为上经《德经》之"人道"命题提供"天道"论证。"人道"是道术，属"德"，"德"为"道"施，万物皆有，是由"德"进"道"的可靠逻辑起点，所以《德经》必须是上经。"天道"是道体，属"道"，"道"难尽知，不是建构哲学体系的可靠逻辑起点，所以《道经》只能是下经。

按照《老子》上下经的"人道/天道"内涵结构和"经/经说"形式结构，上经《德经》是提出"人道"命题的"经"，下经《道经》是提供"天道"论证的"经说"。所以上经《德经》提出了《老子》"君人南面之术"之六大命题：《老子》第一基石"道生一"，《老子》第一命题"侯王得一以为天下正"，《老子》第一宗旨"扬泰抑否"，《老子》第一教诲"知不知"，《老子》第一政纲"无为无不为"，《老子》第一教义"人道效法天道"（礼必本于太一）。

按其义理层次，分为八大部分。

第一部分《德经》绪论六章（1—6），标举提炼自"太一"历法图（伏羲太极图）的价值范式"道↘德↘仁↘义↘礼"和侯王四型"德↘仁↘义↘礼"；按照"去彼取此"范式，"取此"以"德"治国的无为圣君，"去彼"以"仁↘义↘礼"治国的有为俗君。标举《老子》第一基石"道生一"，标举《老子》第一命题"侯王得一以为天下正"，标举《老子》第一宗旨"扬泰抑否"。

第二部分至第七部分的三十四章（7—40），标举《老子》第一政纲"无为无不为"，标举《老子》第一教义"人道效法天道"（礼必本于太一），标举《老子》第一教诲"知不知"，展开《老子》第一命题"侯王得一以为天下正"，展开《老子》第一宗旨"扬泰抑否"。

第八部分《德经》结论四章（41—44），小结《德经》义理，教诲天下侯王"人道效法天道"(礼必本于太一)。

一、《德经》绪论六章（1—6）：侯王四型，人道四境

《德经》第一部分《德经》绪论六章（1—6），标举提炼自"太一"历法图（伏羲太极图）的价值范式"道↘德↘仁↘义↘礼"、侯王四型"德↘仁↘义↘礼"；按照"去彼取此"范式，"取此"以"德"治国的无为圣君，"去彼"以"仁↘义↘礼"治国的有为俗君。标举《老子》第一基石"道生一"，标举《老子》第一命题"侯王得一以为天下正"，标举《老子》第一宗旨"扬泰抑否"。

《德经》绪论六章是《老子》初始本的全书总纲，贯穿于《德经》的"人道"命题和《道经》的"天道"论证。透彻理解《德经》绪论六章，就能准确理解《老子》初始本的每章每句每字。

1. 上德不德章

上德不德，是以有德。下德不失德，是以无德。

上德无为而无以为[1]**，上仁为之而无以为**[2]**，上义为之而有以为，上礼为之而莫之应，则攘臂而扔之。**

故失道而后德，失德而后仁，失仁而后义，失义而后礼。

夫礼者，忠信之薄，而乱之首也。前识者，道之华，而愚之首也。

是以大丈夫居其厚，不居其薄；居其实，不居其华。故去彼取此。

---

[1] 帛甲本、帛乙本、汉简本、河上本、王弼本均作"上德无为而无以为"，本书从之。《韩非子·解老》、严遵本、傅奕本均作"上德无为而无不为"，本书不从。

[2] 战国晚期的《韩非子·解老》、西汉初期的帛甲本、西汉早期的帛乙本，"上德无为而无以为"与"上仁为之而无以为"之间均无别句，本书从之。西汉中期以后，汉简本、傅奕本、范应元本等妄增"下德为之而无以为"，导致"下德"与"上仁"均成"为之而无以为"；严遵本、河上本、王弼本等妄增"下德为之而有以为"，导致"下德"与"上义"均成"为之而有以为"。均不可通，本书不从。

《老子》初始本上经《德经》第1章《上德不德章》，《老子》传世本颠倒上下经后变为第38章。

《上德不德章》是《德经》绪论六章（1—6）之首章，标举提炼自"太一"历法图（伏羲太极图）的价值范式"道↘德↘仁↘义↘礼"，标举提炼自"太一"历法图四时卦象"泰↘乾↘否↘坤"的侯王四型"德↘仁↘义↘礼"。标举"去彼取此"范式："取此"以"德"治国的无为圣君，"去彼"以"仁↘义↘礼"治国的有为俗君。

1.1 上德不德，是以有德。下德不失德，是以无德。

第1章第1节第1层，标举"侯王范式"的第一层次"两类侯王"。

"上德不德，是以有德"，即"上德"侯王深知己德有缺，永不自居"得道"，顺道"无为"而知"已"、知"止"，因而"知止不殆，可以长久"（第7章）。

"下德不失德，是以无德"，即"下德"侯王不知己德有缺，不失"得道"幻觉，悖道"有为"而不知"已"、不知"止"，因而"有殆"，难以"长久"。

句义：上德侯王永不拔高己德，所以有德。下德侯王不断拔高己德，所以无德。

[义理辨析 01]

"上德"、"下德"均指侯王，不指普通人。参看蒋锡昌注："上德，上德之君。下德，下德之君。"[1]

《老子》初始本开篇，先把"侯王"分为两类："上德"侯王，"下德"侯王。全书一切褒义性主语，如"大丈夫"、"上士"、"圣人"、"为道者"等，均指"上德"侯王。全书一切贬义性主语，如"中士"、"下士"、"为学者"等，均指"下德"侯王。全书一切省略主语，均为"侯王"。

只有明白《老子》的唯一主题是"君人南面之术"（《汉书·艺文志》），《老

---

[1] 蒋锡昌《老子校诂》，245页，上海书店1992。

子》的唯一教诲对象是"侯王",才有可能读懂《老子》。假如误以为《老子》主题是"修道之术"、"养生之术",教诲对象是普通人,即无可能读懂《老子》。由于《老子》的哲学体系植根于天文历法,天文历法植根于永恒天道,永恒天道适用于一切领域,因此读懂《老子》之后,不妨拓展、延伸、应用到普通人的"修道之术"、"养生之术"等一切领域,但是不能颠倒过来。

"上德"侯王的根本特征是"不德",即不自得,不自居得道。"下德"侯王的根本特征是"不失德",即不失自得,亦即自得,自居得道。

此处涉及"德"之二义,源于道家对"道—德"的定义。

"德"之第一义,是名词用法,见于"上德"、"下德"之"德"。道家认为:每物之德,为道分施。

"德"之第二义,是动词用法,见于"不德"、"不失德"之"德"。道家认为:每物之德,得之于道,所以"得"是"德"的动词用法。

"上德"侯王"不德",即永不拔高己德,深知己德有缺,所以顺道"无为",不敢"妄作","是以有德"。

"下德"侯王"不失德",即不断拔高己德,不知己德有缺,所以悖道"有为",任意"妄作","是以无德"。

《庄子·大宗师》"古之真人,当而不自得",《庄子·应帝王》"(至人)尽其所受乎天,而无见得",均承《老子》初始本的首章首句"上德不德"。

《老子》主张"不德",《庄子》主张"不自得",无不基于道家根本义:德为道施,德低于道,人难尽知天道。

《老子》反对"不失德",《庄子》反对"自得",即反对侯王以及任何人自居"得道"。因为任何人一旦"自得"且自居"得道",就会悖道"有为",任意"妄作"。普通人悖道"有为",任意"妄作",仅仅祸害自己。侯王悖道"有为",任意"妄作",就会祸害天下。

上德无为而无以为,上仁为之而无以为,上义为之而有以为,上礼为之而莫之应,则攘臂而扔之。

第1章第1节第2层,标举"侯王范式"的第二层次"侯王四型":上德侯王,上仁侯王，上义侯王，上礼侯王。

句义：上德侯王无为而无意妄作，上仁侯王有为而无意妄作，上义侯王有为而有意妄作，上礼侯王有为而无人响应，于是抡起手臂牵引天下。

〖义理辨析 02〗

"上德"、"上仁"、"上义"、"上礼"均指"侯王"，不指普通人。参看河上公注："上德，谓太古无名号之君。上仁，谓行仁之君。上义，谓行义之君。上礼，谓行礼之君。"

《老子》初始本首章《上德不德章》之"上德无为而无以为"，《老子》初始本末章《道恒无为章》之"道恒无为，侯王若能守之，万物将自为"，首尾呼应，证明"上德无为而无以为"，省略了主语中心词"侯王"，补入即为："上德（侯王）无为而无以为"。

后三句"上仁为之而无以为，上义为之而有以为，上礼为之而莫之应"，把"下德"侯王分为三型："上仁"侯王，"上义"侯王，"上礼"侯王。王弼《老子注》曰："凡不能无为而为之者，皆下德也，仁义礼节是也。"证明王弼也认为"仁义礼"均属"下德"。

第1章的五个词"上德"、"下德"、"上仁"、"上义"、"上礼"，并非五种侯王，而是两类四型侯王。

两类侯王，即"无为"的"上德"侯王，"有为"的"下德"侯王。四型侯王，即"以德治国"的"上德"侯王一型，以"仁、义、礼"治国的"下德"侯王三型。

《老子》称"无为"的"上德"侯王为"圣人"（29见），称"有为"的"下德"侯王为"众人"（4见）或"俗人"（2见）。

秦始皇以"王"僭"帝"而终极悖道之后，君主变得神圣不可侵犯，臣民小有微词即为"大不敬"的杀头灭族之罪，历代注家和一般读者根本想不到先秦时代的《老子》竟然居高临下地教诲天下"侯王"，竟称"下德"侯王为"众人"、"俗人"。假如不明白"圣人"指圣君，"众人"、"俗人"指众君、俗君，即无可能读懂《老子》。

"下德"侯王第一型,是"上仁为之而无以为",以仁治国,善待"善人"。虽属"下德"侯王,仍然葆有"上德"侯王的部分特征"无以为",不敢悖道"有为",不敢任意"妄作"。

"下德"侯王第二型,是"上义为之而有以为",以义治国,诛杀"不善人"。失去了"上德"侯王的"无以为",变成了"有以为",敢于悖道"有为",敢于任意"妄作"。

"下德"侯王第三型,是"上礼为之而莫之应,则攘臂而扔之",以礼治国,不再区分"善人"和"不善人"。"则攘臂而扔之",抡起手臂而强行牵引。《广雅》:"扔,引也。"《广韵》:"扔,强牵引也。"

"下德"侯王第一型以仁治国,得到"善人"拥护。"下德"侯王第二型以义治国,遭到"不善人"反对。拥护、反对,均属回应。"下德"侯王第三型以礼治国,"善人"和"不善人"全都"莫之应",于是抡起手臂牵引天下,成为违背天道自然的侯王最低境界。

故失道而后德,失德而后仁,失仁而后义,失义而后礼。

第1章第1节第3层,标举提炼自"太一"历法图(伏羲太极图)的价值范式"道↘德↘仁↘义↘礼"。

句义:因此侯王于道有失之后才会以德治国,于德有失之后才会以仁治国,于仁有失之后才会以义治国,于义有失之后才会以礼治国。

[义理辨析 03]

蒋锡昌曰:"此言人君失无为之道,而后以德化为治,失德化而后以仁爱为治,失仁爱而后以分义为治,失分义而后以礼敬为治。"[1]深明《老子》的唯一主题是"君人南面之术"。

---

[1] 蒋锡昌《老子校诂》,249页,上海书店1992。

"失道而后德"之"失道",并非个别侯王之"失道",而是国家制度形成之后全体人类之"失道"。就全球区域而言,上古部落时代属于"天道"主宰的"自然"状态,中古国家时代失去了"天道"主宰的"自然"状态,转入"人道"统治的"非自然"状态,即"失道"状态。就华夏区域而言,上古伏羲时代属于"天道"主宰的"自然"状态,中古夏商周失去了"天道"主宰的"自然"状态,转入"人道"统治的"非自然"状态,即"失道"状态。

只有理解了"失道而后德"之"失道",是指中古夏商周失去"天道"主宰的"自然"状态,转入"人道"统治的"非自然"状态,方能理解第9章:"天下有道,却走马以粪。天下无道,戎马生于郊。"

第1章既言"失道而后德",第9章又言"天下有道",易被误解为"道"可能失而复得。其实第1章"失道"之"道",指"天道"之道体;"失道"乃言失去"天道"之道体主宰的"自然"状态。第9章"天下有道"之"道",指"人道"之道术;"有道"乃言上德侯王致力于从"人道"统治的"非自然"状态,返归"天道"主宰的"自然"状态,趋近"百姓皆谓我自然"(第60章)。

老子把"太一"历法图(伏羲太极图)提炼为"太一常道",把"太一"历法图(伏羲太极图)外圈四卦的四时卦象"泰↘乾↘否↘坤",提炼为"德↘仁↘义↘礼",合为价值范式"道↘德↘仁↘义↘礼"。由于人类不可能尽知"天道"(包括"太一常道"),所以把第一价值"道"之后的后四价值"德↘仁↘义↘礼",提炼为对应"侯王四型"的"人道四境"——

"人道四境"之第一境,是"天下有道"之境:"上德"侯王顺道"无为"而以"德"治国,返归"百姓皆谓我自然"的"天道自然"状态。

"人道四境"之后三境,是"天下无道"之境:"下德"侯王悖道"有为"而以"仁↘义↘礼"治国,远离"百姓皆谓我自然"的"天道自然"状态。

"以礼治国"是"侯王四型"、"人道四境"的最低境界,这是老子对"周礼"的终极批评。

老子标举的道家价值范式"道↘德↘仁↘义↘礼",反对"周礼"。孔子标举的儒家价值范式"仁↘义↘礼↘智↘信",推崇"周礼"。所以道家、儒家的价值观截然对立。儒家否认"道德"高于"仁义",合称"仁义道德",混淆了"道德"和"仁义"。

《老子》初始本第1章标举的道家价值范式"道↘德↘仁↘义↘礼",提炼自"太一"历法图(伏羲太极图),因其植根于永恒天道而具有预见性,精准预言了中国历史的未来走向——

道家祖师老子,在春秋晚期主张"尊道贵德"。
儒家祖师孔子,在春秋末期主张"以仁治国"。
大儒孟子,在战国中期主张"以义治国"。
兼融儒、法的儒家集大成者荀况,在战国晚期主张"以礼治国"。
荀况弟子、法家集大成者韩非,在战国末期主张"以法治国"。
于是"世丧道,道丧世,世与道交相丧"(《庄子·缮性》)。

1.2 夫礼者,忠信之薄,而乱之首也。前识者,道之华,而愚之首也。

第1章第2节第1层,批评西周以降的"以礼治国"。

句义:侯王一旦以礼治国,必将忠信浅薄,成为祸乱之首。侯王按照礼制的成心治国,仅有治道的浮华,实为愚蠢之首。

[义理辨析 04]

本章第1节标举"侯王四型"和"价值范式",第2节运用"侯王四型"和"价值范式",严厉批评西周"周公制礼"的"以礼治国"。《老子》初始本第1章,开宗明义,直奔主题。

"周公制礼"确立的"以礼治国",是希望赢得"忠信",实现"天下大治",结果没能赢得"忠信",没能实现"天下大治",反而成为祸乱的首因,导致了"不忠不信不治"的天下大乱。首先导致了西周灭亡和东周迁都,进而导致了东周以降直至老子、孔子所处春秋晚期的"礼崩乐坏"。儒家认为"礼崩乐坏"的根源,不在于"周公制礼",而在于"乱臣贼子";只要"克己复礼",就会"乱臣贼子惧"。道家认为"礼崩乐坏"的根源,不在于"乱臣贼子",而在于"周公制礼";

只要"以礼治国","乱臣贼子"必将层出不穷。

"前识",义同《庄子·齐物论》之"成心"。下德侯王的"前识"、"成心",就是盲目自信"有为"的"以仁治国"、"以义治国"、"以礼治国"对天下有益。

老子认为侯王"自得"而"有为"的"以礼治国"是"乱之首",侯王"自得"而"有为"的"前识"是"愚之首",与其亲身经历有关。老子五十一岁至五十五岁,亲身经历了长达五年(前520—前516)的王子朝、周敬王争位之乱,于是"见周之衰,乃遂去"(《史记·老子列传》)。所以老子尚未辞官即动笔撰著《老子》,严厉批评"周礼"。朱谦之曰:"老子盖知礼而反礼者也。"[1]

是以大丈夫居其厚,不居其薄;居其实,不居其华。故去彼取此。

第1章第2节第2层,标举"去彼取此"范式:去彼"仁义礼",取此"道德"。

春秋战国以前,一尺约为21厘米。男子标准身高八尺,约为168厘米。男子身高超出标准,称为"丈夫"。"大丈夫"是"丈夫"之美称,此指"上德"侯王。蒋锡昌曰:"'大丈夫',指上德之君而言。'厚'指道言,'薄'指礼言。此谓上德之君处道不处礼也。"[2]

"去彼取此"范式,即"去彼"下德侯王悖道有为,以"仁↘义↘礼"治国,"取此"上德侯王顺道无为,以"德"治国。

句义:所以上德侯王居于厚德,鄙弃薄德;居于治道的实质,鄙弃治道的浮华。因此去除有为,采取无为。

[义理辨析05]

《老子》初始本上经《德经》第1章《上德不德章》,确立了贯穿全书的三大范式。

---

[1] 朱谦之《老子校释》,153页,中华书局2000。
[2] 蒋锡昌《老子校诂》,251页,上海书店1992。

第一范式是提炼自"太一"历法图（伏羲太极图）的价值范式"道↘德↘仁↘义↘礼"：第一价值"道"，对应"太一"历法图之"太一常道"，后四价值"德↘仁↘义↘礼"，对应"太一"历法图（伏羲太极图）之四时卦象"泰↘乾↘否↘坤"。全书按照价值范式"道↘德↘仁↘义↘礼"，尊"道"贵"德"（第14章），贬斥"仁↘义↘礼"。

第二范式是提炼自"太一"历法图（伏羲太极图）四时卦象"泰↘乾↘否↘坤"的侯王范式"两类四型"：两类侯王是"上德"侯王、"下德"侯王，侯王四型分别以"德↘仁↘义↘礼"治国，即"人道四境"。全书按照侯王范式"德↘仁↘义↘礼"，褒扬"上德"侯王顺道"无为"以"德（泰）"治国，批评"下德"侯王悖道"有为"以"仁（乾）↘义（否）↘礼（坤）"治国。

第三范式是"去彼取此"范式："取此"上德侯王顺道"无为"以"德"治国，"去彼"下德侯王悖道"有为"以"仁↘义↘礼"治国。全书按照"去彼取此"范式，上经《德经》展开"去彼取此"的"人道"命题，下经《道经》展开"去彼取此"的"天道"论证。

《庄子》的"庄学四境"，承自《老子》的"人道四境"。一旦掌握了《庄子》首篇《逍遥游》的"庄学四境"：至知↘大知↘小知↘无知，明白了庄子褒扬"至知"，贬斥"大知↘小知↘无知"，就能透彻理解《庄子》的每篇每句每字。一旦掌握了《老子》首章《上德不德章》的"侯王四型"和"人道四境"：德↘仁↘义↘礼，明白了老子"取此"上德侯王顺道"无为"以"德"治国，"去彼"下德侯王悖道"有为"以"仁↘义↘礼"治国，就能透彻理解《老子》的每章每句每字。

〔重大篡改 01〕

《老子》传世本对《上德不德章》的篡改有二。

其一，《老子》初始本"上德无为而无以为"，《老子》传世本改为"上德无为而无不为"。

首章仅言"无为"，未言"无不为"。"无以为"（无意作为）解释"无为"，与"无不为"无关。《德经》第1章至第10章仅言上德侯王"无为",至第11章始言"无为而无不为",而"无不为"的主语不是"侯王",而是"民众",意为民众"自为",证见第20章"我(圣君自称)无为而民自为",第77章"道恒无为,侯王若能守之,万物将自为"。

其二,《老子》初始本"上德无为而无以为",下接"上仁为之而无以为",中间没有别句。《老子》传世本增入"下德为之而无以为"或"下德为之而有以为",均不可通,应予删除。

高明《帛书老子校注》辨析甚明:"'(上德)无为而无以为'最上,'(上仁)为之而无以为'其次,'(上义)为之而有以为'再次,'(上礼)为之而莫之应,则攘臂而扔之'最次……四者的差别非常整齐,逻辑意义也很清楚。今本衍'下德(为之而无以为)'一句,不仅词义重叠,造成内容混乱,而且各本衍文不一,众议纷纭。如王弼诸本衍作'下德为之而有以为',则同'上义为之而有以为'相重;傅奕诸本衍作'下德为之而无以为',则同'上仁为之而无以为'相重。"

2. 侯王得一章

昔之得一者,天得一以清,地得一以宁,神得一以灵,谷得一以盈[1],侯王得一以为天下正。

其致之也,天毋已,清将恐裂;地毋已,宁将恐废;神毋已,灵将恐歇;谷毋已,盈将恐竭;侯王毋已,贵高将恐蹶。[2]

---

[1] "谷得一以盈"下,传世本增入"万物得一以生"一句六字。"谷毋已,盈将恐竭"下,传世本妄增"万物无以生将恐灭"八字。帛甲本、帛乙本、汉简本、严遵本、敦煌戊本、《文选》江文通《杂体诗》注引,均无二句十四字。河上公注:"致,诫也,谓下五事也。"即指天、地、神、谷、侯王,证明河上本原无二句十四字。二句十四字始见于王弼本,当属王弼增入。今之河上本,也有二句十四字,与河上公注抵牾,证明其为后人据王弼本倒改河上本而补入。

[2] 三大出土本(帛甲本、帛乙本、汉简本)五个"毋已",均应断句,本书从之。四大传世本(严遵本、河上本、王弼本、傅奕本)均改为"无以",再误断为:"天无以清将恐裂,地无以宁将恐废,神无以灵将恐歇,谷无以盈将恐竭,(万物无以生将恐灭,)侯王无以贵高将恐蹶。"违背《老子》初始本真义,本书不从。○"废",各本作"发",字通。刘师培、蒋锡昌校正。

是故贵必以贱为本，高必以下为基。是以侯王自谓孤、寡、不穀，此其贱之本邪？非也？故致数誉无誉。不欲琭琭如玉，珞珞如石。

《老子》初始本上经《德经》第 2 章《侯王得一章》，《老子》传世本颠倒上下经后变为第 39 章。

《侯王得一章》是《德经》绪论六章（1—6）之次章，标举《老子》第一命题"侯王得一以为天下正"，教诲天下侯王以"浑天说"范畴的"太一常道"为治国正道。援引夏商周侯王谦称制度，教诲天下侯王效法"泰道"自损自弱。

2.1 昔之得一者，天得一以清，地得一以宁，神得一以灵，谷得一以盈，侯王得一以为天下正。

第 2 章第 1 节第 1 层，标举《老子》第一命题"侯王得一以为天下正"。

"侯王得一"（第 2 章）、侯王"抱一"（第 53 章）、"圣人执一"（第 63 章）之"一"，均为"道生一"（第 5 章）之"一"，即"太一"历法图（伏羲太极图）揭示的"浑天说"范畴之宇宙局部太阳系规律"太一常道"。证见《礼记·礼运》："夫礼，必本于太一，分而为天地，转而为阴阳。"《吕氏春秋·大乐》："太一出两仪，两仪出阴阳。"《周易·系辞上》："易有太极，是生两仪，两仪生四象，四象生八卦。"所以老子后学所撰《太一生水》以"太一"阐释《老子》，庄子后学所撰《庄子·天下》把《老子》宗旨概括为"主之以太一"（详见上卷第二章）。

第 5 章"道生一"，"道"指"宣夜说"范畴的宇宙总体规律，"一"指"浑天说"范畴的宇宙局部太阳系规律。本章"得一"之"一"，即后者。历代注家妄释"一"为"道"，妄释"得一"为"得道"，导致"道生一"成为逻辑不通的"道生道"。

"昔之得一者"，总领其后五项，论证第 1 章首句："上德不德，是以有德。"前四项"天、地、神、谷"仅是起兴，第五项"侯王"才是正题。"侯王"，是邦国之"侯"、天下之"王"的合词。

"天得一以清，地得一以宁"，均为"浑天说"范畴之天地。"浑天说"认为

"轻清者上升为天",即轻清者上升为天而阳动,故日月星辰循环运行。"浑天说"认为"重浊者下降为地",即重浊者下降为地而阴静,故大地静止宁定。

"神得一以灵,谷得一以盈","神"即"浑天说"范畴的"太一"上帝("太一"帝星之神格化,详下第5章"教父"),太阳系一切天体因围绕"太一"帝星"周行而不殆"(第66章)而灵验。"谷"即"浑天说"范畴的河谷(代指"浑天说"范畴的地球),尊奉"太一"上帝为"神"为"教父"而充盈。

"侯王得一以为天下正",是贯穿《老子》初始本的《老子》第一命题。"侯王得一",即得"浑天说"范畴的宇宙局部太阳系规律"太一常道",而非得"宣夜说"范畴的宇宙总体规律"无极恒道",所以上德侯王不敢自得,不敢自居尽知天道。

"天、地、神、谷、侯王"拥有"上德"的标志都是"不德",即深知己德有缺,永不自居尽知天道。

第1章"上德不德",第2章"侯王得一",乃言上德侯王虽得"太一常道",却不自居尽知天道,此义贯穿《老子》初始本全书。所以《老子》初始本的宗旨是:上德侯王永不自居尽知天道,仅仅顺道"无为"以"德"治国,永不悖道"有为"以"仁↘义↘礼"治国。

句义:从前得到太一常道者,天空得到太一常道所以清明,大地得到太一常道所以宁定,鬼神得到太一常道所以灵验,河谷得到太一常道所以充盈,侯王得到太一常道所以尊为天下正道。

其致之也,天毋已,清将恐裂;地毋已,宁将恐废;神毋已,灵将恐歇;谷毋已,盈将恐竭;侯王毋已,贵以高将恐蹶。

第2章第1节第2层,阐明"侯王得一"而"毋已"之弊,即"下德不失德"之弊。

第1层:"天得一,地得一,神得一,谷得一,侯王得一",阐释上章首句"上德不德,是以有德"。

第2层:"天毋已,地毋已,神毋已,谷毋已,侯王毋已",阐释上章次句"下德不失德，是以无德"。五个"毋已"，均训"无已"、"无止"，证见第7章"知止不殆，可以长久"，第73章"夫亦将知止，知止所以不殆"。

句义：五者得到太一常道以后均能知止，因为天空若不知止，清明恐将灭裂；大地若不知止，安宁恐将废弛；鬼神若不知止，灵验恐将消歇；河谷若不知止，充盈恐将衰竭；侯王若不知止，尊贵高位恐将崩蹶。

2.2 是故贵必以贱为本，高必以下为基。是以侯王自谓孤、寡、不穀，此其贱之本邪？非也？

第2章第2节第1层，概括第1节，再次点破《老子》的教诲对象是"侯王"。

"贵必以贱为本，高必以下为基"，阐明高贵的侯王必以卑贱的百姓为立国根基。

"是以侯王自谓孤、寡、不穀"，"孤寡"训寡德，"不穀"训不善。证见《左传·僖公四年》："岂不穀是为？"杜预注："孤、寡、不穀，诸侯谦称。'孤'云孤独，'寡'云少德，'不穀'，不善也。"《礼记·曲礼》："于内自称不穀。"郑玄注："穀，善也。"

老子援引夏商周的侯王谦称制度：侯王必须谦称"孤、寡、不穀"，自知"寡德"而"不善"。批评春秋晚期的下德侯王表面上遵循夏商周侯王谦称制度而谦称"孤、寡、不穀"，实际上不知"寡德"而"不善"，妄自尊大，刚愎自用，不再明白"贵必以贱为本，高必以下为基"的侯王正道，于是"自得"不止而自居"得道"，悖道"有为"，任意"妄作"，导致天下大乱。

句义：因此尊贵的侯王必以卑贱的百姓为根本，高位的侯王必以下位的百姓为基础。所以侯王自称孤家、寡人、不善，这不是以卑贱的百姓为根本吗？难道不是吗？

故致数誉无誉。不欲琭琭如玉，珞珞如石。

第2章第2节第2层，小结第2章。

"故致数誉无誉",对应下经《道经》第60章《太上不知章》"侯王四境"后三境:"其次,亲而誉之。其次,畏之。其下,侮之。""誉",承上侯王谦称"孤、寡、不穀"之自毁。"数誉",即百姓对第二境的下德侯王"亲而誉之"。"无誉",即百姓对第三境的下德侯王"畏之"、对第四境的下德侯王"侮之"。

"侯王四境"后三境的下德侯王,自居"得道"而悖道"有为",主动邀誉、揽誉,甚至逼人誉己,百姓先是"亲而誉之",然后"畏之",最后"侮之",于是下德侯王从"数誉"走到了"无誉",从"不失德"走到了"无德"。

"侯王四境"第一境的上德侯王,不自居"得道"而顺道"无为",不会主动邀誉、揽誉、逼人誉己,所以"太上,不知有之",无人知晓,无人"亲而誉之",然而"百姓皆谓我自然",于是上德侯王从"不德"变成了"有德"。

"不欲琭琭如玉"句首,承上省略主语"侯王"。"珞珞如石"句首,省略"而欲"或"宁可"。《后汉书·冯衍传》注:"玉貌琭琭,为人所贵。石形落落,为人所贱。"蒋锡昌曰:"言不欲琭琭如玉之高贵,宁珞珞如石之下贱也。"高明曰:"蒋说诚是。"[1]

"不欲琭琭如玉",参看下经《道经》第52章《持而盈之章》:"金玉盈室,莫之能守。"夏商周三代,黄帝族"君子"使用金玉,农耕三族"小人"使用陶石。金玉之光华,隐喻"数誉"。陶石之素朴,隐喻"无誉"。

由于"亲而誉之"的"数誉",必将走向"畏之"、"侮之"的"无誉",所以上德侯王宁可顺道"无为",素朴如陶石而"无誉",不欲悖道"有为",光华如金玉而"数誉"。

《老子》"数誉无誉",义承《周易·坤卦》:"括囊,无咎无誉。"《庄子·至乐》"至誉无誉",义承《老子》"数誉无誉"。

句义:因此侯王得到太多赞誉必将丧失赞誉。上德侯王不欲光华如玉,宁愿素朴如石。

---

[1] 高明《帛书老子校注》,18页,中华书局1996;《后汉书》注及蒋锡昌语并见该页所引。

[义理辨析 06]

第2章之"侯王",点破第1章之"上德"、"下德"均指"侯王",点破《老子》全书的教诲对象和省略主语均为"侯王",点破《老子》全书的唯一主题是"君人南面之术"。

《老子》初始本在第2章《侯王得一章》即见"侯王",读者极易明白《老子》全书的教诲对象和省略主语均为"侯王",唯一主题是"君人南面之术"。《老子》传世本颠倒上下经之后,直到第32章《道恒无名章》(即《老子》初始本第73章)始见"侯王",读者已被《老子》传世本第1章至第31章彻底带偏,很难明白《老子》全书的教诲对象和省略主语均为"侯王",唯一主题是"君人南面之术",而会误以为《老子》的教诲对象和省略主语是普通人,主题是"修道之术"、"养生之术"等等。因此《老子》传世本仅仅颠倒上下经,即已初步遮蔽《老子》真义;加上系统篡改经文和全面反注经义,于是彻底遮蔽《老子》真义。

[重大篡改 02]

《老子》传世本对《侯王得一章》的篡改有三。

其一,《老子》初始本"谷得一以盈",下接"侯王得一以为天下正",中间没有别句。《老子》传世本增入"万物得一以生"一句六字。

其二,《老子》初始本"谷毋已,盈将恐竭",下接"侯王毋已,贵高将恐蹶",中间没有别句。《老子》传世本增入"万物无以生将恐灭"一句八字。

高明曰:"'万物得一以生'与下文'万物无以生将恐灭',是在河上公之后增入的。"[1]

其三,《老子》初始本五个"毋已",均应断句,经义清晰。《老子》传世本改"毋已"为"无以",且不断句,又增入"万物无以生将恐灭",变成:"天无

---

[1] 高明《帛书老子校注》,10页,中华书局1996。

以清将恐裂,地无以宁将恐废,神无以灵将恐歇,谷无以盈将恐竭,万物无以生将恐灭,侯王无以贵高将恐蹶。"违背《老子》初始本真义。

3. 反者道动章

反者道之动,弱者道之用。
天下万物生于有,有生于无。

《老子》初始本上经《德经》第3章《反者道动章》,《老子》传世本颠倒上下经后变为第40章。

汉简本《德经》前四章:第1章《上德不德章》,总言价值范式"道↘德↘仁↘义↘礼",然后第2章《侯王得一章》言"德",第3章《反者道动章》言"道",第4章《上士闻道章》言"闻道",逻辑结构严密,义理层次缜密,当属《老子》初始本之章序。四大传世本(严遵本、河上本、王弼本、傅奕本)章序相同。

帛书本《上士闻道章》在前先言"闻道",《反者道动章》在后后言"道",义理颠倒,当属抄自错简版本。这是汉简本、传世本之章序优于帛书本之章序的第一处。

高明《帛书老子校注》认为:"世传本第四十一章(即《上士闻道章》)与第四十章(即《反者道动章》)倒误,致使经文割裂难通。"实为迷信帛书本之误判。

《反者道动章》是《德经》绪论六章(1—6)之第三章,阐明天道"反者道之动,弱者道之用",教诲天下侯王以"反"为"动",以"弱"为"用"。阐明人类只能拥有"浑天说"范畴的宇宙局部太阳系规律"太一常道",不能拥有"宣夜说"范畴的宇宙总体规律"无极恒道"。

3.1 反者道之动,弱者道之用。

第3章第1节,展开第1章价值范式"道↘德↘仁↘义↘礼"之第一价值"道",即"天道"。

"反者道之动",阐释"天道"的运动方式是循环往复。"反"即"返",战国中期的楚简本《老子》，即作"返者道之动"。

第3章"反者道之动"之"反"，训返回。第42章"正言若反"之"反"，训相反。所以《老子》之"反"，兼训"返回"、"相反"二义。楚简本"返者道之动"之"返"不能兼训"相反"，故从汉简本、传世本"反者道之动"。

"弱者道之用"，阐释"天道"的作用方式是削弱强者。

第41章："天之道，损有余而益不足。"正是"弱者道之用"的标准阐释。"损有余"，即削弱强者。天道的作用方式，是削弱强者，增强弱者，以此维持地球生物圈的生态平衡，从而实现循环往复。所以"弱者道之用"（道体之用），是"反者道之动"（道体之动）的原因。

假如按照第41章"人之道不然，损不足而奉有余"，增强强者，削弱弱者，就无法维持地球生物圈的生态平衡，天道就无法循环往复。

上德侯王效法天道的"弱者道之用"，于是顺道"无为"而示"弱"，维持了人类社会的生态平衡，王朝、邦国可以长治久安。

下德侯王违背天道的"弱者道之用"，于是悖道"有为"而逞"强"，破坏了人类社会的生态平衡，王朝、邦国无法长治久安。

"反者道之动，弱者道之用"，是《德经》绪论第3章对"天道"的总概括，贯穿于后续言"道"各章。《老子》初始本凡言"天道"之"动"，第一关键词即"反（返）"，凡言"天道"之"用"，第一关键词即"弱"。侯王只有顺道示"弱"，方能"返"之。侯王一旦悖道逞"强"，必将一往不"返"。

句义：返回循环是天道的运动方式，削弱强者是天道的作用方式。

[义理辨析07]

"反者道之动，弱者道之用"，是老子对"太一"历法图（伏羲太极图）之"十二消息卦"的哲学提炼——

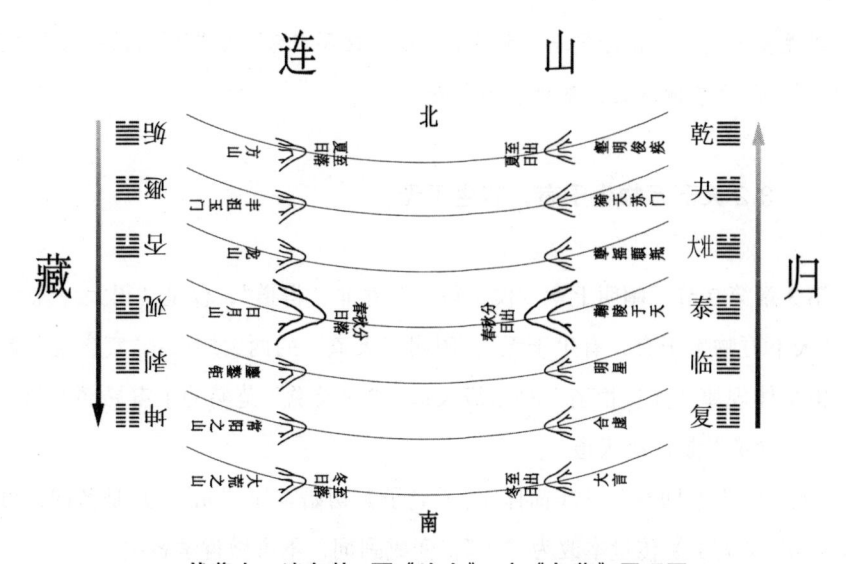

上经 《德经》四十四章（1—44），对应斗魁四星　　　　　　　　　　　　　　　　165

▲伏羲十二消息卦：夏《连山》、商《归藏》原理图

　　伏羲十二消息卦（又称"伏羲十二辟卦"），以阳爻标示太阳位置，以阴爻标示圭影长短。卦象循环，以"反"为"动"；阴阳消息，以"弱"为"用"。

　　上半年六卦是阳爻"消"阴爻（图右）：复☷☷↗临☷☷↗泰☷☷↗大壮☷☷↗夬☷☷↗乾☰，标示上半年六个月的太阳北归。从冬至后"一阳来复"的复卦☷☷，到夏至"六阳全满"的乾卦☰，以阳消阴，以阳弱阴：阳爻逐卦增一，标示太阳北归渐近；阴爻逐卦减一，标示圭影南缩渐短。

　　下半年六卦是阴爻"息"阳爻（图左）：姤☰↗遯☰↗否☰↗观☷↗剥☷↗坤☷☷，标示下半年六个月的太阳南藏。从夏至后"一阴初生"的姤卦☰，到冬至"六阴全满"的坤卦☷☷，以阴息阳，以阴弱阳：阴爻逐卦增一，标示圭影北伸渐长；阳爻逐卦减一，标示太阳南藏渐远。

　　老子把上半年"阳消阴"、下半年"阴息阳"的相"反"运动而导致的四季循环，提炼为"反者道之动"；把上半年"阳消阴"、下半年"阴息阳"的削"弱"强者而导致的阴阳平衡，提炼为"弱者道之用"。

　　《老子》初始本的宗旨，正是教诲天下"侯王"效法天道的"反者道之动，弱者道之用"。因为天道以"反"为"动"，以"弱"为"用"，实现了"天长地久"（第50章），所以侯王只要效法天道，同样以"反"为"动"，以"弱"为"用"，就能实现长治久安。倘若侯王违背天道，以一往不"返"为"动"，以一味逞"强"为"用"，必将崩蹶速亡，难以长治久安。

3.2 天下万物生于有，有生于无。

第3章第2节，阐明上章"侯王得一"并非"得道"，仅是"得太一"。

"天下万物生于有，有生于无"，阐明"天道"的两大层级："宣夜说"范畴的宇宙总体规律"无极恒道"是顶级天道，"浑天说"范畴的宇宙局部太阳系规律"太一常道"是次级天道。

"无"字先秦即有，并非简体字。《老子》初始本作"无"，乃是名词，可做哲学名相。《老子》传世本改为"無"，变成副词，不可做哲学名相。

"无"，又称"道无"，即第5章"道生一"之"道"。"道"、"无"（道无），均指万物运动、万物变化的全部宇宙之"道"，亦即"无极恒道"。第45章"无，名万物之始也"，即言全部宇宙的"无极"之"道"是万物之始。《庄子·泰初》："泰初有无，无有无名。"亦言"无"（道无）先于一切。人类不能拥有"无极恒道"，故称"无"。乃言人类无其历法知识，并非无极恒道不存在。

"有"，又称"道有"，即第5章"道生一"之"一"。"一"、"有"（道有），均指"浑天说"范畴的宇宙局部太阳系规律"太一常道"。第45章"有，名万物之母也"，即言"无"（无极恒道）所生"有"（太一常道）。人类拥有"太一常道"，故称"有"。

上古伏羲时代至中古夏商周，华夏先贤已经认知了"浑天说"范畴的宇宙局部太阳系规律"太一常道"，但是尚未尽知"宣夜说"范畴的宇宙总体规律"无极恒道"。上德侯王深知"侯王得一"并非"侯王得道"，所以自知无知而不敢自得，顺道"无为"而不任意"妄作"。下德侯王以为"侯王得一"就是"侯王得道"，所以自命全知而不失自得，悖道"有为"而任意"妄作"。

第3章把"天道"概括为"反者道之动，弱者道之用"，是以"天道"初步论证第1章之"侯王范式"、"价值范式"、"去取范式"和第2章之夏商周侯王谦称制度。下经《道经》将以"天道"全面论证上经《德经》的"人道"命题。

句义：天下万物生于人类拥有的太一常道，人类拥有的太一常道生于人类不拥有的无极恒道。

4. 上士闻道章

上士闻道，勤而行之。中士闻道，若存若亡。下士闻道大笑之，不笑不足以为道。

是以建言有之：明道若昧，进道若退，夷道若颣。上德若谷，大白若辱，广德若不足，建德若偷，质贞若渝[1]。大方无隅，大器免成[2]，大音希声。

天象无形[3]，道隐无名。夫唯道，善始且善成[4]。

《老子》初始本上经《德经》第4章《上士闻道章》，《老子》传世本颠倒上下经后变为第41章。

《上士闻道章》是《德经》绪论六章（1—6）之第四章，褒扬上德侯王"闻道"而"行道"，贬斥下德侯王"闻道"而不行道。

4.1 上士闻道，勤而行之。中士闻道，若存若亡。下士闻道大笑之，不笑不足以为道。

第4章第1节，教诲天下侯王"闻道"而"行道"。

---

[1] 战国楚简本作"质贞若渝"，本书从之。汉简本、四大传世本（严遵本、河上本、王弼本、傅奕本）改"贞"为"真"，作"质真若渝"，本书不从。

[2] 西汉早期的帛乙本作"大器免成"，本书从之。战国楚简本作"曼"，西汉中期的汉简本作"勉"，均通"免"。《韩非子·喻老》、四大传世本（严遵本、河上本、王弼本、傅奕本）改为"大器晚成"，违背老义，本书不从。

[3] 三大出土本（楚简本、帛乙本、汉简本）均作"天象无形"，本书从之。帛甲本字坏。四大传世本（严遵本、河上本、王弼本、傅奕本）改为"大象无形"，违背老义，本书不从。

[4] 帛乙本作"善始且善成"，本书从之。楚简本、帛甲本字坏。汉简本、四大传世本（严遵本、河上本、王弼本、傅奕本）改为"善贷且成"，本书不从。

蒋锡昌曰："上士，上等之君。中士，中等之君。下士，下等之君。"[1]

"上士"，即以"德"治国的上德侯王，对位于"侯王四型"之第一型，"人道四境"之第一境。

"中士"、"下士"，即以"仁↘义↘礼"治国的下德侯王，对位于"侯王四型"之后三型，"人道四境"之后三境。"中士"即以"仁"治国的下德侯王，"下士"即以"义"治国、以"礼"治国的下德侯王。

老子询问天下侯王：你既得闻"上德不德，是以有德。下德不失德，是以无德"，进而得闻"得一"并非"得道"，人难尽知天道，那么你是愿意成为自知无知、顺道无为、以"德"治国的上德侯王，还是愿意成为自命全知、悖道有为、以"仁↘义↘礼"治国的下德侯王？

《庄子·逍遥游》蜩鸠笑鹏寓言，即演《老子》本章"下士闻道大笑之，不笑不足以为道"。

句义：上德之士闻道，勤勉遵行。中德之士闻道，时而遵行时而丧亡。下德之士闻道大笑，不笑不足以为道。

4.2 是以建言有之：明道若昧，进道若退，夷道若颣。

第4章第2节第1层，点破《老子》的唯一主题是向天下侯王"建言"。

"建言"，即百官进呈侯王的献策之言。《老子》动笔之时，老子尚未辞去东周史官（详见上卷《老子》成书之时间上限）。第25章"立天子，置三公，虽有拱璧，以先驷马，不如坐而进此"，即此进呈"建言"。第1章至第3章概述全书总纲之后，第4章点破：《老子》是进呈天下侯王的"建言"之书，主题是"君人南面之术"。假如普通人错误代入，必将看错表情会错意。

"建言"十一句，分为两组。

"建言"第一组，是"道术"三句，言"人道"之道术。

"明道若昧"，光明之道，如同暗昧之道。

---

[1] 蒋锡昌《老子校诂》，271页，上海书店1992。

"进道若退"，前进之道，如同后退之道。

"夷道若颣"，平坦之道，如同不平之道。夷，训平。颣，训不平。证见《左传·昭公十六年》："刑之颇颣。"服虔注："颣，不平也。"参看第16章："大道甚夷，人甚好径。"

"道术"三句，全部采用《德经》第42章的表达范式"正言若反"，前项为"正言"，后项为"反言"。

句义：所以献策之言如是说：光明之道貌似暗昧，前进之道貌似后退，平坦之道貌似不平。

上德若谷，大白若辱，广德若不足，建德若偷，质贞若渝。大方无隅，大器免成，大音希声。

第4章第2节第2层，"建言"第二组，是"上德"八句，全都演绎第1章"上德不德"，全都义同"上德不德"。

第一句"上德若谷"，演绎"上德不德"。"若谷"即"不德"而"善下"。谷指河谷，成语"虚怀若谷"本此。

第二句"大白若辱"，演绎"上德不德"。"若辱"即"不德"而自知其愚。"辱"即"黦"。《玉篇》："黦，垢黑也。"第69章"知其白，守其辱"，"辱"亦通"黦"，亦训垢黑。

第三句"广德若不足"，义同"上德不德"，"若不足"即"不德"而自知不足。严遵本《老子》、《庄子·寓言》引文均作"盛德若不足"。参看《史记·老子列传》老子教孔子语："良贾深藏若虚，君子盛德，容貌若愚。""广"、"盛"义同。朱谦之曰："疑'广德'为'盛德'之讹。马叙伦谓此文当从《庄子》，作'盛'是故书。"[1]

第四句"建德若偷"，演绎"上德不德"。"若偷"即"不德"而顺道无为。俞樾释"偷"为"偷惰"，义同今语"偷懒"，"偷懒"义近"无为"。"建德"即"执

---

[1] 朱谦之《老子校释》，169页，中华书局2000。

德",上承第 2 章"得一",下启第 63 章"圣人执一"。"偷"谓德非己有,而是盗之于天,所以不可自得。参看《庄子·知北游》:"舜问乎丞曰:'道可得而有乎?'曰:'汝身非汝有也,汝何得有夫道?'舜曰:'吾身非吾有也,孰有之哉?'曰:'是天地之委形也。生非汝有,是天地之委和也;性命非汝有,是天地之委顺也;子孙非汝有,是天地之委蜕也。'"《庄子·山木》"建德之国","建德"二字承于《老子》本章。

第五句"质贞若渝",演绎"上德不德"。"渝"训变,即不执己见。"若渝"即"不德"而顺道变化。楚简本《老子》作"质贞如愈"。楚简本另有"修之身,其德乃贞",汉简本及传世本二"贞"均作"真"。楚简本有"贞"无"真",所以徐克谦《庄子哲学新探》认为:"《庄子》之前的先秦古籍中,'真'这个字几乎从未见使用。'真'字是在《庄子》书中才突然开始大量使用起来,并成为一个具有重要意义的哲学概念的。""贞"是老子精通的伏羲天文象数易之占卜用语,"真"是庄子承于老子之"贞"而首创的哲学名相。

第六句"大方无隅",演绎"上德不德"。"无隅"即"不德"而不执己见。老子以上古伏羲族"浑天说"之"道术"、"大方"无隅而圆,亦即第 59 章所言"天道圆圆"(《老子》传世本改为"夫物芸芸"),批判西周"盖天说"之"方术"、"小方"有隅而方,亦即《周髀算经》所言"天圆地方"(详见上卷第三章)。《庄子·秋水》"长见笑于大方之家",即承《老子》此义。

《大戴礼记·曾子天圆》:"单居离问于曾子曰:'天圆而地方者,诚有之乎?'曾子曰:'如诚天圆而地方,则是四角之不掩也。参尝闻之夫子曰:天道曰圆,地道曰方。"卢辩注:"道曰方圆耳,非形也。""四角之不掩",乃言"盖天说"之"天圆",盖不住"地方"之"四角"。根据《礼记·曾子问》记载孔子答曾子、子夏问而四言"吾闻诸老聃"(详见上卷第一章),《大戴礼记·曾子天圆》所记曾子闻于孔子之言"天道曰圆,地道曰方",当属孔子闻于老聃。

第七句"大器免成",演绎"上德不德"。"免成"即"不德"而不居其成。《老子》传世本改为"大器晚成",义同"下德不失德",不合上下各句。第 8 章"大成若缺",第 31 章"不敢为天下先,故能为成事长",第 69 章"朴散则为器,圣人用之则为官长",均证《老子》初始本必作"大器免成"。孔子主张"君子不器",《庄子·人间世》主张"神人不材",均承《老子》"大器免成"。

第八句"大音希声",演绎"上德不德"。"希声"即"不德"而少发政令。"音"指音位,"声"指音位所发之声。《老子》的"音/声"之辨,《庄子》扩展为"音/声/响"之辨,"音"指音位,"声"指音位所发之声,"响"指发声之回声(详见拙著《庄子奥义》)。

"上德"八句,仍然全部采用《德经》第42章的表达范式"正言若反"。前项均属"上德"之"正言",后项均属"不德"之"反言";"不德"之"反言",是对"上德"之"正言"的自损自弱。"上德"侯王"不德"而自损自弱,正是效法天道"反者道之动,弱者道之用"。

句义:至上之德虚怀若谷,至白之德如有污垢,至广之德如同不足,建设之德如同窃取,质贞之德如同有变。至大之方没有四隅,至大之器免于成形,至大之音不闻其声。

天象无形,道隐无名。夫唯道,善始且善成。

第4章第2节第3层,点破《老子》所言"天道"源于"天象"。

"天象无形,道隐无名"八字,是《老子》所言"天道"源于"天象"之硬证。

"天象无形",非言天象没有形状,乃言天象永无定形,亦即《周易·系辞上》所言:"在天成象,在地成形,变化见矣。"普通人虽见日月繁星,然而不知天象运行的"变化"规律。唯有执掌天文历法的史官,根据"在地成形"的圭表测影,掌握了"在天成象"的天象"变化"规律。

"道隐无名",非言天道没有"名相",乃言天道难以名状,亦即"无状之状"(第57章)。

"夫唯道,善始且善成","始"、"成"对言,"成"即"终","善始且善成"义同后世常言"善始善终",合于表达范式"正言若反"。《老子》传世本改为"善贷且成",经义大异,不合表达范式"正言若反"。《庄子·大宗师》"善生善死",即承《老子》"善始且善成"。

"天象无形,道隐无名。夫唯道,善始且善成",乃言天道尽管永无定形,难以名状，然而遍在永在于万物，自始至终主宰万物，包括人类，所以上德侯王必须"上德不德"而自损自弱，顺道"无为"而永不"妄作"。

句义：天象永无定形，天道隐遁无名。唯有天道，善于创始善于守成。

[重大篡改 03]

《老子》传世本对《上士闻道章》的篡改有二。

其一，《老子》初始本"大器免成"，《老子》传世本改为"大器晚成"。

其二，《老子》初始本"天象无形"，与"上德若谷"八句不连文，而与"道隐无名"连文，点明《老子》之"道"源于"天象"。正因"天象无形"，故须以伏羲卦象使天象从"无形"变成有形，所以第75章"执大象，天下往"之"大象"，乃言伏羲卦象。

《老子》传世本改为"大象无形"，与"上德若谷"八句连文，与"道隐无名"不连文，消灭了《老子》之"道"源于"天象"的第一硬证，扫除了妄注《老子》之"道"的最大障碍。"大象无形"与第75章"执大象，天下往"构成矛盾："大象"既然"无形"，则不可"执"。

5. 道生一章

道生一，一生二，二生三，三生万物。

万物负阴而抱阳，冲气以为和。

人之所恶，唯孤、寡、不穀，而王公以自名也。是故物或损之而益，或益之而损。

人之所教，亦我而教人。故"强梁者不得其死"，吾将以为教父[1]。

---

[1] 两大出土本（帛甲本、汉简本）及傅奕本均作"学父"。"学"通"敩"。《玉篇》："敩，教也。"《尚书·盘庚》："盘庚敩于民。"《传》："教也。"《尚书·说命》："惟敩，学半。"《传》："教然后知困，是为学之半。"三大传世本（严遵本、河上本、王弼本）均作"教父"，本书从之。

《老子》初始本上经《德经》第 5 章《道生一章》，《老子》传世本颠倒上下经后变为第 42 章。

《道生一章》是《德经》绪论六章（1—6）之第五章，标举《老子》第一基石"道生一"，阐明"浑天说"范畴的宇宙局部太阳系规律"太一常道"产生于"宣夜说"范畴的宇宙总体规律"无极恒道"。描述"太一"历法图（伏羲太极图）揭示的"太一常道"，描述春气生物的春分泰卦䷊为"负阴而抱阳，冲气以为和"。

5.1 道生一，一生二，二生三，三生万物。

第 5 章第 1 节第 1 层，标举《老子》第一基石"道生一"。

"道生一"之"道"，即"宣夜说"范畴的宇宙总体规律"无极恒道"，亦即第 3 章"天下万物生于有，有生于无"之"无"。人类对其不可知、不可得、不可抱、不可执、不可有，故称"无"。

"道生一"之"一"，即"浑天说"范畴的宇宙局部太阳系规律"太一常道"，亦即第 3 章"天下万物生于有，有生于无"之"有"。人类对其可知、可得、可抱、可执、可有，故称"有"。

《老子》第一基石"道生一"，回答了《老子》第一命题"侯王得一以为天下正"之悬念：侯王所"得"之"一"，不是"宣夜说"范畴的宇宙总体规律"无极恒道"，而是"浑天说"范畴的宇宙局部太阳系规律"太一常道"。

"一"、"太一"、"太极"，又称"浑沌一气"（炁），参看《庄子·知北游》："通天下一气耳。"《庄子·泰初》："泰初有无，无有无名。一之所起，有一而未形。""一而未形"，即言"一"为浑沌未分之气。"一"又称"朴"，"朴"即"德"。严遵曰："一者，道之子。"《黄帝内经太素·设方·知针石》杨上善注："从道生一，谓之朴也；一分为二，谓天地也；从二生三，谓阴阳和气也；从三以生万物，分为九野、四时、日月乃至万物。"李道纯曰："'道生一'，虚无生一气；'一生二'，一气判阴阳。"赵志坚曰："'一'，元气，道之始也，古昔天地万物同得一气而有生。"

"二"，即阴阳。太极"浑沌一气"（炁）阴阳未分，故为"一"。阴阳是太极"浑沌一气"分出的阳爻━、阴爻╍，故为"二"。

"三"，即阳爻━、阴爻╍组合而成的伏羲先天八卦。

"万物"，即伏羲六十四卦对应的万物。由于天道遍在永在于万物，永远主宰万物，所以古人认为伏羲六十四卦揭示的天道规律，即为创生万物、主宰万物的规律。《周易·说卦》概括此义为"卦生万物"，后人不知伏羲六十四卦是揭示天道循环的符号，遂将"卦生万物"误解为某卦产生某物。

"道生一"，即"宣夜说"范畴的"无极恒道"产生并总摄"浑天说"范畴的"太一常道"。《说文解字》："一，惟初太始，道立于一，造分天地，化成万物。"即释《老子》"道生一"，称"一"为"太始"，义近"太一"、"太极"。

"一生二"，即太一（太极）浑沌之炁"生"阴阳二气。

"二生三"，即阴阳二爻"生"三爻八卦。

"三生万物"，即三爻八卦"生"六爻六十四卦，六十四卦蕴涵天地万物之道。

对照《周易·系辞上》："易有太极，是生两仪，两仪生四象，四象生八卦（圭）。"可明《老子》本章之旨。

《周易·系辞上》之"易"，即《老子》本章之"道"，亦即"在太极之上"（《庄子·大宗师》）的"无极"。

《周易·系辞上》之"太极"，即《老子》本章之"一"，亦即"太一"（《太一生水》、《庄子·天下》、《礼记·礼运》、《吕氏春秋·大乐》）。

《周易·系辞上》之"两仪"，即《老子》本章之"二"，亦即"阴阳"。

《周易·系辞上》之"四象"，即《老子》本章之"三"，因为标示四时八节的伏羲先天八卦都是三爻八卦。

《周易·系辞上》之"八卦"，即《老子》本章之"万物"，因为伏羲先天八卦生伏羲六十四卦，伏羲六十四卦蕴涵天地万物之道。证明《老子》本章所言宇宙生成论，植根于其所精通的华夏两大天文理论"宣夜说"、"浑天说"和伏羲天文象数易。

句义：无极恒道生成太一常道，太一常道生成阴阳二气，阴阳二气生成三爻八卦，三爻八卦生成万物。

上经 《德经》四十四章（1—44），对应斗魁四星

[义理辨析 08]

老子后学所撰《太一生水》以"太一"阐释《老子》，庄子后学所撰《庄子·天下》概括《老子》宗旨为"主之以太一"（详见上卷第二章），即言《老子》第一基石是"道生一"。

"太一"即"太极"，证见《礼记·礼运》："夫礼，必本于太一，分而为天地，转而为阴阳。"《吕氏春秋·大乐》："太一出两仪，两仪出阴阳。"《周易·系辞上》："易有太极，是生两仪，两仪生四象，四象生八卦。"历代注家多言"太一"即"太极"。杜光庭《道德真经广圣义·序》概括《老子》宗旨曰："蹈太一之位。"[1] 王道曰："'道'所生之'一'也，'德'也，庄子所谓'太一'，周子所谓'太极'是也。"[2] 高延第曰："'道'，即无为自然。'一'，太一，即太极也。《系辞》：'易有太极。'虞氏云：'太极，太一。分为天地，故生两仪。'即此所谓'一生二'也。"[3] 马其昶曰："'二'者，阴阳也。'一'在阴阳之先，即《易》之所谓'太极'。"[4] 奚侗曰："一即太极，二即两仪。"[5]

西汉中期《淮南子·天文训》如此阐释《老子》此节："'道'曰规，始于'一'。'一'而不生，故分而为阴阳。阴阳合和，而万物生。故曰：'一生二，二生三，三生万物。'"

西汉晚期《易纬·乾凿度》如此阐释《老子》本章："夫有形者生于无形，则乾坤安从生？故曰：有太易，有太初，有太始，有太素。太易者，未见气也；太初者，气之始也；太始者，形之始也；太素者，质之始也。气、形、质具而未相离，故曰浑沦，言万物相浑沦而未相离也。""太易"对应"宣夜说"范畴之"道"，"太初"对应"浑天说"范畴之"一"，"太始"对应"二"，太素对应"三"，

---

[1] 杜光庭《道德真经广圣义》，熊铁基主编《老子集成》第 2 卷，3 页，宗教文化出版社 2011。
[2] 王道《老子亿》，熊铁基主编《老子集成》第 6 卷，225 页，宗教文化出版社 2011。
[3] 高延第《老子证义》，熊铁基主编《老子集成》第 11 卷，317 页，宗教文化出版社 2011。
[4] 马其昶《老子故》，熊铁基主编《老子集成》第 12 卷，444 页，宗教文化出版社 2011。
[5] 蒋锡昌《老子校诂》引，279 页，上海书店 1992。

总言道"生"万物。(东晋伪书《列子·天瑞》，乃据《易纬·乾凿度》发挥。旧或以为《列子》是先秦旧籍，反谓《易纬·乾凿度》承袭《列子·天瑞》。)

北宋道士张伯端《悟真篇》如此阐释《老子》此节："道自虚无生一气，便从一气产阴阳，阴阳再合成三体，三体重生万物昌。"逐句对应，字字精确。

"道自虚无生一气"，阐释《老子》"道生一"，亦即"无生有"，"无极而太极"。

"便从一气产阴阳"，阐释《老子》"一生二"。

"阴阳再合成三体"，阐释《老子》"二生三"。

"三体重生万物昌"，阐释《老子》"三生万物"。即三爻八卦相"重"，"生"六爻六十四卦。伏羲六十四卦揭示的"太一常道"，导致"万物昌"。

汉武帝"罢黜百家，独尊儒术"以前，伏羲太极图是中国文化常识。汉武帝"罢黜百家，独尊儒术"以后，伏羲太极图仅在道教内部传承。五代道士陈抟（871—989）重新公布伏羲太极图之后，北宋道士张伯端（984—1082）的《悟真篇》遂据陈抟所传伏羲太极图阐释《老子》此节。北宋大儒周敦颐（1017—1073）的《太极图说》亦据陈抟所传伏羲太极图，以"无极而太极"阐释《老子》此节。

明代以后，不少注家已知"道生一"之"道"即"无极"，"道生一"之"一"即"太极"。明人程以宁曰："复圭子曰：'道即无极也。虚无生一炁，即太极也。一生二，两仪也。'"[1]明人陆西星曰："一即太极也，二即两仪也。"又曰："道者，无名无相，根于太极之先。始生一炁，为生天生地生人生物之根。是谓元始祖炁，至虚至静。静极而动，遂分阴阳。阴阳二炁绵缊交通，复合为一，故二而生三。三体重生，万物乃出。《易》曰：'易有太极，是生两仪。'又曰：'天地绵缊，万物化醇。'周子曰：'无极而太极。'世儒不知此理，遂以无极太极合而为一，而曰：'非太极之上复有无极。'是徒知一之生二，而不知道之生一，得其宗而忘其祖也。且夫一二与三，皆落名数。谓之一者，但浑沦而未判，体具而未分耳。不知未始有一之先，必有所以主张纲维之者。庄生所谓'太初有无，无有无名'，是谓

---

[1] 程以宁《太上道德宝章翼》，熊铁基主编《老子集成》第8卷，264页，宗教文化出版社2011。

上经 《德经》四十四章（1—44），对应斗魁四星

'无极'。"[1]明人吴世尚曰："一即太极。"[2]

万物负阴而抱阳，冲气以为和。

第5章第1节第2层，标举提炼自"太一"历法图（伏羲太极图）春分泰卦的"泰道"。

明白了第1节第1层的"一生二，二生三，三生万物"乃言"太一"历法图（伏羲太极图），就能明白第1节第2层的"万物负阴而抱阳，冲气以为和"乃言"太一"历法图（伏羲太极图）的春分泰卦☷☰（图见上卷第二章）。

"负阴而抱阳"，乃言伏羲太极图春分泰卦☷☰之卦象：上卦背负三阴，下卦抱持三阳。

《文子·自然》和《淮南子·精神训》、《淮南子·兵略训》均作"背阴而抱阳"，全都以"背"释"负"。

"冲气以为和"，乃言伏羲太极图春分泰卦☷☰之卦义：上卦三阴下行，下卦三阳上行，阴阳二气上下相冲而融和，导致了万物之"生"。

《庄子·田子方》记载孔子问道于老子："老子曰：'至阴肃肃，至阳赫赫；肃肃出乎天，赫赫发乎地；两者交通成和，而物生焉。'""至阴出乎天，至阳发乎地"，即言泰卦之卦象"负阴而抱阳"。"两者交通成和"，即言泰卦之卦义"冲气以为和"。"而物生焉"，即言泰道之春气"生"物。

严遵曰："一者，道之子，神明之母，太和之宗，天地之祖。"[3]"太和"即"泰和"。严遵精研的《周易》亦言"太和"，见于《乾卦·彖传》："大哉乾元，万物资始，乃统天。云行雨施，品物流形。大明终始，六位时成，时乘六龙以御天。乾道变化，各正性命，保合大和，乃利贞。首出庶物，万国咸宁。"其中的"保合大和"，分别是紫禁城两大殿"保合殿"、"太和殿"（又称"泰和殿"）之出处。

---

[1] 陆西星《老子道德经玄览》，熊铁基主编《老子集成》第6卷，572、595页，宗教文化出版社2011。
[2] 吴世尚《老子宗指》，熊铁基主编《老子集成》第9卷，390页，宗教文化出版社2011。
[3] 严遵《老子指归》，熊铁基主编《老子集成》第1卷，71页，宗教文化出版社2011。

句义：万物生成于负阴抱阳的泰卦☷☰，阴阳二气上下对冲达致和谐。

[义理辨析 09]

《文子·上德》阐释《老子》"负阴而抱阳，冲气以为和"："天气下，地气上；阴阳交通，万物齐同；君子用事，小人消亡，天地之道也。天气不下，地气不上；阴阳不通，万物不昌；小人得势，君子消亡，五谷不植，道德内藏。"

"天气下，地气上"，即言春分泰卦☷☰之卦象：上卦三阴是"天气下"，下卦三阳是"地气上"。"阴阳交通，万物齐同"，即言泰卦之卦义"春气生物"：上卦阴气下行，下卦阳气上行，"阴阳"二气"交通"融和，导致了春气"生"物。

"天气不下，地气不上"，即言秋分否卦☰☷之卦象：上卦三阳上行是"天气不下"，下卦三阴下行是"地气不上"。"阴阳不通，万物不昌"，即言否卦之卦义"秋气杀物"：上卦阳气上行，下卦阴气下行，"阴阳"二气"不通"背反，导致了秋气"杀"物。

《礼记·哀公问》："孔子曰：'天地不合，万物不生。'"《礼记·郊特牲》："天地合而后万物兴焉。"《荀子·礼论》："天地合而万物生，阴阳接而变化起。"《荀子·天论》："万物各得其和以生。"《史记·乐书》："天地欣合，阴阳相得，煦妪覆育万物。"无不褒扬春气"生"物的"泰道"。

《吕氏春秋·孟春纪·正月纪》也褒扬了春气"生"物的"泰道"："天气下降，地气上腾。天地和同，草木繁动……无变天之道，无绝地之理，无乱人之纪。""天气下降，地气上腾"，即言泰卦上卦三阴"天气下降"，下卦三阳"地气上腾"；所以"天地和同，草木繁动"。

《礼记·乐记》也褒扬了春气"生"物的"泰道"："地气上齐，天气下降；阴阳相摩，天地相荡，鼓之以雷霆，奋之以风雨，动之以四时，暖之以日月，而百化兴焉。""地气上齐，天气下降"，即言泰卦之下卦三阳上行，上卦三阴下行；"阴阳相摩，天地相荡，鼓之以雷霆，奋之以风雨，动之以四时，暖之以日月，而百化兴焉"，则言泰卦之卦义。

《周易》之《易传》阐释了春分泰卦的卦象、卦义。《周易》泰卦☷之《象传》曰："天地交，泰。"《周易》泰卦☷之《象传》曰："天地交，而万物通也；上下交，而其志同也。"正是《老子》褒扬的春气"生"物之"泰道"。

《周易》之《易传》阐释了秋分否卦的卦象、卦义。《周易》否卦☷之《象传》曰："天地不交，否。……否终则倾，何可长也？"《周易》否卦☷之《象传》曰："天地不交，而万物不通也；上下不交，而天下无邦也。"正是《老子》贬斥的秋气"杀"物之"否术"。

上举诸例，首先证明"负阴而抱阳，冲气以为和"是《老子》全书褒扬的"泰道"。其次证明《德经》第 42 章所言"柔之胜刚，弱之胜强，天下莫不知"，并非夸诞之言。因为"泰道"并非老子首创的新奇知识，而是夏商周政治制度共同遵循而"天下莫不知"的华夏常识。侯王应该遵循春气"生"物的"泰道"，不该奉行秋气"杀"物的"否术"，亦非老子首创的个人观点，而是夏商周政治制度共同遵循而"天下莫不知"的公共观点。

老子著书以后两千多年，尤其是汉武帝"罢黜百家，独尊儒术"以后，夏商周政治制度共同遵循而"天下莫不知"的华夏常识和公共观点，才从"天下莫不知"变成鲜为人知。但是仍非全无人知，比如北京明清皇宫，举行君臣朝会的第一主殿"太和殿"，又称"泰和殿"，"泰"字正合于《老子》所言"负阴而抱阳"的泰卦之卦象，"和"字正合于《老子》所言"冲气以为和"的泰卦之卦义。皇帝寝殿"乾清宫"，居南在下，皇后寝殿"坤宁宫"，居北在上，同样合于《老子》所言"负阴而抱阳，冲气以为和"的"泰道"。

王弼力主以《周易》解《老子》，所以先注《周易》，后注《老子》，但其注《周易》，却提出了违背《周易·系辞上》"立象以尽意"的"得意忘象"谬论，以便对《老子》全书唯一言及"阴阳"的"负阴而抱阳，冲气以为和"，予以"得意忘象"的妄注："万物之生，吾知其主，虽有万形，冲气一焉。"王弼以后的历代注家也像王弼一样以《周易》解《老子》，也像王弼一样"得意忘象"。然而"卦象"是"卦意"的基础，王弼及其追随者忘"卦"之"象"，怎么可能得"卦"之"意"？

5.2 人之所恶，唯孤、寡、不穀，而王公以自名也。是故物或损之而益，或益之而损。

第5章第2节第1层，点破夏商周侯王谦称制度源于"泰道"。

"人之所恶，唯孤、寡、不穀，而王公以自名也"，重言第2章"侯王自谓孤、寡、不穀"，点破夏商周侯王谦称制度源于侯王自损自弱的"泰道"，所以"孤寡"训寡德，"不穀"训不善。第2章之"侯王"，先言邦国之"侯"，后言天下之"王"。本章之"王公"，先言天下之"王"，后言邦国之"公"。

假如不明白"万物负阴而抱阳，冲气以为和"是源于"太一"历法图的"泰道"，就无法理解为什么在"万物负阴而抱阳，冲气以为和"之后重言第2章的侯王谦称"孤、寡、不穀"，也无法理解老子为什么把不相干的两节文字连为一章。汉后注家认定《老子》是老子过函谷关时被关尹留住而即兴书写的格言集锦，上下文没有逻辑关系，所以认为老子把不相干的两节文字连为一章是正常的。

一旦明白"万物负阴而抱阳，冲气以为和"乃言"太一"历法图的"泰道"，那就十分好懂：侯王、王公自称"孤、寡、不穀"，源于夏商周的侯王谦称制度。创建夏商周侯王谦称制度的上德先王，按照"礼必本于太一"的建构原理，根据"太一"历法图的"泰道"，创设了侯王谦称制度：侯王、王公对应春分泰卦的上卦三阴之下行，所以侯王必须谦称"孤、寡、不穀"。天道按照春气"生"物的"泰道"创生万物，可以天长地久。侯王效法春气"生"物的"泰道"统摄民生，可以长治久安。

"是故物或损之而益，或益之而损"，"损之而益"是以损卦阐释泰卦，"益之而损"是以益卦阐释否卦。意为——

上德侯王遵循"泰道"而自"损"示"弱"，永不自居得道，必将最终受"益"。此即"上德不德，是以有德"（第1章）。

下德侯王奉行"否术"而自"益"逞"强"，不失得道幻觉，必将最终受"损"。此即"下德不失德，是以无德"（第1章）。

《周易·损·象传》："损，损下益上。"以泰卦☰☷卦象，阐释损卦☶☷卦象。"损下"，即泰卦下卦☰之三阳减损一阳，变成损卦下卦☱之二阳一阴。"益上"，即泰卦上卦☷之三阴增益一阳，变成损卦上卦☶之二阴一阳。

《周易·益·象传》："益，损上益下。"以否卦䷋卦象，阐释益卦䷩卦象。"损上"，即否卦上卦☰之三阳减损一阳，变成益卦上卦☴之二阳一阴。"益下"，即否卦下卦☷之三阴增益一阳，变成益卦下卦☳之二阴一阳。

句义：人类厌恶的，唯有孤家、寡人、不善，然而王公对位泰卦上卦谦称自损。所以上德侯王自损而获益，下德侯王自益而受损。

[义理辨析10]

与马王堆帛书《老子》同墓出土的马王堆帛书《周易·要》记载：

孔子繇易，至于损、益之卦，未尝不废书而叹，戒门弟子曰："二三子！夫损、益之道，不可不审察也，吉凶之门也。益之为卦也，春以授夏之时也，万物之所出也，长日之所至也，产之室也，故曰益。损者，秋以授冬之时也，万物之所老衰也，长夕之所至也，故曰损。道穷焉而损，道穷焉而益。益之始也吉，其终也凶；损之始凶，其终也吉。损、益之道，足以观天、地之变，而君者之事已。是以察于损益之变者，不可动以忧喜。故明君不时不宿，不日不月，不卜不筮，而知吉与凶，顺于天地之心也，此谓易道。

孔子五十岁以前，仅仅重视《诗》《书》《礼》《乐》，对《周易》的人文卜筮易不感兴趣；晚年周游列国十四年，在宋国得到《归藏》，"五十以学易"，五十七岁时又在宋国沛邑第二次问道于老子（详见上卷第一章），于是领悟了《归藏》蕴涵的伏羲天文象数易，明白了"益之始也吉，其终也凶"，义同《老子》所言"益之而损"；又明白了"损之始凶，其终也吉"，义同《老子》所言"损之而益"。

人之所教，亦我而教人。故"强梁者不得其死"，吾将以为教父。

第5章第2节第2层，批评奉行"否术"的下德侯王。

"人之所教，亦我而教人"，这是老子自释本章第1节所言"泰道"、"否术"并非一己私见，而是上古伏羲时代至中古夏商周的上德先王"所教"，老子仅是把"人之所教"用于"教人"，亦即教诲春秋晚期的天下侯王。

"故'强梁者不得其死'"，举例说明"人之所教"。"强梁者不得其死"并非老子之言，而是引自东周太庙金人背部镌刻的《金人铭》。《老子》初始本化用了《金人铭》绝大部分内容。东周太庙金人实为"太一"上帝之青铜神像，《金人铭》实为"太一"上帝之神谕（详见上卷第二章，后续各章）。

"梁"，脊梁。"强梁"，强挺脊梁者。句谓侯王若不遵循"泰道"而示"弱"，而是奉行"否术"而逞"强"，必将不得好死：或是自身遭遇篡弑，在位不能"长久"；或是遗祸子孙，国祚不能"长久"。所以《老子》初始本后续各章三致其意，反复言说"知足不辱，知止不殆，可以长久"（第7章），"有国之母，可以长久，是谓深根固柢、长生久视之道也"（第22章），"子孙以其祭祀不绝"（第17章）。

"吾将以为教父"，明白了"强梁者不得其死"出自东周太庙之《金人铭》，亦即"太一"上帝之神谕，就能明白"教父"是指"太一"上帝。老子引用"太一"上帝之神谕"强梁者不得其死"，教诲春秋晚期的天下侯王：务必尊奉"太一"上帝为"教父"，务必尊崇"太一"上帝之神谕，遵循"负阴而抱阳，冲气以为和"的"泰道"，抛弃"强梁者不得其死"的"否术"。

孔子三十一岁从鲁至周，在洛邑第一次问道于老子，"察庙朝之度"（《孔子家语·观周》），"入太庙，每事问"（《论语·乡党》），得见东周太庙金人及其《金人铭》（详见上卷第一章）。

句义：古人如此教我，我也如此教人。因此太一上帝神谕说"强挺脊梁者不得好死"，吾人将以太一上帝为教父。

[义理辨析11]

《德经》绪论六章之第五章《道生一章》，堪称《老子》初始本之"道枢"。透彻理解本章，就能透彻理解《老子》全书。

"道生一"，是《老子》第一基石，阐明"宣夜说"范畴之"道"和"浑天说"范畴之"一"。

"一生二，二生三，三生万物"，阐明"太一"历法图（伏羲太极图）的"太一常道"。

"万物负阴而抱阳，冲气以为和"，阐明"太一"历法图的春气"生"物之泰道。

"人之所恶，唯孤、寡、不穀，而王公以自名也"，阐明夏商周政治制度的建构理念是"礼必本于太一"。

"是故物或损之而益，或益之而损"，阐明夏商周政治制度"礼必本于太一"而"扬泰抑否"。

"人之所教，亦我而教人"，阐明"礼必本于太一"而"扬泰抑否"是夏商周政治传统。

"故'强梁者不得其死'，吾将以为教父"，阐明"太一"上帝的神谕是"扬泰抑否"。

本章之"我"和"吾"，均为《老子》初始本首见，确立了《老子》初始本的文体是先知体兼神谕体。因为本章点明了"我"和"吾"的身份是奉"太一"上帝为"教父"的祭司，所以"我"和"吾"不是普通人自称，而是奉"太一"上帝为"教父"的祭司之自称。祭司主持祭祀仪式之时，有时代表先王说话，"我"和"吾"就是先王（圣君）之自称，即为先知体；有时代表上帝说话，"我"和"吾"就是上帝（天道）之自称，即为神谕体。

祭司代表先王（圣君）说话或代表上帝（天道）说话之时，不必反复提及直接面对、恭听教诲的侯王，体现于《老子》经文，就是省略教诲对象"侯王"。

东周史官老子曾在东周太庙主持"禘祭礼"，曾在东周明堂主持"告朔礼"，所以撰写《老子》之时，采用了符合其史官身份、符合其职业习惯的先知体兼神谕体。

6. 天下至柔章

天下之至柔，驰骋于天下之至坚。

无有入于无间，吾是以知无为之有益也。

不言之教，无为之益，天下希及之矣。

《老子》初始本上经《德经》第 6 章《天下至柔章》，《老子》传世本颠倒上下经后变为第 43 章。

《天下至柔章》是《德经》绪论六章（1—6）之末章，阐明"泰道"妙用，教诲天下侯王遵循"泰道"而"无为"。确立全书总纲，结束绪论六章。

6.1 天下之至柔，驰骋于天下之至坚。

第 6 章第 1 节第 1 层，阐明"泰道"妙用。

"柔"、"坚"即"柔"、"刚"，"至坚"即"至刚"。《周易·系辞上》："在天成象，在地成形，变化见矣。是故刚柔相摩，八卦相荡。鼓之以雷霆，润之以风雨，日月运行，一寒一暑。""在天成象，在地成形，变化见矣"，即记录天象运行变化规律的圭表测影。"刚柔相摩，八卦相荡"，即以伏羲卦象为记录天象运行、圭表测影的符号系统；"刚"指伏羲卦象之阳爻，"柔"指伏羲卦象之阴爻。"鼓之以雷霆，润之以风雨，日月运行，一寒一暑"，即伏羲卦象记录"日月运行，一寒一暑"的天文历法功能，亦即《太一生水》所言"太一成岁"。

本章展开上章"负阴抱阳"之"泰道"。"天下之至柔"，即泰卦☷上卦☷全阴无阳，故称"至柔"。"天下之至坚"，即泰卦☰下卦☰全阳无阴，故称"至坚"。泰卦之卦象，是上卦☷三阴驰骋于下卦☰三阳之上，故曰"天下之至柔，驰骋于天下之至坚"。

天空遵循"负阴抱阳"之"泰道"而保持"至柔"，得以驰骋于"至刚"的大地之上。侯王遵循"负阴抱阳"之"泰道"而保持"至柔"，得以驰骋于"至刚"的百姓之上。

"侯王得一以为天下正"（第 2 章），遵循"太一"历法图（伏羲太极图）为治国正道，正是"至柔"侯王驰骋于"至刚"百姓之上的"泰道"。

句义：天下的至柔之物，驰骋于天下的至坚之物。

[义理辨析 12]

《老子》初始本第76章（倒数第二章）所言"柔弱胜刚强"，是对贯穿《老子》初始本全书的"泰道"之终极概括。但在终极概括之前，展开过程极富层次，叙述策略极有分寸，意在循循善诱，启人悟道。

第3章："反者道之动，弱者道之用。"首次拈出"弱"字。

第6章："天下之至柔，驰骋于天下之至坚。"首次拈出"柔"字，暂不拈出"刚"字，而以"坚"字代替。

第18章："骨弱筋柔而握固，未知牝牡之合而朘怒，精之至也。""骨弱筋柔"，首次并举"弱"、"柔"，但是二字暂不合词。

第40章："人之生也柔弱，其死也坚强"，"坚强者，死之徒也。柔弱者，生之徒也"，"强大居下，柔弱居上"，"柔"、"弱"二字终于合为"柔弱"。同时点破其为"负阴抱阳"的"泰道"："柔弱居上"即泰卦☷之上卦☷，对应居于上位的侯王。"强大居下"即泰卦☰之下卦☰，对应居于下位的百姓。

第42章："天下莫柔弱于水，而攻坚强者莫之能先也，以其无以易之也"，"柔之胜刚，弱之胜强，天下莫不知，莫能行"，阐释"泰道"之大用，在于对应泰卦上卦的侯王之"柔弱"。

第69章，又用"知其雄，守其雌"等，阐释"泰道"之大用，在于对应泰卦上卦的侯王之"守雌"。"守雌"是"柔弱"的变文，"雌、雄"是"阴、阳"的变文，"知雄守雌"是"负阴抱阳"的变文。

最终在书尾的第76章，把贯穿《老子》初始本全书的"泰道"，概括为"柔弱胜刚强"。

无有入于无间，吾是以知无为之有益也。

第6章第1节第2层，教诲天下侯王遵循"泰道"而"无为"。

"无有"承上"天下之至柔",因为"至柔",所以"无有"。阐释第1章"上德不德"之"不德"。《庄子·天下》概括《老子》宗旨为"建之以常无有,主之以太一","无有"即"无有入于无间","太一"即"太一"历法图。《老子》之"无有",《庄子》演绎为"无何有"、"至人无己"、"吾丧我",即永不拔高己德,永不自居得道,深知己德有缺,不敢固执己见,不敢悖道"有为",不敢任意"妄作"。《老子》之"无有入于无间",《庄子·养生主》演绎为"以无厚入有间"。

"无间"承上"天下之至坚",因为"至坚",所以"无间"。侯王管理的人类社会充满万物,万物为了生存,充满利益争夺和各种矛盾。下德侯王自居得道而悖道"有为",任意"妄作",就会加剧利益争夺,激化各方矛盾。上德侯王永不自居得道而顺道"无为",决不"妄作",才能平衡利益争夺,缓解各方矛盾。所以《老子》后续各章再三言及,侯王如何凭借顺道"无为","解其纷","和大怨"。

"吾是以知无为之有益也",申论上章"损之而益"。这是《德经》绪论首章标举"上德无为"之后,《德经》绪论末章再次标举"无为"。

句义:无有之物方能进入无间之处,吾人因此知晓无为之有益。

6.2 不言之教,无为之益,天下希及之矣。

第6章第2节,确立全书总纲,结束绪论六章。

"不言之教,无为之益",阐释第1章"上德无为而无以为"。"言"指政令,"不言之教"义同第64章"希言自然"。"为"指悖道妄为,即第59章"妄作";"无为之益"义同第26章"为无为"。故"不言"即"希言",并非不发政令,而是不主动倡言发布政令;"无为"即"为无为",并非不作为,而是不悖道妄为,即第28章"辅万物之自然,而不敢为"。

"天下希及之",是因为"侯王四型"、"人道四境"之中,仅有以"德"治国的上德侯王一型,遵循春气"生"物的"泰道",顺道"无为","大音希声"(第4章),"希言自然"(第64章)。而以"仁↘义↘礼"治国的下德侯王三型,全都奉行秋气"杀"物的"否术",悖道"有为",任意"妄作"(第59章),"法令滋彰"(第20章)。

句义:少发政令之教化,为于无为之有益,天下侯王鲜有企及。

《德经》绪论六章的义理层次

上经《德经》第一部分《德经》绪论六章(1—6),标举提炼自"太一"历法图(伏羲太极图)的价值范式"道↘德↘仁↘义↘礼"和侯王四型"德↘仁↘义↘礼";按照"去彼取此"范式,"取此"以"德"治国的无为圣君,"去彼"以"仁↘义↘礼"治国的有为俗君。标举《老子》第一基石"道生一",标举《老子》第一命题"侯王得一以为天下正",标举《老子》第一宗旨"扬泰抑否"。

义理层次如下——

第1章《上德不德章》,标举提炼自"太一"历法图(伏羲太极图)的价值范式"道↘德↘仁↘义↘礼",标举提炼自"太一"历法图四时卦象"泰↘乾↘否↘坤"的侯王四型"德↘仁↘义↘礼"。标举"去彼取此"范式:"取此"以"德"治国的无为圣君,"去彼"以"仁↘义↘礼"治国的有为俗君。

第2章《侯王得一章》,标举《老子》第一命题"侯王得一以为天下正",教诲天下侯王以"浑天说"范畴的"太一常道"为治国正道。援引夏商周侯王谦称制度,教诲天下侯王效法"泰道"自损自弱。

第3章《反者道动章》,阐明天道"反者道之动,弱者道之用",教诲天下侯王以"反"为"动",以"弱"为"用"。阐明人类只能拥有"浑天说"范畴的宇宙局部太阳系规律"太一常道",不能拥有"宣夜说"范畴的宇宙总体规律"无极恒道"。

第4章《上士闻道章》,褒扬上德侯王"闻道"而"行道",贬斥下德侯王"闻道"而不行道。

第5章《道生一章》,标举《老子》第一基石"道生一",阐明"浑天说"范畴的宇宙局部太阳系规律"太一常道"产生于"宣夜说"范畴的宇宙总体规律"无极恒道"。描述"太一"历法图(伏羲太极图)揭示的"太一常道",描述春气生物的春分泰卦☷为"负阴而抱阳,冲气以为和"。

第6章《天下至柔章》，阐明"泰道"妙用，教诲天下侯王遵循"泰道"而"无为"。确立全书总纲，结束绪论六章。

《德经》绪论六章（1—6）是《老子》初始本的总纲，贯穿于上经《德经》的"人道"命题和下经《道经》的"天道"论证。透彻理解《德经》绪论六章，就能准确理解《老子》初始本的每章每句每字，再无恍惚迷离之感。

二、侯王正道十三章（7—19）：侯王无为，百姓无不为

《德经》第二部分"侯王正道"十三章（7—19），标举《老子》第一政纲"无为无不为"，展开《老子》第一命题"侯王得一以为天下正"。

《老子》初始本七十七章，上经《德经》四十四章，下经《道经》三十三章，上经比下经多十一章，主要多在侯王正道十三章。《德经》、《道经》各八部分，合计十六部分，每一部分平均章数为四章，侯王正道十三章大大超出平均数，是《老子》初始本章数最多、篇幅最大、分量最重的主体部分。

根据《老子》初始本的逻辑结构和义理层次，侯王正道十三章又可分为四大段落：第一段落是"圣君葆德"三章（7—9），第二段落是"圣君顺道"三章（10—12），第三段落是"尊道贵德"三章（13—15），第四段落是"行道修德"三章（16—18），最后一章（19）小结。

7. 名身孰亲章

名与身孰亲？身与货孰多？得与亡孰病？
是故甚爱必大费，多藏必厚亡。故[1]知足不辱，知止不殆，可以长久。

---

[1] 三大出土本（楚简本、帛甲本、汉简本）、严遵本均有"故"字，本书从之。三大传世本（河上本、王弼本、傅奕本）均脱"故"字，本书不从。

《老子》初始本上经《德经》第 7 章《名身孰亲章》,《老子》传世本颠倒上下经后变为第 44 章。

《名身孰亲章》是"圣君葆德"三章(7—9)之首章,承于上章"无有入于无间"之"无有"(意为"致无"),阐明圣君致无"名—货—身(德)"。

7.1 名与身孰亲?身与货孰多?得与亡孰病?

第 7 章第 1 节,承于第 6 章"无有入于无间"之"无有"(意为"致无"),标举"致无三义":致无"名—货—身(德)"。

"名"即名声,"货"即财货,"身"即自身之"德"。《老子》初始本"身"字 23 见,从来不指肉身,均指自身、自我、自己,特指自身之"德"。比如第 17 章"修之于身,其德乃贞",意为修持自身之德,而非修炼肉身之形。第 17 章"以身观身",意为以自身真德推知他人真德,而非以自我肉身推知他人肉身。第 56 章"吾所以有大患者,为吾有身",意为人之大患在于坚执自身之德,亦即"下德不失德"(第 1 章),而非人之大患在于拥有肉身。《老子》传世本的汉后注家妄注《老子》之"身"为"肉身"、"身形",遂将老子降格为迷恋肉身、贪生怕死的鄙俗庸人。

上德侯王自知己德有缺,永不自得,永葆身内之德,亦即"上德不德,是以有德"(第 1 章);"有德"的两大表征是致无身外之"名",致无身外之"货"。

下德侯王自居己德无缺,不失自得,拥有得道幻觉,亦即"下德不失德,是以无德"(第 1 章);"无德"的两大表征是贪恋身外之"名",贪恋身外之"货"。

句义:身外之名与身内之德,何者更为亲近?身内之德与身外之货,何者更为重要?得到身外之物与丧亡身内之德,何者更是大病?

7.2 是故甚爱必大费,多藏必厚亡。

第 7 章第 2 节第 1 层,阐明俗君贪恋身外之名、贪恋身外之货的恶果。

"甚爱必大费",对应"侯王四型"之第二型,"人道四境"之第二境,即俗君以"仁"治国,"甚爱"民众"亲而誉之"的身外之"名",于是"大费"财货,其恶果是"朝甚除,田甚芜,仓甚虚"(第16章)。

"多藏必厚亡",对应"侯王四型"之第三型、第四型,"人道四境"之第三境、第四境,即俗君以"义"治国、以"礼"治国,贪恋"难得之货"(第28、47、55章),于是"多藏"身外之"货",其恶果是"盗贼多有"(第20章),"多藏"之"货"最终"厚亡";甚至导致"民弥叛"(第20章),国祚难以长久。

句义:所以侯王深爱声名必有巨大花费,多藏财货必有重大损失。

故知足不辱,知止不殆,可以长久。

第7章第2节第2层,小结本章。

"知足不辱",乃言侯王对于身外之"名"、身外之"货",均宜"知足"。侯王于"名"知足,得不到民众"亲而誉之"(第60章),也避免了"数誉无誉"(第2章)。侯王于"货"知足,得不到"难得之货"(第28、47、55章),也避免了民众"畏之"、"侮之"(第60章)。避免"无誉"和避免"侮之",均属"不辱"。

"知止不殆,可以长久","知足"的实质是"知止"。假如自称"知足",实际行为却贪恋名、货永不"知止",即为仅仅贪恋"知足"之虚名,仍难避免亡名、亡货、亡身、亡国之危殆。只有真正知足,遵循"泰道"而自损自弱,才能远离危殆,在位长久,国祚长久。

句义:因此侯王知足即不受辱,知止即无危殆,可以国祚长久。

[义理辨析13]

上经《德经》第1章痛斥"夫礼者,忠信之薄,而乱之首也",正是反对与老子同时代的郑相子产之名言:"夫礼,天之经也,地之义也,民之行也……协于天地之性,是以长久"(《左传·昭公二十五年》)。所以第7章首言、第22章重言的"可以长久",无不针对子产之言"是以长久"(详见上卷第三章)。

上经 《德经》四十四章（1—44），对应斗魁四星

8. 大成若缺章

大成若缺，其用不敝。大盈若冲，其用不穷。
大直若屈，大巧若拙，大盛若绌。[1]
躁胜寒，静胜热，清静为天下正。

《老子》初始本上经《德经》第 8 章《大成若缺章》，《老子》传世本颠倒上下经后变为第 45 章。

《大成若缺章》是"圣君葆德"三章（7—9）之次章。上章展开"致无三义"之致无身外之"名"、致无身外之"货"，本章展开"致无三义"之致无"身"内之德。

8.1 大成若缺，其用不敝。大盈若冲，其用不穷。

第 8 章第 1 节第 1 层，展开圣君致无"身"内之德，亦即"不德"（不自得）。
两句均为八字，对应并阐释第 1 章"上德不德，是以有德"八字。
两句之前四字"大成若缺"，"大盈若冲"，对应并阐释"上德不德"四字——
圣君遵循"泰道"，自视"大成"之德"若缺"，亦即"大器免成"（第 4 章）；自视"大盈"之德"若冲"，亦即"冲气以为和"（第 5 章）；所以"上德不德"（不自得）。
两句之后四字"其用不敝"，"其用不穷"，对应并阐释"是以有德"四字——
圣君效法天道"弱者道之用"（第 3 章）而自"弱"，效法天道"损之而益"（第 5 章）而自"损"，所以"其用不敝"，"其用不穷"，"是以有德"。
句义：大成如同缺损，其用永无敝坏。大盈如同冲和，其用永无穷尽。

---

[1] "大直若屈"、"大巧若拙"二句各本均同，仅是句序有异。差别在于"大盛若绌"。楚简本作"大成若诎"，"成"通"盛"，否则与本章首句"大成若缺"重复。汉简本作"大盛若绌"，本书从之。帛甲本改为"大赢如炳"，四大传世本（严遵本、河上本、王弼本、傅奕本）改为"大辩若讷"，本书不从。

大直若屈，大巧若拙，大盛若绌。

第8章第1节第2层，继续展开圣君致无"身"内之德，亦即"不德"（不自得）。

圣君对自己的"大直"之德，自视"若屈"；对自己的"大巧"之德，自视"若拙"；对自己的"大盛"之德，自视"若绌"；亦即遵循"泰道"而"上德不德"（不自得）。

"大盛若绌"之"绌"，训不足。义同"广德若不足"（第4章），"盛德若不足"（严遵本《老子》、《庄子·寓言》引文）。

句义：大直如同屈折，大巧如同笨拙，大盛如同不足。

8.2 躁胜寒，静胜热，清静为天下正。

第8章第2节，小结本章。

"躁胜寒，静胜热"，上扣第3章"反者道之动"。乃言"太一"历法图（伏羲太极图）之阴阳两仪，阳仪"躁胜寒"属于一偏，阴仪"静胜热"属于一偏。

"清静为天下正"，上扣第2章"侯王得一以为天下正"。乃言"负阴而抱阳，冲气以为和"（第5章）的春分泰卦䷊，阴阳平衡，既无"躁胜寒"之偏，又无"静胜热"之偏，故为侯王治理天下之正道。

句义：阳躁胜过阴寒属于一偏，阴静胜过阳热属于一偏，阴阳平衡清静无为才是侯王治理天下的正道。

[义理辨析 14]

假如不明白本节乃言"太一"历法图（伏羲太极图）之阴阳两仪，则本节经文颇难理解。"静胜热"貌似符合"清静为天下正"，"躁胜寒"貌似违背"清静为天下正"，为何结以"清静为天下正"？历代注家或者语焉不详，或以《周易》解之，均难讲通。

上经 《德经》四十四章（1—44），对应斗魁四星 193

马叙伦曰："以义推之，当作'寒胜躁'。"蒋锡昌曰："此文疑作：'静胜躁，寒胜热。'言静可胜动，寒可胜热也。二句词异义同，皆所以喻清静无为胜于躁动有为也。"[1] 然而四大出土本、四大传世本经文均同，经文必定无误。

此义仍是老子对"太一"历法图（伏羲太极图）之"十二消息卦"的哲学提炼——

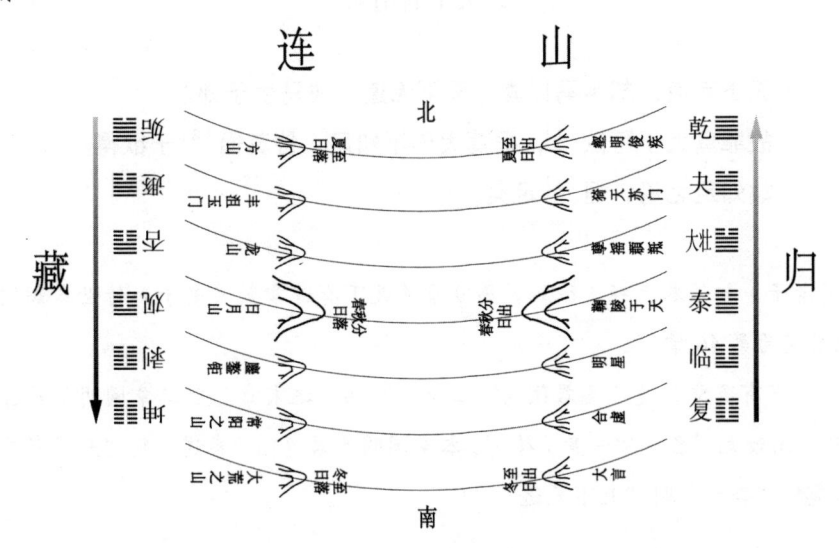

▲伏羲十二消息卦：夏《连山》、商《归藏》原理图

伏羲十二消息卦之上半年六卦，始于一阳五阴之复卦☷（图右最下），此时阳爻之"躁"尚未战胜阴爻之"寒"；终于六阳之乾卦☰（图右最上），此时阳爻之"躁"已经战胜阴爻之"寒"。

伏羲十二消息卦之下半年六卦，始于一阴五阳之姤卦☰（图左最上），此时阴爻之"静"尚未战胜阳爻之"热"；终于六阴之坤卦☷（图左最下），此时阴爻之"静"已经战胜阳爻之"热"。

所以"躁胜寒"乃言：上半年六卦始于"躁不胜寒"，于是天道增强弱势的阳爻之"躁"，减弱强势的阴爻之"寒"，逐渐变成了"躁胜寒"。但是抵达"躁胜寒"之后，强势、弱势已经逆转，所以下半年六卦始于"静不胜热"，于是天

---

[1] 蒋锡昌《老子校诂》，292页，上海书店1992；马叙伦语并见该页所引。

道又增强弱势的阴爻之"静",减弱强势的阳爻之"热",逐渐变成了"静胜热"。因此上德侯王必须效法天道,增强弱势一方,削弱强势一方,使之达成动态平衡,此即"清静为天下正"。

9. 天下有道章

天下有道,却走马以粪。天下无道,戎马生于郊。
故罪莫大于可欲[1],祸莫大于不知足,咎莫憯[2]于欲得。
故知足之足,恒[3]足矣。

《老子》初始本上经《德经》第9章《天下有道章》,《老子》传世本颠倒上下经后变为第46章。

《天下有道章》是"圣君葆德"三章(7—9)之末章。前二章阐明圣君遵循"泰道"而致无"名—货—身(德)",本章阐明圣君遵循"泰道"则"天下有道",俗君奉行"否术"则"天下无道"。

9.1 天下有道,却走马以粪。天下无道,戎马生于郊。
故罪莫大于可欲,祸莫大于不知足,咎莫憯于欲得。

第9章第1节,分为两层。
第1层,标举"天下有道"、"天下无道"。
"天下有道,却走马以粪","天下有道"即上德侯王遵循"泰道"而示"弱",

---

[1] 四大出土本(楚简本、帛甲本、帛乙本、汉简本)、三大传世本(严遵本、河上本、傅奕本)均有此句,汉简本作"故罪莫大于可欲",本书从之。王弼本独脱此句,本书不从。

[2] 帛甲本、傅奕本均作"憯",本书从之。楚简本作"僉",汉简本作"潜",三大传世本(严遵本、河上本、王弼本)均作"大",本书不从。

[3] 帛甲本、汉简本均作"恒",本书从之。楚简本作"亘"(通"恒")。四大传世本(严遵本、河上本、王弼本、傅奕本)均避汉文帝刘恒讳改为"常",本书不从。

不欲通过战争增益"名—货—身(德)",所以退役的战马用于粪田,不再时刻准备打仗。

"天下无道,戎马生于郊","天下无道"即下德侯王奉行"否术"而逞"强",妄想通过战争增益"名—货—身(德)",所以豢养的战马陈于城郊,时刻准备打仗。

"天下有道"、"天下无道"之"道",均非"天道"之道体,因为人不可能拥有"天道"之道体,只可能拥有"人道"之道术,此处专指"侯王得一以为天下正"(第2章)、"清静为天下正"(第8章)之"泰道"。

"却走马以粪",指上德侯王遵循春气生物的"泰道",不好"用兵"。"戎马生于郊",指下德侯王奉行秋气杀物的"否术",酷爱"用兵"。

《老子》全书三见"用兵"(第20、33、72章),均指秋气杀物的"否术"。《德经》第二部分"侯王正道"十三章(7—19)之重心,是春气生物的"泰道",而非秋气杀物的"否术",所以暂不出现"用兵"二字。《德经》第三部分"泰否正奇"五章(20—24),才会对比"以正治国"之泰道和"以奇用兵"之否术。再次证明《老子》初始本具有严密的逻辑结构和缜密的义理层次,并非东一榔头西一棒的格言集锦。

第2层,批评下德侯王奉行"否术"而贪恋"名—货—身(德)"。

"故罪莫大于可欲,祸莫大于不知足,咎莫憯于欲得"三句,既非简单重复,亦非"重要的话说三遍",而是逐一对应第7章"致无三义"之"名—货—身(德)"。

"罪莫大于可欲",专斥下德侯王奉行"否术"而贪恋身外之"名"。"名"属于"可欲"之域,贪恋无度即为"大罪"。

"祸莫大于不知足",专斥下德侯王奉行"否术"而攫取身外之"货"。"货"属于"知足"之域,攫取无度即为"大祸"。

"咎莫憯于欲得",专斥下德侯王奉行"否术"而拔高身内之"德"。"德"属于道施之"得",拔高己德即为"大咎"。

句义:天下有道,退役的战马用于粪田。天下无道,豢养的战马陈于城郊。所以侯王的莫大罪过是欲求声名,侯王的莫大祸患是财货不知足,侯王的莫大过错是拔高己德。

9.2 故知足之足，恒足矣。

第9章第2节，小结"侯王葆德"三章（7—9）。

"知足之足，恒足矣"，上扣第7章结语："知足不辱，知止不殆，可以长久。"

上德侯王遵循"泰道"而致无"名—货—身（德）"，谓之"知足"。认知层面"知足"，行为层面"知止"，于是"恒足"。

句义：因此知足的富足，才是恒久的富足。

"圣君葆德"三章（7—9）至此终，以下转入"圣君顺道"三章（10—12）。

10. 不出于户章

不出于户，以知天下；不窥于牖，以知天道。[1]
其出弥远，其知弥少。
是以圣人不行而知，不见而明[2]，不为而成。

《老子》初始本上经《德经》第10章《不出于户章》，《老子》传世本颠倒上下经后变为第47章。

"侯王正道"十三章（7—19）第一段落"圣君葆德"三章（7—9）阐明圣君致无"名—货—身（德）"而"葆德"，第二段落"圣君顺道"三章（10—12）进而阐明圣君"以人合天"而"顺道"，标举《老子》第一政纲"无为无不为"。

《不出于户章》是"圣君顺道"（10—12）三章之首章，阐明圣君居于"以

---

[1] 三大出土本（帛甲本、帛乙本、汉简本）均作"不出于户，以知天下；不窥于牖，以知天道"，本书从之。严遵本、王弼本均作"不出户，知天下；不窥牖，见天道"，河上本作"不出户，以知天下；不窥牖，以见天道"，傅奕本作"不出户，可以知天下；不窥牖，可以知天道"，本书不从。

[2] 《韩非子·喻老》作"不见而明"，合于《曲则全章》"不自见故明"，本书从之。汉简本作"弗见而命"，传世本作"不见而名"，不合《曲则全章》"不自见故明"，本书不从。

人合天"的明堂而"知天道"、"知天下"。

10.1 不出于户，以知天下；不窥于牖，以知天道。

第10章第1节第1层，阐明圣君"以人合天"而"知天下"、"知天道"。

"不出于户，以知天下"乃言：圣君居于对应北斗斗柄的明堂十二室之一，"不出"明堂之"户"，就能"知天下"。

"不窥于牖，以知天道"乃言：圣君居于对应北斗斗柄的明堂十二室之一，"不窥"明堂之"牖"，就能"知天道"。

圣君既"知天下"之民心，又"知天道"之节令，顺应"天道"节令，响应"天下"民心，不大造宫室，不发动战争，就不会耽误天下百姓的春耕、夏种、秋收、冬藏，于是天下大治，国泰民安。

句义：圣君不出明堂之门，即知天下民心；不窥明堂之窗，即知天道节令。

[义理辨析 15]

第2章、第5章援引夏商周侯王谦称制度，第5章援引夏商周太庙神谕制度之后，第10章又援引夏商周的明堂月令制度，阐明夏商周政治制度的基本理论是"礼必本于太一"，"人文效法天文，人道效法天道"，"以人合天，顺天应人"，亦即《周易·系辞上》所言："天生神物，圣人则之。天地变化，圣人效之。天垂象，圣人象之。"《周易·文言》所言："与天地合其德，与日月合其明，与四时合其序，与鬼神合其吉凶。"（详见上卷第二章。）

历代注家对"不出于户，以知天下；不窥于牖，以知天道"，多予神秘化解释，似乎老子是在鼓吹一种不可思议的神通，乃因他们不明白本章的知识背景是夏商周明堂月令制度。

或问：老子为何不明言明堂月令制度，非要说得如此神秘？

答曰：明堂月令制度是夏商周"天下莫不知"（第42章）的时代常识，秦汉以后的历史改道才变成了不为人知的隐秘知识。所以并非老子说得神秘，而是历史改道导致了老子之义变得神秘。

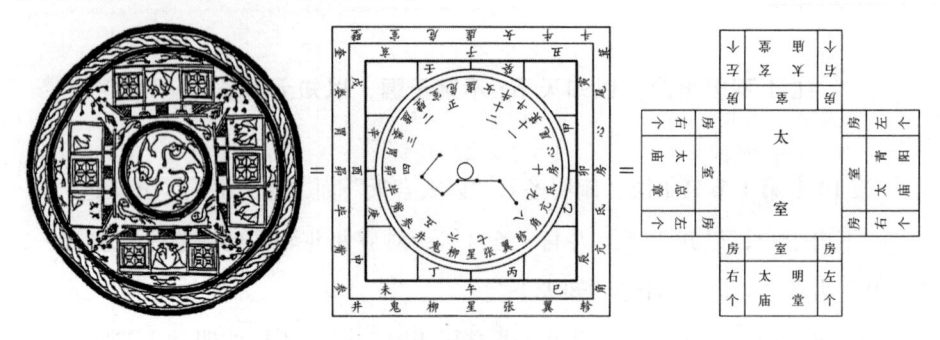

▲夏商周明堂图

其出弥远，其知弥少。

第 10 章第 1 节第 2 层，批评下德侯王不"知天下"，不"知天道"。

"其出弥远，其知弥少"乃言：下德侯王尽管居于"以人合天"的明堂，却违背夏商周政治制度的核心理念"以人合天，顺天应人"，既不"知天下"之民心，又不"知天道"之节令，大造宫室，酷爱战争，就会耽误天下百姓的春耕、夏种、秋收、冬藏，于是天下大乱，国否民瘠。

句义：俗君出门越远，所知天道民心越少。

10.2 是以圣人不行而知，不见而明，不为而成。

第 10 章第 2 节，小结本章。

一旦明白第 1 节的知识背景是夏商周的明堂月令制度，理解第 2 节即无难度。

"圣人不行而知"乃言：圣君居于明堂，居室对应斗柄，不必出门远行，即知"天下"民心。

圣人"不见而明"乃言：圣君居于明堂，居室对应斗柄，不必抬头看窗，即明"天道"节令。

圣人"不为而成"乃言：圣君居于明堂，居室对应斗柄，只要顺道无为，即能事遂功成。

句义：所以圣君不必远行即知天下民心，不见星象即明天道节令，不事有为即能事遂功成。

【义理辨析 16】

本章首言"圣人"，意为圣君，亦即"上德"侯王。《老子》初始本 29 见"圣人"，无一例外。

《老子》初始本之第 1 章先言"上德不德"、"上德无为而无以为"，第 2 章即言"侯王得一以为天下正"，第 10 章再言"圣人不行而知，不见而明，不为而成"，"上德"、"侯王"、"圣人"环环紧扣，读者很容易明白"上德"指"侯王"，"圣人"即圣君（"上德"侯王）。

《老子》传世本颠倒上下经之后，第 2 章先言"圣人居无为之事，行不言之教"，中隔三十章，至第 32 章始言"侯王若能守之，万物将自宾"，至第 38 章再言"上德不德"、"上德无为而无以为"，"圣人"、"侯王"、"上德"全部脱钩，读者不可能明白"上德"指"侯王"，"圣人"即圣君（"上德"侯王），更不可能根据夏商周的明堂月令制度（侯王居于明堂，居室对应斗柄），以及明堂月令制度的核心理念"礼必本于太一"，"人文效法天文，人道效法天道"，"以人合天，顺天应人"，明白《老子》第一命题"侯王得一以为天下正"。

本章充分证明：《老子》传世本之颠倒上下经，即已全面遮蔽了《老子》初始本的逻辑结构、义理层次、知识背景、教诲对象、省略主语、宗旨、章序，读者已无可能正确理解《老子》的每一章每一句每一字。

11. 为学日益章

为学者日益，为道者日损。[1]

---

[1] 三大出土本（楚简本、帛乙本、汉简本）、傅奕本均有"者"字，本书从之。三大传世本（严遵本、河上本、王弼本）均删"者"字，本书不从。

损之又损之，以至于无为。无为而无不为。[1]

取天下也，恒以无事。[2]及其有事，不足以取天下。

《老子》初始本上经《德经》第11章《为学日益章》，《老子》传世本颠倒上下经后变为第48章。

《为学日益章》是"圣君顺道"三章（10—12）之次章。上章阐明圣君居于"以人合天"的明堂而"知天道"、"知天下"；本章阐明圣君"知天道"而"顺天"，"知天下"而"应人"，标举《老子》第一政纲"无为无不为"。

11.1 为学者日益，为道者日损。

第11章第1节第1层，标举俗君"为学"而日日增益仁义礼，圣君"为道"而日日减损仁义礼。

第5章："万物负阴而抱阳，冲气以为和。人之所恶，唯孤、寡、不穀，而王公以自名也。是故物或损之而益，或益之而损。"先言"负阴而抱阳"之泰卦，再以"损之而益"之损卦阐释泰卦，再以"益之而损"之益卦阐释否卦：圣君遵循"泰道"而自"损"，必将受"益"；俗君奉行"否术"而自"益"，必将受"损"。本章承之，再予展开。

"为学者日益"乃言：俗君增益仁义礼，必将"益之而损"。参看河上公注："'学'，谓政教礼乐之学也。'日益'者，情欲文饰，日以益多。"

"为道者日损"乃言：圣君减损仁义礼，必将"损之而益"。参看河上公注："'道'，谓自然之道也。'日损'者，情欲文饰，日以消损。"

---

[1] 汉简本、三大传世本（严遵本、河上本、傅奕本）、《庄子·知北游》引文均作"损之又损之"，本书从之。王弼本作"损之又损"，本书不从。○两大传世本（河上本、王弼本）原有"无为而无不为"，傅奕本有"无为则无不为"，本无疑问。帛甲本、帛乙本本句字坏，高明认为《老子》没有"无为而无不为"。其实楚简本有"亡为而亡不为"，"亡"通"无"。

[2] 帛甲本作"取天下也，恒……（"恒"下字坏）"，帛乙本作"取天下恒无事"，严遵本、傅奕本均作"将欲取天下者，常以无事"，河上本、王弼本均作"取天下常以无事"，本书综合。○帛甲本、帛乙本均作"恒"，本书从之。四大传世本均避汉文帝刘恒讳改"恒"为"常"，本书不从。

《庄子·知北游》:"礼者,道之华而乱之首也,故曰:'为道者日损。'"点破"为学者"日日增益"仁义礼","为道者"日日减损"仁义礼"。《庄子·大宗师》坐忘寓言之丧忘"仁义礼乐",《庄子·寓言》学道九阶寓言之"一年而野",演绎《老子》"为道者日损"之日日减损"仁义礼"。

后天价值"仁、义、礼",需要后天"学"之,俗君"益"之,圣君"损"之。先天价值"道、德",不需要后天"学"之,俗君悖之弃之,圣君尊之贵之。所以圣君"尊道而贵德"(第14章),日日减损"仁义礼"。

句义:志于学的俗君日日增益仁义礼,志于道的圣君日日减损仁义礼。

损之又损之,以至于无为。无为而无不为。

第11章第1节第2层,标举《老子》第一政纲"无为无不为",阐明圣君顺道"无为"的目的,是听任百姓循德"无不为"。

"损之又损之,以至于无为"乃言:圣君日日减损仁义礼,直至尊道贵德而"无为"。老子主张去除人为虚增的多余价值"仁↘义↘礼",义近"奥卡姆剃刀"。参看下经《道经》第65章:"其(仁义礼)在道也,曰余食赘行。"

"无为而无不为",这是《老子》第一政纲。"无为",即侯王顺道"无为"。"无不为",即百姓循德"无不为",证见《德经》第20章"我(圣君自称)无为而民自为。"《道经》第77章:"道恒无为,侯王若能守之,万物将自为。"

句义:圣君减损又减损仁义礼,直至尊道贵德而无为。圣君顺道无为,百姓循德无不为。

[义理辨析17]

《老子》初始本第11章标举的《老子》第一政纲"无为无不为",是影响巨大的《老子》名言。

后文两章做出阐释。一是第20章:"我(圣君自称)无为而民自为。"二是第77章,亦即全书末章:"道恒无为,侯王若能守之,万物将自为。"两章全都先言"我无为"、"道恒无为",阐释"无为而无不为"之前项"无为",乃言:侯王效法天道之自然"无为",因而顺道"无为"。两章全都后言"民自为"、"万物将自为",阐释"无为而无不为"之后项"无不为",乃言:百姓效法万物之循德"自为",因而循德"自为"。相关三章充分证明"无为而无不为"的真义是:侯王顺道"无为",百姓循德"无不为"。

《老子》传世本为了否定汉武帝以前的"崇尚黄老,无为而治",支持汉武帝以后的"独尊儒术,有为而治",把《老子》初始本的两处"自为"系统篡改为"自化",彻底遮蔽了《老子》第一政纲"无为无不为"之真义,导致汉后两千年的历代注家无一正解。

11.2 取天下也,恒以无事。及其有事,不足以取天下。

第11章第2节,阐明圣君顺道"无事",俗君悖道"有事"。

"取天下"的省略主语只能是"侯王",不可能是普通人。朱谦之曰:"取天下者,谓得民心也。盖观有事不足以得民心,即知无事者之能得民心而取天下也。"[1]

省略主语既明,经义即明:圣君"取天下也,恒以无事",俗君"有事,不足以取天下"。

"无事"意为不生事,是老子预防读者误解"无为"的限定语。第26章之"为无为,事无事",证明侯王"无为"并非无所作为,而是侯王"知天道"而"顺天"之"为",亦即"为无为"。侯王"无事"并非无所事事,而是侯王"知天下"而"应人"之"事",亦即"事无事"。

句义:圣君治理天下,恒常不事有为。一旦从事有为,不足以治理天下。

12. 圣人无心章

圣人恒无心,以百姓之心为心。[2]

---

[1] 朱谦之《老子校释》,230页,中华书局2000。
[2] 两大出土本(帛乙本、汉简本)"人"后均作"恒无心","百姓"后均有"之"字,本书从之。四大传世本(严遵本、河上本、王弼本、傅奕本)改句为"圣人无常心,以百姓心为心",本书不从。

善者善之，不善者亦善之，德善也。信者信之，不信者亦信之，德信也。[1]

圣人之在天下也，歙歙焉，[2]**为天下浑其心。百姓皆属其耳目焉**[3]**，圣人皆孩之。**

《老子》初始本上经《德经》第12章《圣人无心章》，《老子》传世本颠倒上下经后变为第49章。

《圣人无心章》是"圣君顺道"三章（10—12）之末章。上章阐明圣君"知天道"而"顺天"，"知天下"而"应人"；本章阐明圣君"顺天"而"恒无心"，"应人"而"以百姓之心为心"。

12.1 圣人恒无心，以百姓之心为心。

第12章第1节第1层，阐明圣君"顺天"而"恒无心"，"应人"而"以百姓之心为心"。

圣君居于"以人合天"的明堂，必须"顺天应人"。圣君"顺天"，必须"恒无心"，否则就不愿每月与北斗斗柄同步而移居某室。圣君"应人"，必须"以百姓之心为心"，否则就会干扰百姓的春耕、夏种、秋收、冬藏，百姓就不能循德"自为"而"无不为"。

句义：圣君永无前识成心，仅以百姓之心为心。

---

[1] 两大出土本（帛甲本、帛乙本）多有坏字，然而互相对照可恢复原句为"善者善之，不善者亦善之，德善也。信者信之，不信者亦信之，德信也"，无四"吾"，有二"也"，本书从之。承上"圣人恒无心，以百姓之心为心"，"善者"、"不善者"、"信者"、"不信者"指"百姓"，"善之"、"亦善之"、"信之"、"亦信之"的主语是"圣人"（圣君），非"吾"。汉简本改为"善者吾善之，不善者吾亦善之，德善也。信者吾亦信之，不信者吾亦信之，德信也"，增四"吾"字，四大传世本（严遵本、河上本、王弼本、傅奕本）承之，又删二"也"，本书不从。

[2] 帛甲本、帛乙本、汉简本、傅奕本均有"之"，帛乙本、汉简本均有"也"，帛甲本、帛乙本、傅奕本均有"焉"，本书从之。严遵本、河上本、王弼本均无"之"、"也"、"焉"，本书不从。

[3] 两大出土本（帛甲本、汉简本）均作"百姓皆属其耳目焉"，本书从之。严遵本、河上本、傅奕本改"属"为"注"，删"焉"，王弼本独缺此句（注文有此意，传抄误脱），本书不从。

[义理辨析 18]

《老子》初始本"圣人恒无心",乃言圣君没有"有为"的前识成心;"以百姓之心为心",乃言圣君以天下百姓之"常心"为心。人各有心,百姓之心的共通部分,谓之"常心",亦即今语"共通人性"。

《老子》传世本篡改为"圣人无常心",遮蔽了《老子》初始本真义,变成了俗君悖道"有为"、任意"妄作"、朝令夕改、喜怒无常的辩护词。

《庄子·德充符》"彼为己,以其知得其心,以其心得其常心",准确阐释了《老子》"圣人恒无心,以百姓之心为心"。郭象版《庄子》妄断为"彼为己以其知,得其心以其心,得其常心",遮蔽了《庄子》对《老子》的准确阐释。

善者善之,不善者亦善之,德善也。信者信之,不信者亦信之,德信也。

第12章第1节第2层,阐明圣君"以百姓之心为心",善待一切百姓。

圣君顺"道"无为,以"德"治国,遂无"仁↘义↘礼"之前识、成心,于是"以百姓之心为心",既善待"善者",又善待"不善者";既相信"信者",又相信"不信者"。即不以"仁↘义↘礼"扭曲百姓真德,听任百姓循德"自为"而"无不为",所以百姓也把圣君视为"善"君、"信"君。

俗君悖"道"有为,以"仁↘义↘礼"治国,遂有"仁↘义↘礼"之前识、成心,于是不"以百姓之心为心",把符合"仁↘义↘礼"的百姓视为"善者"、"信者"而奖赏之,把不符合"仁↘义↘礼"的百姓视为"不善者"、"不信者"而惩罚之。于是百姓为了获得奖赏,逃避惩罚,不得不违背"道↘德",迎合"仁↘义↘礼",可见符合"仁↘义↘礼"的百姓并非真善、真信,仅是伪善、伪信。此即第1章所言:"夫礼者,忠信之薄,而乱之首也。前识者,道之华,而愚之首也。"第46章所言:"天下皆知美之为美,斯恶矣;皆知善之为善,斯不善矣。"

句义:圣君既善待善良的百姓,又善待不善良的百姓,所以被百姓视为善良之君。圣君既相信忠信的百姓，又相信不忠信的百姓，所以被百姓视为忠信之君。

[义理辨析 19]

本节第 1 层"圣人恒无心，以百姓之心为心"，"圣人"、"百姓"对举。本节第 2 层各句，承上省略"圣人"、"百姓"、"善者"、"不善者"、"信者"、"不信者"，均指"百姓"；"善之"、"亦善之"、"信之"、"亦信之"，主语均为"圣人"（圣君）。

《老子》传世本在"善之"、"亦善之"、"信之"、"亦信之"之前，妄增四个"吾"字，导致本节第 1 层、第 2 层逻辑断裂，义理脱节，经义从老子教诲侯王如何善待百姓，变成了老子自言如何善待他人；或被误解为老子现身说法"吾"如何善待他人，教诲普通人如何善待他人，遮蔽了《老子》初始本真义。

12.2 圣人之在天下也，歙歙焉，为天下浑其心。

第 12 章第 2 节第 1 层，阐明圣君让百姓摈弃"仁↘义↘礼"，复归"道↘德"。"歙歙焉"，"歙"通"翕"，与"张"对。"翕"训合，"张"训开。

俗君运用国家机器的合法暴力，迫使百姓抛弃"道↘德"，迎合"仁↘义↘礼"，被迫扮演"仁者"、"义者"、"礼者"、"智者"、"信者"，实为伪仁、伪义、伪礼、伪智、伪信，因此百姓失去了浑沌真德。

圣君存在于天下的作用，就是纠正俗君以"仁↘义↘礼"扭曲百姓真德，使之复归"道↘德"，老子称这一过程为"歙歙焉，为天下浑其心"。

句义：圣君存在于天下的作用，就是合通万物，使天下百姓浑一其心。

[义理辨析 20]

《庄子》全面继承了《老子》"为天下浑其心"之义，姑举四例。

其一，《庄子·在宥》崔瞿问老聃寓言，老聃把俗君以"仁↘义↘礼"扭曲百姓真德，称为"撄人心"。

其二，《庄子·大宗师》鶪鶂子见许由寓言，许由把俗君以"仁↘义↘礼"扭曲百姓真德，称为"黥汝以仁义，劓汝以是非"。

其三，《庄子·应帝王》浑沌寓言，庄子把俗君以"仁↘义↘礼"扭曲百姓真德，称为"日凿一窍，七日而浑沌死"。

其四，《庄子·应帝王》巫相壶子寓言，庄子把"为天下浑其心"，称为"雕琢复朴"。

百姓皆属其耳目焉，圣人皆孩之。

第 12 章第 2 节第 2 层，小结"侯王顺道"三章（10—12）。

俗君以"仁↘义↘礼"扭曲百姓真德，是"撄人心"、"黥劓"人心，开其"聪明"。

圣君以"道↘德"修复百姓真德，是"为天下浑其心"、"属其耳目"，黜其"聪明"。属，专注。

百姓修复真德以后，不再使用耳目聪明迎合俗君之"仁↘义↘礼"，不再冒充"善人"、"信人"，而是像孩子那样一派天真，故曰"圣人皆孩之"。《老子》初始本后续各章，反复重言"比于赤子"（第 18 章），"能婴儿乎"（第 53 章），"若婴儿之未孩"（第 61 章），"复归于婴儿"（第 69 章）。

句义：百姓专注耳目视听，圣君使之永葆婴儿真德。

"侯王顺道"三章（10—12）至此终，以下转入上德侯王"尊道贵德"三章（13—15）。

13. 出生入死章

出生入死。

生之徒，十有三。死之徒，十有三。民之生生而动，动皆之死

上经 《德经》四十四章（1—44），对应斗魁四星　　　　　　　　　　　　　207

地，[1]亦十有三。

夫何故也？以其生生之厚也[2]。

盖闻善摄生者，陆行不避兕虎，入军不被甲兵。[3]兕无所投其角，虎无所措其爪，兵无所容其刃。

夫何故也？以其无死地焉。[4]

《老子》初始本上经《德经》第 13 章《出生入死章》，《老子》传世本颠倒上下经后变为第 50 章。

"侯王正道"十三章（7—19）第一段落"圣君葆德"三章（7—9）阐明圣君致无"名—货—身（德）"而"葆德"，第二段落"圣君顺道"三章（10—12）阐明圣君"以人合天"而"顺道"，第三段落"尊道贵德"三章（13—15）进而阐明圣君摈弃"仁义礼"而"尊道贵德"。

《出生入死章》是"尊道贵德"三章（13—15）之首章，阐明"侯王摄生四境"。

13.1 出生入死。

第 13 章第 1 节第 1 层，先言"天道"的自然性"生死"。

"出生入死"，句前省略"人"字，"出"、"入"之后省略"道"字。补充完整即为：人类"出"道而"生"，"入"道而"死"。

---

[1]《韩非子·解老》、傅奕本均作"民之生生而动，动皆之死地"，本书从之。帛甲本、帛乙本、汉简本、严遵本、河上本、王弼本均有脱误，本书不从。

[2] 傅奕本作"以其生生之厚也"，合于《民饥轻死章》"以其求生之厚也"，本书从之。严遵本、河上本、王弼本均作"以其生生之厚"，脱"也"。帛甲本作"以其生生也"，帛乙本作"以其生生"，汉简本作"以其姓生也"，均脱"之厚"。本书不从。

[3]《韩非子·解老》、四大传世本（严遵本、河上本、王弼本、傅奕本）均作"陆行"、"甲兵"，本书从之。帛甲本作"陵行"、"甲兵"，帛乙本、汉简本作"陵行"、"兵革"，"陵"为"陆"之讹，本书不从。○帛乙本、汉简本、严遵本均作"不避"，本书从之。《韩非子·解老》、河上本、王弼本、傅奕本均作"不遇"，"不遇"则谈不上"兕无所投其角，虎无所措其爪"，本书不从。

[4] 汉简本、帛甲本、傅奕本均作"何故也？以其无死地焉"，本书从之。严遵本作"何故哉，以无死地"，河上本、王弼本删"也"、"焉"，本书不从。

补足省略之字，仍然高度浓缩，因为《老子》抵达了人类极简主义写作的极致，需要大量补充，方能精确理解。

由于《老子》所言"出生入死"过于浓缩，所以《庄子·宇泰定》予以阐释："出无本，入无窍。有实而无乎处，有长而无乎本标；有所出而无窍者有实，有所入而无本者有长。有实而无乎处者，宇也；有长而无本标者，宙也。有乎生，有乎死，有乎出，有乎入，出入而无见其形，是谓天门。"然而阐释仍极难解，为免过于枝蔓，本书不予展开，仅留这一线索，供有意者深入（参看拙著《庄子复原本》）。

句义：人类出道而生，入道而死。

生之徒，十有三。死之徒，十有三。民之生生而动，动皆之死地，亦十有三。

第13章第1节第2层，再言"人道"的社会性"生死"。

本章按照第1章的"侯王四型"，把百姓的社会性"生死"分为四种境况，即"侯王摄生四境"。

老子先言"侯王摄生四境"之后三境，导致百姓社会性"生死"的三种境况——

"生之徒，十有三"乃言：以仁治国的俗君统摄民生，三成的百姓有望侥幸偷生。

"死之徒，十有三"乃言：以义治国的俗君统摄民生，三成的百姓可能不幸被诛。

"民之生生而动，动皆之死地，亦十有三"乃言：以礼治国的俗君统摄民生，三成的百姓生死不能自主。

"民之生生而动"，"生生"二字不易理解，辨析如下——

人类之"生"，即"出生"，由天道主宰，下章谓之"道生之"。人类之"生生"，即出生之后的维持生命、繁衍后代，由物德驱动，下章谓之"德畜之"。

人类之动，均为"生生而动"，亦即出生以后的维持生命、繁衍后代之动。

句义：俗君不善统摄民生，亏生的民众，十成中有三成；被诛的民众，十成中有三成。民众为了维生而动，动辄蹈于死地，十成中也有三成。

夫何故也？以其生生之厚也。

第13章第1节第3层，阐释俗君导致的社会性"生死"境况如此凄惨为何仍能维持。

"夫何故也"，设问：俗君不善统摄民生，导致百姓的"生死"境况如此凄惨，为何社会仍能维持？

"以其生生之厚也"，回答：因为百姓为了维持生命、繁衍后代，不得不屈服于国家机器的合法暴力，不得不忍受如此凄惨的"生死"境况。

《老子》初始本告诫天下侯王：百姓的屈服有其极限，一旦超过忍受极限，就会导致"民弥叛"（第20章）。然而《老子》传世本却把"民弥叛"篡改为"民弥贫"，遮蔽了《老子》初始本真义。

句义：民众为何忍受俗君？因为民众的维生本能非常深厚。

13.2 盖闻善摄生者，陆行不避兕虎，入军不被甲兵。兕无所投其角，虎无所措其爪，兵无所容其刃。

第13章第2节第1层，褒扬圣君"善摄生"，导致民众"无死地"。

"摄生"是理解本章的关键词。"摄"有二义，一为代理，二为统摄，二义均言政事。比如周武王死后，周成王年幼，周公"摄政"，即代理周成王统摄周朝政事。再如孔子曾任鲁国司寇，摄鲁国相事，即代理国相统摄鲁国政事。

《老子》之"摄生"，乃言侯王代理天道统摄民生。"善摄生者"，乃言善于代理天道统摄民生的圣君。其结构内证，见于上章结语："圣人之在天下也，歙歙焉，为天下浑其心。百姓皆属其耳目焉，圣人皆孩之。"本章承之，所以"善摄生者"是善于代理天道统摄民生的圣君。其文本内证，见于第38章："夫代司杀者杀，是代大匠斫也。"俗君悖道"有为"而不善统摄民生，所以民众"动皆之死地"。圣君顺道"无为"而善于统摄民生,所以民众"无死地"。

"善摄生者"以下五句,均指百姓。"善摄生"的圣君顺道"无为"统摄民生,所以百姓"陆行不避兕虎,入军不被甲兵。兕无所投其角,虎无所措其爪,兵无所容其刃"。亦即圣君"善摄生",导致民众"无死地"。

句义:尝闻圣君善于统摄民生,民众陆行不须躲避犀虎,入军不会承受兵刃。犀牛之角无处可顶,老虎之爪无处抓取,甲兵之刃无处容刀。

[义理辨析 21]

《庄子·马蹄》以"善治天下者",阐释《老子》本章的"善摄生"圣君:"善治天下者不然。彼民有常性,织而衣,耕而食,是谓同德;一而不党,命曰天放。故至德之世,其行填填,其视颠颠。当是时也,山无蹊隧,泽无舟梁;万物群生,连属其乡;禽兽成群,草木遂长。是故禽兽可系羁而游,鸟鹊之巢可攀援而窥。夫至德之世,同与禽兽居,族与万物并。"

东汉河上公以后的《老子》传世本历代注家,多把"摄生"视为道教"养生术"(肉身保养之术)之术语,然而"摄"之二义"代理"、"统摄",无法落实于"肉身保养术"。每个人保养自己的肉身,为谁"代理",为谁"统摄"?完全不通。何况《老子》初始本的每章每句每字,均言"君人南面之术",不可能莫名其妙插入一章"肉身保养之术"。把"善摄生"视为"肉身保养之术",既与上下各章彻底脱节,又与《老子》宗旨彻底相悖。

夫何故也?以其无死地焉。

第 13 章第 2 节第 2 层,小结本章。

"夫何故也",设问:圣君代理天道统摄民生,民众为何能够"陆行不避兕虎,入军不被甲兵"?

"以其无死地焉",回答:因为圣君遵循春气生物的"泰道",导致民众"无死地"。俗君奉行秋气杀物的"否术",导致民众"动皆之死地"。

句义:民众为何爱戴圣君?因为圣君不让民众蹈于死地。

[义理辨析 22]

《子华子》"人生四境",承于《老子》本章"侯王摄生四境":

《老子》"无死地",《子华子》谓之"全生为上"。

《老子》"生之徒,十有三",《子华子》谓之"亏生次之"。

《老子》"死之徒,十有三",《子华子》谓之"死次之"。

《老子》"民之生生而动,动皆之死地,亦十有三",《子华子》谓之"迫生为下"(详见上卷第二章)。

14. 道生德畜章

道生之,德畜之,物形之,器成之[1],是以万物尊道而贵德[2]。

道之尊也,德之贵也,夫莫之爵而恒自然[3]。故道生之畜之[4],长之育之,成之熟之[5],养之覆之;生而不有,为而不持[6],长而不宰,是谓

---

[1] 帛甲本、帛乙本均作"器成之",本书从之。汉简本作"热成之",四大传世本(严遵本、河上本、王弼本、傅奕本)改"器"为"势",本书不从。〇慎到、韩非均重"势",倘若《老子》初始本作"势成之",慎到的楚简本和韩非《解老》《喻老》不大可能同时遗漏。

[2] 三大出土本(帛甲本、帛乙本、汉简本)、严遵本均作"是以万物尊道而贵德",本书从之。三大传世本(河上本、王弼本、傅奕本)"万物"后均增"莫不"二字,本书不从。

[3] 三大出土本(帛甲本、帛乙本、汉简本)均作"莫之爵"、"恒自然",本书从之。严遵本、河上本、王弼本、傅奕本改"恒"为"常",河上本、王弼本又改"爵"为"命",本书不从。

[4] 汉简本作"故道生之畜之",本书从之。四大传世本(严遵本、河上本、王弼本、傅奕本)根据本章首句"道生之,德畜之,物形之,器成之",改为"故道生之,德畜之",本书不从。〇"道生之,德畜之,物形之,器成之"分言"德"、"物"、"器"从属于"道"。"故道生之畜之"以下合言,不再重复"德"、"物"、"器"。

[5] 严遵本及庆阳本、楼正本、磻溪本、赵本、顾本、彭本、高本、奈卷本、室町本、王羲之本、龙兴观唐碑本等均作"成之熟之",河上本作"成之孰之"("孰"通"熟"),本书从之。汉简本作"亭之孰之",帛乙本、王弼本、傅奕本均作"亭之毒之",本书不从。

[6] 帛甲本作"寺"(通"持"),汉简本作"持",本书从之。四大传世本(严遵本、河上本、王弼本、傅奕本)作"恃",本书不从。

玄德。

《老子》初始本上经《德经》第14章《道生德畜章》，《老子》传世本颠倒上下经后变为第51章。

《道生德畜章》是"尊道贵德"三章（13—15）之次章。上章阐明"侯王摄生四境"，本章阐明圣君"尊道贵德"，俗君奉行"仁义礼"。

14.1 道生之，德畜之，物形之，器成之，是以万物尊道而贵德。

第14章第1节，标举自然价值范式"道↘德↘物↘器"，与第1章的人文价值范式"道↘德↘仁↘义↘礼"对比。

"道生之，德畜之，物形之，器成之"，道生万物，物各有德。物类若异，则物德大异，故不同物类，有不同之形。物类若同，则物德大同，故同一物类，形大同而器小异。自然价值"道↘德↘物↘器"，异于人文价值"道↘德↘仁↘义↘礼"（第1章）。

"是以万物尊道而贵德"，自然价值与人文价值的前两项相同，所以万物"尊道"而"贵德"。自然价值之后两项"物↘器"，否定了人文价值之后三项"仁↘义↘礼"。

句义：天道创生万物，真德畜养万物，物类形成万物，器形成就万物，所以万物尊崇天道而贵重真德。

[义理辨析 23]

自然价值属于"天道"，仅有顺道一种，《老子》谓之"万物尊道而贵德"，《庄子》谓之"唯虫能虫，唯虫能天"。人文价值属于"人道"，则有顺道、悖道两种。

顺道的"人道"，与"万物"一样而"尊道贵德"，居于人文价值"道↘德↘仁↘义↘礼"的前两项，是"去彼取此"范式所取的先天价值"道↘德"。

悖道的"人道"，与"万物"相反而不"尊道贵德"，居于人文价值"道↘

"德↘仁↘义↘礼"的后三项,是"去彼取此"范式所去的后天价值"仁↘义↘礼"。

《德经》第1章标举人文价值"道↘德↘仁↘义↘礼"之后,《德经》后续各章层层递进地褒扬"去彼取此"范式所取的先天价值"道↘德",再未言及"去彼取此"范式所去的后天价值"仁↘义↘礼"。本章褒扬上德侯王"尊道而贵德",否定下德侯王奉行"仁↘义↘礼"。

14.2 道之尊也,德之贵也,夫莫之爵而恒自然。

第14章第2节第1层,褒扬"道"之"尊"、"德"之"贵"而"恒自然"。

"道之尊也,德之贵也,夫莫之爵而恒自然",承上第1层,阐明万物为何"尊道而贵德"。"道"应"尊","德"可"贵",是因为源于"恒自然"的"天道",无须"人道"爵位加持。"仁↘义↘礼"不应"尊",不可"贵",是因为源于"恒不自然"的"人道"。"天下无道"之世,"仁↘义↘礼"被"恒不自然"的"人道"爵位加持,才会被"尊"被"贵"。

句义:天道之至尊,真德之至贵,无须爵位加持而恒久自然。

[义理辨析 24]

《老子》初始本五见"自然"(第14、28、60、64、66章)。

第14章首言"自然":"道之尊也,德之贵也,夫莫之爵而恒自然。"未与"无为"挂钩,仅予独立阐释。

第28章二言"自然":"圣人……以辅万物之自然,而不敢为。"首先锁定"自然"与"无为"的相关性,其次揭示"自然"与"无为"的相异性:"天道"无人格,故曰"自然"。"人道"有人格,故曰"不敢为",亦即"无为"。

第60章三言"自然":"太上,不知有之……功成事遂,百姓皆谓我自然。"褒扬圣君顺道"无为",趋近"天道"之"自然"。

第64章四言"自然":"希言自然。"褒扬圣君少发政令,合于"天道"之"自然"。

第66章五言"自然":"人法地,地法天,天法道,道法自然。"揭示"自然"

是"天道"的最高法则。

"天道"之"自然","人道"之"无为",合为"自然无为",遂成《老子》初始本所言"君人南面之术"的核心要义。

> 故道生之畜之,长之育之,成之熟之,养之覆之;生而不有,为而不恃,长而不宰,是谓玄德。

第14章第2节第2层,把自然价值"道↘德↘物↘器"之功,尽归于"道",因为"德↘物↘器"全都从属于"道"。

"生之畜之"与"养之覆之",乃言天道如此生养万物,如此覆载万物,所以天道遍在永在于万物。

"长之育之,成之熟之","长—育—成—熟"四字,对应四季农事:春耕、夏种、秋收、冬藏。

"生而不有,为而不恃,长而不宰",阐明"天道"尽管遍在永在于万物,却不占有万物,不控制万物,不主宰万物。

"是谓玄德",褒扬"天道"之"玄德",作为侯王的效法目标:不占有百姓,不控制百姓,不主宰百姓。后续各章,将会反复阐明此义。

句义:所以天道创生、孕畜万物,长养、培育万物,完成、养熟万物,颐养、覆载万物;创生万物而不占有,畜养万物而不控制,高于万物而不主宰,这是至上之德。

15. 天下有始章

天下有始,以为天下母。

既得其母,以知其子。既知其子,复守其母,歾[1]身不殆。

---

[1] 汉简本作"歾",本书从之。帛甲本、帛乙本、严遵本、河上本、王弼本、傅奕本均作"没",通"歾"。

塞其兑，闭其门，终身不勤。启[1]其兑，济其事，终身不徕[2]。
见小曰明，守柔曰强。用其光，复归其明。毋遗身殃，是谓袭常[3]。

《老子》初始本上经《德经》第15章《天下有始章》，《老子》传世本颠倒上下经后变为第52章。

《天下有始章》是"尊道贵德"三章（13—15）之末章。上章阐明圣君"尊道贵德"，俗君奉行"仁义礼"，本章阐明圣君为何"尊道贵德"。

15.1 天下有始，以为天下母。

第15章第1节第1层，展开"侯王得一以为天下正"之"一"，尊之为"天下母"。

"天下有始"，扣第2章"侯王得一以为天下正"之"一"，乃言"天下始于一"，亦即"天下始于太一"。"天下"二字，仅适用于"浑天说"范畴，不适用于"宣夜说"范畴。"浑天说"范畴的"天下"，全都围绕"太一"帝星旋转。

"以为天下母"，省略主语"圣君"。《老子》以天文存在为"教父"，以历法知识为"天下母"，参看上卷第二章。

句义：天下始于太一常道，圣君以太一常道为治理天下之母本。

既得其母，以知其子。既知其子，复守其母，殁身不殆。

第15章第1节第2层，阐明圣君尊"太一"为"母"，贵"泰道"为"子"。

---

[1] 四大出土本（楚简本、帛甲本、帛乙本、汉简本）作"启"，本书从之。四大传世本（严遵本、河上本、王弼本、傅奕本）避汉景帝刘启讳，改"启"为"开"，本书不从。

[2] 楚简本作"逨"，汉简本作"來"，均通"勑"（即"徕"），本书从之。帛乙本作"棘"，"來"之讹字。严遵本、河上本、王弼本、傅奕本均作"救"，"來"讹为"求"，再改为"救"。本书不从。

[3] 帛甲本、汉简本、严遵本、傅奕本均作"袭常"，合于《善行无迹章》"袭明"，本书从之。河上本、王弼本均作"习常"，本书不从。

"既得其母"，"复守其母"，"得母"即第2章"得一"，"母"和"一"均指"太一"历法图（伏羲太极图）。《庄子·大宗师》"伏羲氏得之，以袭气母"，称伏羲太极图为"气母"，承于《老子》。

"以知其子"，"既知其子"，"子"即第5章"负阴而抱阳，冲气以为和"之"泰道"，"泰道"为"太一"历法图（伏羲太极图）之子。

句义：圣君既得常道为母，即知泰道为子。既知常道之子（泰道），复守泰道之母（常道），终身没有危殆。

15.2 塞其兑，闭其门，终身不勤。启其兑，济其事，终身不棘。

第15章第2节第1层，阐明圣君遵循"泰道"而"无为"。

兑，锁门之键。参看第68章："善闭者，无关键而不可启。"古人锁门，横木曰关，插入横木之竖木曰键。"塞其兑"，即塞其键。"启其兑"，即启其键。朱谦之曰："《易·说卦》：'兑为口。'《老子》'塞其兑'，河上注：'兑，目也。'《庄子·德充符》'通而不失于兑'，亦指耳目而言。《淮南·道应训》'太公曰：塞民于兑'，高诱注：'兑，耳目鼻口也。老子曰塞其兑是也。'"[1]《老子》、《庄子》均以门户之启闭，隐喻耳目（聪明）之启闭。

《老子》既言"塞其兑"，又言"启其兑"，貌似矛盾，联系上文第10章、第12章，则无矛盾。

"塞其兑，闭其门"两句，分扣第10章"不出于户，以知天下；不窥于牖，以知天道"之第一句"不出于户"、第三句"不窥于牖"。圣君关闭耳目，不自作聪明，不坚执己心，即第12章"圣人恒无心"。

"启其兑，济其事"两句，分扣第10章"不出于户，以知天下；不窥于牖，以知天道"之第二句"以知天下"、第四句"以知天道"。圣君开放耳目，以人合天，顺天应人。即第12章圣君"以百姓之心为心"。

---

[1] 朱谦之《老子校释》，207页，中华书局2000。

"终身不勤","终身不棣",勤、棣均训劳,均言圣君顺道"无为",终身不劳。"圣人恒无心",故顺道"无为"而"终身不勤";圣君"以百姓之心为心",故顺道"无为"而"终身不棣"。即第60章"(圣君)功成事遂,百姓皆谓我自然"。

《老子》传世本的历代注家,多将"塞其兑,闭其门"、"启其兑,济其事",释为普通人时而闭塞耳目聪明,时而开启耳目聪明,《老子》遂被降格为自相矛盾之书。或将"塞其兑,闭其门"释为修道者"收视返听",而将"启其兑,济其事"释为修道者开通天眼,《老子》遂被降格为修道修仙之书。

句义:圣君堵塞耳目感官,关闭外通之门,终身不必勤政。开启真德之心,以德治理国事,终身不必劳神。

见小曰明,守柔曰强。用其光,复归其明。毋遗身殃,是谓袭常。

第15章第2节第2层,小结"尊道贵德"三章(13—15)。

"见小曰明",承上第4章"明道若昧",乃言:圣君从小物中窥见貌似暗昧的天道端倪,就能"明"察天道遍在永在。《庄子·知北游》"六合为巨,未离其内;秋毫为小,待之成体","道在屎溺",均言此义。

"守柔曰强",再言"泰道"。承上第6章"天下之至柔,驰骋于天下之至坚",启下第76章"柔弱胜刚强"。

"用其光,复归其明",扣上"既知其子,复守其母","光"喻"子",即"泰道";"明"喻"母",即"太一"历法图(伏羲太极图)。"泰道"之"光",源于"太一"之"明",正如月之"光",源于日之"明"。上古伏羲族已知月球自身不发光,月"光"之"盈亏圆缺",源于日之"明"的光照角度(详见拙著《伏羲之道》)。东周史官老子执掌天文历法,熟知这一华夏天文常识。此言圣君"尊"太一之"道","贵"泰道之"德"。《庄子·齐物论》"葆光/以明"之辨,承袭《老子》"光/明"之辨,同样以"明"喻"道",以"光"喻"德"。

"毋遗身殃,是谓袭常","袭常",即因袭"浑天说"范畴的宇宙局部太阳系规律"太一常道",亦即"礼必本于太一",按照"太一"历法图(伏羲太极图)治国。

句义:圣君见小悟道叫作灵明,守柔行泰叫作强大。运用德心之光,复归天道之明,不留自身祸殃,这叫因袭太一常道。

圣君"尊道贵德"三章(13—15)至此终,以下转入圣君"行道修德"三章(16—18)。

16. 挈然有知章

使我挈[1]然有知,行于大道,唯迤[2]是畏。

大道甚夷,人甚好径[3]。

朝甚除,田甚芜,仓甚虚。服文采,带利剑,厌饮食,而资货有

---

[1] 帛甲本作"捼"(通"挈"),本书从之。帛乙本、汉简本、严遵本、河上本、王弼本、傅奕本均作"介",本书不从。

[2] 帛乙本作"他",汉简本作"蛇",严遵本、河上本、王弼本、傅奕本作"施",均通"迤"。王念孙校正,本书从之。○王念孙:"王弼曰:'唯施为之是畏也。'河上公注略同。念孙案:二家以'施为'释'施'字,非也。'施'读为'迤'。'迤',邪也。言行于大道之中,唯惧其入于邪道也。下文云'大道甚夷,而民好径',河上公注:'径,邪不正也。'是其证矣。"(朱谦之《老子校释》引,210页,中华书局2000)

[3] 唐景龙碑本作"人",本书从之。奚侗曰:"'人',指人主而言,各本皆误作'民'。"蒋锡昌曰:"奚氏谓此'民'当改为'人',指人主言,是也。"(蒋锡昌《老子校诂》,327页,上海书店1992;奚侗语并见该页所引)出土本、传世本改"人"为"民",本书不从。《老子》"人"皆指侯王,"民"皆指百姓。本章均言侯王,未言百姓。"人"(侯王)有选择治国"大道"或"好径"的权力,"民"无选择治国"大道"或"好径"的权力。《其政闷闷章》"人之迷也,其日固久矣",即言"人"(侯王)"好径"而迷于"径",是本章"民"当作"人"之旁证。○河上本、王弼本、傅奕本作"径",本书从之。帛甲本作"解",帛乙本作"㥦",汉简本作"街",严遵本作"迳",本书不从。

余[1]。是谓盗竽[2]，非道也。

《老子》初始本上经《德经》第16章《挈然有知章》，《老子》传世本颠倒上下经后变为第53章。

"侯王正道"十三章（7—19）第一段落"圣君葆德"三章（7—9）阐明圣君致无"名—货—身（德）"而"葆德"，第二段落"圣君顺道"三章（10—12）阐明圣君"以人合天"而"顺道"，第三段落"尊道贵德"三章（13—15）阐明圣君摈弃"仁义礼"而"尊道贵德"，第四段落"行道修德"三章（16—18）进而阐明圣君"唯迤是畏"而"行道修德"。

《挈然有知章》是"行道修德"三章（16—18）之首章，阐明圣君"行道"，俗君"好径"。

---

[1]《韩非子·解老》、汉简本均作"资货"，《韩非子·解老》、帛乙本均有"而"，本书从之。严遵本、河上本、王弼本作"财货"，傅奕本作"货财"，且均无"而"，本书不从。

[2]《韩非子·解老》、汉简本均作"盗竽"，本书从之。严遵本、河上本均作"盗誇"，王弼本、傅奕本均作"盗夸"，本书不从。○杨慎曰："'是谓盗夸'，诸本皆作'夸'。今据《韩非·解老篇》改作'竽'。非之解曰：'竽为众乐之倡，一竽唱而众乐和。大盗倡而小盗和，故曰盗竽。'其说既有证，又与'余'字韵叶，且韩去老不远，当得其真，故宜从之。虽使老子复生，不能易此字也。"（朱谦之《老子校释》引，213页，中华书局2000）俞樾曰："按'夸'字无义。《韩非子·解老篇》作'盗竽'，其解曰：'竽也者，五声之长者也，故竽先则钟瑟皆随，竽唱则诸乐皆和。今大奸作则俗之民唱，俗之民唱则小盗必和。故'服文采，带利剑，厌饮食，而资货有余'者，是之谓'盗竽'矣。'盖古本如此，当从之。"（朱谦之《老子校释》引，213页，中华书局2000）蒋锡昌曰："'盗誇'二字，谊不可晓。当从韩非改作'盗竽'。《释名·释乐器》：'竽，笙类，所以道（导）众乐者也。'正与韩非之义相合。竽为众乐之导，故老子谓奸盗之导为'盗竽'。"（蒋锡昌《老子校诂》，330页，上海书店1992）高亨曰："'夸'，《韩非子·解老》引作'竽'。夸、竽同声系，古通用。据韩说，'盗竽'犹今言盗魁也。竽以乐喻，魁以斗喻，其例正同。"（高亨《重订老子正诂》，114页，开明书店1943）陈奇猷《韩非子集释》曰："'夸，即匏之省文。《尔雅·释乐》疏云：'瓠，匏也。以匏为底，故八童谓笙为瓠，则笙亦得称匏。'《释名·释乐器》：'竹之贯匏，以瓠为之，故曰匏也，竽亦是也，其中汗空，以受簧也。'据此，则匏、竽实为一物，但大小之分耳。故《韩子》作'竽'，《老子》作'夸'，取义正同。"（陈奇猷《韩非子集释》，383页，上海人民出版社1974）徐志钧曰："匏、瓠、夸、竽皆为葫芦制品，无论盗夸、盗竽，皆出于一物，同指贼首。"（徐志钧《老子帛书校注》，56页，学林出版社2002）

16.1 使我挈然有知，行于大道，唯迆是畏。

第 16 章第 1 节第 1 层，阐明圣君"尊道贵德"，"行于大道"。

"使我挈然有知"，蒋锡昌曰："'我'，代人主自称也。"[1]"我"是圣君自称，证见第 20 章"圣人"（圣君）连续四次自称"我"："是以圣人之言曰：我无为而民自为，我好静而民自正，我无事而民自富，我欲不欲而民自朴。"《老子》初始本 18 见"我"，仅有"百姓皆谓我自然"之"我"是百姓自称，另外 17 个"我"均为"圣人"（圣君）自称，本书译为"寡人"。

圣君"挈然有知"，承于上章所言圣君"既得其母，以知其子"。"挈然有知"，即有提纲挈领之真知。参看《庄子·大宗师》"有真人而后有真知"，《庄子·知北游》"真其实知"。

圣君"行于大道"，承于上章所言圣君"既知其子，复守其母"。"大道"即"泰道"，"大"通"太"，"太"通"泰"。《老子》全书教诲侯王遵循的"大道"，均为春气生物之"泰道"。人难尽知天道，所以圣君所行"大道"，不可能是"天道"之道体，只可能是"人道"之道术。圣君"行于大道"，正是遵循"泰道"之道术，亦即"君人南面之术"。

"唯迆是畏"，"迆"为弯路、歧途，即"道"外之"径"。圣君"尊道贵德"，以"德"治国，最怕误入"仁↘义↘礼"之歧途。

句义：假使寡人拥有提纲挈领的真知，躬行治国大道，最怕误入歧途。

大道甚夷，人甚好径。

第 16 章第 1 节第 2 层，批评俗君"好径"，亦即以"仁↘义↘礼"治国。

"大道甚夷"，"大"通"太"，"太"通"泰"，《老子》三见"大道"（第 16 章二见、第 60 章一见），均指泰道。"夷"训平，"泰平"即"太平"。

"人甚好径"，蒋锡昌："此言大道甚平，而俗君好邪道也。"[2]夏商周三代，"人"

---

[1] 蒋锡昌《老子校诂》，327 页，上海书店 1992。
[2] 蒋锡昌《老子校诂》，327 页，上海书店 1992。

指君子，"民"指百姓。《老子》全书，"人"指侯王，"众人"指众君，"俗人"指俗君，"圣人"指圣君。下文第 21 章"人之迷也，其日固久矣"，即言"人"（俗君）"好径"而迷于"径"。"径"是"大道"旁逸斜出的小径、捷径，亦即"仁↘义↘礼"。

句义：大道（泰道）甚为平直，然而俗君甚为喜好捷径（否术）。

16.2 朝甚除，田甚芜，仓甚虚。服文采，带利剑，厌饮食，而资货有余。是谓盗竽，非道也。

第 16 章第 2 节，批评下德侯王利用"仁↘义↘礼"盗窃君位。

"朝甚除"，参看《韩非子·解老》："'朝甚除'也者，狱讼繁也。狱讼繁，则田荒；田荒，则府仓虚。"

下德侯王"好径"，以"仁↘义↘礼"治国，导致狱讼繁多，田地荒芜，仓廪空虚，仍然"服文采，带利剑，厌饮食，而资货有余"，即增益"名—货—身（德）"，《老子》斥为"盗竽，非道也"。

"盗竽"，参看《韩非子·解老》："竽也者，五声之长者也，故竽先则钟瑟皆随，竽唱则诸乐皆和。今大奸作则俗之民唱，俗之民唱则小盗必和。故'服文采，带利剑，厌饮食，而资货有余'者，是之谓'盗竽'矣。"

韩非认为，竽为"五声之长"，"盗竽"隐喻下德侯王是德不配位的盗窃君位者。亦即先有"大奸"（韩非隐指周公）"好径"而"作"（倡导）"仁义礼"，后有"俗之民唱"和"小盗必和"伪装"仁义礼"，最后"盗竽"伪装"仁义礼"盗窃君位。

句义：假如讼狱甚为繁多，田地甚为荒芜，仓廪甚为空虚；侯王却服饰华丽，佩戴利剑，餍饱饮食，而且财货有余，这是盗窃君位，乃是无道之君。

[义理辨析 25]

韩非对"盗竽"的阐释，承于《庄子》对"盗竽"的演绎。

《庄子·胠箧》："彼窃钩者诛，窃国者为诸侯；诸侯之门，而仁义存焉。则是非窃仁义圣知邪？……故田成子有乎盗贼之名，而身处尧舜之安；小国不敢非，大国不敢诛，十二世有齐国。"

《庄子·子张》："小盗者拘，大盗者为诸侯；诸侯之门，仁义存焉。昔者桓公小白杀兄入嫂，而管仲为臣；田成子常杀君窃国，而孔子受币。"

《庄子》以东周史官老子熟知的春秋史实，演绎《老子》"盗竽"之义，抨击齐桓公、田成子凭借伪装"仁义礼"，成为盗窃君位的"窃国大盗"，证明《老子》本章之"盗竽"乃言下德侯王凭借伪装"仁义礼"而盗窃君位，兼证《老子》本章之"人甚好径"，即言下德侯王好"仁义礼"。

17. 善建不拔章

善建者不拔，善抱者不脱，子孙以其祭祀不绝[1]。

修之于身，其德乃贞[2]；修之于家，其德乃余；修之于乡，其德乃长；修之于国，其德乃丰；修之天下，其德乃博[3]。

以身观身，以家观家，以乡观乡，以国观国，以天下观天下。

吾何以知天下之然[4]哉？以此。

《老子》初始本上经《德经》第17章《善建不拔章》，《老子》传世本颠倒上下经后变为第54章。

《善建不拔章》是"行道修德"三章（16—18）之次章。上章阐明圣君"行道"，俗君"好径"；本章阐明圣君"修德"，俗君好"仁义礼"。

---

[1] 楚简本、汉简本均有"其"字，本书从之。帛甲本、帛乙本、四大传世本（严遵本、河上本、王弼本、傅奕本）均脱"其"字，本书不从。○汉简本、帛乙本作"绝"，本书从之。四大传世本（严遵本、河上本、王弼本、傅奕本）均作"辍"，本书不从。

[2] 楚简本作"其德乃贞"，本书从之。帛甲本、帛乙本、汉简本及传世本均作"其德乃真"，本书不从。

[3] 帛乙本作"博"，汉简本作"薄"（通"博"），本书从之。傅奕本作"溥"，严遵本、河上本、王弼本作"普"，本书不从。

[4] 帛乙本、傅奕本、河上本均作"之然"，本书从之。汉简本、严遵本、王弼本脱"之"，本书不从。

17.1 善建者不拔，善抱者不脱，子孙以其祭祀不绝。

第 17 章第 1 节第 1 层，承于上章"盗竽"之义，警告天下侯王：谨防"窃国大盗"窃其位，绝其祀。

"善建者不拔，善抱者不脱"，"建"是第 4 章"建德"之略，"德"是本章核心词。"抱"是"抱德"之略，"抱德"义同"葆德"。

"子孙以其祭祀不绝"，夏商周三代，祭祀权为侯王独享，百姓无祭祀权。故侯王亡国，史籍谓之"绝祀"。"祭祀不绝"，即国祚长久。

圣君"尊道贵德"而"行于大道"，修其德而不拔、不脱，福泽惠及子孙，因而子孙（继任侯王）祭祀不绝。

俗君"好径"而行"仁义礼"，易被伪装"仁义礼"之"民"窃夺"君"位，拔其德，弑其身，窃其位，绝其祀。

句义：圣君善建真德而不拔真德，善抱真德而不离真德，子孙凭其真德而祭祀不绝。

修之于身，其德乃贞；修之于家，其德乃余；修之于乡，其德乃长；修之于国，其德乃丰；修之天下，其德乃博。

第 17 章第 1 节第 2 层，阐明圣君如何"修德"，亦即如何葆德。

"修之于身"，"身"即第 7 章"名—货—身（德）"之"身"，非言肉身，乃言身内之德。

"其德乃贞"，上扣第 4 章"质贞若渝"，乃言葆养德心之贞洁，非言修炼肉身之长生。

葆养德心之贞洁，实为"不修"，亦即不改先天真德，永葆先天真德，拒绝被"仁义礼"撄扰而降为后天伪德。证见《庄子·田子方》记载孔子问礼于老子："老聃曰：至人之于德也，不修而物不能离焉。"道家主张至人"不修"内在真德，所修仅为抵御外在撄扰。亦即《庄子·大宗师》所言"撄宁"，"撄而后成"，"息黥补劓"；《庄子·应帝王》所言"雕琢复朴"；《庄子·知北游》所言"外化而内不化"（义同"外修而内不修"）。

"修之于身"，"修之于家"，"修之于乡"，这三项自天子以至庶人无不可为。"修之于国"，"修之天下"，这两项仅有"侯王"可为，证明本章的省略主语均为"圣君"。

《庄子·让王》："道之真以持身，其绪余以为国家，其土苴以治天下。"即言《老子》此义，以"持身"为"治天下"之起点。"道之真以持身"，亦言葆养德心之本真，非言修炼肉身之长生。

句义：圣君修德于身，德乃贞洁；修德于家，德乃富余；修德于乡，德乃优长；修德于国，德乃丰厚；修德于天下，德乃博大。

17.2 以身观身，以家观家，以乡观乡，以国观国，以天下观天下。

第 17 章第 2 节第 1 层，阐明圣君"修德"之目的。

圣君"修德"而永葆先天真德，然后"以身观身"，知晓他人之先天真德；"以家观家"，知晓别家之先天真德；"以乡观乡"，知晓异乡之先天真德；"以国观国"，知晓邻国之先天真德；"以天下观天下"，知晓天下人之先天真德。

承上第 12 章："圣人恒无心，以百姓之心为心。"圣君"尊道贵德"，仅贵己身之先天真德，远远不够，必须"修德"而知晓天下人之先天真德，然后"以百姓之心为心"；侯王顺道"无为"，百姓循德"自为"而"无不为"。

《庄子·大宗师》"藏天下于天下"，义承《老子》"以天下观天下"。

句义：圣君以自身真德洞观他人真德，以自家真德洞观别家真德，以本乡真德洞观异乡真德，以本国真德洞观邻国真德，以天下真德洞观天下真德。

吾何以知天下之然哉？以此。

第 17 章第 2 节第 2 层，承上第 10 章"不出于户，以知天下"，阐明圣君如何"以知天下"。

圣君居于明堂，居室对应斗柄；上顺天象，下应人心；以人合天，顺天应人；尊道贵德，行道修德；"以天下观天下"（第17章），"以百姓之心为心"（第12章）。

句义：吾人如何知晓天下之本然？凭借天道分施万物之真德。

18. 含德之厚章

含德之厚者[1]**，比于赤子；蜂虿虺蛇不螫，攫鸟猛兽不搏。**[2]

骨弱筋柔而握固，未知牝牡之合而朘怒[3]**，精之至也。终日号而不嗄，和之至也。**

和曰常，知和曰明。[4]**益生曰祥，心使气曰强。物壮则老，谓之不道，不道早已。**

《老子》初始本上经《德经》第18章《含德之厚章》，《老子》传世本颠倒上下经后变为第55章。

《含德之厚章》是"行道修德"三章（16—18）之末章。前二章阐明圣君"行道修德"，本章阐明圣君"行道修德"之结果："含德之厚者，比于赤子。"

---

[1] 四大出土本（楚简本、帛甲本、帛乙本、汉简本）、傅奕本均有"者"，本书从之。三大传世本（严遵本、河上本、王弼本）均脱"者"，本书不从。
[2] 楚简本作"蜂虿蚊它（蛇）弗螫，攫鸟猛兽弗扣（搏）"，帛甲本作"逢（蜂）楋（虿）蜗（虺）地（蛇）弗螫，攫鸟猛兽弗搏"，帛乙本作"蜂疠虫（虺）蛇弗赫（螫），据鸟孟（猛）兽弗捕"，汉简本作"蜂虿蚖蛇弗赫（螫），猛兽攫鸟弗薄（搏）"，均为二句而大同小异，本书从之。传世本均为三句而句序不同，严遵本作"毒虫不螫，攫鸟不搏，猛兽不据"，河上本作"毒虫不螫，猛兽不据，攫鸟不搏"，王弼本作"蜂虿虺蛇不螫，猛兽不据，攫鸟不搏"，傅奕本作"蜂虿不螫，猛兽不据，攫鸟不搏"，本书不从。
[3] 帛乙本作"朘怒"，本书从之。汉简本作"狻怒"，严遵本、河上本作"峻作"，傅奕本作"朘作"，王弼本作"全作"，本书不从。〇易顺鼎曰："《释文》云：河上本一作'朘'。"（蒋锡昌《老子校诂》引，339页，上海书店1992）
[4] 帛甲本作"和曰常，知和曰明"，楚简本、汉简本小异，本书从之。帛乙本、四大传世本（严遵本、河上本、王弼本、傅奕本）改为"知和曰常，知常曰明"，本书不从。

18.1 含德之厚者，比于赤子；蜂虿虺蛇不螫，攫鸟猛兽不搏。

第18章第1节第1层，阐明圣君"行道修德"之结果。

"含德之厚者"，化用《周易》坤卦☷之《象传》："君子以厚德载物。"又扣泰卦䷊上卦之三爻坤卦☷。

"比于赤子"，乃言圣君遵循"泰道"而"厚德载物"，必须永葆婴儿之时的先天真德。圣君欲"为天下浑其心"（第12章），首先必须自己永葆"赤子"之心，然后才能"圣人皆孩之"（第12章），使天下百姓永葆"赤子"之心。

《庄子》继承《老子》，反复申言永葆先天真德，又称先天真德为"故德"。《庄子·天地》引庄子之言曰："执故德之谓纪。"《庄子·缮性》曰："返其情性而复其初。"《庄子·泰初》曰："性修返德，德至同于初。"《韩非子·解老》亦言："夫能令故德不去。"

"蜂虿虺蛇不螫，攫鸟猛兽不搏"，义近第13章："盖闻善摄生者，陆行不避兕虎，入军不被甲兵。兕无所投其角，虎无所措其爪，兵无所容其刃。"借用商祖契、周祖弃婴儿之时不被毒蛇猛兽伤害之神话，隐喻圣君顺道"无为"统摄民生，听任民众循德"自为"，"无死地"而"全生"。

东汉河上公以后的道教注释家，把第13章、第18章的"猛兽不伤婴儿"神话，视为修炼可致之神通，神仙可期之依据，遮蔽了《老子》初始本真义。

句义：圣君永葆厚德，如同赤身婴儿；蜂虫毒蛇不螫，猛禽猛兽不扑。

骨弱筋柔而握固，未知牝牡之合而朘怒，精之至也。终日号而不嗄，和之至也。

第18章第1节第2层，列举"赤子厚德"之实证。

第1层的"猛兽不伤婴儿"神话，令人难以置信，故第2层列举"赤子厚德"作为实证。

"骨弱筋柔而握固，未知牝牡之合而朘怒，精之至也"，婴儿尽管年幼，然而握力很强，尽管不知男女之事，然而生殖器坚挺，这是"赤子厚德"的"精之至"实证。

"终日号而不嗄，和之至也"，婴儿尽管终日号哭，然而嗓子从来不哑，这是"赤子厚德"的"和之至"实证。"和"字上扣第5章"负阴而抱阳，冲气以为和"，即"泰道"之"和"。

句义：婴儿筋骨柔弱却抓握牢固，不知男女交合却男根怒立，因为精气充沛之至。婴儿终日号哭却嗓子不哑，因为泰和之至。

18.2 和曰常，知和曰明。益生曰祥，心使气曰强。物壮则老，谓之不道，不道早已。

第18章第2节，阐明"泰道"之"和"，小结"行道修德"三章（16—18）。

"和曰常"，承上"和之至"。"和"即"泰和"，"常"即"浑天说"范畴的宇宙局部太阳系规律"太一常道"。

"知和曰明"，知晓"泰道"之"和"，才是圣君"明王"。"明王"见于《庄子·应帝王》："老聃曰：明王之治，功盖天下，而似不自己；化贷万物，而民弗恃；有莫举名，使物自喜；立乎不测，而游于无有者也。"

"益生曰祥"，"益"即第5章"益之而损"之"益"。"祥"为负面之义"妖祥"，非正面之义"吉祥"。批评下德侯王增益"名—货—身（德）"为不祥。王弼注："生不可益，益之则夭。"易顺鼎曰："'祥'，即不祥。"[1]朱谦之曰："《玉篇》：'祥，妖怪也。'是祥即不祥。"[2]蒋锡昌曰："'祥'乃妖祥，'强'乃强梁也。'益生曰祥'，言益生则为妖也。'心使气曰强'，言任气则为强梁也。"[3]均明《老子》批评"益生"。旧多误释老子肯定"益生"，不合《老子》真义。

"心使气曰强"，反扣第15章"守柔曰强"。彼谓圣君遵循"泰道"而守柔示弱，是正面之义"强大"。此谓俗君奉行"否术"而逞心使气，是负面之义"逞强"。

---

[1] 蒋锡昌《老子校诂》引，343页，上海书店1992。
[2] 朱谦之《老子校释》，224页，中华书局2000。
[3] 蒋锡昌《老子校诂》，343页，上海书店1992。

"物壮则老"，"物壮"即脱离"赤子"的婴儿状态，趋近老、死。

"谓之不道"，此"道"即"泰道"，"不道"即不合"泰道"。此"道"若释为"天道"，义不可通。

"不道早已"，不合春气生物的"泰道"，仅合秋气杀物的"否术"，必定早死。

句义：泰和谓之常道，知晓泰和谓之圣明。俗君却把追求益生视为吉祥，把逞心使气视为强大。万物强壮即趋衰老，这叫不合泰道，不合泰道必定早死。

[义理辨析 26]

《庄子·德充符》"不以好恶内伤其身，常因自然而不益生"，准确阐释了《老子》批评"益生"。追求"益生"成仙的东晋神仙家葛洪《抱朴子》认为："五千文虽出老子，然皆泛论较略耳。其中了不肯首尾全举其事，有可承按者也。但暗诵此经，而不得要道，直为徒劳耳，又况不及者乎？至于文子、庄子、关令尹喜之徒，其属文笔，虽祖述黄老，宪章玄虚，但演其大旨，永无至言。或复齐死生，谓无异以存活为徭役，以殂殁为休息，其去神仙，已千亿里矣。"葛洪之言，反证第13章"盖闻善摄生者，陆行不避兕虎，入军不被甲兵。兕无所投其角，虎无所措其爪，兵无所容其刃"，以及第18章"蜂虿虺蛇不螫，攫鸟猛兽不搏"，均属"猛兽不伤婴儿"神话，并非修炼可致之"神通"或"神仙可期"之依据。同时证明道教追求"神仙长生之术"，违背老子思想。

人类"少—壮—老—死"的天道自然进程，《老子》称颂为"善始且善成"，《庄子》称颂为"善生善死"，所以道家不逃避合于天道自然的生命进程，反对"遁天悖情"，主张"安时处顺"（《庄子·养生主》）；仅仅拒斥不合天道的"益生"而导致"益之而损"，拒斥不合天道的自速其壮、自速其老、自速其死。

圣君"行道修德"三章（16—18）至此终，以下转入"侯王正道"十三章的小结之章（19）。

19. 知者不言章

知者不言，言者不知。

塞其兑，闭其门；和其光，同其尘；挫其锐，解其纷。[1]是谓玄同。

故不可得而亲，亦不可得而疏；不可得而利，亦不可得而害；不可得而贵，亦不可得而贱。[2]故为天下贵。

《老子》初始本上经《德经》第19章《知者不言章》，《老子》传世本颠倒上下经后变为第56章。

《知者不言章》是"侯王正道"十三章（7—19）之末章，阐明圣君遵循"泰道"，"故为天下贵"。

19.1 知者不言，言者不知。

第19章第1节，概括两类侯王。

"知者不言，言者不知"，句前省略"侯王"。"言"指政令；"不言"，上扣第6章："不言之教，无为之益，天下希及之矣。""不言之教"，义同第64章"希言自然"。故"不言"即"希言"，并非不发政令，而是不主动倡言发布政令，仅是"为无为"（第26章）地"辅万物之自然，而不敢为"（第28章）。

句义：圣君知晓泰道而少发政令，俗君不知泰道而多发政令。

[义理辨析27]

蒋锡昌曰："'言'乃政教号令，非言语之意也。'知者'，谓知道之君；'不

---

[1] 四大出土本（楚简本、帛甲本、帛乙本、汉简本）句序均作"和其光，同其尘；挫其锐，解其纷"，本书从之。四大传世本（严遵本、河上本、王弼本、傅奕本）均作"挫其锐，解其纷；和其光，同其尘"，本书不从。

[2] 四大出土本（楚简本、帛甲本、帛乙本、汉简本）、河上本、傅奕本均有三"亦"字，本书从之。严遵本、王弼本均无三"亦"字，本书不从。

言',谓行不言之教、无为之政也。王注'因自然也',知道之君,行不言之教、无为之政,是因自然也。'言者',谓行多言有为之君;'不知',谓不知道也。王注'造事端也',行多言之教、有为之政,则天下自此纷乱,是造事端也。下文皆申言'不言'之旨。"[1] 蒋锡昌不仅深明本章之旨,同时揭示王弼此注也深合本章之旨,仅是过于含混。

旧多不明句前省略"侯王","言"指政令,遂将"知者不言,言者不知"视为不通之语,进而产生莫大疑问:既然老子认为"知者不言,言者不知",那么撰著《老子》是否属于"言者不知"?比如唐代白居易《读〈老子〉》诗曰:"言者不知知者默,此语吾闻于老君。若道老君是知者,缘何自著五千文?"

19.2 塞其兑,闭其门;和其光,同其尘;挫其锐,解其纷。是谓玄同。

第19章第2节第1层,小结"侯王正道"十三章。

"塞其兑,闭其门",第15章已言。本章是"侯王正道"十三章的小结之章,故予重言。

"和其光,同其尘","光"喻侯王之德,"尘"喻百姓之德;"和"扣"冲气以为和"(第5章),"同"扣"圣人恒无心,以百姓之心为心"(第12章)。"是谓玄同",天下同心同德。

"挫其锐,解其纷","其锐"和"其纷",指百姓之间因维生而产生的尖锐矛盾、利益纷争。"挫"和"解",指圣君钝挫、化解百姓之间的尖锐矛盾、利益纷争。

汉后注家大多误释此节为修道者收敛锋芒,与世推移,装傻充愣,难得糊涂。不合《老子》真义。

句义:圣君堵塞耳目感官,关闭外通之门;和合物德之光,浑同万物之尘;钝挫各方尖锐,化解各方纷争。这叫天下同心同德。

---

[1] 蒋锡昌《老子校诂》,345页,上海书店1992。

故不可得而亲，亦不可得而疏；不可得而利，亦不可得而害；不可得而贵，亦不可得而贱。故为天下贵。

第19章第2节第2层，小结"侯王正道"十三章。

第15章首言、第19章重言的"塞其兑，闭其门"，乃言圣君遵循"泰道"，关闭耳目，不自作聪明，不坚执己心。蕴涵圣君不偏听偏信利益各方的片面之言、请托之言、徇私之言。此处承之，乃言：侯王不偏袒利益各方之任何一方，不偏亲，不偏疏，不偏利，不偏害，不偏贵，不偏贱，"故为天下贵"。"偏"与"正"相对，侯王遵循"冲气以为和"的"泰道"，不偏袒利益各方之任何一方，才是"侯王得一以为天下正"（第2章）、"清静为天下正"（第8章）的治国正道。

蒋锡昌曰："此言圣人治国，清静无为，无形可名，无兆可举；故民不可得而亲，不可得而疏，不可得而利，不可得而害，不可得而贵，不可得而贱，故为天下贵也。"[1]

《庄子·管仲》："故无所甚亲，无所甚疏，抱德炀和，以顺天下，此谓真人。"承于《老子》本章，仅是主语"侯王"变成"真人"，因为《老子》的宗旨是侯王"君人南面之术"，《庄子》的宗旨是真人"内圣外王之道"。

句义：所以圣君不可得而亲近，也不可得而疏远；不可得而谋利，也不可得而谋害；不可得而尊贵，也不可得而卑贱。所以圣君是天下至贵。

侯王正道十三章的义理层次

上经《德经》第二部分"侯王正道"十三章（7—19），标举《老子》第一政纲"无为无不为"，展开《老子》第一命题"侯王得一以为天下正"。

分为四大段落，义理层次如下——

第一段落"圣君葆德"三章（7—9），阐明圣君致无"名—货—身（德）"

---

[1] 蒋锡昌《老子校诂》，347页，上海书店1992。

而"葆德"。

第二段落"圣君顺道"三章（10—12），标举《老子》第一政纲"无为无不为"，阐明圣君"以人合天"而"顺道"。

第三段落"尊道贵德"三章（13—15），阐明圣君摒弃"仁义礼"而"尊道贵德"。

第四段落"行道修德"三章（16—18），阐明圣君"唯迤是畏"而"行道修德"。

末章（19）小结，阐明圣君遵循"泰道"，"故为天下贵"。

"侯王正道"十三章，既是《德经》的主体部分，也是《老子》初始本的主体部分。只要明白《老子》初始本的教诲对象是"侯王"，省略主语是"侯王"，唯一主题是"侯王正道"（即《汉书·艺文志》所言"君人南面之术"），"侯王正道"是提炼自"太一"历法图（伏羲太极图）春分泰卦的"泰道"，再以《德经》绪论六章作为指南，就能充分理解《老子》初始本的逻辑结构和义理层次，读通《老子》初始本的每章每句每字。

三、泰否正奇五章（20—24）：泰道治国，否术用兵

《德经》第三部分"泰否正奇"五章（20—24），标举《老子》第一教义"人道效法天道"（礼必本于太一），展开《老子》第一宗旨"扬泰抑否"，教诲天下侯王遵循春气生物的"泰道"，摒弃秋气杀物的"否术"。

20. 以正治国章

以正治国，以奇用兵，以无事取天下。

上经 《德经》四十四章（1—44），对应斗魁四星　　　　　　　　　　　　　　　　233

吾何以知其然也？[1]夫天下多忌讳而民弥叛[2]，民多利器而国家滋昏，人多知而苛物滋起[3]，法令滋彰[4]而盗贼多有。

是以圣人之言曰："我无为而民自为[5]，我好静而民自正，我无事而民自富，我欲不欲而民自朴[6]。"

《老子》初始本上经《德经》第20章《以正治国章》，《老子》传世本颠倒上下经后变为第57章。

《以正治国章》是"泰否正奇"五章（20—24）之首章，展开《老子》第一宗旨"扬泰抑否"，阐明春气生物的"泰道"是侯王治国之正道，秋气杀物的"否术"是将军用兵之奇术。

---

[1] 四大出土本（楚简本、帛甲本、帛乙本、汉简本）、严遵本"吾何以知其然也"下，均无"以此"二字，下以"夫天下多忌讳"诸句释之。本书从之。三大传世本（河上本、王弼本、傅奕本）均增"以此"二字，与"夫天下多忌讳"诸句脱钩。本书不从。

[2] 楚简本作"民弥畔"，"畔"通"叛"。本书从之。三大出土本（帛甲本、帛乙本、汉简本）、四大传世本（严遵本、河上本、王弼本、傅奕本）均改为"民弥贫"，经义全非，本书不从。

[3] 楚简本、汉简本作"人多智"，帛甲本作"人多知"，本书从之。三大传世本（严遵本、河上本、王弼本）均改为"人多伎巧"，傅奕本作"民多智慧"，本书不从。○楚简本作"戏勿"，"戏"通"奇"。汉简本作"苛物"，本书从之。帛甲本改为"何物"，严遵本、河上本、王弼本改为"奇物"，傅奕本改为"邪事"。本书不从。

[4] 严遵本、王弼本、傅奕本均作"法令滋章（彰）"，本书从之。楚简本作"法勿慈彰"，帛乙本作"（法）物兹章"，汉简本作"法物兹章"，河上本作"法物滋彰"，"物"涉上文"苛物"而讹，本书不从。○本节经文多涉汉后"忌讳"，《老子》传世本篡改较多。

[5] 楚简本作"我无为而民自为"，乃释第11章"无为而无不为"（侯王无为而百姓无不为），本书从之。三大出土本（楚简本、帛甲本、汉简本）、四大传世本（严遵本、河上本、王弼本、傅奕本）均改为"我无为而民自化"，本书不从。○楚简本《道恒无为章》："道恒无为也，侯王能守之，而万物将自为。为而欲作，将镇之以无名之朴。"传世本改为："道常无为而无不为，侯王若能守之，万物将自化。化而欲作，吾将镇之以无名之朴。"《老子》初始本两处"自为"，《老子》传世本系统篡改为"自化"，彻底遮蔽了《老子》第一政纲"无为无不为"之真义。

[6] 三大出土本（楚简本、帛乙本、汉简本）均作"我欲不欲而民自朴"，本书从之。四大传世本（严遵本、河上本、王弼本、傅奕本）均改为"我无欲而民自朴"，本书不从。○《德经》第28章"是以圣人欲不欲，不贵难得之货"，传世本未改。由于传世本仅第28章一见"欲不欲"，后人常常以为"欲不欲"是讹文。

20.1 以正治国，以奇用兵，以无事取天下。

第20章第1节第1层，展开《老子》第一宗旨"扬泰抑否"。

"以正治国"，上扣第5章"万物负阴而抱阳，冲气以为和"，乃言春气"生"物的"泰道"，提炼自"太一"历法图（伏羲太极图）的春分泰卦。

"以奇用兵"，此言秋气"杀"物的"否术"，提炼自"太一"历法图（伏羲太极图）的秋分否卦。

"以无事取天下"，"无事"意为不生事，清静。"取天下"的省略主语只能是"侯王"，不可能是普通人。承上第11章"取天下也，恒以无事"，义同"以无为取天下"。"无事"义同"无为"，故第26章曰："为无为，事无事。"

句义：圣君以泰道为治国正道，以否术为用兵奇术，以不生事治理天下。

[义理辨析28]

"以正治国"的"泰道"和"以奇用兵"的"否术"，是老子对夏商周"太一"历法图（伏羲太极图）之春分泰卦和秋分否卦的哲学提炼（参看上卷第二章）。

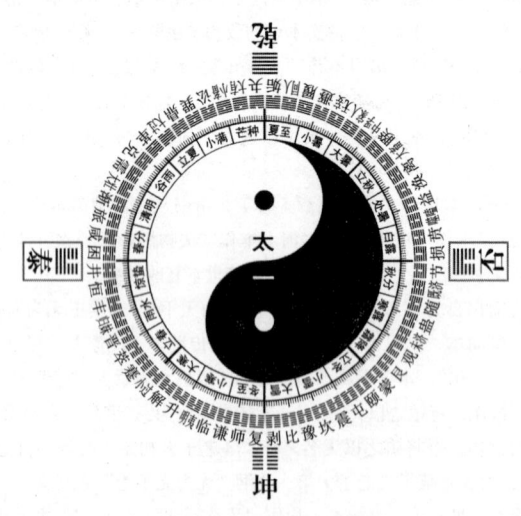

▲夏商周"太一"历法图：左为春分泰卦，右为秋分否卦

或问："太一"历法图（伏羲太极图）既有春气生物之"泰道"，又有秋气杀

物之"否术",为什么老子认为春气生物的"泰道"才是治国"正道",秋气杀物的"否术"仅是用兵"奇术"?

答曰:因为天道主宰万物生死,所以既有春气生物之"泰",也有秋气杀物之"否",以此保持天道的永恒循环和地球生物圈的生态平衡。侯王仅是代理天道统摄民生,无权主宰万物生死,所以侯王只能以春气生物的"泰道"为治国正道,不能以秋气杀物的"否术"为治国正道。证见《德经》第38章:"夫代司杀者杀,是代大匠斲也。夫代大匠斲者,则希不伤其手矣。"又见《道经》第72章:"夫兵者不祥之器也……不得已而用之。"

吾何以知其然也?夫天下多忌讳而民弥叛,民多利器而国家滋昏,人多知而苛物滋起,法令滋彰而盗贼多有。

第20章第1节第2层,标举"否术"四弊。

"吾何以知其然也?"这是老子设问。以下老子回答,列举"否术"四弊。

"否术"第一弊,"天下多忌讳而民弥叛",下德侯王奉行秋气杀物的"否术",用兵用刑的律令繁多,导致官逼民反。

"否术"第二弊,"民多利器而国家滋昏",大规模公开反叛的民众必持利器,导致国家昏乱,亦即国否民痞。

"否术"第三弊,"人多知而苛物滋起","人"指侯王,异于上句之"民"。"多知",即多知"仁义礼"末度;承上"为学者日益"(第11章),启下"以知治国,国之贼也"(第29章)。"苛物滋起",即苛刻对待百姓的刑具纷纷出现。参看孔子之言:"苛政猛于虎。""苛政"对应秋气杀物的"否术"之政,"猛于虎"对应西方白虎七宿。参看《庄子·天下》宋钘、尹文主张"不苛于人","君子不为苛察"。孔子之言和宋钘、尹文之言,未必承于《老子》,而是源于百家共享的先秦知识背景。先秦诸子百家,无不反对"否术"之"苛政"、"苛察"、"苛物"、"苛人"。

"否术"第四弊,"法令滋彰而盗贼多有",维护"仁义礼"的法律禁令越多,小规模暗中反抗的盗贼越多。

下德侯王把秋气杀物的"奇术"(邪术)奉为治国"正道",于是上有否君,下有瘼民，既有大规模的公开反叛，又有小规模的暗中反抗，天下趋于大乱，国泰民安无望。

句义：吾人为何知晓圣君如此？因为天下多有忌讳民众必将反叛，民众多有利器国家必将昏乱，侯王多知末度必将苛政增加，法令多有禁止必将盗贼遍地。

20.2 是以圣人之言曰："我无为而民自为，我好静而民自正，我无事而民自富，我欲不欲而民自朴。"

第20章第2节，阐释第11章的《老子》第一政纲"无为无不为"。

"圣人"之言四句，均为"我/民"对举。"我"是"圣人"（圣君）自称，不是老子自称，本书译为"寡人"。

圣君之言第一句"我无为而民自为"，阐释第11章"无为而无不为"。圣君顺道"无为"，民众就能循德"自为"而"无不为"。俗君悖道"有为"，民众就不能循德"自为"而"无不为"。

圣君之言第二句"我好静而民自正"，承上第2章"侯王得一以为天下正"、第8章"清静为天下正"。圣君顺道"无为"，民众就能循德"自为"而自正德心，不再"人甚好径"（第16章）。俗君悖道"有为"，民众就会习染伪德寻找捷径。

圣君之言第三句"我无事而民自富"，承上第11章"取天下也，恒以无事"、本章第1节"以无事取天下"。圣君顺道"无为"，不大造宫室，不酷爱战争，不扰民众，不误农时，民众就会循德"自为"而自致富足。俗君悖道"有为"，大造宫室，酷爱战争，过度扰民，耽误农时，就会"田甚芜，仓甚虚"（第16章）。

圣君之言第四句"我欲不欲而民自朴"，承上第9章"罪莫大于可欲，祸莫大于不知足，咎莫憯于欲得"。圣君顺道"无为"，不欲"可欲"的"名—货—身（德）"；民众就能循德"自为"，保持自然淳朴。俗君悖道"有为"，欲求"可欲"的"名—货—身（德）"；民众就会上行下效，丧失自然淳朴。

句义：所以圣君有言曰："寡人顺道无为则民众循德自为，寡人喜好清静则民众自正德心，寡人事于无事则民众自致富足，寡人追求寡欲则民众自归素朴。"

【重大篡改 04】

《老子》传世本对本章的重大篡改有二。

其一，本章之"民弥叛"，是《老子》初始本的压舱石：上德侯王遵循泰道则民不叛，下德侯王奉行否术则"民弥叛"。《老子》初始本的大量义理，均与"民弥叛"相关。

《老子》传世本把"民弥叛"篡改为"民弥贫"。一字之改，《老子》全书宗旨全非。

其二，《老子》初始本阐释"无为而无不为"的两处关键经文，是本章"我（侯王）无为而民自为"，末章"道恒无为，侯王若能守之，万物将自为"，证明"无为"意为侯王顺道无为，"无不为"意为民众循德自为。

《老子》传世本把本章"民自为"篡改为"民自化"，又把末章"万物将自为"篡改为"万物将自化"，彻底颠覆了《老子》第一政纲"无为无不为"之真义。

《老子》传世本之"民自化"，意为民众自觉接受"名教"之教化。《老子》传世本之"万物将自化"，意为万物自觉接受"名教"之教化。《老子》初始本之崇尚"自然"反对"名教"，遂被反转为《老子》传世本之崇尚"自然"拥护"名教"。所以王弼伪老学据此反注《老子》宗旨是"名教本于自然"，郭象伪庄学据此反注《庄子》宗旨是"名教即自然"。

21. 其政闷闷章

其政闷闷，其民淳淳。其政察察，其民缺缺[1]。
祸兮福之所倚，福兮祸之所伏，夫[2]孰知其极？

---

[1] 帛甲本作"其邦夬夬"，帛乙本字坏，汉简本作"其国夬夬"。四大传世本（严遵本、河上本、王弼本、傅奕本）均作"其民缺缺"，本书从之。

[2] 汉简本有"夫"字，本书从之。帛乙本、四大传世本（严遵本、河上本、王弼本、傅奕本）均脱"夫"字，本书不从。

其无正也[1]，正复为奇，善复为妖。人之迷也，其日固久矣。[2]
是以圣人方而不割，廉而不刿，直而不肆，光而不耀。[3]

《老子》初始本上经《德经》第21章《其政闷闷章》，《老子》传世本颠倒上下经后变为第58章。

《其政闷闷章》是"泰否正奇"五章（20—24）之次章，阐明侯王遵循"泰道"则"其政闷闷，其民淳淳"，奉行"否术"则"其政察察，其民缺缺"。

21.1 其政闷闷，其民淳淳。其政察察，其民缺缺。

第21章第1节第1层，标举"泰道/否术"之异。

"其政闷闷，其民淳淳"，展开上章首句"以正治国"，"其"指"圣人"（圣君）。

"其政闷闷"，上扣第4章"大音希声"、第6章"不言之教"、第19章"知者不言"，即顺道"无为"。"其民淳淳"，上扣上章"民自朴"，淳、朴合词"淳朴"。蒋锡昌曰："圣人清静无为，其态昏昏默默，故其民亦应之以惇厚朴实也。"[4]

圣君遵循"泰道"而顺道"无为"，听凭民众循德"自为"而"无不为"，民众葆其真德而淳朴，于是"天下有道"（第9章）。

"其政察察，其民缺缺"，展开上章次句"以奇用兵"，"其"指"众人"（众多俗君）。

"其政察察"，上扣上章"天下多忌讳"、"奇物滋起"、"法令滋彰"。"其民

---

[1] 帛甲本字坏，帛乙本作"其无正也"，本书从之。汉简本、严遵本、河上本、王弼本均脱"也"字，本书不从。

[2] 帛乙本、傅奕本均作"人之迷也，其日固久矣"，本书从之。《韩非子·解老》作"人之迷也，其日故以久矣"，汉简本作"人之废，其日固久矣"，严遵本、河上本、王弼本均脱"也"、"矣"，本书不从。

[3] 《其政闷闷章》章末异同：帛乙本结于"是以方而不割……光而不眺"，河上本、王弼本、傅奕本结于"是以圣人方而不割……光而不耀"，下章《治人事天章》均始于"治人事天莫若啬"，本书从之。○汉简本、严遵本结于"其日固久矣"，下章《治人事天章》始于"方而不割"，本书不从。

[4] 蒋锡昌《老子校诂》，356页，上海书店1992。

缺缺",上扣上章"民弥叛"、"民多利器"、"国家滋昏"、"盗贼多有"。蒋锡昌曰："俗君好有为,则专以智术为严刻急疾之政,故其民亦应之以奸伪争竞,而机诈满面也。"[1]

俗君奉行"否术"而悖道"有为",推行"仁义礼"之苛繁法令,苛察民众言行,民众被迫摈弃"道德"而迎合"仁义礼",整个邦国"缺"道"缺"德,于是"天下无道"(第9章)。

句义:圣君施政闷然无言,民众持守淳朴厚德。俗君施政明察秋毫,民众趋于狡诈缺德。

祸兮福之所倚,福兮祸之所伏,夫孰知其极?

第21章第1节第2层,标举"祸/福"之辨。

"祸兮福之所倚,福兮祸之所伏",是运用"正言若反"表达范式的《老子》名言。

俗君追求"可欲"的"名—货—身(德)",本为增益一己之福。因其不知餍足,不知克制欲望,最终求福而得祸,导致"民弥叛"、"盗贼多有",难以享国"长久"。亦即《周易·否卦·象传》所言"否终则倾,何可长也",《周易·否卦·象传》所言"上下不交,而天下无邦也"。

"夫孰知其极?"乃言侯王求福"毋已"必至其极,于是反转为祸,因为"反者道之动"(第3章)。

句义:祸事是福事的倚待,福事是祸事的预伏,谁能知晓何时至极反转?

21.2 其无正也,正复为奇,善复为妖。人之迷也,其日固久矣。

第21章第2节第1层,承于上章"正/奇"之辨,标举"善/妖"之辨。

"其无正也",阐明俗君求福而得祸,原因在于不行"以正治国"之"泰道"。

---

[1] 蒋锡昌《老子校诂》,357页,上海书店1992。

"正复为奇",承于上章"正/奇"之辨:"以正治国,以奇用兵",点破俗君违背治国正道"泰道",奉行治国邪术"否术"。

"善复为妖",标举"善/妖"之辨:点破俗君违背"泰道"之"善"政,奉行"否术"之"妖"政。"妖"通"夭",妖政即夭亡之政。参看《左传·宣公十五年》:"天反时为灾,地反物为妖,民反德为乱,乱则妖灾生。"

"人之迷也","人"指俗君,正如"圣人"指圣君。河上公注:"言人君迷惑失正以来,其日固久。"蒋锡昌曰:"'人'乃指人主。"[1]均言"人"指侯王。

"其日固久矣",乃言东周之乱(如老子亲历的王子朝、周敬王争位之乱等)之根源,在于西周"以礼治国",因为"夫礼者,忠信之薄,而乱之首也"(第1章)。

句义:俗君不行正道,必将放弃正道采用奇术,必将放弃善政采用妖政。俗君迷恋奇术,时日业已甚久。

是以圣人方而不割,廉而不刿,直而不肆,光而不耀。

第21章第2节第2层,小结本章。

道家论"道",分为四大层次,即"道↘术↘方↘技"。"道"是统摄四方四隅的整体之道。"术↘方↘技"是囿于四方四隅的局部之道,即"径",参看"大道甚夷,人甚好径"(第16章)。"术"是四方之径,参看《说文解字》:"術(术),邑中道也。""方"是四隅之径。"技"是一隅之径。

"方而不割",承上第4章"大方无隅",义同第70章"大制无割"。"方"为"大方"之略语,"大方"为"道"之别名,参看《庄子·秋水》"大方之家"。"不割"即"无隅",有"割"才有"隅"。

圣君以"德"治国,不以等级制度把民众割裂为"善人"、"不善人"(第25、68章),对待国民一视同仁,君民同心同德。

俗君以"仁↘义↘礼"治国,以等级制度把民众割裂为"善人"、"不善人",对待国民不一视同仁,君民离心离德。

"廉"为方之边棱,参看《九章算术》:"边谓之廉。"《广雅》:"廉,棱

---

[1] 蒋锡昌《老子校诂》,361页,上海书店1992。

也。""刐"为边之锋刃,参看《说文解字》:"刐,利伤也。"段玉裁注:"利伤者,以芒刃伤物。"

"廉而不刐",承上"方而不割",义有递进:大方虽有边刃,但不锋利,不会割伤民众。乃言圣君"善摄生",不让民众"动皆之死地"(第13章)。

"直而不肆","直"为边之直线,"肆"为直线之无限延伸。承上第1节"祸兮福之所倚,福兮祸之所伏,夫孰知其极?"乃言圣君德行正直,不会趋近极点而转福为祸。

"光而不耀",承上第15章"用其光,复归其明"的"光/明"之辨:"明"喻"太一"之"道","光"喻"泰道"之"德","不耀"喻侯王有"泰道"之"德"却不炫耀,即"上德不德"(第1章)。

《庄子·齐物论》"葆光",《庄子·养生主》"善刀而藏之",《庄子·人间世》"支离其德",《庄子·德充符》"才全而德不形,内葆之而外不荡",《庄子·大宗师》"当而不自得",《庄子·应帝王》"尽其所受乎天,而无见得",全都演绎《老子》"光而不耀"、"上德不德"。

圣君深知"德"之"光"源于"道"之"明",所以"光而不耀","上德不德",永不自居得道,顺道"无为"而"其政闷闷"。

俗君不知"德"之"光"源于"道"之"明",所以"光而耀之","下德不失德",不失得道幻觉,悖道"有为"而"其政察察"。

句义:所以圣君执守大方而不予割裂,保持锋利而不伤民众,正道直行而不入歧途,永葆德光而决不炫耀。

22. 治人事天章

治人事天莫若啬。夫唯啬,是以早服。早服是谓[1]**重积德,重积德**

---

[1] 帛乙本作"是以早服。早服是胃(谓)",汉简本作"是以早服。早服是谓",本书从之。楚简本作"是以暴是以暴备,是胃",严遵本作"是以早服",傅奕本作"是以早服。早服谓之",河上本、王弼本均作"是谓早服。早服谓之",本书不从。

则无不克，无不克则莫知其极，莫知其极则[1]可以有国。

有国之母，可以长久，是谓深根固柢、长生久视之道也[2]。

《老子》初始本上经《德经》第22章《治人事天章》，《老子》传世本颠倒上下经后变为第59章。

《治人事天章》是"泰否正奇"五章（20—24）之第三章，标举《老子》第一教义"人道效法天道"（礼必本于太一），阐明侯王"治人"必须"事天"。

22.1 治人事天莫若啬。夫唯啬，是以早服。早服是谓重积德，重积德则无不克，无不克则莫知其极，莫知其极则可以有国。

第22章第1节，标举《老子》第一教义"人道效法天道"（礼必本于太一）。

"治人事天"，即"以人合天，顺天应人"，亦即《老子》第一教义"人道效法天道"（礼必本于太一）。"莫若啬"，莫若吝于有为。

"天道"为道之体，道之体在于"反"，即"反者道之动"（第3章）。"人道"为道之用，道之用在于"弱"，即"弱者道之用"（第3章）。侯王"人道"只有遵循自损示弱的"泰道"，方能预防"天道"必有之"反"，方能预防"福"反为"祸"。假如侯王奉行自益逞强的"否术"，就不能预防"福"反为"祸"，而是趋近"福"反为"祸"的极点。

"啬"即俭，与第7章"甚爱必大费"义反，与"无为"义近。"啬"之本义为"农"，"先啬"即"先农"，"啬夫"即农夫。农夫种地，第一要义是顺应天时，顺应天时即顺道"无为"。参看《韩非子·解老》："众人之用神也躁，躁则多费，多费之谓侈。圣人之用神也静，静则少费，少费之谓啬。"

"夫唯啬，是以早服"，侯王吝于有为，所以早服泰道。

---

[1] 汉简本三句均有"则"字，本书从之。四大传世本（严遵本、河上本、王弼本、傅奕本）均删末句"则"字，本书不从。

[2] 四大出土本（楚简本、帛甲本、帛乙本、汉简本）均有"也"字，本书从之。四大传世本（严遵本、河上本、王弼本、傅奕本）均删"也"字，本书不从。

"早服是谓重积德",侯王早服泰道而自损示弱,即"上德不德"(第1章);自损示弱就是重视积德,即"是以有德"(第1章)。

"重积德则无不克","克"训能(《尔雅》《字林》)。侯王重视积德即无事不能。旧多训"克"为攻克、战胜,不合以"弱"为用的老学之旨。

"无不克则莫知其极",义承上章"祸兮福之所倚,福兮祸之所伏。夫孰知其极",无所不能就不会趋近"福"反为"祸"之极点。

"莫知其极则可以有国",侯王不趋近转"福"为"祸"的极点,可以长久"有国"。

句义:侯王治理人间,事奉天道,莫若俭啬。侯王唯有俭啬,才会早日顺服泰道。早日顺服泰道就会重视积德,重视积德就会无事不能,无事不能就不会近极点,不近极点就会长久有国。

[义理辨析 29]

高亨曰:"窃疑'服'下当有'道'字,'早服道'与'重积德'句法相同,辞意相因,'服道'即二十三章所云'从事于道'之意也。《韩非子》引已无'道'字,盖其挩(脱)也久矣。本章啬、道、德、克、极、母、久、道为韵。下句'早服'下,亦挩(脱)'道'字。"

朱谦之曰:"高说是也。河上公注'早服'句:'早,先也;服,得也。夫独爱民财,爱精气,则能先得天道也。'又注'重积德'句云:'先得天道,是谓重积德于己也。'知河上公二句皆有'道'字,今脱。"[1]

高、朱之说,可供参考。经文可能省略"道"字。

22.2 有国之母,可以长久,是谓深根固柢、长生久视之道也。

第22章第2节,标举"泰道"是"有国之母"。

---

[1] 朱谦之《老子校释》,241页,中华书局2000;高亨语并见该页所引。

"有国之母",老子以天文存在为"父",以历法知识为"母",故称"太一"历法图(伏羲太极图)为"天下母"(第15章)。本章进而根据"泰生万物",称侯王遵循"太一"历法图(伏羲太极图)之"泰道"为"有国之母"。

"可以长久",老子痛斥"夫礼者,忠信之薄,而乱之首也"(第1章),反对与其同时代的郑相子产之名言"夫礼,天之经也,地之义也,民之行也……协于天地之性,是以长久"(《左传·昭公二十五年》),故继第7章"知足不辱,知止不殆,可以长久"之后,本章再次重言"可以长久",仍然针对子产"是以长久"(详见上卷第三章)。

"有国之母,可以长久"乃言:侯王遵循春气生物的"泰道",可以长久"有国"。

"深根固柢",深固侯王"有国"之国本。《韩非子·解老》曰:"树木有曼根,有直根。(直)根者,书之所谓'柢'也。柢也者,木之所以建生也;曼根者,木之所以持生也。"

"长生久视","长生"即"祈天永命",国祚长久;证见《尚书·召诰》:"惟不敬厥德,乃早坠厥命。……王其德之用,祈天永命。""久视"即"长久视事","视事"专指履职管事;证见《左传·襄公二十五年》:"崔子称疾,不视事。"

徐志钧曰:"长生,长久地一代代地保有君位。久视,长远保有统治权力,保有天命给予的位置。"[1]

"是谓深根固柢、长生久视之道也"乃言:侯王遵循春气生物的"泰道",才是深固国本、长久视事的治国正道。

《庄子·天下》概括《老子》"以深为根,以约为纪",即言本章之义。乃言:侯王"治人事天",以深藏若虚的"泰道"为根柢,以自我约束的"泰道"为纲纪,方能"长生久视",国祚长久。

句义:侯王顺服泰道是拥有邦国之母,可以国祚长久,这是深固国本、长久视事的治国正道。

---

[1] 徐志钧《老子帛书校注》,78页,学林出版社2002。

[义理辨析 30]

汉后道教把"深根固柢、长生久视之道"视为普通人的修仙语,与本章"可以有国"、"有国之母"抵牾。唯有侯王可以"有国",普通人不能"有国",修仙更与"有国"无关。

《吕氏春秋·重己》:"世之人主、贵人,无贤不肖,莫不欲长生久视。"亦言人主、贵人均欲长期在位而长久视事,非言人主、贵人均欲长生不老而修道成仙。

子产之"是以长久",老子之"可以长久",均言国祚长久,非言修道成仙。

23. 大国小鲜章

治大国若烹小鲜。

以道莅天下,其鬼不神。非其鬼不神也,其神不伤人也。非其神不伤人也,圣人亦不伤民也[1]。

夫两不相伤,则[2]德交归焉。

《老子》初始本上经《德经》第23章《大国小鲜章》,《老子》传世本颠倒上下经后变为第60章。

《大国小鲜章》是"泰否正奇"五章(20—24)之第四章,阐明侯王顺道"无为","治大国若烹小鲜"。

---

[1]《韩非子·解老》作"圣人亦不伤民",与前句"其神不伤人"对比,本书从之。两大出土本(帛甲本、汉简本)改为"圣人亦弗伤",妄删"民"字。四大传世本(严遵本、河上本、王弼本、傅奕本)改为"圣人亦不伤人",与前句"其神不伤人"无别,不合经义,本书不从。○帛甲本、帛乙本四句均有"也"字,本书从之。汉简本第三句有"也"字,四大传世本(严遵本、河上本、王弼本、傅奕本)均删"也"字,本书不从。

[2]《韩非子·解老》作"则",本书从之。帛乙本、汉简本、河上本、王弼本、傅奕本均作"故",本书不从。

23.1 治大国若烹小鲜。

第23章第1节第1层，标举圣君遵循"泰道"而顺道"无为"。

"小鲜"，小鱼。"若烹小鲜"，烹饪小鱼，多扰易烂，由小鱼的真德、物性决定。所以庖厨的烹鱼正道是顺道"无为"而不扰动，侯王的治国正道是顺道"无为"而不扰民。参看《诗经·国风·匪风》："谁能亨鱼？溉之釜鬵。"毛传："亨鱼烦则碎，治民烦则散，知亨鱼则知治民矣。"

"治大国若烹小鲜"，是譬解侯王顺道"无为"的《老子》名言，证明侯王"无为"并非无所作为。倘若侯王"无为"意为无所作为，即无烹饪小鱼之事。所以侯王"无为"并非怠政、懒政的无所作为，更非荒政、暴政的胡乱作为，而是"尊道而贵德"（第14章）的顺道"无为"。

句义：圣君治理大国，如同烹饪小鱼，不宜扰动。

以道莅天下，其鬼不神。非其鬼不神也，其神不伤人也。非其神不伤人也，圣人亦不伤民也。

第23章第1节第2层，承上"正/奇"之辨，标举"神/鬼"之辨。

"以道莅天下"，"道"即"泰道"，属于"人道"之道术。侯王不可能拥有"天道"之道体，只可能拥有"人道"之道术。

"其鬼不神"，"其鬼"，即秋气杀物的"否术"之鬼。圣君遵循春气生物的"泰道"莅临天下，秋气杀物的"否术"之鬼无法作祟，因此民众"无死地"（第13章）。

"其神不伤人"，"其神"，即春气生物的"泰道"之神。圣君遵循春气生物的"泰道"莅临天下，春气生物的"泰道"之神必不伤人，因此民众"无死地"（第13章）。

"非其神不伤人也，圣人亦不伤民也"，春气生物的"泰道"之神不伤人，遵循"泰道"的圣君也不伤民。

句义：圣君遵循泰道莅临天下，鬼神就不会发威。鬼神不仅不发威，而且不伤人。不仅鬼神不伤人，而且圣君也不伤民。

[重大篡改 05]

"其神不伤人"之"人"，兼及"侯王"、"百姓"，因为"神"在"侯王"、"百姓"之上。"圣人亦不伤民"之"民"，仅言"百姓"，因为"圣人"（圣君）在"民"之上。《老子》初始本用字精确，经义明晰。

《老子》初始本"圣人亦不伤民"，《老子》传世本改为"圣人亦不伤人"，遮蔽了《老子》初始本真义。

23.2 夫两不相伤，则德交归焉。

第 23 章第 2 节，小结本章。

"两不相伤"，"两"，即"天道"之"鬼神"和"人道"之"圣人"（圣君）。

"则德交归焉"，圣君遵循春气生物的"泰道"莅临天下，得到民众真心拥戴，于是"天下归心"。

句义：一旦鬼神、圣君两不伤民，那么民众的德心就会交相归依邦国。

24. 大国下流章

大国者下流也[1]**，天下之牝也。天下之交也，牝恒以静胜牡。以其**

---

[1] 帛甲本、帛乙本均作"下流也"，本书从之。汉简本改"流"为"游"，四大传世本（严遵本、河上本、王弼本、傅奕本）均脱"也"字。本书不从。

静也，故宜为下。[1]

故大国以下小国，则取小国；小国以下大国，则取于大国。故或下以取，或下而取。故大国不过欲兼畜人，小国不过欲入事人。夫各得其欲，则[2]大者宜为下。

《老子》初始本上经《德经》第 24 章《大国下流章》，《老子》传世本颠倒上下经后变为第 61 章。

《大国下流章》是"泰否正奇"五章（20—24）之末章，阐明侯王处理外交，同样必须"扬泰抑否"。

24.1 大国者下流也，天下之牝也。天下之交也，牝恒以静胜牡。以其静也，故宜为下。

第 24 章第 1 节，譬解"大国／小国"之邦交。

本章之旨，参看《左传·哀公七年》："小所以事大，信也；大所以保小，仁也。背大国，不信；伐小国，不仁。"春秋时期，大国兼并小国的战争频繁，老子母邦陈国即于老子暮年被楚国兼并，导致老子长期客居宋国，最终西行入秦。老子向往上古伏羲时代的"小国寡民"（第 43 章），所以反对春秋时期的兼并战争。

---

[1] 三大出土本（帛甲本、帛乙本、汉简本）均为六句。帛甲本作："大邦者下流也，天下之牝[也]。天下之郊（交）也，牝恒以靓（静）胜牡，为其靓（静）[也，故]宜为下。"前两句为第一层，后四句为第二层，经义甚明。〇河上本、王弼本改成五句，经义大误。前三句为第一层："大国者下流，天下之交，天下之牝。"把"天下之交"移至"天下之牝"之前，导致了第一处逻辑断裂。"大国者下流"与"天下之交"，实无直接的逻辑关联。必须先把"大国者下流"譬解为"天下之牝"，才能与"天下之交"发生逻辑关联。后二句为第二层："牝常以静胜牡，以静为下。"把"天下之交"移至"天下之牝"之前，导致"牝恒以静胜牡"失去主语，于是不得不把"以其静也，故宜为下"两句，压缩为"以静为下"一句，导致了第二处逻辑断裂。

[2] 帛乙本有"则"字，本书从之。严遵本、河上本、王弼本均删"则"字，傅奕本改"则"为"故"，本书不从。

本节六句，两句一层，分为三层。

第一层二句："大国者下流也，天下之牝也。"前句根据江河之上游水小、下游水大，把小国对位于上游，大国对位于下游。后句根据男女交媾之男子处上、女子处下，把大国譬解为"天下之牝"，实为对位于泰卦☷上卦之三阴；所以大国并非真正处下，而是处上而谦下。

牝为女，牡为男。旧释牝为雌，牡为雄，不确。第18章婴儿"未知牝牡之合"，"牝牡"亦指男女。动物交媾之前后体位，不能譬解大国、小国之上下关系。人类交媾之上下体位，方能譬解大国、小国之上下关系。

第二层二句："天下之交也，牝恒以静胜牡。"第一层把大国譬解为"天下之牝"之后，第二层再据男女交媾之上下体位，譬解大国、小国外交之上下关系。大国作为"天下之牝"，宜取处下女子之静，承上"清静为天下正"（第8章）。

第三层二句："以其静也，故宜为下。"第二层把大国外交之道定位于"静"之后，第三层再言大国处理外交，宜于处上而谦下。

句义：大国如同江河下游，处于天下之牝位。天下的男女交媾，女子恒常以静处取胜男子。女子因为静处，所以宜处下位。

[重大篡改 06]

本节的多重譬解，导致了四重对位："大国"首先对位泰卦☷上卦之三阴，其次对位江河之下游，然后对位女子之"牝"位（处于身体下部），最后对位女子在交媾中处于"下位"。四重对位忽上忽下，逻辑牵强，暴露了类比思维的固有不足。

由于《老子》初始本之类比思维的固有不足，所以《老子》传世本调整了本节的句序，把六句压缩为五句，导致本节原有的逻辑不足，进一步发展为逻辑断裂。

《老子》传世本前三句"大国者下流，天下之交，天下之牝"，把"天下之交"移至"天下之牝"之前，导致了第一处逻辑断裂。"大国者下流"与"天下之交"，实无直接的逻辑关联。必须先把"大国者下流"譬解为"天下之牝",才能与"天下之交"发生逻辑关联。

《老子》传世本后二句"牝常以静胜牡,以静为下",把"天下之交"移至"天下之牝"之前,导致"牝恒以静胜牡"失去主语,于是不得不把"以其静也,故宜为下"两句,压缩为"以静为下"一句,导致了第二处逻辑断裂。

24.2 故大国以下小国,则取小国;小国以下大国,则取于大国。故或下以取,或下而取。故大国不过欲兼畜人,小国不过欲入事人。夫各得其欲,则大者宜为下。

第24章第2节,小结邦国外交之"泰道"。

"故大国以下小国,则取小国;小国以下大国,则取于大国",大国以泰道之谦下对待小国,就能取信小国;小国以泰道之谦下对待大国,就能取悦大国。

"故或下以取,或下而取",所以或者以泰道的谦下取信,或者以泰道的谦下取悦。

"故大国不过欲兼畜人,小国不过欲入事人",大国想要兼并小国,小国想要入事大国,均应遵循泰道之谦下。

"夫各得其欲,则大者宜为下",小国遵循泰道之谦下不难,大国遵循泰道之谦下较难,所以最后重点规劝大国遵循泰道之谦下。

"泰否正奇"五章(20—24)之最后二章:第23章事关"鬼神"之"祭祀",第24章事关"邦交"之"兵戎",分别对应《左传·成公十三年》所言"国之大事,在祀与戎"。可见老子认为,圣君处理祭祀、兵戎两件"国之大事",只要遵循"泰道"即可"无事",既不为上帝鬼神所伤,也不为敌国外邦所伤,可以祭祀不绝,国祚长久。

句义:所以大国以泰道之谦下对待小国,就能取信小国;小国以泰道之谦下对待大国,就能取悦大国。所以或以泰道之谦下取信,或以泰道之谦下取悦。所以大国不过是想兼并小国,小国不过是想入事大国。若欲各遂所愿,那么大国宜于谦下。

泰否正奇五章的义理层次

上经《德经》第三部分"泰否正奇"五章（20—24），标举《老子》第一教义"人道效法天道"（礼必本于太一），展开《老子》第一宗旨"扬泰抑否"，教诲天下侯王遵循春气生物的"泰道"，摒弃秋气杀物的"否术"。

义理层次如下——

第20章《以正治国章》，展开《老子》第一宗旨"扬泰抑否"，阐明春气生物的"泰道"是侯王治国之正道，秋气杀物的"否术"是将军用兵之奇术。

第21章《其政闷闷章》，阐明侯王遵循"泰道"则"其政闷闷，其民淳淳"，奉行"否术"则"其政察察，其民缺缺"。

第22章《治人事天章》，标举《老子》第一教义"人道效法天道"（礼必本于太一），阐明侯王"治人"必须"事天"。

第23章《大国小鲜章》，阐明侯王顺道"无为"，"治大国若烹小鲜"。

第24章《大国下流章》，阐明侯王处理外交，同样必须"扬泰抑否"。

《德经》第三部分"泰否正奇"五章（20—24），是《德经》第二部分"侯王正道"十三章（7—19）的重要补充。阐明《老子》第一宗旨"扬泰抑否"，褒扬春气生物的"泰道"，贬斥秋气杀物的"否术"。

四、道主万物五章（25—29）：道主万物，侯王无为

《德经》第四部分"道主万物"五章（25—29），阐明侯王遵循"泰道"的天道依据。

25. 道主万物章

道者万物之主也[1]，善人之葆也，不善人之所葆也[2]。人之不善，何弃之有？[3]

美言可以市尊，美行可以加人。[4]故立天子，置三公，虽有拱璧，以先驷马，不如坐而进此[5]。

古之所以贵此者何也？不谓求以得，有罪以免钦？[6]故为天下贵。

---

[1] 帛甲本、帛乙本均作"道者万物之注也"，"注"通"主"，本书从之。汉简本作"万物之棉"，严遵本、河上本、王弼本、傅奕本改为"道者万物之奥"，本书不从。〇高明："帛书作'注'，当读为'主'。《礼记·礼运》'以为奥也'，郑玄注：'奥犹主也。'《左传·昭公十三年》：'国有奥主。'即谓国之主也。今本之'奥'字当训'主'，旧注训'藏'不确。《老子》原文当作'道者万物之主也'，'奥'字乃后人所改。"（高明《帛书老子校注》，127页，中华书局1996）〇本章"道者万物之主也"，与《道经》第48章"道……渊兮，似万物之宗"，"宗"、"主"合词"宗主"，均言道是万物之宗主。秦汉以后把"道者万物之主"改为"道者万物之奥"的原因是，道家完成以"道"代"帝"的哲学突破之后，秦汉完成了以"王"僭"帝"的政治倒退，于是皇帝成了"万物之主"，不允许"道"成为"万物之主"，必须改成"万物之奥"。

[2] 帛甲本作"善人之葆（葆）也，不善人之所葆（葆）也"，帛乙本作"善人之葆（葆）也，不善人之所保也"。汉简本作"善人之葆，不善人之所葆也"，两句均为"葆"字，前句无"也"字。《尹文子·大道上》引作"善人之宝，不善人之所宝"，两句均为"宝"字，符合经义，对善人、不善人一视同仁。河上本、王弼本、傅奕本均作"善人之宝，不善人之所保"，前句用"宝"，后句用"保"，违背对善人、不善人一视同仁之经义。严遵本作"善人之宝，不善人之所不保"，后句多"不"字。

[3] "人之不善，何弃之有"二句，各本均错简移至"（美）行可以加人"之后，导致经义难明。移至"美言可以市尊"之前，则经义全通。

[4] 《淮南子·道应训》："《老子》曰：'美言可以市尊，美行可以加人。'"《淮南子·人间训》："君子曰：'美言可以市尊，美行可以加人。'"王念孙曰："'君子'本作'老子'，此浅学人改之也。"（朱谦之《老子校释》引，253页，中华书局2000）俞樾、蒋锡昌、朱谦之据补后"美"字，本书从之。三大出土本（帛甲本、帛乙本、汉简本）、四大传世本（严遵本、河上本、王弼本、傅奕本）"行"前均脱"美"，本书不从。〇朱谦之曰："'美言'与'美行'对文，又'尊'、'人'二字通韵，宜从《淮南》。"（朱谦之《老子校释》，253页，中华书局2000）

[5] 汉简本作"不如坐而进此"，"此"指"泰道"，本书从之。帛甲本、帛乙本小异。三大传世本（严遵本、河上本、王弼本）改为"不如坐进此道"，导致"坐而进此"之"泰道"与"道者万物之主"之"天道"混淆，本书不从。

[6] 帛乙本、汉简本、严遵本、傅奕本均作"求以得"，本书从之。河上本、王弼本均作"以求得"，本书不从。"钦"字从帛甲本、帛乙本。

《老子》初始本上经《德经》第 25 章《道主万物章》,《老子》传世本颠倒上下经后变为第 62 章。

《道主万物章》是"道主万物"五章(25—29)之首章,阐明"天道"是主宰万物生死的"万物之主",侯王无权滥杀不合"仁义礼"的"不善人"。

25.1 道者万物之主也,善人之葆也,不善人之所葆也。人之不善,何弃之有?

第 25 章第 1 节,标举"道者万物之主也"。

"道者万物之主也,善人之葆也,不善人之所葆也。人之不善,何弃之有",承上第 12 章:"圣人恒无心,以百姓之心为心。善者善之,不善者亦善之,德善也。"启下第 68 章:"圣人恒善救人,而无弃人。""弃",训杀。古语"弃市",即杀人于市井。

"天道"作为"万物之主",同时保佑"善人"、"不善人";侯王作为"社稷之主"(第 42 章),也应效法天道,同时保佑"善人"、"不善人"。

天道既以春气生物的"泰道"创生万物,又以秋气杀物的"否术"刑杀万物,所以拥有生杀万物的绝对权柄。侯王没有创生万物,所以没有刑杀万物的绝对权柄,仅有代理天道统摄民生的相对权柄。假如侯王以秋气杀物的"否术"刑杀"不善人",就是"代司杀者杀"、"代大匠斫"(第 38 章)的僭越。何况侯王判断"善人"、"不善人"的价值标准"仁义礼",并非正当的价值标准,亦即天下"皆知善之为善,斯不善矣"(第 46 章)。所以老子认为,侯王只能遵循春气生物的"泰道",不能奉行秋气杀物的"否术"。

"人之不善,何弃之有?"又扣第 2 章、第 5 章重言的侯王谦称"孤、寡、不穀",因为"孤寡"训寡德,"不穀"训不善,证见《左传·僖公四年》:"岂不穀是为?"杜预注:"孤、寡、不穀,诸侯谦称。'孤'云孤独,'寡'云少德,'不穀',不善也。"《礼记·曲礼》:"于内自称不穀。"郑玄注:"穀,善也。"侯王既然自称"不善",有何资格诛杀不合"仁义礼"的"不善人"?

由于夏商周侯王谦称制度之侯王谦称"不穀"限制了侯王权力,所以汉后君主谦称制度仅仅沿用"孤、寡",弃用"不穀"。

句义:天道是万物的宗主,既保佑善人,也保佑不善人。国人若有不善,侯王怎能弃之?

25.2 美言可以市尊,美行可以加人。故立天子,置三公,虽有拱璧,以先驷马,不如坐而进此。

第25章第2节第1层,劝诫士人向侯王进献"泰道"。

"美言可以市尊","美言",美好的建言,即"坐而进此"之言。"市尊",向尊贵的侯王进献美好的建言,可得赏赐,如同交易。即下文"求以得,有罪以免"。

"美行可以加人","美行",美好的行为,即"坐而进此"之行。"加人",向侯王进献"泰道",可以加持侯王福德。

"故立天子,置三公,虽有拱璧,以先驷马,不如坐而进此","三公",《尚书·周官》:"立太师、太傅、太保,兹惟三公。""拱璧",拱把(双手合围)之玉璧。"驷马",驾四马之马车。"驷马"、"拱璧"是周代诸侯朝觐天子的送礼标配,见于《仪礼·觐礼》:"四享皆束帛加璧,庭实唯国所有。奉束帛,匹马卓上,九马随之,中庭西上,奠币,再拜稽首。""驷马"、"拱璧"也是春秋战国邦国外交的送礼标配,春秋之例见于《左传·僖公二年》:"晋荀息请以屈产之乘,与垂棘之璧,假道于虞,以伐虢。"战国之例见于《战国策·魏策三》:"淳于髡言不伐魏者,受魏之璧、马也。"

有人向侯王进献驷马,有人向侯王进献比驷马珍贵的拱璧。老子劝诫天下士人向天下侯王进献比驷马、拱璧珍贵的"泰道"。"坐而进此"之"此",即第5章"负阴而抱阳,冲气以为和"之后详尽演绎的"泰道",亦即第20章"以正治国"之"泰道"。

下德侯王贪恋"难得之货",喜欢驷马、拱璧。上德侯王"不贵难得之货"(第28章),喜欢比驷马、拱璧珍贵的"泰道"。

句义:美好的建言可以进献尊者,美好的行为可以加持他人。所以除了设立天子，还要设置三公，三公与其向天子进献拱把的玉璧、驷马的车舆，不如进献泰道。

古之所以贵此者何也？不谓求以得，有罪以免欤？故为天下贵。

第25章第2节第2层，阐明"泰道"为"天下贵"。

"古之所以贵此者何也？"上扣第5章"故'强梁者不得其死'，吾将以为教父"。"强梁者不得其死"出自东周太庙"太一"上帝神像背部镌刻的神谕《金人铭》，《金人铭》通篇"扬泰抑否"，是"古之所以贵此"之证。

"不谓求以得，有罪以免欤？"夏商周谏言制度：士人进言有益，侯王必予奖赏，此即"求以得"。士人向侯王进言春气生物的"泰道"，必使侯王"损之而益"（第5章），进言者及其子孙有罪可获赦免，此即"有罪以免"。老子以此劝诫天下士人向天下侯王进献"泰道"。

"故为天下贵"，五字已见第19章："故不可得而亲，亦不可得而疏；不可得而利，亦不可得而害；不可得而贵，亦不可得而贱。故为天下贵。"彼章乃言遵循"泰道"的侯王为"天下贵"，此章则言春气生物的"泰道"为"天下贵"。《老子》初始本具有严密的逻辑结构和缜密的义理层次，所以两处"天下贵"相关互释，并非简单重复。

句义：古人为何看重进献泰道？不是因为进献泰道可以求取所得，有罪可以赦免吗？所以泰道是天下至贵。

26. 为无为章

为无为，事无事，味无味。
大小多少，报怨以德。
图难于其易，为大于其细。天下难事必作于易，天下大事必作于细。
是以圣人终不为大，故能成其大。

> 夫轻诺者必寡信，多易者必多难。[1]
> 是以圣人犹难之，故终无难。[2]

《老子》初始本上经《德经》第 26 章《为无为章》，《老子》传世本颠倒上下经后变为第 63 章。

《为无为章》是"道主万物"五章（25—29）之次章，褒扬圣君顺道"无为"，"为无为，事无事"，对待民怨"报怨以德"。

26.1 为无为，事无事，味无味。

第 26 章第 1 节第 1 层，褒扬圣君"为无为，事无事"。

"为无为，事无事，味无味"，承上第 23 章"治大国若烹小鲜"。阐明圣君"无为"并非无所作为，而是"为无为"，即顺道而"为"；圣君"无事"并非无所事事，而是"事无事"，即顺道而"事"。俗君"有为"、"有事"，均属悖道而"为"，悖道而"事"。

句义：圣君为无为之政，事无事之业，味无味之味。

大小多少，报怨以德。

第 26 章第 1 节第 2 层，展开第 1 层"为无为，事无事"。

"大小多少"，均指后句"报怨以德"之民怨，即民怨之大小多少。证见《尚书·康诰》："怨不在大，亦不在小，惠不惠，懋不懋。"孙星衍《尚书今古文注疏》曰："言民之怨，不在大，亦不在小，恒起不意，当顺扰其不顺者，懋勉其不勉者。"[3]

---

[1] 严遵本、傅奕本均有二"者"，本书从之。帛甲本、帛乙本字坏，汉简本脱前"者"，河上本、王弼本均脱二"者"。
[2] 四大出土本（楚简本、帛甲本、帛乙本、汉简本）、严遵本、河上本章末均无"矣"字，本书从之。王弼本、傅奕本均有"矣"字，本书不从。
[3] 孙星衍《尚书今古文注疏》，363 页，中华书局 1986。

"报怨以德","怨"即民怨,承上第 20 章"民弥叛",启下第 42 章"和大怨",专言侯王必须自知"寡德"而"不善",遵循"泰道"处理民怨,方能避免"民弥叛"。"德"即第 1 章人道四境"德↘仁↘义↘礼"之"德",对位"太一"历法图(伏羲太极图)之春分泰卦,所以圣君以"德"治国,即遵循"泰道"。遵循"泰道"的圣君,不会把有怨之民视为"不善人"而"弃之"杀之。

句义:民怨无论大小多少,圣君均以德政回报民怨。

[义理辨析 31]

《论语·宪问》:"或曰:'以德报怨,何如?'子曰:'何以报德?以直报怨,以德报德。'"

《礼记·表记》:"子曰:'以德报怨,则宽身之仁也。以怨报德,则刑戮之民也。'"

《老子》所言"报怨以德",专言侯王遵循泰道处理民怨,从而避免"民弥叛"(第 20 章)。孔子根据《老子》而发挥,把"以德报怨"移用于君子对待他人之怨。由于《老子》传世本把"民弥叛"篡改为"民弥贫",历代注家再被孔子移用误导,于是妄言《老子》"报怨以德"是指君子对待他人之怨,彻底遮蔽《老子》初始本真义。

图难于其易,为大于其细。天下难事必作于易,天下大事必作于细。是以圣人终不为大,故能成其大。

第 26 章第 1 节第 3 层,展开第 2 层"大小多少,报怨以德"。

"图难于其易,为大于其细",参看《尚书·旅獒》:"不矜细行,终累大德。""图难","为大",专言圣君遵循"泰道"处理"民怨"之难事、大事,"于其易","于其细",专言圣君遵循"泰道"处理"民怨"从易处、细处入手。

"天下难事必作于易,天下大事必作于细","天下难事"、"天下大事",仍指"民怨"之难事、大事。

"是以圣人终不为大，故能成其大"，此言圣君处理"民怨"之难事、大事慎重，不敢自大。

句义：圣君处理民怨难事从易处入手，处理民怨大事从细事入手。因为天下难事必须运作于易处，天下大事必须运作于细事。所以圣君始终不敢自大，故能成就其大。

26.2 夫轻诺者必寡信，多易者必多难。是以圣人犹难之，故终无难。

第26章第2节，批评俗君与圣君相反。

"夫轻诺者必寡信"，俗君奉行"否术"，不解决"民怨"问题，只解决提出问题的人，把提出问题的人视为"不善人"而"弃之"杀之；对不提出问题的"善人"，则是"轻诺"在前，"寡信"在后。

"多易者必多难"，俗君把"民怨"之难事、大事，视为易事、小事，导致多灾多难，民怨沸腾而"民弥叛"（第20章）。

"是以圣人犹难之，故终无难"，所以圣君把处理民怨视为特别重大的难事，故能最终无难，消除了"民弥叛"（第20章）的祸根。

句义：俗君轻率承诺必定寡信，自居容易必定多难。所以圣君把处理民怨视为最大的难事，故能最终无难。

27. 其安易持章

其安，易持也。其未兆，易谋也。其脆，易泮也。其微，易散也。为之于未有也，治之于未乱也。[1]

---

[1] 三大出土本（楚简本、帛甲本、汉简本）句末均有"也"，本书从之。四大传世本（严遵本、河上本、王弼本、傅奕本）句末均无"也"。

上经 《德经》四十四章（1—44），对应斗魁四星 259

合抱之木，作于毫末。九成之台[1]，作于垒土。百仞之高[2]，始于足下。

《老子》初始本上经《德经》第27章《其安易持章》，《老子》传世本颠倒上下经后变为第64章（上）。本书之分章和章序，均从西汉中期的汉简本。

《其安易持章》是"道主万物"五章（25—29）之第三章，褒扬圣君顺道"无为"，"为之于未有也，治之于未乱也"。

27.1 其安，易持也。其未兆，易谋也。其脆，易泮也。其微，易散也。

第27章第1节第1层，展开上章"图难于其易，为大于其细"，列举圣君治国四种状况。

四句首字均为"其"，均指圣君治国之状况。"其"字后面的"安"、"未兆"、"脆"、"微"，均扣"为大于其细"之"细"。四句均有"易"字，均扣"图难于其易"之"易"。

"易"字后面的"持"、"谋"、"泮"、"散"（中医治病之药称"散"），均扣"图难于其易"之"图"。

句义：国泰民安，易于维持。祸兆未显，易于图谋。矛盾初萌，易于化解。民怨隐微，易于消散。

为之于未有也，治之于未乱也。

第27章第1节第2层，概括第1层圣君治国四种状况之共性。

---

[1] 楚简本、帛甲本、帛乙本、汉简本、傅奕本均作"九成之台"，本书从之。严遵本作"九重之台"，河上本、王弼本均作"九层之台"，本书不从。

[2] 汉简本、严遵本均作"百仞之高"，强本引成疏亦作"百仞之高"，本书从之。帛甲本作"百仁之高"，帛乙本作"百千之高"，河上本、王弼本、傅奕本均作"千里之行"，本书不从。《老子》初始本"百仞之高"，承上言"九成之台"高度，"始于足下"亦言高度，无行走义。《老子》传世本改"百仞之高"为"千里之行"，义同《荀子·劝学》："不积跬步，无以至千里。"经义有别。

"为之于未有也",即"为无为",圣君在民怨未起之时消除民怨的土壤。

"治之于未乱也",即"事无事",圣君在乱政未起之时消除乱政的根源,即摈弃"仁义礼"。参看《尚书·周官》:"制治于未乱,保邦于未危。"

句义:圣君在祸事未有之时顺道而为,在政事未乱之时无为而治。

27.2 合抱之木,作于毫末。九成之台,作于垒土。百仞之高,始于足下。

第27章第2节,列举三喻,譬解第1节圣君治国四种状况。

"合抱之木,作于毫末"。双手为围,双臂为抱。毫末,此指树木的种子。

"九成之台,作于垒土",九成之台,作于一笼一筐的土块相叠。垒,盛土的笼、筐。

"百仞之高,始于足下",百仞之高的城墙,始于脚下的地面。百仞,指城墙。参看《尚书·太甲下》:"若升高,必自下。若陟遐,必自迩。"

句义:合抱大木,生于微末的种子。九层高台,成于细小的土块。百仞高墙,始于脚下的地面。

本章第1节圣君治国四事,取弭"祸"角度。本章第2节圣君治国三喻,取造"福"角度。圣君欲弭国家之"祸",欲造国家之"福",无不"图难于其易,为大于其细"(第26章)。两节合喻"反者道之动"(第3章),以及"祸兮福之所倚,福兮祸之所伏"(第21章),仍为贯穿《老子》全书的"正言若反"表达范式。

本章再次证明,《老子》所言侯王"无为"、"无事",并非无所作为,无所事事,而是侯王顺道而"为",顺道而"事",即"为无为,事无事"(第26章)。假如侯王"无为"、"无事"是无所作为、无所事事,不可能有"图难于其易"之"图",不可能有"为大于其细"之"为",不可能有"为之于未有"之"为",不可能有"治之于未乱"之"治"。

28. 为者败之章

为之者败之，执之者失之。[1]**是以圣人无为，故无败；无执，故无失。人之败也，恒于其且成也败之。**[2]**故慎终如始，则无败事。**

是以圣人欲不欲，不贵难得之货；学不学，复众人之所过；以辅万物之自然，而不敢为。

《老子》初始本上经《德经》第28章《为者败之章》，《老子》传世本颠倒上下经后变为第64章（下）。

西汉中期的汉简本第27章《其安易持章》、第28章《为者败之章》，是《老子》初始本之分章。西汉晚期的严遵本把《老子》初始本七十七章压缩为七十二章，总章数少五章，将此二章合为一章，成为其上经《德经》第25章。东汉晚期的河上本、魏晋时期的王弼本、唐宋时期的傅奕本，承于严遵本，也将此二章合为一章，因颠倒上下经而变为第64章。这是传世本把汉简本两章合为一章的唯一例子。传世本另有五处把一章分为两章或三章，把汉简本七十七章分为八十一章，章数多四章。本书之分章和章序，均从西汉中期的汉简本。

《为者败之章》是"道主万物"五章（25—29）之第四章，贬斥俗君悖道"有为"，"为之者败之，执之者失之"；褒扬圣君顺道"无为"，"以辅万物之自然，而不敢为"。

28.1 为之者败之，执之者失之。是以圣人无为，故无败；无执，故无失。

第28章第1节，贬斥众多俗君悖道"有为"。

第26章、第27章已言，圣君"无为"并非无所作为，"无事"并非无所事事，

---

[1] 楚简本、帛乙本句中均有"之"，本书从之。汉简本、四大传世本（严遵本、河上本、王弼本、傅奕本）句中均无"之"，本书不从。

[2] 楚简本作"人之败也，恒于其且成也败之"，本书从之。诸本改为"民之从事，常于几成而败之"，本书不从。

而是"为无为，事无事"。圣君"为无为，事无事"，是从易处细处解决民生问题，切切实实消除民怨问题，然后抵达"无为"、"无事"的至高境界，亦即"太上，不知有之……百姓皆谓我自然"（第60章）。

"为之者败之，执之者失之"，乃言众多俗君不肯顺道"无为"，不能"图难于其易，为大于其细"地解决民生问题、消除民怨问题，而是"轻诺寡信"，执念于悖道"有为"、悖道"有事"，所以治国必将失败。

"是以圣人无为，故无败；无执，故无失"，再次重言圣君顺道"无为"，不执念于悖道"有为"、悖道"有事"，所以治国不会失败。

句义：俗君悖道有为必将失败，有此执念必有过失。因此圣君顺道无为，所以不会失败；无此执念，所以没有过失。

28.2 人之败也，恒于其且成也败之。故慎终如始，则无败事。

第28章第2节第1层，展开第1节。

"人之败也，恒于其且成也败之"，义同《尚书·旅獒》"为山九仞，功亏一篑"，《诗经·大雅·荡》"靡不有初，鲜克有终"，《战国策·秦策五》"行百里者半于九十"。"且成"之"成"，扣上"九成之台，作于垒土"（第27章）之"成"。

"故慎终如始，则无败事"，义同《尚书·太甲下》："无轻民事，惟难。无安厥位，惟危。慎终于始。""如始"之"始"，扣上"百仞之高，始于足下"（第27章）之"始"。侯王顺道"无为"，不能"轻诺寡信"，不能心血来潮，不能朝令夕改，必须"慎终如始"，方能"善始且善成"（第4章）。

句义：侯王的失败，常在即将成功之时发生。所以审慎至终一如初始，即无败事。

是以圣人欲不欲，不贵难得之货；学不学，复众人之所过；以辅万物之自然，而不敢为。

第28章第2节第2层，标举"圣人/众人"之异，亦即圣君与众多俗君之异。

上经 《德经》四十四章（1—44），对应斗魁四星　　　　　　　　　　　　　　　263

"圣人欲不欲，不贵难得之货"，义承第 7 章致无"名—货—身（德）"之"致无三义"。

蒋锡昌曰："普通人君之所'欲'者，为'五色'，为'五音'，为'五味'，为'金玉满堂'，为'富贵而骄'，为'驰骋畋猎'；其所'不欲'者，为'虚其心'，为'弱其志'，为'无知无欲'；而圣人则'欲'人之所'不欲'，不贵金玉等难得之货。故曰：'欲不欲，不贵难得之货。'"[1]

本章继第 20 章"（圣人之言曰：）我欲不欲而民自朴"之后，再言"圣人欲不欲"。《老子》传世本把第 20 章"我欲不欲"改为"我无欲"，未改本章"圣人欲不欲"，乃因本章"欲不欲"与"学不学"连言。

"学不学，复众人之所过"，义承第 11 章"为学者日益，为道者日损"。圣君仅仅"尊道贵德"，不学众多俗君所学之"仁义礼"，修复众多俗君所学"仁义礼"之过失。

本章"众人"与"圣人"对言："圣人"指圣君，即第 1 章"侯王四型"之"上德无为"侯王一型。"众人"指众多俗君，即第 1 章"侯王四型"之"下德有为"侯王三型，亦即蒋锡昌所言"普通人君"。

蒋锡昌曰："普通人君之所'学'者，为政教礼乐等有为之学；其所'不学'者，为无为之学。为有为之学，以致天下难治者，此多数人君之过也。圣人'学'人之所'不学'，则自多数人君之所过，返至道矣。故曰：'学不学，复众人之所过。'"[2]

"以辅万物之自然，而不敢为"，揭示了"为无为"是顺道而为，辅助万物保持自然，所以"为无为"即不敢悖道有为，"为无为"的目标是"百姓皆谓我自然"（第 60 章）。

句义：因此圣君追求寡欲，不贵难得的财货；追求不学，修复众多俗君的过失；以此辅助万物保持自然，不敢悖道有为。

---

[1] 蒋锡昌《老子校诂》，394 页，上海书店 1992。
[2] 蒋锡昌《老子校诂》，394 页，上海书店 1992。

29. 古之为道章

古之为道者[1]，非以明民也，将以愚之也。

民之难治，以其知也。故以知治国，国之贼也；不以知治国，国之德也。[2]

恒知此两者，亦稽式也。恒知稽式[3]，是谓玄德。玄德深矣，远矣，与物反矣，乃至大顺。

《老子》初始本上经《德经》第 29 章《古之为道章》，《老子》传世本颠倒上下经后变为第 65 章。

《古之为道章》是"道主万物"五章（25—29）之末章，褒扬圣君"不以知治国"，贬斥俗君"以知治国"。

29.1 古之为道者，非以明民也，将以愚之也。

第 29 章第 1 节第 1 层，标举圣君"非以明民也，将以愚之也"。

"古之为道者"，承上第 11 章"为道者日损"。

第 11 章"为学者日益，为道者日损"乃言：俗君日日增益"仁义礼"，圣君日日减损"仁义礼"。本章从圣君日日减损"仁义礼"，转向民众日日减损"仁

---

[1] 帛乙本、汉简本均作"古之为道者"，本书从之。四大传世本（严遵本、河上本、王弼本、傅奕本）均作"古之善为道者"，妄增"善"字，本书不从。〇《老子》褒扬"为道者"，贬斥"为学者"，"为道者"之前，无须另增"善"字。

[2] 帛甲本、帛乙本、傅奕本均作"知"，帛甲本、帛乙本、汉简本均作"德"，本书从之。汉简本、河上本、王弼本均作"智"（以与"愚"对），严遵本、河上本、王弼本、傅奕本作"福"，本书不从。

[3] 帛甲本、帛乙本、王弼本、傅奕本均作"稽式"，本书从之。汉简本、严遵本、河上本均作"楷式"，"楷"为"稽"之讹，本书不从。〇范应元曰："傅奕、王弼同古本。稽，古兮反，考也，同也，如《尚书》'稽古'之'稽'。傅奕云：'稽式，今古之所同式也。'"朱谦之：《玉篇》：'楷，式也。'《礼记》曰：'今世之行，后世以为楷。'《广雅·释诂》：'楷，法也。'是'楷式'即'法式'，义长。"（朱谦之《老子校释》，266 页，中华书局 2000；范应元语并见 265 页所引）

义礼"。

"古之为道者，非以明民也，将以愚之也"，古之圣君尊"道"贵"德"而日日减损"仁义礼"，不是为了让民众对"仁义礼"保持聪明，而是为了让民众对"仁义礼"保持愚蠢。因为只有保持对后天价值"仁义礼"的愚蠢，才能永葆先天价值"道德"。

句义：古之尊道圣君，不欲使民聪明，而欲使民愚朴。

民之难治，以其知也。故以知治国，国之贼也；不以知治国，国之德也。

第29章第1节第2层，展开第1层。

"民之难治，以其知也"，民之难治，原因在于民众对后天价值"仁义礼"保持聪明。因为俗君日日增益"仁义礼"，民众不得不上行下效，也日日增益"仁义礼"之知。

"故以知治国，国之贼也；不以知治国，国之德也"，所以俗君以"仁义礼"之知治国，是国之盗贼；圣君不以"仁义礼"之知治国，是国之福德。

老子反对"以知治国"，主张"不以知治国"，是因为"仁义礼"都是违背天道自然的后天价值。参看《庄子·胠箧》："上诚好知而无道，则天下大乱矣。"

句义：民众之所以难治，是因为有限之知过多。因此俗君以有限之知冒充全知而治国，是国之盗贼；圣君不以有限之知冒充全知而治国，是国之福德。

［重大篡改 07］

《老子》初始本"民之难治，以其知也。故以知治国，国之贼也；不以知治国，国之德也"，《老子》传世本篡改二处。

其一，传世本改"知"为"智"，与"愚"相对。

《老子》初始本"愚"为褒义词，"知"为贬义词，因为人难尽知天道，侯王不可能全知全能，所以反对"以知治国"。《老子》传世本之"愚"，今人视为贬义词，《老子》传世本之"智"，今人视为褒义词，所以今人妄诋《老子》为"反智主义"。

《老子》的教诲对象是侯王，核心主题是"君人南面之术"，故其第一义是使君"愚"而淳朴，第二义是使民"愚"而淳朴。侯王保持自然淳朴，"不以知治国"，民众就能不增益悖道"知识"，不增益把局部"知识"拔高为"道"的伪知识，保持自然淳朴。

其二，传世本改"德"为"福"，违背老义。"德"是《德经》第一关键词。《庄子·达生》："开天者德生，开人者贼生。"亦以"贼/德"为对词。按照《德经》第1章"侯王四型"，以"德"治国的上德侯王一型是"国之德"，以"仁义礼"治国的下德侯王三型是"国之贼"。

[义理辨析 32]

《老子》名言"古之为道者，非以明民也，将以愚之也"，王弼注："'明'，谓多见巧诈，蔽其朴也。'愚'，谓无知守真，顺自然也。"虽未点破"明"和"愚"都是针对"仁义礼"，至少没有妄言《老子》主张"愚民"。后世注家常常妄言《老子》主张"愚民"。

个别注家基于误解，欲为《老子》护短，于是把"将以愚之"妄改为"将以遇之"或"将以娱之"。近世学者基于误解，视"将以愚之"为《老子》罪状，妄言《老子》主张"愚民"。

河上公注："古之善以道治身及治国者，不以道教民明智奸巧也。将以道德教民，使质朴不诈伪也。"[1]蒋锡昌是之。高延第曰："愚之，谓反朴还淳，革去浇漓之习，即为天下浑其心之义，与秦人燔诗书、愚黔首不同。"[2]朱谦之是之。均得《老子》真义。

理解本章"古之为道者，非以明民也，将以愚之也"，必须结合第11章"为

---

[1] 蒋锡昌《老子校诂》，396页，上海书店1992。
[2] 朱谦之《老子校释》引，264页，中华书局2000。

学者日益，为道者日损"，再结合第 20 章"我（侯王自称）欲不欲而民自朴"，第 58 章"沌兮其若朴"，第 61 章："我（侯王自称）愚人之心也哉，沌沌兮"，方能理解"使民愚"即"使民朴"。

老子首先主张侯王自知其愚，自守其朴；然后主张侯王使民愚，使民朴。但是老子并非主张"愚君"，而是主张"君朴"；亦非主张"愚民"，而是主张"民朴"。因为道家认为"德"低于"道"，所以无人不"愚"。上德侯王自知其"愚"，于是"上德不德，是以有德"（第1章）。下德侯王不知其"愚"，于是"下德不失德，是以无德"（第1章）。所以《老子》第 35 章曰："知不知，上矣。不知不知，病矣。"《庄子》同样主张"至知无知"、"至知去知"、"至知忘知"。

《史记·老子列传》记载老子教诲孔子"君子盛德容貌若愚"，即此"非以明民，将以愚之"之"愚"。因此《老子》之"非以明民，将以愚之"，义同《庄子·大宗师》之"黜其聪明，离形去知，同于大通"，并非"愚民政策"或"反智主义"，而是主张去除自作聪明的伪知识，进至顺天应人的真知识。

不少学者不知《老子》传世本改"知"为"智"，又不明道家知识论，妄言《老子》是"反智主义"。道家知识论认为，一切人类都是根本愚蠢的，任何人都不可能全知全能，只有彻悟自己的根本愚蠢，彻悟人类不可能全知全能，才会远离愚蠢。老子、庄子的知识论，与苏格拉底主张"我只知道自己一无所知"，柏拉图主张"人类只有昏暗的感官"，境界全同。然而苏格拉底、柏拉图的认知被视为人类哲学的最高之知，老子、庄子的同样认知却被诬为"反智主义"。

老庄道家既不提倡"愚民政策"，也不宣扬"反智主义"，而是主张"反小智，崇大智"，反对"自得"，崇尚"不自得"，反对"不知无知"，崇尚"自知无知"。并且首先要求侯王自知其愚、自守其朴而顺道"无为"，然后要求百姓自知其愚、自守其朴而循德"自为"。

29.2 恒知此两者，亦稽式也。恒知稽式，是谓玄德。玄德深矣，远矣，与物反矣，乃至大顺。

第 29 章第 2 节，小结本章。

"恒知此两者，亦稽式也"，"两者"，即圣君"不以知治国"和俗君"以知治国"；亦即"以正治国"的"泰道"和"以奇用兵"的"否术"。傅奕曰："稽式，今古之所同式也。"所言含混，不易明白。其实"稽式"即夏商周式盘，《知雄守雌章》又称夏商周式盘为"天下式"（参看上卷第二章）。夏商周明堂和夏商周式盘的建构原理都是"礼必本于太一"，故其结构全都效法夏商周"太一"历法图（伏羲太极图）之十二辟卦图。

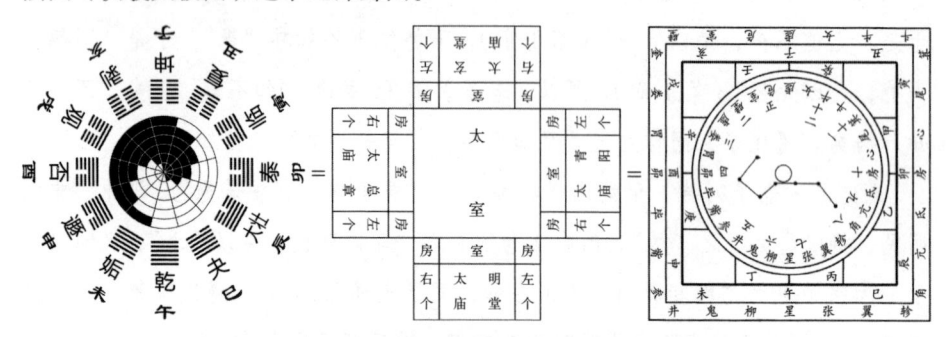

▲伏羲十二辟卦图 = 夏商周明堂图 = 夏商周式盘图

易顺鼎曰："'式'即'栻'字。《广雅》：'栻，桐也。'桐有天地，所以推阴阳，占吉凶。《汉书·王莽传》'天文郎案栻于前'即此，字亦作'式'。《周礼》'太史抱天时，与太师同车'，郑司农云：'大出师，则太史主抱式以知天时，主吉凶。'《老子》'式'字即此义。"朱谦之曰："易说甚辨。老子为周柱下史，则其曾抱式以知天时，或亦分内之事。'式'字均作法式解，而法式之观念，则固从观察天文之现象来也。"[1]

"恒知稽式，是谓玄德"，"是谓玄德"已见第14章，本章重言。第14章之"玄德"是"天道"的至高之"德"，本章之"玄德"是侯王的至高之"德"。圣君"上德不德"，不敢自居得道而冒充全知全能，所以"不以知治国"，葆有至高之"德"。

"玄德深矣，远矣，与物反矣，乃至大顺"，玄德极深，极远，下德侯王不知，下德之民亦不知，因其"与物反矣"，以至"下士闻道大笑之，不笑不足以为道"（第4章）。正因与众人俗见相反，所以"乃至大顺"。

---

[1] 朱谦之《老子校释》，240页，中华书局2000；易顺鼎语并见239、240页所引。

"深矣,远矣,与物反矣",义近第 66 章"大曰逝,逝曰远,远曰反",但是第 66 章"大—逝—远—反"乃言"天道"之道体,本章"深—远—反"乃言"人道"之道术。

句义:侯王始终知晓两者之异,就会尊奉泰道为法式。侯王始终知晓以泰道为法式,就会拥有玄德。玄德深邃啊,遥远啊,与万物表象相反啊,所以诸事顺遂。

道主万物五章的义理层次

上经《德经》第四部分"道主万物"五章(25—29),阐明侯王遵循"泰道"的天道依据。

义理层次如下——

第 25 章《道主万物章》,阐明"天道"是主宰万物生死的"万物之主",侯王无权滥杀不合"仁义礼"的"不善人"。

第 26 章《为无为章》,褒扬圣君顺道"无为","为无为,事无事",对待民怨"报怨以德"。

第 27 章《其安易持章》,褒扬圣君顺道"无为","为之于未有也,治之于未乱也"。

第 28 章《为者败之章》,贬斥俗君悖道"有为","为之者败之,执之者失之";褒扬圣君顺道"无为","以辅万物之自然,而不敢为"。

第 29 章《古之为道章》,褒扬圣君"不以知治国",贬斥俗君"以知治国"。

五、泰道三宝四章(30—33):泰道不争,莫能与争

《德经》第五部分"泰道三宝"四章(30—33),阐明侯王"成其大"的"泰道三宝"。

30. 江海百谷章

江海之所以能为百谷王者，以其善下之也，故能为百谷王。
是以圣人之欲上民也，必以其言下之；其欲先民也，必以其身后之。
故居上而民不重也，居前而民不害也，天下乐推而不厌也。
以其不争也，故天下莫能与之争。[1]

《老子》初始本上经《德经》第30章《江海百谷章》，《老子》传世本颠倒上下经后变为第66章。

汉简本第30章《江海百谷章》之后，是第31章《泰道三宝章》，义理缜密，当属《老子》初始本之章序。主流传世本（严遵本、河上本、王弼本、傅奕本等）章序相同。

帛书本第30章《江海百谷章》之后，是汉简本第43章《小国寡民章》、第44章《信言不美章》，上下章义脱节，当属错简。这是汉简本、传世本之章序优于帛书本之章序的第二处。

《江海百谷章》是"泰道三宝"四章（30—33）之首章，阐明侯王"成其大"必须"善下"："江海之所以能为百谷王者，以其善下之也。"

30.1 江海之所以能为百谷王者，以其善下之也，故能为百谷王。

第30章第1节，譬解侯王"成其大"必须遵循泰道而"善下"。

"江海之所以能为百谷王者，以其善下之也，故能为百谷王"，承上第24章"大国者下流也……故宜为下"。"百谷"，喻小国、大国之"侯"；"百谷王"、"江海"，喻天下之"王"；所以连类设譬：小国之"侯"如同江河上游，大国之"侯"如同江河下游，天下之"王"如同江河汇入的大海。侯王权位越高，越宜遵循"泰道"而"善下"。

---

[1] 本章根据十大版本综合校定，经文差异不影响经义。

假如不明白《老子》初始本的严密逻辑结构和缜密义理层次，就会以为作者极其啰唆，翻来覆去反复言说同一义理。其实作者是逐渐展开"泰道"之普遍适用。首先避免大国之"侯"认为：小国之"侯"应该遵循"泰道"而"善下"，大国之"侯"无须遵循"泰道"而"善下"。其次避免天下之"王"认为：小国、大国之"侯"应该遵循"泰道"而"善下"，天下之"王"不必遵循"泰道"而"善下"。

句义：江海之所以能做百谷之王，是因为水性趋下，所以能做百谷之王。

30.2 是以圣人之欲上民也，必以其言下之；其欲先民也，必以其身后之。

故居上而民不重也，居前而民不害也，天下乐推而不厌也。

以其不争也，故天下莫能与之争。

第30章第2节，阐明侯王"成其大"必须遵循泰道而"善下"。

"是以圣人之欲上民也，必以其言下之"，"上民"，侯王对位泰卦䷊上卦，故居民众之上；"必以其言下之"，泰卦䷊上卦阴气下行，故侯王必须遵循泰道而"善下"。

"其欲先民也，必以其身后之"，把根据泰卦卦位之"上下"，改为不据泰卦卦位之"先后"，补足其义。

圣君遵循泰道，"欲不欲，不贵难得之货"（第28章），必定轻徭薄赋，反扣第39章"民之饥也，以其上取食税之多也"，故圣君"居上而民不重也，居前而民不害也"。

"天下乐推而不厌也"，"推"是"推戴"的略词。民众居于圣君之后而"推"之，居于圣君之下而"戴"之。圣君遵循泰道而谦下，所以民众乐于推戴而"不厌"。

高亨曰："民戴其君，若有重负，以为大累，即此文所谓'重'。故'重'犹'累'也。'而民不重'，言民不以为累也。《诗·无将大车》'无思百忧，祇自重兮'，郑笺：'重犹累也。'《汉书·荆燕吴王传》'事发相重'，颜注：'重犹累也。'此'重'有'累'义之证。《淮南子·原道篇》：'处上而民弗重，居前而民弗害。'

《主术篇》：'百姓载之上，弗重也；错之前，弗害也。'盖皆本于《老子》。"[1]

"以其不争也"，概括第1节圣君"必以其言下之"、"必以其身后之"。

"故天下莫能与之争"，不能"以其言下之"者，人皆与之争上；不能"以其身后之"者，人皆与之争先。圣君不争，"故天下莫能与之争"。参看《尚书·大禹谟》："汝惟不矜，天下莫与汝争能。汝惟不伐，天下莫与汝争功。"

句义：因此圣君欲居民众之上，必定言辞谦下；欲居民众之先，必定谦退于后。因此圣君居上而民众不视为重负，居先而民众不视为危害，天下乐于推戴而不厌弃。正因圣君不争，所以天下俗君不能与之争。

31. 泰道三宝章

天下皆谓我大，大而不宵。[2]**夫唯大，故不宵。若宵，久矣其细也夫！**

我恒有三宝，持而保之：一曰慈，二曰俭，三曰不敢为天下先。

慈，故能勇；俭，故能广；不敢为天下先，故能为成事长[3]**。今舍其慈且勇，舍其俭且广，舍其后且先，则死矣。**

夫慈，以战则胜，以守则固。天将建之[4]**，以慈卫之。**

《老子》初始本上经《德经》第31章《泰道三宝章》，帛书本在第30章之后错简插入《小国寡民章》、《信言不美章》，变为第33章。《老子》传世本颠倒

---

[1] 高亨《重订老子正诂》，135页，开明书店1943。

[2] 帛乙本、汉简本、严遵本、河上本均作"天下皆谓我大"，本书从之。傅奕本作"天下皆谓吾大"，王弼本作"天下皆谓我道大"，妄增"道"字，本书不从。○帛乙本作"大而不宵"，本书从之。汉简本作"以不宵"，严遵本、河上本、王弼本、傅奕本均作"似不肖"，本书不从。

[3] 《韩非子·解老》、帛甲本均作"故能为成事长"，本书从之。帛乙本、汉简本均作"故能为成器长"，严遵本、河上本、王弼本、傅奕本均作"故能成器长"，本书不从。○《老子》主张"大器免成"（第4章），反对重用"什佰人之器"（第43章），主张"朴散则为器"（第69章），所以不可能主张圣君"成器长"。

[4] 帛甲本、帛乙本作"天将建之"，本书从之。汉简本、四大传世本（严遵本、河上本、王弼本、傅奕本）改"建"为"救"，本书不从。

上下经后变为第 67 章。

《泰道三宝章》是"泰道三宝"四章（30—33）之次章，阐明侯王"成其大"之"泰道三宝"："一曰慈，二曰俭，三曰不敢为天下先。"

31.1 天下皆谓我大，大而不宵。
夫唯大，故不宵。若宵，久矣其细也夫！

第 31 章第 1 节，分为两层。

第 1 层，圣君阐释"终不为大"却能"成其大"的原因。

"天下皆谓我大"，"我"是圣君自称，本书译为"寡人"。"我大"即圣君之"大"，承上第 26 章"圣人终不为大，故能成其大"。

河上公注："天下谓我德大，我则佯愚似不肖。"认为"我"指圣君之"德"。王弼本经文增一"道"字，改为"天下皆谓我道大"，认为"我"是"道"之自称。均不可取。

"大而不宵"，宵训小。圣君自言：我"成其大"之后，不会再变小。

第 2 层，圣君展开第 1 层"大而不宵"。

"夫唯大，故不宵"，圣君自释不会再变小的原因：我"成其大"是因为遵循泰道，所以只要继续遵循泰道就不会变小。

"若宵，久矣其细也夫"，圣君再释为何继续遵循泰道就不会变小：假如我"成其大"之后继续遵循泰道会变小，那么我"成其大"之前遵循泰道就不可能变大，而是早就变得微不足道了。

句义：天下都说寡人已经成大，变大之后不再变小。寡人成大之后继续遵循泰道，所以不再变小。倘若继续遵循泰道可能变小，那么寡人成大之前早已变小了！

31.2 我恒有三宝，持而保之：一曰慈，二曰俭，三曰不敢为天下先。

第 31 章第 2 节第 1 层，标举"泰道三宝"，对应泰卦上卦三阴爻。

"我恒有三宝"，圣君自言"大而不宵"的原因，是恒久拥有"泰道三宝"。

"一曰慈"，慈，即"爱民治国"（第53章）之"爱"。泰道圣君慈爱民命，使民"无死地"（第13章）。否术俗君不爱民命，使民"动皆之死地"（第13章）。

"二曰俭"，俭，即"治人事天莫若啬"（第22章）之"啬"。泰道圣君俭省民力，轻徭薄赋。否术俗君不惜民力，"取食税之多"（第39章），"金玉盈室"（第52章），"服文采，带利剑，餍饮食，而资货有余"（第16章）。

"三曰不敢为天下先"，即"必以其言下之"，"必以其身后之"（第30章），"不敢为主而为客，不敢进寸而退尺"（第33章）。泰道圣君不敢居于天下民众之先。

句义：寡人能够成大是因为恒常拥有泰道三宝，而且持久保持：其一慈爱民命，其二俭省民力，其三不敢居于天下民众之先。

慈，故能勇；俭，故能广；不敢为天下先，故能为成事长。今舍其慈且勇，舍其俭且广，舍其后且先，则死矣。

第31章第2节第2层，阐明"泰道三宝"种善因，得善果。

"慈，故能勇"，"慈"谓侯王，"勇"谓民众。泰道圣君慈爱民命，民众必定勇于保家卫国。否术俗君使民"动皆之死地"（第13章），民众不会勇于保家卫国。

"俭，故能广"，"俭"谓侯王，"广"谓国土。泰道圣君俭省民力，轻徭薄赋，民众必定近悦远来，国土日广。否术俗君不惜民力，民众或"弥叛"（第20章），或"远徙"（第43章），国土日小。

"不敢为天下先，故能为成事长"，泰道圣君不敢居于天下民众之先，所以能成国事之君长。

"今舍其慈且勇，舍其俭且广，舍其后且先，则死矣。"当今否术俗君，舍弃"泰道三宝"，不种善因，必无善果，唯有死路一条。

句义：寡人慈爱民命，所以民众勇敢；寡人俭省民力，所以国土广大；寡人不敢居于天下民众之先，所以能成国事之君长。今之俗君舍弃君慈民勇，舍弃君俭国广，舍弃君后民先，必将死路一条。

夫慈，以战则胜，以守则固。天将建之，以慈卫之。

第31章第2节第3层，章末强调"慈"居"泰道三宝"之首。

"夫慈，以战则胜，以守则固"，"慈"谓侯王，"以战则胜，以守则固"谓民众。侯王慈爱民命，一旦外敌来侵，民众战则能胜，守则能固。

"天将建之，以慈卫之"，天道若欲建邦立国，必以侯王慈爱护卫之。天道若欲灭邦亡国，必以侯王残暴抛弃之。

句义：侯王只要慈爱，民众战则能胜，守则能固。天道若欲建邦立国，必以侯王慈爱护卫之。

32. 善为士者章

善为士者不武，善战者不怒，善胜敌者不与[1]，善用人者为之下。
是谓不争之德，是谓用人[2]，是谓配天，古之极也。

《老子》初始本上经《德经》第32章《善为士者章》，帛书本在第30章之后错简插入《小国寡民章》、《信言不美章》，变为第34章。《老子》传世本颠倒上下经后变为第68章。

《善为士者章》是"泰道三宝"四章（30—33）之第三章，展开"泰道三宝"之第一宝"慈"、第二宝"俭"。

32.1 善为士者不武，善战者不怒，善胜敌者不与，善用人者为之下。

第32章第1节，论述泰道圣君不爱用兵。

---

[1] 帛乙本、汉简本作"善胜敌者弗与"，严遵本、王弼本"弗"作"不"，经义无别，本书从之。傅奕本、范应元本作"善胜敌者不争"，道藏河上本作"善胜敌者不与争"，本书不从。

[2] 三大出土本（帛甲本、帛乙本、汉简本）作"是谓用人"，本书从之。四大传世本（严遵本、河上本、王弼本、傅奕本）"用人"后增"之力"，本书不从。

"善为士者不武",泰道圣君不爱动武,否术俗君穷兵黩武。河上公注:"谓得道之君也。"蒋锡昌注:"言善为君者不武也。"[1]均知《老子》的教诲对象是"侯王"。

"善战者不怒",泰道圣君不会动怒,否术俗君喜怒无常。

"善胜敌者不与",泰道圣君"不与敌争而敌自服"(河上公注),否术俗君争强好胜而敌不服。

"善用人者为之下",上扣第24章"大国者下流……故宜为下",又扣第30章"江海之所以能为百谷王者,以其善下之也",点破圣君不爱用兵是遵循泰道而谦下。

句义:善于为君的侯王不爱动武,善于战斗的侯王不喜动怒,善于胜敌的侯王不与敌争,善于用人的侯王谦退善下。

32.2 是谓不争之德,是谓用人,是谓配天,古之极也。

第32章第2节,小结本章:泰道圣君"用人配天"。

"是谓不争之德",概括第1节所言圣君"不武"、"不怒"、"不与"(敌争)、"为之下",都是遵循"泰道"之怀柔,批判"否术"之用刚。

"是谓用人,是谓配天"是特殊句式,分言"用人"和"配天",合为"用人配天",即"以人合天"。证见《尚书·太甲下》:"先王惟时懋敬厥德,克配上帝。"郑注:"言汤推是终始所与之难,勉修其德,能配天而行之。"《庄子·天地》:"尧问于许由曰:'啮缺可以配天乎?'"即演《老子》"用人配天"(以人合天)之义。

"是谓用人,是谓配天"意为:泰道圣君"以人合天,顺天应人"。

"古之极也","以人合天,顺天应人"是古代圣君的极致境界。

句义:这叫不争之德,这叫善用人道,这叫效法天道,是古之圣君的极致境界。

---

[1] 蒋锡昌《老子校诂》,413页,上海书店1992。

33. 用兵有言章

用兵有言曰[1]：**"吾不敢为主而为客，不敢进寸而退尺。"是谓行无行，攘无臂，执无兵，扔无敌**[2]。

祸莫大于无敌，无敌[3]**近亡吾宝矣。故抗兵相若**[4]**，则哀者胜矣。**

《老子》初始本上经《德经》第33章《用兵有言章》，帛书本在第30章之后错简插入《小国寡民章》、《信言不美章》，变为第35章。《老子》传世本颠倒上下经后变为第69章。

《用兵有言章》是"泰道三宝"四章（30—33）之末章，展开"泰道三宝"之第三宝"不敢为天下先"。

33.1 用兵有言曰："吾不敢为主而为客，不敢进寸而退尺。"

第33章第1节第1层，论述泰道圣君不主动"用兵"。

"用兵有言曰"，上扣第20章"以奇用兵"，是老子引用夏商周兵家之言。焦竑曰："古兵家有此言也。"[5] 蒋锡昌曰："古之用兵者所言也。"[6]

"吾不敢为主而为客，不敢进寸而退尺"，上扣第25章"道者万物之主也"。

---

[1] 帛甲本、帛乙本、汉简本、傅奕本有"曰"，本书从之。严遵本、河上本、王弼本删"曰"，本书不从。

[2] 三大出土本（帛甲本、帛乙本、汉简本）、严遵本、傅奕本"执无兵"在前，本书从之。河上本、王弼本"执无兵"在后，本书不从。

[3] 帛甲本、帛乙本、汉简本、傅奕本作"无敌，无敌"，"无敌"承上"扔无敌"，本书从之。严遵本、河上本、王弼本改为"轻敌，轻敌"，"轻敌"不承上"扔无敌"，本书不从。〇王弼注"非欲以取强无敌于天下也"，证明王弼古本作"无敌"，王弼今本"轻敌"为后人所改。传世本篡改经文，意在迎合欲求"天下无敌"的下德侯王。

[4] 帛甲本、帛乙本、汉简本、傅奕本作"相若"，本书从之。河上本、王弼本作"相加"，"加"为"如"之讹字，本书不从。

[5] 焦竑《老子翼》，熊铁基主编《老子集成》第6卷，665页，宗教文化出版社2011年。

[6] 蒋锡昌《老子校诂》，417页，上海书店1992。

泰道圣君深知天道才是"万物之主"和"司杀者",侯王仅是"社稷之主"(第42章),不能"代司杀者杀",所以用兵"为客"而"退尺",被动应战而防守。否术俗君不知天道才是"万物之主"和"司杀者",不知侯王仅是"社稷之主",不能"代司杀者杀",所以用兵"为主"而"进寸",主动挑战而进攻。

战国初期的墨家,受到《老子》主守不主攻思想影响,提倡"墨守",主张"以守止战"。

句义:兵家有言曰:"我不敢主动进攻而愿被动应战,不敢前进一寸而愿后退一尺。"

是谓行无行,攘无臂,执无兵,扔无敌。

第33章第1节第2层,论述泰道圣君被迫"用兵"的目标是"无兵"。

"是谓"以下四句,阐释上引夏商周兵家之言,四"无"均训致无。

"行"即行军。"攘臂"即抡起手臂,人与人攘臂为打架,国与国攘臂为打仗。

"行无行,攘无臂,执无兵,扔无敌"意为:最高的行军是致无行军,最高的战争是致无战争,最高的执兵是致无执兵,最高的御敌是致无敌国。

战国中晚期的法家,受到《老子》"执无兵"思想影响,主张"以兵止兵,以战止战"。

句义:这叫以行军致无行军,以战争致无战争,以执兵致无执兵,以御敌致无敌国。

33.2 祸莫大于无敌,无敌近亡吾宝矣。故抗兵相若,则哀者胜矣。

第33章第2节,批判否术俗君追求"天下无敌"而失"泰道三宝"。

"祸莫大于无敌",上扣第9章"祸莫大于不知足",批判否术俗君追求天下无敌,种下亡国之因。天下无敌非福是祸,因为"祸兮福之所倚,福兮祸之所伏"(第21章),"反者道之动"(第3章),物极必反。

"无敌近亡吾宝矣","吾宝"即"泰道三宝"。否术俗君追求"天下无敌",

必定不"慈"而滥杀民命，不"俭"而滥用民力，必定"敢为天下先"而悖道妄为，尽失"泰道三宝"。

"故抗兵相若，则哀者胜矣"，"哀"，上扣第31章"泰道三宝"之"慈"，参看《道经》第72章："故杀人众，则以悲哀莅之。战胜，则以丧礼居之。"后世佛家格义，译为"慈悲"，合于《老子》本义。

句义：祸患莫大于天下无敌，天下无敌近于丧亡泰道三宝。所以两国对抗兵力相当，侯王慈爱一方必胜。

[义理辨析 33]

历代注家多将"哀者胜矣"谬解为遭遇哀事之师必胜，不合《老子》本义。遭遇哀事之师，并非常胜之师。慈爱生命之师，方为常胜之师，因为"（君）慈，（民）故能勇"，"夫（君）慈，（民）以战则胜，以守则固"（第31章）。

王弼注："哀者必相惜而不趣利避害，故必胜。"劳健曰："王弼注云云，后人相承，多误解'哀'字如哀伤之义，大失其旨。王弼本义当以'哀'为慈爱而非哀伤。"[1]

易顺鼎曰："'哀'即'爱'，古字通。《诗序》：'哀窈窕而不淫其色。''哀'亦当读为'爱'。'抗兵相加，哀者胜'，即上章'慈，以战则胜'也。"[2]

刘师培曰："'哀'即三十一章所谓'以丧礼处之'也。彼文云：'杀人之众，以哀悲泣之；战胜，以丧礼处之'，即此'哀'字之义。"[3]

蒋锡昌曰："《说文》：'哀，闵也。'闵者，即六十七章所谓'慈'也。此言两方举兵相当，其结果必慈者胜。六十七章所谓'慈，以战则胜'也。"[4]

---

[1] 王弼注及劳健语并见高明《帛书老子校注》引，173页，中华书局1996。
[2] 蒋锡昌《老子校诂》，419页，上海书店1992。
[3] 蒋锡昌《老子校诂》，419页，上海书店1992。
[4] 蒋锡昌《老子校诂》，420页，上海书店1992。

泰道三宝四章的义理层次

上经《德经》第五部分"泰道三宝"四章（30—33），阐明侯王"成其大"的"泰道三宝"。

义理层次如下——

第30章《江海百谷章》，阐明侯王"成其大"必须"善下"："江海之所以能为百谷王者，以其善下之也。"

第31章《泰道三宝章》，阐明侯王"成其大"之"泰道三宝"："一曰慈，二曰俭，三曰不敢为天下先。"

第32章《善为士者章》，展开"泰道三宝"之第一宝"慈"、第二宝"俭"。

第33章《用兵有言章》，展开"泰道三宝"之第三宝"不敢为天下先"。

"泰道三宝"四章的主旨是：泰道圣君"以正用兵"，否术俗君"以奇用兵"。

泰道圣君"以正用兵"，是被动用兵，故不争先而为客，不进寸而退尺。泰道圣君深知"反者道之动"（第3章），深知"祸兮福之所倚，福兮祸之所伏"（第21章），深知"祸莫大于不知足"（第9章），深知"祸莫大于无敌"（第33章），所以不求天下无敌，唯恐丧失"泰道三宝"而不能长久。

否术俗君"以奇用兵"，是主动用兵，故争先而为主，得寸而进尺。否术俗君不知"反者道之动"（第3章），不知"祸兮福之所倚，福兮祸之所伏"（第21章），不知"祸莫大于不知足"（第9章），不知"祸莫大于无敌"（第33章），所以追求天下无敌，尽失"泰道三宝"而不能长久。

六、知其不知二章（34—35）：闻道宜行，自知不知

《德经》第六部分"知其不知"二章（34—35），教诲天下侯王"闻道"必须"行道"，标举《老子》第一教诲"知不知"。

上经 《德经》四十四章（1—44），对应斗魁四星

34. 吾言易知章

吾言甚易知，甚易行。而人莫之能知，莫之能行。[1]
　言有宗，事有君。夫唯无知，是以不我知。知我者希，则我贵矣，[2]
是以圣人被褐而[3]**怀玉。**

《老子》初始本上经《德经》第34章《吾言易知章》，帛书本在第30章《江海百谷章》之后错简插入《小国寡民章》、《信言不美章》，变为第36章。《老子》传世本颠倒上下经后变为第70章。

《德经》第一部分（1—6）第4章："上士闻道，勤而行之。中士闻道，若存若亡。下士闻道大笑之，不笑不足以为道。"教诲天下侯王"闻道"之后必须"行道"。经过《德经》第二至第五部分（7—33）深入展开"泰道—否术"，《德经》第六部分（34—35）教诲天下侯王"闻道"以后必须"行道"。所以按照《老子》初始本的严密逻辑结构和缜密义理层次，《吾言易知章》只能是第34章。

《吾言易知章》是"知其不知"二章（34—35）之首章，教诲天下侯王"闻道"之后必须"行道"。

34.1 吾言甚易知，甚易行。而人莫之能知，莫之能行。

第34章第1节，标举"泰道"易知易行，批评天下侯王不知不行。

"吾言甚易知，甚易行"，上扣第4章"上士闻道，勤而行之"。"吾"为圣

---

[1] 帛甲本作"而人莫之能知也，而莫之能行也"，傅奕本作"而人莫之能知，莫之能行"，本书从之。帛乙本、严遵本、河上本、王弼本改"人"为"天下"，本书不从。

[2] 三大出土本（帛甲本、帛乙本、汉简本）、严遵本、傅奕本作"知我者希，则我贵矣"，"则"是因果词，与下句"是以圣人被褐而怀玉"语义相关。河上本、王弼今本作"知我者希，则我者贵"，"则"变为"以……为准则"义，与下句"是以圣人被褐怀玉"语义不相关。○南宋彭耜《道德真经集注》引王弼注："故曰：知我者希，则我贵矣。"证明王弼古本原作"则我贵矣"，后人据河上本改为"则我者贵"。

[3] 三大出土本（帛甲本、帛乙本、汉简本）、严遵本、傅奕本均有"而"字。河上本、王弼本均无"而"字。

君自称，非老子自称，同于第 20 章《以正治国章》、第 31 章《泰道三宝章》之"我"。

蒋锡昌曰："'吾'者，即下文'圣人'也。'吾言甚易知，甚易行'，言圣人之言甚易知，甚易行也。'而人莫之能知，莫之能行'，言普通之人君竟莫之能知，莫之能行也。"[1]《老子》传世本改"人"为"天下"，导致《老子》的教诲对象从"侯王"变成普通人，遮蔽了《老子》初始本真义。

"而人莫之能知，莫之能行"，"人"指俗君，上扣第 4 章"闻道—行道"范式之"中士闻道，若存若亡。下士闻道大笑之"。意为当今俗君多为"中士"、"下士"，所以"莫之能知，莫之能行"。

句义：吾言甚易知晓，甚易践行。然而俗君无人知晓，无人践行。

34.2 言有宗，事有君。夫唯无知，是以不我知。知我者希，则我贵矣，是以圣人被褐而怀玉。

第 34 章第 2 节，解释俗君为何"莫之能知，莫之能行"。

"言有宗"，言语必有宗旨。点破《老子》宗旨是"泰道"，而非空泛论道。

"事有君"，政事必有君长。点破《老子》教诲对象是君长，而非普通民众。

"夫唯无知，是以不我知"，无知的俗君，才会不知圣君之教诲、"教父"之教诲。

"知我者希，则我贵矣，是以圣人被褐而怀玉"，上扣第 4 章"下士闻道大笑之，不笑不足以为道"。"褐"，粗布衣。"怀玉"，指"泰道三宝"。解释"吾言甚易知，甚易行"，为何当今俗君"莫之能知，莫之能行"。

句义：言语有其宗旨，政事有其君长。只有无知的君长，才会不知吾言宗旨。知晓吾言宗旨的君长稀少，说明吾言珍贵，所以圣君身披粗衣而怀揣宝玉。

---

[1] 蒋锡昌《老子校诂》，420、421 页，上海书店 1992。

35. 知不知章

知不知，上矣。不知不知[1]，病矣。
是以[2]圣人之不病，以其病病也，是以不病。

《老子》初始本上经《德经》第35章《知不知章》，帛书本在第30章《江海百谷章》之后错简插入《小国寡民章》、《信言不美章》，变为第37章。《老子》传世本颠倒上下经后变为第71章。

《知不知章》是"知其不知"二章（34—35）之末章，标举《老子》第一教诲"知不知"，教诲天下侯王彻悟自己不知"宣夜说"范畴的宇宙总体规律"无极恒道"。

35.1 知不知，上矣。不知不知，病矣。

第35章第1节，标举《老子》第一教诲"知不知"。

"知不知，上矣。不知不知，病矣。"兼扣第2章的《老子》第一命题"侯王得一"、第5章的《老子》第一基石"道生一"。"道"是"宣夜说"范畴的宇宙总体规律，"一"是"浑天说"范畴的宇宙局部太阳系规律。圣君深知"得一"并非"得道"，所以"上德不德，是以有德"（第1章），"不以知治国，国之德也"（第29章），顺道"无为"，决不"妄作"。俗君不知"得一"并非"得道"，所以"下德不失德，是以无德"（第1章），"以知治国，国之贼也"（第29章），悖道"有为"，任意"妄作"。

句义：圣君深知自己不知恒道，这是至上之知。俗君不知自己不知恒道，这是至大之病。

---

[1] 帛甲本作"不知不知"，经义甚明，本书从之。帛乙本、汉简本、四大传世本（严遵本、河上本、王弼本、傅奕本）改为"不知知"，义不可通，本书不从。

[2] 帛甲本、帛乙本、唐景龙碑本"病矣"后无"夫唯病病，是以不病"八字，"圣人"前有"是以"二字，本书从之。汉简本、四大传世本（严遵本、河上本、王弼本、傅奕本）"圣人"前多"夫唯病病，是以不病"八字（当属注文羼入），"圣人"前无"是以"二字，本书不从。

35.2 是以圣人之不病，以其病病也，是以不病。

第35章第2节，小结"易知易行"二章。
句义：因此圣君不病，是因为视病为病，所以不病。

知其不知二章的义理层次

上经《德经》第六部分"知其不知"二章（34—35），教诲天下侯王"闻道"必须"行道"，标举《老子》第一教诲"知不知"。

义理层次如下——

第34章《吾言易知章》，教诲天下侯王"闻道"之后必须"行道"。

第35章《知不知章》，标举《老子》第一教诲"知不知"，教诲天下侯王彻悟自己不知"宣夜说"范畴的宇宙总体规律"无极恒道"，并非全知全能，所以不可悖道"有为"，任意"妄作"。

《老子》第一教诲"知不知，上矣"，《庄子》第一境界"至知不知"，与苏格拉底名言"我只知道自己一无所知"，柏拉图名言"人类仅有昏暗的感官"，内涵虽异，境界全同。苏格拉底、柏拉图凭借这一最高认知，实现了轴心时代的希腊哲学突破。老子、庄子凭借这一最高认知，实现了轴心时代的中国哲学突破。人类哲学的最高认知，正是彻底认知自己的永恒无知。

对于《老子》初始本的唯一教诲对象"侯王"而言，抵达这一最高认知即为圣君，缺乏这一最高认知即为俗君。

七、民不畏威五章（36—40）：天道大威，侯王小威

《德经》第七部分"民不畏威"五章（36—40），教诲天下侯王奉行"否术"必定失败。

36. 民不畏威章

民不畏威，则大威将至[1]矣。
毋狭其所居，毋厌其所生。[2]夫唯弗厌，是以不厌。[3]
是以圣人自知而不自见也，自爱而不自贵也。[4]故去彼取此。

《老子》初始本上经《德经》第36章《民不畏威章》，帛书本在第30章《江海百谷章》之后错简插入《小国寡民章》、《信言不美章》，变为第38章。《老子》传世本颠倒上下经后变为第72章。

《民不畏威章》是"民不畏威"五章（36—40）之首章，褒扬天道"大威"，警告天下侯王奉行"否术"必遭天谴。

36.1 民不畏威，则大威将至矣。

第36章第1节第1层，标举天道"大威"，警告天下侯王加威于民必遭天谴。

"民不畏威"之"威"，指侯王"小威"，即下德侯王诛杀不合"仁义礼"的所谓"不善人"（第25章）。上承第25章"人之不善，何弃之有？"下启第38章"若民恒且不畏死，奈何以杀惧之也？"

"则大威将至矣"之"大威"，指天道"大威"，参看下章"天之所恶"。《尚书·西伯戡黎》："今我民罔弗欲丧，曰：'天曷不降威？大命不挚。'"徐志钧：

---

[1] 帛甲本字坏，帛乙本作"将至"。汉简本、四大传世本（严遵本、河上本、王弼本、傅奕本）脱"将"。

[2] 三大出土本（帛甲本、帛乙本、汉简本）作"毋"。四大传世本（严遵本、河上本、王弼本、傅奕本）改为"无"。○河上本作"狭"，严遵本作"挟"，王弼本、傅奕本作"狎"。

[3] 两大出土本（帛乙本、汉简本）作"夫唯弗厌，是以不厌"，本书从之。三大传世本（严遵本、河上本、王弼本）作"夫唯不厌，是以不厌"，傅奕本作"夫惟无厌，是以无厌"，本书不从。徐志钧曰："王弼本、河上本、景龙本、傅奕本前后使用否定词相同，义遂无别。帛书本'弗'与'不'含义不同，故句子含义也不同。"（徐志钧《老子帛书校注》，132页，学林出版社2002）

[4] 三大出土本（帛甲本、帛乙本、汉简本）有"而……也"。传世本无"而……也"。

"大威，犹言天威。"[1]

句义：民众不再畏惧侯王的刑戮小威，即为天道大威将至之时。

毋狭其所居，毋厌其所生。夫唯弗厌，是以不厌。

第36章第1节第2层，教诲天下侯王加惠于民，不能加威于民。

"毋狭其所居，毋厌其所生"，句首省略"侯王"，义承第26章"报怨以德"。下德侯王认为有"大怨"（第42章）而"弥叛"（第20章）的民众都是"不善人"（第25章），因而加威于民而刑戮之。老子认为有"大怨"而"弥叛"的民众并非"不善人"，侯王不能加威于民而刑戮之。因为刑戮不能解决问题，仅是解决提出问题的人。侯王应该遵循泰道让民众安居乐业，消除民众"大怨"而"弥叛"的根源。

"夫唯弗厌，是以不厌"，承上省略主语、宾语。补足主语、宾语即为：夫唯（民）弗厌（其所居、其所生），是以（民）不厌（侯王）。

句义：侯王不能让民众居处狭小，不能让民众厌恶生活。唯有民众不厌恶生活，民众才会不厌恶侯王。

36.2 是以圣人自知而不自见也，自爱而不自贵也。故去彼取此。

第36章第2节，阐明圣君"上德不德"源于自知不知，重言"去彼取此"。

"自知而不自见"，"自爱而不自贵"，义同第1章"上德不德"，第21章"光而不耀"。义承上章"知不知，上矣。不知不知，病矣"。圣君深知"得一"并非"得道"，所以自知不知，自知己德有缺，不敢拔高己德，不敢自居全知全能，不敢悖道"有为"，不敢加威于民诛杀"不善人"，使民"无死地"。俗君不知"得一"并非"得道"，所以不知不知，不知己德有缺，于是拔高己德，自居全知全能，悖道"有为"，加威于民滥杀"不善人"，使民"动皆之死地"。

---

[1] 徐志钧《老子帛书校注》，131页，学林出版社2002。

"故去彼取此"，已见《德经》第1章，重言。"去彼取此"范式，贯穿《老子》初始本。"去彼"秋气杀物的"否术"，"取此"春气生物的"泰道"。

句义：因此圣君自知无知而不自居全知，自爱己德而不自贵己德。所以摈弃秋气杀物的否术，遵循春气生物的泰道。

37. 勇于不敢章

勇于敢者则杀，勇于不敢者则活。[1]**此两者，或利或害。**

天之所恶，孰知其故？[2]**天之道，不争而善胜，不言而善应，不召而自来，默然而善谋**[3]**。天网恢恢，疏而不失**[4]**。**

《老子》初始本上经《德经》第37章《勇于不敢章》，帛书本在第30章《江海百谷章》之后错简插入《小国寡民章》、《信言不美章》，变为第39章。《老子》传世本颠倒上下经后变为第73章。

《勇于不敢章》是"民不畏威"五章（36—40）之次章，阐明天道"大威"的因果必然："天网恢恢，疏而不失。"

37.1 勇于敢者则杀，勇于不敢者则活。此两者，或利或害。

第37章第1节，义承上章"民不畏威，则大威将至矣"。

"勇于敢者"，即敢于奉行"否术"加威于民的俗君。

"勇于不敢者"，即不敢奉行"否术"加威于民的圣君。

---

[1] 帛甲本有二"者"字，本书从之。他本均无二'者'字，本书不从。
[2] 三大出土本（帛甲本、帛乙本、汉简本），严遵本"天之所恶，孰知其故"下，均无"是以圣人犹难之"。河上本、王弼本、傅奕本均多此句，奚侗、马叙伦、蒋锡昌均谓衍文。
[3] 傅奕本作"默然而善谋"，本书从之。汉简本作"謞然善谋"，帛甲本作"弹而善谋"，帛乙本作"单而善谋"，严遵本作"坦然而善谋"，河上本、王弼本作"繟然而善谋"，本书不从。
[4] 两大出土本（帛乙本、汉简本）、四大传世本（严遵本、河上本、王弼本、傅奕本）均作"疏而不失"，本书从之。唐景龙碑本等作"疏而不漏"，流传甚广。

"不敢"上扣第28章"以辅万物之自然，而不敢为"，第31章"不敢为天下先"，第33章"不敢为主而为客，不敢进寸而退尺"，故"敢"或"不敢"的省略主语均为"侯王"。

"此两者，或利或害"，阐明两类侯王"敢"和"不敢"的原因。"两者"，即《德经》第1章的两类侯王：以"德"治国的上德侯王，以"仁义礼"治国的下德侯王。

句义：敢于加威于民的俗君必遭天降大威而死，不敢加威于民的圣君可免天降大威而活。这两类侯王，俗君认为加威于民于己有利，圣君认为加威于民于己有害。

37.2 天之所恶，孰知其故？天之道，不争而善胜，不言而善应，不召而自来，默然而善谋。天网恢恢，疏而不失。

第37章第2节，论述天道大威之不可战胜和不可逃避。

"天之所恶，孰知其故？""天之所恶"，义承上章天道"大威"。蒋锡昌曰："'天之所恶，孰知其故？'言坚强何以必为天之所恶，世之人君有谁知其故而肯决然舍弃之邪？自然之道，有因果之相关。人君顺之者吉，逆之者凶。"[1]

然后列举天道"大威"四项，即"天威四义"。因为天道是生杀万物的唯一主宰，侯王不能僭窃天道的司生、司杀权柄。故下章曰："恒有司杀者。夫代司杀者杀，是代大匠斫也。夫代大匠斫者，则希不伤其手矣。"

"天威四义"之一："天之道，不争而善胜。"天道不与侯王争威，然而善胜一切挑战天威者。因为天道生杀万物，不可能败给所造之物。参看《庄子·大宗师》："物不胜天久矣。"

"天威四义"之二："不言而善应。"天道不会事先警告，然而善于报应一切因果。

"天威四义"之三："不召而自来。"天道不必百姓召唤，然而自动报应侯王

---

[1] 蒋锡昌《老子校诂》，429、431页，上海书店1992。

恶行。

"天威四义"之四:"默然而善谋。"天道静默无言,然而善胜一切人谋。

四前项"不争"、"不言"、"不召"、"默然",均言天道不是人格神,因为老子认为"道"在"帝"先(第48章),否认"天"有意志。

四后项"善胜"、"善应"、"自来"、"善谋",均言天降"大威"并非人格神的有意志降威,而是遵循无意志的天道因果律和天道必然性,因为天道生杀宇宙万物,遍在永在于宇宙万物。

"天网恢恢,疏而不失",阐明天道因果律和天道必然性。蒋锡昌曰:"此言天道赏善罚恶,不失毫分也。然则世之为人君者,可不知所惧乎?"[1]

句义:天道厌恶侯王加威于民,谁能知晓原因?因为天之道,不与物争而善胜万物,不欲倡言而善于回应,不须召唤而自动降临,静默无声而善于谋划。天道之网恢宏疏朗,然而永不失手。

[义理辨析 34]

"天网恢恢,疏而不失"二句,植根于东周史官老子精通的天文历法知识。

古人观星,为了精确观测日月星辰之位移,采用经线、纬线划分天区,经纬交错如同渔网,故称"天网"。经纬交错而有网眼,故称"疏"。天网覆盖全部天区,覆载宇宙万物,故称"不失"。百年考古,华夏全境出土了大量的上古陶器、上古玉器、中古青铜器,均有经纬纹,学界旧称"网格纹",实为"经纬纹"。若取《老子》用语,宜称"天网纹"。

渔网之眼曰目,总提之绳曰纲,故有成语"纲举目张"。北斗如同天网总提之绳,故称"天纲",又名"天罡"。"纲"、"罡"音义均同,"纲"为形声字,"罡"为会意字:"罡"字从"四"从"正",乃言斗柄指向四正,亦即战国道家著作《鹖冠子·环流》所言:"斗柄指东,天下皆春;斗柄指南,天下皆夏;斗柄指西,天下皆秋;斗柄指北,天下皆冬。"

老子以遍在永在的天道因果律和天道必然性,警告奉行"否术"加威于民

---

[1] 蒋锡昌《老子校诂》,431页,上海书店1992。

的下德侯王：侯王种下恶因，天道必报恶果。侯王种下善因，天道必报善果。种下恶因的下德侯王，决无可能通过人谋逃避天道惩罚。

天道之因果报应的必然性，远胜人格神之赏善罚恶的偶然性。老子以无意志的哲学之"道"取代有意志的宗教之"帝"，实现了以"道"代"帝"的中国哲学重大突破。

38. 民不畏死章

若民恒且不畏死，奈何以杀惧之也？[1] 若使民恒且畏死，而为奇者吾得而杀之，夫孰敢矣？[2]

若民恒且必畏死，则恒有司杀者。[3] 夫代司杀者杀，是代大匠斫也。夫代大匠斫者，则希不伤其手矣[4]。

《老子》初始本上经《德经》第38章《民不畏死章》，帛书本在第30章《江海百谷章》之后错简插入《小国寡民章》、《信言不美章》，变为第40章。《老子》传世本颠倒上下经后变为第74章。

---

[1] 前句，帛甲本字坏，汉简本作"民恒不畏死"。帛乙本作"若民恒且畏不畏死"，前"畏"衍，本书综合。严遵本、河上本、王弼本作"民不畏死"，傅奕本作"民常不畏死"，本书不从。后句，汉简本、帛甲本作"以杀惧之也"，本书从之。四大传世本（严遵本、河上本、王弼本、傅奕本）改"杀"为"死"，"杀"为侯王刑戮民众，"死"无此义，本书不从。○徐志钧曰："'若民恒且不畏死'、'若民恒且必畏死'，是本篇的两个重要层次。"（徐志钧《老子帛书校注》，137页，学林出版社2002）

[2] 帛甲本作"若民恒是死，则而为者吾将得而杀之，夫孰敢矣？"帛乙本作"使民恒且畏死，而为畸者[吾]得而杀之，夫孰敢矣？"汉简本作"若使民恒不畏死，而为畸者吾得而杀之，夫孰敢矣？"严遵本作"若使民常畏死，而为奇者吾得执而杀之，夫孰敢矣？"河上本、王弼本前两句同，"夫孰敢矣"作"孰敢"。傅奕本作"若使民常畏死，而为奇者吾得而杀之，孰敢也？"本书综合。

[3] 帛甲本"民"后坏两字，帛乙本作"若民恒且必畏死，则恒有司杀者"，本书从之。汉简本、四大传世本（严遵本、河上本、王弼本、傅奕本）均脱前句。后句汉简本作"恒有司杀者"，河上本作"常有司杀者"，严遵本、王弼本、傅奕本作"常有司杀者杀"，本书不从。

[4] 帛甲本"则"后坏一字，帛乙本作"则希不伤其手"，本书综合。汉简本脱"则"，严遵本又脱"矣"。傅奕本作"稀不自伤其手矣"，增"自"。河上本、王弼本作"希有不伤其手矣"。

《民不畏死章》是"民不畏威"五章（36—40）之第三章，阐明民众一旦"厌其所生"必将"不畏死"，侯王"以杀惧之"终将失败，贬斥侯王僭代天道"大威"诛杀不合"仁义礼"的"不善人"。

38.1 若民恒且不畏死，奈何以杀惧之也？若使民恒且畏死，而为奇者吾得而杀之，夫孰敢矣？

第38章第1节，阐明侯王加威于民终将失败。侯王不能诛杀民众，只能诛杀奉行否术的"为奇者"。

"若民恒且不畏死"，义承第36章民众"厌其所生"。下德侯王奉行秋气杀物的"否术"，使民"动皆之死地"（第13章），民众生不如死而"厌其所生"，于是"民恒且不畏死"而"民弥叛"（第20章）。

"奈何以杀惧之也？"传世本改"杀"为"死"，遮蔽《老子》初始本真义。蒋锡昌曰："此言人君失无为之治，政烦刑重，故天下思乱而不畏死，奈何人君可专以刑罚惧之乎？"[1]

"若使民恒且畏死"，圣君遵循春气生物的"泰道"，使民"无死地"（第13章），民众安居乐业而"不厌所生"，于是"使民恒且畏死"而不反叛。

"而为奇者吾得而杀之"，"为奇者"上扣第20章"以奇用兵"，指奉行否术的官吏。"吾"仍是圣君自称，非老子自称。圣君不杀反叛之民，只杀奉行否术逼民反叛的官吏。此即第27章"为之于未有也，治之于未乱也"。

"夫孰敢矣"，圣君诛杀奉行"否术"的官吏，使之不敢刑杀民众逼民反叛。

句义：倘若民众恒常厌恶生活而不怕死，侯王怎能以刑杀使之恐惧？倘若侯王让民众恒常安居乐业而怕死，而且诛杀奉行否术的官吏，那么谁敢奉行否术刑杀民众逼民反叛？

---

[1] 蒋锡昌《老子校诂》，433页，上海书店1992。

38.2 若民恒且必畏死，则恒有司杀者。夫代司杀者杀，是代大匠斫也。夫代大匠斫者，则希不伤其手矣。

第38章第2节，阐明天道"大威"是唯一的"司杀者"。

"若民恒且必畏死"，"必畏死"是天道自然的基本人性。上德侯王使民安居乐业而"无死地"，民众按照人性无不怕死。下德侯王使民生不如死而"动皆之死地"（第13章），民众才会违背天性不再畏死。老子警告奉行否术的下德侯王："好生畏死"是天道自然的基本人性，侯王不能逆天悖道，把民众逼到"厌其所生"而"民不畏死"的生存绝境。因为民众一旦陷入生存绝境，即为侯王将死之时，邦国将亡之日。

"恒有司杀者"，"司杀者"，即具有"大威"的天道、"疏而不失"的天网。河上公注："司杀者天，居高临下，司察人过，'天网恢恢，疏而不失'也。"天道是唯一的司生者和司杀者，万物生死的唯一主宰者，即第4章"夫唯道，善始且善成"。参看《庄子·大宗师》："善吾生者，乃所以善吾死也。"

"夫代司杀者杀，是代大匠斫也"，"大匠"即造化万物的天道。侯王奉行否术刑杀民众，是以侯王小威僭代天道"大威"。奚侗曰："人君不能以道治天下，而以刑戮代天之威，犹拙工代大匠斫也。"[1] 蒋锡昌曰："人君不能清静，专赖刑罚，是代天杀；代天杀者，是谓代大匠斫也。"[2] 胡适曰："'司杀者'便是天，便是天道。违背了天道，扰乱了自然的秩序，自有'自然法'来处置他，不用社会和政府的干涉。若用人力去赏善罚恶便是替天行道，便是'代司杀者杀'。"[3]

"夫代大匠斫者，则希不伤其手矣"，上扣第36章"大威将至"，第37章"勇于敢者则杀"，"天网恢恢，疏而不失"。蒋锡昌曰："此言拙工代大匠斫者，则伤其手；人君代天杀者，则灾必及其身也。"[4]

句义：倘若民众恒常安居乐业而普遍怕死，那么自有天道恒常司杀万物。所以侯王僭代天道刑杀万物，如同拙工僭代大匠斫木。拙工僭代大匠斫木，鲜有不伤其手者。

———————

[1] 高明《帛书老子校注》引，192页，中华书局1996。
[2] 蒋锡昌《老子校诂》，435页，上海书店1992。
[3] 胡适《中国哲学史大纲》，65页，上海书店1989。
[4] 蒋锡昌《老子校诂》，436页，上海书店1992。

39. 民饥轻死章

民之饥也[1]，以其上取食税之多也[2]，是以饥。
民之不治者，以其上之有以为也，是以不治。[3]
民之轻死者，以其求生之厚也[4]，是以轻死。
夫唯无以生为者，是贤于贵生也。[5]

《老子》初始本上经《德经》第39章《民饥轻死章》，帛书本在第30章《江海百谷章》之后错简插入《小国寡民章》、《信言不美章》，变为第41章。《老子》传世本颠倒上下经后变为第75章。

《民饥轻死章》是"民不畏威"五章（36—40）之第四章，阐明"民之饥"、"民之不治"、"民之轻死"的根源是侯王奉行"否术"，论证"民弥叛"的天道合理性。

39.1 民之饥也，以其上取食税之多也，是以饥。

第39章第1节第1层，抨击下德侯王"取食税之多"。

---

[1] 傅奕本作"民之饥也"，本书从之。河上本、王弼本均作"民之饥"。帛甲本、帛乙本、汉简本、严遵本均作"人之饥也"，均改"民"为"人"。

[2] 四大传世本（严遵本、河上本、王弼本、傅奕本）均有"上"字，《后汉书·郎𫖮传》引作"以其上食税之多也"，本书从之。三大出土本（帛甲本、帛乙本、汉简本）作"以其取食税之多也"，均脱"上"字。

[3] 三大出土本（帛甲本、帛乙本、汉简本）均作"有以为"，义承《上德不德章》"上义为之而有以为"，本书从之。四大传世本（严遵本、河上本、王弼本、傅奕本）均改"有以为"为"有为"。〇三大出土本（帛甲本、帛乙本、汉简本）均作"不治……是以不治"，本书从之。严遵本作"难治……是以不治"，河上本、王弼本、傅奕本均作"难治……是以难治"。

[4] 两大出土本（帛甲本、帛乙本）均作"以其求生之厚也"，本书从之。汉简本脱"求"字，严遵本、河上本、王弼本均脱"也"字，傅奕本作"以其上求生生之厚也"，增"上"，多一"生"，本书不从。

[5] 前句：两大出土本（帛甲本、帛乙本）、两大传世本（河上本、王弼本）均作"夫唯无以生为者"，本书从之。汉简本脱"者"字，傅奕本作"夫唯无以生为贵者"，增"贵"字。后句：傅奕本作"是贤于贵生也"，本书从之。帛甲本、帛乙本脱"于"、脱"也"，汉简本脱"于"，严遵本、河上本、王弼本脱"也"。

"民之饥也，以其上取食税之多也，是以饥"，揭示民众"厌其所生"（第36章）的根本原因是"其上取食税之多"。老子反对周制什一税，斥之为"无德司彻"（详见第42章）。

句义：民众之所以饥饿，是因为居于上位的侯王征税太多，所以才会饥饿。

民之不治者，以其上之有以为也，是以不治。

第39章第1节第2层，抨击下德侯王奉行否术而悖道"有为"。

"民之不治者，以其上之有以为也，是以不治"，"有以为"，上扣第1章"上义为之而有以为"，"义"训杀，即否术。民众不治，"民弥叛"而"盗贼多有"（第20章），原因正是下德侯王奉行秋气杀物的否术，"以其上之有以为也"。

《老子》初始本全书两见"有以为"，分别位于《德经》首尾的第1章、第39章，再次证明《老子》初始本具有严密的逻辑结构和缜密的义理层次，前后呼应，滴水不漏，决非杂乱无序、随意乱滚的一堆格言玻璃球。

句义：民众之所以不治，是因为居于上位的侯王有为妄作，所以才会不治。

39.2 民之轻死者，以其求生之厚也，是以轻死。

第39章第2节第1层，揭示民众"厌其所生"而"轻死"、"弥叛"的原因。

"民之轻死者，以其求生之厚也，是以轻死"，"以其求生之厚也"，上扣第13章"以其生生之厚也"，"轻死"上扣第20章"民弥叛"。民众"以其生生之厚也"，故"恒且必畏死"，这是天道自然的常态。然而在违背天道自然的人道统治下，民众"以其求生之厚也"，却被下德侯王逼至"动皆之死地"的生不如死绝境，于是变成"恒且不畏死"，不再畏惧下德侯王"以杀惧之"，"轻死"而"弥叛"。

句义：民众之所以轻死反叛，是因为求生的欲望深厚，所以才会轻死反叛。

夫唯无以生为者，是贤于贵生也。

第39章第2节第2层，小结本章。

"夫唯无以生为者，是贤于贵生也"，"无以生为"，即民不聊生、生不如死。"是贤于贵生也"，"轻死"而"弥叛"，好于怕死而忍受。

句义：民众唯因生不如死，才会认为轻死反叛胜于怕死忍受。

〖义理辨析35〗

胡适曰："读者试把《伐檀》、《硕鼠》两篇诗记在心里，便知老子所说'人之道损不足以奉有余'和'民之饥，以其上食税之多，是以饥'的话，乃是当时社会的实在情形。更回想《苕之华》诗'知我如此，不如无生'的话，也是当时的实在情形。人谁不求生？到了'知我如此，不如无生'的时候，束手安分也是死，造反作乱也是死，自然'轻死'，自然'不畏死'了。"[1]

老子肯定"民不畏死"而"弥叛"，肯定"民之轻死"是"贤于贵生"，即肯定民众轻死反叛的天道合理性，义近今语"不自由，毋宁死"。老子又否定了侯王把有"大怨"的"弥叛"者视为"不善人"而诛杀的权力，反问"人之不善，何弃之有？"老子仅仅主张侯王应该诛杀"为奇者"，即奉行否术刑杀民众、导致官逼民反的官员。

《子华子》："全生为上，亏生次之，死次之，迫生为下。"认为"死"高于"迫生"。《庄子》认为"自适其适"的"全生"，高于"役人之役"的"亏生"。均承《老子》"轻死"之义。

从春秋老子到战国子华子、庄子，先秦道家肯定民众在迫生状态下"轻死"而"弥叛"的天道合理性，是道家主导的轴心时代中国哲学之重大突破。

---

[1] 胡适《中国哲学史大纲》，51页，上海书店1989。

40. 生也柔弱章

人之生也柔弱，其死也坚强[1]。草木[2]之生也柔脆，其死也枯槁。
故曰：坚强者，死之徒也。柔弱者，生之徒也。[3]
是以兵强则不胜，木强则折[4]。故强大居下，柔弱居上。[5]

《老子》初始本上经《德经》第 40 章《生也柔弱章》，帛书本在第 30 章《江海百谷章》之后错简插入《小国寡民章》《信言不美章》，变为第 42 章。《老子》传世本颠倒上下经后变为第 76 章。

《生也柔弱章》是"民不畏威"五章（36—40）之末章，重申《老子》第一宗旨"扬泰抑否"："坚强者，死之徒也。柔弱者，生之徒也。……强大居下，柔

---

[1] 严遵本、河上本、王弼本、傅奕本"坚强"前均无"筋韧"，本书从之。帛甲本、帛乙本、汉简本"坚强"前均增"筋韧"，本书不从。

[2] 严遵本、傅奕本"草木"前均无"万物"，本书从之。帛甲本、帛乙本、汉简本、河上本、王弼本"草木"前均增"万物"，本书不从。

[3] 帛甲本、帛乙本均有"曰"字，本书从之。汉简本、四大传世本（严遵本、河上本、王弼本、傅奕本）均删"曰"字，本书不从。○帛甲本、帛乙本、汉简本、傅奕本均有"也"字，本书从之。严遵本、河上本、王弼本均删"也"字，本书不从。

[4] 帛甲本作"木强则恒"，帛乙本作"木强则竞"，汉简本作"木强则核"，均为"折"之讹字。王弼本作"木强则兵"，"兵"亦"折"之讹字。严遵本、河上本、傅奕本作"木强则共"，"共"为"兵"之讹字。○俞樾曰："'木强则兵'，于义难通，河上本作'木强则共'，更无义矣。《老子》原文作'木强则折'，因'折'字阙坏，止存右旁之'斤'，又涉上句'兵强则不胜'，而误为'兵'耳。'共'字则又'兵'字，误也。《列子·黄帝篇》引老聃曰'兵强则灭，木强则折'，即此章之文，可据以订正。"易顺鼎曰："俞氏《平议》据《列子》引《老子》作'兵强则灭，木强则折'是矣。鼎又按：《文子·道原篇》作'兵强即灭，木强即折'，《淮南·原道训》亦作'兵强则灭，木强则折'，皆与《列子》相同。"奚侗曰："'折'以残缺误为'兵'，复以形似误为'共'耳。兹据《列子·黄帝篇》《文子·道原篇》《淮南·原道训》引改。但《文子》《淮南》于'木强则折'下，有'革强则裂，齿坚于舌而先敝'，皆韵语，或《老子》原本有之，而今脱去。"（俞樾、易顺鼎、奚侗并见蒋锡昌《老子校诂》引，444 页，上海书店 1992）蒋锡昌是之。笔者按：《庄子·人间世》："夫柤梨橘柚，果蓏之属，实熟则剥，剥则辱；大枝折，小枝泄。"即演《老子》"木强则折"之义。

[5] 三大出土本（帛甲本、帛乙本、汉简本）均作"居"，四大传世本（严遵本、河上本、王弼本、傅奕本）均作"处"。

弱居上。"

40.1 人之生也柔弱,其死也坚强。草木之生也柔脆,其死也枯槁。

第 40 章第 1 节第 1 层,标举道生万物的生死规律。

上章已言民众在下德侯王的悖道统治下"不畏死"而"轻死",本章继言道生万物的生死规律。

"人之生也柔弱,其死也坚强"二句,"草木之生也柔脆,其死也枯槁"二句,前句都是对应泰卦☷之上卦三阴,阴气"柔弱"、"柔脆";后句都是对应泰卦☷之下卦三阳,阳气"坚强"、"枯槁"。四句均言人类以及万物之"生",源于春气生物的"泰道"之柔弱;人类以及万物之"死",源于秋气杀物的"否术"之"坚强"。

句义:人类生存之时柔弱,死亡之后坚强。草木生存之时柔脆,死亡之后枯槁。

故曰:坚强者,死之徒也。柔弱者,生之徒也。

第 40 章第 1 节第 2 层,引用古语,重申《老子》第一宗旨"扬泰抑否"。

"坚强者,死之徒也",上扣第 13 章"死之徒,十有三",再次批判下德侯王奉行秋气杀物的"否术",使民"动皆之死地"(第 13 章)。

"柔弱者,生之徒也",上扣第 13 章"生之徒,十有三",再次褒扬上德侯王遵循春气生物的"泰道",使民"无死地"(第 13 章)。

句义:所以说:坚强的否术,是秋气杀物之术。柔弱的泰道,是春气生物之道。

40.2 是以兵强则不胜,木强则折。故强大居下,柔弱居上。

第 40 章第 2 节,再次批判"以奇用兵"的"否术",褒扬"以正治国"的"泰道"。

"是以兵强则不胜",上扣第 20 章"以奇用兵",第 33 章"祸莫大于无敌",再次批判"以奇用兵"的"否术",是失败之源。

"木强则折"，承上第1节"草木"，又承"物壮则老，谓之不道，不道早已"（第18章），连类设譬，补证"兵强则不胜"。

下德侯王奉行秋气杀物的"否术"，邦国的上下结构不合理，不稳定，难以国泰民安，长治久安。故曰"侯王毋已，贵高将恐蹶"（第2章）。

"强大居下，柔弱居上"，民众对应泰卦☷下卦三阳，阳刚而强大。侯王对应泰卦☰上卦三阴，阴柔而弱小。

上德侯王遵循春气生物的"泰道"，邦国的上下结构合理，稳定，可以国泰民安，长治久安。故曰"有国之母，可以长久，是谓深根固柢、长生久视之道也"（第22章）。

句义：因此兵力强大就会失败，树木强大就会折断。所以民众强大居于下位，侯王柔弱居于上位。

民不畏威五章的义理层次

上经《德经》第七部分"民不畏威"五章（36—40），教诲天下侯王奉行"否术"必定失败。

义理层次如下——

第36章《民不畏威章》，褒扬天道"大威"，警告天下侯王奉行"否术"必遭天谴："民不畏威，则大威将至矣。"

第37章《勇于不敢章》，阐明天道"大威"的因果必然："天网恢恢，疏而不失。"

第38章《民不畏死章》，阐明民众一旦"厌其所生"必将"不畏死"，侯王"以杀惧之"终将失败，贬斥侯王僭代天道"大威"诛杀不合"仁义礼"的"不善人"。

第39章《民饥轻死章》，阐明"民之饥"、"民之不治"、"民之轻死"的根源是侯王奉行"否术"，论证"民弥叛"的天道合理性。

第40章《生也柔弱章》，重申《老子》第一宗旨"扬泰抑否"："坚强者，死之徒也。柔弱者，生之徒也。……强大居下，柔弱居上。"

上经 《德经》四十四章（1—44），对应斗魁四星　　　　　　　　　　　　　　　299

"民不畏威"五章尽管反复言"民"，然而教诲对象仍是"侯王"。在《德经》将终之时，重申《老子》第一宗旨"扬泰抑否"：褒扬天道"大威"，贬抑人道"小威"，批判下德侯王奉行秋气杀物的否术，以人道"小威"僭代天道"大威"。

八、《德经》结论四章（41—44）：泰道柔弱，否术刚强

《德经》第八部分《德经》结论四章（41—44），小结《德经》义理，阐明《老子》第一教义"人道效法天道"（礼必本于太一）。

41. 天道张弓章

天之道，犹张弓者也[1]。高者抑之，下者举之。有余者损之，不足者补之。

故天之道，损有余而益不足[2]。人之道不然，损不足而奉有余。

孰能有余而又取奉于天者[3]？唯有道者也。

是以圣人为而不有，成功而不居也，若此其不欲见贤也。[4]

《老子》初始本上经《德经》第41章《天道张弓章》，帛书本在第30章《江

---

[1] 帛甲本作"犹张弓者也"（汉简本句首三字坏，帛乙本脱"者"），本书从之。严遵本作"其犹张弓"，河上本作"其犹张弓乎"，王弼本作"其犹张弓与"，傅奕本作"其犹张弓者欤"，本书不从。
[2] 帛乙本作"损有余而益不足"，"损 / 益"义承第5章"物或损之而益，或益之而损"，本书从之。汉简本作"损有余而奉不足"，严遵本、河上本、王弼本、傅奕本作"损有余而补不足"，"奉"、"补"与"损"不能对举，本书不从。
[3] 帛乙本字坏。帛甲本作"孰能有余而有以取奉于天者乎"，汉简本作"孰能有余而有取奉于天者"，严遵本作"孰能损有余而奉天下"，傅奕本作"孰能损有余而奉不足于天下者"，河上本、王弼本作"孰能有余以奉天下"，本书综合。
[4] 帛甲本字坏。帛乙本作"是以圣人为而弗又，成功而弗居也，若此其不欲见贤也"，汉简本略同。河上本、王弼本作"是以圣人为而不恃，功成而不处，其不欲见贤"，改"又"为"恃"，改"居"为"处"，改"成功"为"功成"，删"若此"、"也"。

海百谷章》之后错简插入《小国寡民章》、《信言不美章》，变为第43章。《老子》传世本颠倒上下经后变为第77章。

《天道张弓章》是《德经》结论四章（41—44）之首章，贬斥俗君奉行的"人之道"（否术）违背"天之道"。

41.1 天之道，犹张弓者也。高者抑之，下者举之。有余者损之，不足者补之。

第41章第1节第1层，先以"张弓"譬解"天之道"如何维持自然生态平衡。
"天之道，犹张弓者也"，天之道维持自然生态平衡，如同张弓搭箭瞄准目标。
"高者抑之，下者举之"，瞄准太高必须降低，瞄准太低必须升高。
"有余者损之"，降低、升高太多，即"有余"；再次微升、微降，即"损之"。
"不足者补之"，降低、升高太少，即"不足"；再次微降、微升，即"补之"。
此为表层义，另有深层义——
"高者"上扣第2章"高必以下为基"之"高"。"有余者"上扣第16章"服文采，带利剑，餍饮食，而资货有余"。所以"高者"、"有余者"均指侯王，"高者抑之"、"有余者损之"意为抑制居于高位的侯王之利益。
"下者"上扣第2章"高必以下为基"之"下"。"不足者"上扣第39章"民之饥"。所以"下者"、"不足者"均指民众，"下者举之"、"不足者补之"意为维护居于下位的民众之利益。
本章之章旨，正是总结性阐明第2章"高必以下为基"：居于高位的侯王以居于下位的民众为基础，所以侯王必须维护居于下位的弱势群体之利益，从而符合天道地维持人类社会的生态平衡。
句义：天之道，犹如张弓瞄准目标。瞄准太高必须降低，瞄准太低必须升高。升降有余必须减损升降，升降不足必须补足升降。

故天之道，损有余而益不足。

第 41 章第 1 节第 2 层，总结性阐明"天之道"如何维持自然生态平衡。

"故天之道，损有余而益不足"，上扣第 5 章："人之所恶，唯孤、寡、不穀，而王公以自名也。是故物或损之而益，或益之而损。"仍是老子对"太一"历法图（伏羲太极图）之"十二消息卦"的哲学提炼——

伏羲十二消息卦之上半年六卦，始于一阳五阴（图右最下），即阴有余而阳不足，于是后续五卦损有余之阴，益不足之阳，于春分泰卦抵达阴阳平衡。阴阳平衡不可能恒久保持，而是按照上半年之惯性，变成阴不足而阳有余，于夏至乾卦达至阳极。于是进入"反者道之动，弱者道之用"的下半年。

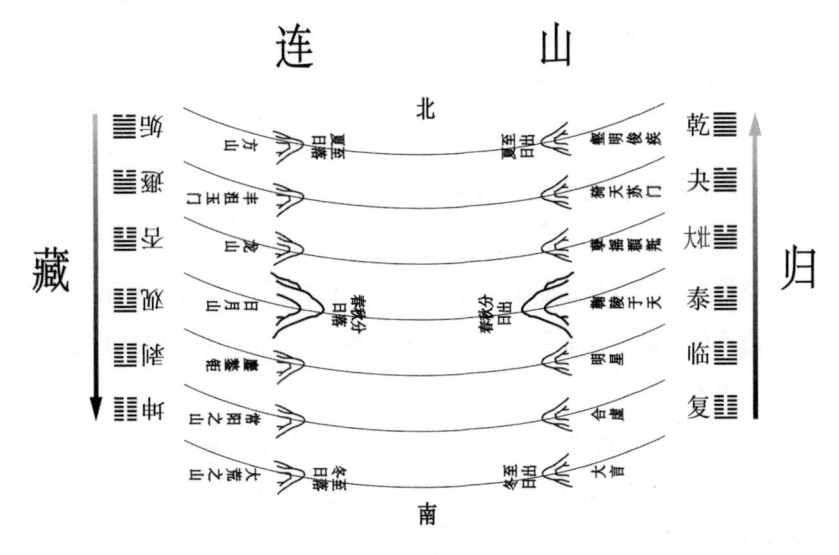

▲伏羲十二消息卦：夏《连山》、商《归藏》原理图

伏羲十二消息卦之下半年六卦，始于一阴五阳（图左最上），即阳有余而阴不足，于是后续五卦损有余之阳，益不足之阴，于秋分否卦抵达阴阳平衡。阴阳平衡不可能恒久保持，而是按照下半年之惯性，变成阳不足而阴有余，于冬至坤卦达至阴极，完成一年的阴阳循环，进入下一年的阴阳循环，继续在不平衡中寻求平衡，继续"反者道之动，弱者道之用"的永恒循环。

战国黄老学派的代表作《管子》，继承了《老子》对"太一"历法图（伏羲太极图）的哲学提炼。《管子·乘马》曰："春秋冬夏，阴阳之推移也，时之短长，阴阳之利用也。日夜之易，阴阳之化也，然则阴阳正矣。虽不正，有余不可损，不足不可益也。天地莫之能损益也。"用语承袭《老子》本章。《管子》所言"春秋冬夏，阴阳之推移"，证明《老子》"天之道，损有余而益不足"是对"太一"历法图（伏羲太极图）的哲学提炼。《管子》所言"虽不正，有余不可损，不足不可益"，则与《老子》"天之道，损有余而益不足"相反，证明《管子》的黄老思想仅是借老言黄，表面是"老"，实质是"黄"，不合《老子》本义。正如《韩非子》的《解老》《喻老》是借老言法，表面是"老"，实质是"法"，不合《老子》本义。

孔子曰："吾闻之也：君子周急不继富。"（《论语·雍也》）义近《老子》"天之道，损有余而益不足"。或许孔子正是"闻之"老子。

句义：所以天之道，减损有余而增益不足。

人之道不然，损不足而奉有余。

第41章第1节第3层，批评俗君奉行的"人之道"（否术）违背"天之道"。

"人之道不然，损不足而奉有余"，这是《德经》自始至终反对的下德侯王"人之道"，即"否术"。

民众是"下者"，按照"天之道"应该"下者举之"，然而下德侯王却"抑之"、"损之"，"取食税之多"（第39章），导致"民之饥"，"民之轻死"，"动皆之死地"，正是"损不足"。

侯王是"高者"，按照"天之道"应该"高者抑之"，然而下德侯王却"举之"、"奉之"，"贵难得之货"（第28章），"金玉盈室"（第52章），正是"奉有余"。

《老子》初始本上经《德经》的第一部分至第七部分，第10章言及"天道"，第37章言及"天之道"，未曾言及"人道"和"人之道"。到了第八部分亦即《德经》结论四章之首章，小结《德经》义理，首次并举"天之道"、"人之道"。

句义：人之道却非如此，减损不足而进奉有余。

41.2 孰能有余而又取奉于天者？唯有道者也。

第 41 章第 2 节第 1 层，褒扬圣君遵循的"人之道"（泰道）效法"天之道"。

"孰能有余而又取奉于天者？唯有道者也"，这是《德经》自始至终褒扬的上德侯王"人之道"，即"泰道"。

"取奉于天"，即效法"损有余而益不足"的"天之道"，所以是"有道者"。"有道"上扣"天下有道"（第9章），人不能拥有天道之体，只能拥有人道之术，即"侯王得一以为天下正"（第2章）、"清静为天下正"（第8章）、"以正治国"（第20章）的"泰道"。

《德经》绪论六章之首章《上德不德章》，把侯王分为"上德"、"下德"两类，所以《德经》结论四章之首章《天道张弓章》，也把两类侯王的"人之道"分为两类——

第 1 节反对"人之道不然，损不足而奉有余"，这是下德侯王违背"天之道"的"人之道"，即"否术"。

第 2 节褒扬"孰能有余而又取奉于天者？唯有道者也"，这是上德侯王效法"天之道"的"人之道"，即"泰道"。

句义：谁能有余而供奉天道？唯有遵循泰道的圣君。

是以圣人为而不有，成功而不居也，若此其不欲见贤也。

第 41 章第 2 节第 2 层，总结《德经》宗旨。

"是以圣人为而不有，成功而不居也"，这是圣君效法"天之道"的"人之道"。上扣第14章："道生之，德畜之……生而不有，为而不持，长而不宰。"

"若此其不欲见贤也"，"见"训"被"，"不欲见贤"即不欲被人视为贤明，即"上德不德"。这是《德经》结论对《德经》绪论的直接呼应："上德不德"，是上德侯王遵循泰道，不欲自己拔高其德；"不欲见贤"，是上德侯王遵循泰道，不欲民众拔高其德。

一切下德侯王，无不拔高其德；但是有时假装谦虚，假装反对民众拔高其德、神化其德；有时抛弃假装谦虚，不再反对民众拔高其德、神化其德。老子用《德经》绪论的"上德不德"和《德经》结论的"不欲见贤"，堵死了下德侯王拔高其德、神化其德的一切通道。

《庄子·山木》"行贤而去自贤之心"，把《老子》"不欲见贤"，发展为"不欲自贤"。

句义：因此圣君顺道无为而不占有，治理成功而不居功，如此不欲被人视为贤明。

42. 柔之胜刚章

天下莫柔弱于水，而攻坚强者莫之能先也，以其无以易之也。[1]

柔之胜刚，弱之胜强，[2] 天下莫不知，莫能行。

故圣人之言云："受国之诟[3]，是谓社稷之主；受国之不祥，是谓天下之王。"正言若反。（以上王弼本第78章）

和大怨，必有余怨，安可以为善？是以圣人执左契[4]，而不责于人。

故有德司契，无德司彻。"天道无亲，恒与善人。"（以上王弼本第79章）

《老子》初始本上经《德经》第42章《柔之胜刚章》，帛书本在第30章《江

---

[1] 帛甲本、帛乙本字坏。严遵本、傅奕本均作"莫之能先"，汉简本作"莫之能失"，"先"讹为"失"，河上本、王弼本改"先"为"胜"。○帛甲本、汉简本、傅奕本均作"以其无以易之也"，河上本、王弼本删"以"、"也"。

[2] 傅奕本作"柔之胜刚，弱之胜强"，合于《淮南子·道应训》："老子曰：柔之胜刚也，弱之胜强也，天下莫不知，而莫之能行。"帛甲本字坏，帛乙本作"水之朕（胜）刚也，水之朕（胜）强也"，汉简本作"故水之胜刚，弱之胜强"，严遵本作"夫水之胜强，柔之胜刚"，"水"承上句而误。河上本、王弼本作"弱之胜强，柔之胜刚"，句序颠倒。

[3] 三大出土本（帛甲本、帛乙本、汉简本）均作"诟"，义同《道经》第61章"唯之与呵"之"呵"，义为百姓批评侯王。四大传世本（严遵本、河上本、王弼本、傅奕本）改"诟"为"垢"，遮蔽百姓批评侯王之义。

[4] 汉简本、严遵本、河上本、王弼本、傅奕本均作"圣人执左契"，契约属于吉事，合于第72章"吉事尚左，丧事尚右"，本书从之。帛甲本改"左"为"右"，帛乙本"契"作"芥"，本书不从。

上经 《德经》四十四章（1—44），对应斗魁四星

海百谷章》之后错简插入《小国寡民章》、《信言不美章》，变为第44章。《老子》传世本颠倒上下经后分为二章，变成第78章（止于"正言若反"）、第79章（止于"恒与善人"）。

《老子》传世本将《德经》第27章、第28章合为一章，将《德经》第42章分为二章，所以《德经》章数不变，仍为四十四章。本书之分章和章序，均从西汉中期的汉简本。

《柔之胜刚章》是《德经》结论四章（41—44）之次章，褒扬圣君遵循的"人之道"（泰道）效法"天之道"。

42.1 天下莫柔弱于水，而攻坚强者莫之能先也，以其无以易之也。

第42章第1节第1层，以"水"譬解"泰道"。

"天下莫柔弱于水，而攻坚强者莫之能先也"，以"水"譬解"泰道"。

《德经》绪论六章之第5章《道生一章》标举"负阴而抱阳，冲气以为和"的"泰道"之后，第6章《天下至柔章》以"天下之至柔，驰骋于天下之至坚"阐释"泰道"，但未以"水"隐喻"泰道"。《德经》结论四章之本章，义承《天下至柔章》之"天下之至柔，驰骋于天下之至坚"，进而以"水"隐喻"泰道"。老子后学所撰《太一生水》，承于《老子》以"水"隐喻"泰道"，篇名意为："太一"（历法图之春分泰卦）生"泰道"。

《德经》前面各章，连类设譬，以"水"喻"君"。第24章："大国者下流也……故宜为下。"第30章："江海之所以能为百谷王者，以其善下之也。"以水的不同位置，喻君的不同等级：小国之"侯"如同江河上游，大国之"侯"如同江河下游，天下之"王"如同江河汇入之大海，越是大者，越须"为下"，越是贵者，越须"善下"。

本章在《德经》最后，又从以"水"喻"君"，进至以"水"喻"道"，即以水之"柔弱"而"善下"，譬解泰道之"柔弱"而"善下"。

"以其无以易之也"，"易之"指"易姓改号"的改朝换代。侯王一怕己位被篡，己身被弑，二怕子孙祭祀终绝，亦即"易姓改号"。所以老子在《德经》结

论部分教诲天下侯王：若欲免于篡弑，免于"易姓改号"，免于改朝换代，必须遵循"柔之胜刚，弱之胜强"的泰道。

句义：天下柔弱之物莫过于水，然而水能击败一切坚强之物，因为无物能够改变水之柔弱。

柔之胜刚，弱之胜强，天下莫不知，莫能行。

第42章第1节第2层，总结天下侯王对于"泰道"莫不知，莫能行。

"柔之胜刚，弱之胜强"，总结《德经》褒扬的"泰道"。

"天下莫不知，莫能行"，总结"泰道"是夏商周制度效法而天下共知的常识，批评春秋晚期的天下侯王不再遵循"泰道"传统，全都奉行"否术"。

句义：柔之胜刚，弱之胜强，天下无人不知，然而无人遵行。

〔义理辨析36〕

关于"天下莫不知"，首先源于夏商周政治制度"礼必本于太一"而且效法"泰道"并"扬泰抑否"（详见上卷第二章），此外可以再补二证。

其一，《左传·文公五年》："《商书》曰：'沈渐刚克，高明柔克。'夫子壹之，其不没乎？天为刚德，犹不干时，况在人乎？"

《商书》所言"沈渐刚克"，即俗君奉行的"否术"。《商书》所言"高明柔克"，即圣君遵循的"泰道"。

《左传》所言"天为刚德，犹不干时，况在人乎"句法、命义全同《老子》第64章："飘风不终朝，骤雨不终日。孰为此者？天地。天地尚不能久，而况于人乎？"

证明崇尚"高明柔克"的"泰道"，贬斥"沈渐刚克"的"否术"，并非始于老子，而是源于夏商周制度之"扬泰抑否"，所以是"天下莫不知"的先秦常识。

其二，《说苑·敬慎》："桓公曰：'金刚则折，革刚则裂；人君刚则国家灭，人臣刚则交友绝。'夫刚则不和，不和则不可用。是故四马不和，取道不长；父子不和，其世破亡；兄弟不和，不能久同；夫妻不和，家室大凶。"亦证崇尚"泰道"，贬斥"否术"，是"天下莫不知"的先秦常识。

故圣人之言云："受国之诟，是谓社稷之主；受国之不祥，是谓天下之王。"正言若反。

第42章第1节第3层，总结性阐明《德经》第一要义"上德不德，是以有德"。"故圣人之言云"，这是引用类似于《金人铭》的圣人之言或圣君之言。

"受国之诟，是谓社稷之主；受国之不祥，是谓天下之王"，"受国之诟"，侯王是国人批评的第一承受者。"受国之不祥"，侯王是国家灾难的第一责任人。义近西谚："欲戴王冠，必承其重。"

"祥"有正训、反训二义。本章"受国之不祥"、第72章"兵者不祥之器"之"祥"，正训吉。第18章"益生曰祥"之"祥"，反训妖。正训反训之成因，源于不同所指，指向同一受指。比如同一天象、同一卦象，既可释为吉，又可释为凶；或者前释为吉祥，后释为不祥。

"正言若反"，上扣第3章"反者道之动"，解释"社稷之主"、"天下之王"之所以"受国之诟"，"受国之不祥"，是效法"反者道之动"。

句义：所以圣君有言曰："承受国人的诟病，才能成为社稷的宗主；承担国家的灾难，才能成为天下的君王。"正言如同反言。

［重大篡改 08］

本章第1节"受国之诟"之"诟"，与本章第2节"和大怨，必有余怨"之"怨"，义理相关。

《老子》传世本根据《左传·宣公十五年》"川泽纳污，山薮藏疾，瑾瑜匿瑕，国君含垢，天之道也"，改"诟"为"垢"，导致儒义"受国之垢"遮蔽了老义"受国之诟"，并与本章第2节"和大怨，必有余怨"脱钩。《老子》传世本之所以把本章第2节"和大怨，必有余怨"强行分为下一章，正是为了割裂、遮蔽"受国之诟"与"和大怨，必有余怨"的义理关联。

"受国之诟"之"诟"，义同《道经》第61章"唯之与诃"之"诃"（传世本改"诃"为"阿"，是不许百姓"诟"、"诃"侯王的系统篡改）。百姓"诟"、"诃"侯王，即《道经》第60章"侯王四境"之第四境"其下，侮之"。

百姓"诟"、"诃"侯王，不仅与"其下，侮之"相关，又与《老子》反复言及侯王之"辱"相关。《德经》第4章"大白若辱"之"辱"，《德经》第7章"知足不辱"之"辱"，《道经》第56章"宠辱若惊"之"辱"，均言百姓"诟"、"诃"侯王。"诟"、"诃"二字既改，相关各章均不可解，历代注家只能胡解。

"受国之诟"，实为老子对虞夏时期谏鼓、谤木等允许民众批判侯王的哲学提炼。参看《管子·桓公问》："舜有告善之旌，而主不蔽也；禹立谏鼓于朝，而备讯唉。"《尸子》："尧立诽谤之木。"《史记·孝文本纪》："古之治天下，朝有进善之旌，诽谤之木，所以通治道而来谏者。"《淮南子·主术训》："古者天子听朝，公卿正谏，博士诵诗，瞽箴师诵，庶人传语，史书其过，宰彻其膳。犹以为未足也，故尧置敢谏之鼓，舜立诽谤之木，汤有司直之人，武王立戒慎之鼗，过若豪厘，而既已备之也。"《后汉书·杨震列传》："尧舜之世，谏鼓谤木，立之于朝；殷周哲王，小人怨詈，则还自敬德。所以达聪明，开不讳，博采负薪，尽极下情也。"

"受国之不祥"，则是老子对"万方有罪，在予一人"（《尚书·汤诰》）、"万方有罪，罪在朕躬"（《论语·尧曰》）的哲学提炼。由于上古至中古的"天人合一"之教，认为侯王是星宿下凡，所以一方面侯王所居明堂之十二室对应北斗斗柄，另一方面任何天象异动均与侯王挂钩。所以把星象之正常循环视为"祥瑞"，把星象之非正常异动视为"不祥"。同时按照夏商周制度所效法、"天下莫不知"的泰道，侯王必须承认"万方有罪，罪在朕躬"。

"正言若反"，义承"反者道之动"（第3章），是《德经》第一要义"上德不德，是以有德"的总结性论述，也是贯穿《老子》初始本的表达范式。

《德经》结论部分所言"正言若反"（第42章），植根于《德经》绪论部分所言"反者道之动"（第3章）。由于道（以及道生万物）永无静态，而是永恒动态，同时道之永恒动态的根本特性是"返回"，所以任何一种"正言"，只能描述道之永恒动态的某一瞬间静态。然而道之永恒动态，必有与"正言"描述的某一瞬间静态相反的另一瞬间静态,两者互为其"极"。所以描述后者之时,必须使用与"正言"相反的"反言"。比如既有"以正治国"之"泰道",必有"以奇用兵"之"否术"。

"人之道"需要做的,是在"天之道"的永恒动态中,选择"天之道"的某个瞬间静态,作为"人之道"的范式和愿景,延长"天之道"的某个瞬间静态。比如上德侯王选择春气生物的"泰道",作为"人之道"的范式和愿景,就能延长侯王的在位时间,延长邦国的国祚时间。下德侯王选择秋气杀物的"否术",作为"人之道"的范式和愿景,就会缩短侯王的在位时间,缩短邦国的国祚时间。

42.2 和大怨,必有余怨,安可以为善?是以圣人执左契,而不责于人。

第42章第2节第1层,总结圣君如何处理民怨。

"和大怨,必有余怨,安可以为善?""和"扣第5章"负阴而抱阳,冲气以为和"之泰道,"大怨"、"余怨"义承第26章"报怨以德",上扣第1节"受国之诟"。

蒋锡昌曰:"人君不能清静无为,而耀光行威,则民大怨生。待大怨已生而欲修善以和之,则怨终不灭,此安可以为善乎?"[1]

圣君遵循泰道,虽能"和大怨",但不可能人人满意,所以少数民众"必有余怨",圣君仍须承受国人的批评。圣君一方面必须继续"报怨以德",不把有"余怨"的少数民众视为"不善人"而"弃之";另一方面必须永不自诩"善政",即"上德不德,是以有德"(第1章)。

"是以圣人执左契,而不责于人","左契"为债权人所执,右契为债务人所执,参看《礼记·曲礼上》:"献粟者执右契。""柔弱居上"的侯王,是执左契的债权人,有权力收税、收粟。"强大居下"的民众,是执右契的债务人,有义务交税、献粟。老子承认侯王"可以有国"(第22章),亦即承认侯王是执左契的

---

[1] 蒋锡昌《老子校诂》,457页,上海书店1992。

债权人，但是强调"泰道"是"有国之母"（第22章），所以侯王执债权人之左契，宜于宽待执右契的债务人（民众）。

上德侯王遵循"泰道"而"取食税"较少，民众有"怨"必"和"之，"报怨以德"，"不责于人"。

下德侯王奉行"否术"而"取食税"较多，民众有"怨"必"杀"之，报怨以刑，苛责于人。

句义：圣君和解民众大怨，民众必定仍有余怨，圣君怎么可以自诩善政？因此圣君手执债权人的左契，却不苛责债务人。

[义理辨析37]

《老子》之"左右"，见于《道经》第74章"道泛兮，其可左右"，第72章"君子居则贵左，用兵则贵右"、"吉事尚左，丧事尚右。偏将军居左，上将军居右"。"左"均指春气生物的"泰道"，"右"均指秋气杀物的"否术"。"圣人执左契"，即圣君执"泰道"，故"不责于人"（详见上卷第二章之"夏商周泰否左右制度"）。

故有德司契，无德司彻。"天道无亲，恒与善人。"

第42章第2节第2层，总结两类侯王之"有德"、"无德"。

"有德司契"，"有德"，上扣第1章"上德不德，是以有德"。"契"扣上句"圣人执左契，而不责于人"，即君民之间的契约。

"无德司彻"，"无德"，上扣第1章"下德不失德，是以无德"。"彻"，《广雅·释诂》："彻，税也。"老子是东周史官，此"彻"专指周制什一税。证见《孟子·滕文公上》："夏后氏五十而贡，殷人七十而助，周人百亩而彻，其实皆什一也。"

蒋锡昌曰："'彻'乃周之税法。此言有德之君主执左契而不责于人，无德之君主以收税为事。不责于人，则怨无由生；取于人无厌，则大怨至也。"[1]

---

[1] 蒋锡昌《老子校诂》，459页，上海书店1992。

句义：所以有德圣君重视君民的契约，无德俗君重视民众的赋税。

[义理辨析 38]

《老子》"无德司彻"，批评周制什一税"无德"，上扣"以其上取食税之多"（第39章），所以战国黄老学派反对周礼，主张二十税一。

《公羊传·宣公十五年》："古者，什一而籍。古者曷为什一而籍？什一者，天下之中正也。多乎什一，大桀，小桀；寡乎什一，大貊，小貊。"儒家拥护周礼，支持周制什一税，认为高于什一税是桀、纣之道（大桀，小桀），低于什一税是胡人之道（大貊，小貊）。

《论语·颜渊》："哀公问于有若曰：'年饥，用不足，如之何？'有若对曰：'盍彻乎？'曰：'二，吾犹不足；如之何其彻也？'对曰：'百姓足，君孰与不足？百姓不足，君孰与足？'"郑玄注："周法什一而税，谓之'彻'。"

东周礼崩乐坏，鲁国实行什二税（小桀）。鲁哀公仍然认为国用不足，考虑加税（大桀）。有若反对，坚持周制什一税。

《孟子·告子下》："白圭曰：'吾欲二十而取一，何如？'孟子曰：'子之道，貊道也。万室之国，一人陶，则可乎？'曰：'不可！器不足用也。'曰：'夫貊，五谷不生，惟黍生之，无城郭、宫室、宗庙、祭祀之礼，无诸侯币帛饔飧，无百官有司，故二十取一而足也。今居中国，去人伦，无君子，如之何其可也？陶以寡，且不可以为国，况无君子乎？欲轻之于尧舜之道者，大貊、小貊也；欲重之于尧舜之道者，大桀、小桀也。'"

白圭是战国中期的黄老之徒，所以主张二十税一。孟子是战国中期的儒家之徒，所以主张周制什一税。（参看拙著《相忘于江湖：庄子与战国时代》第五十章，312页，天地出版社2020）

汉初文景时期，采用黄老之道，二十税一（小貊）。汉武帝"独尊儒术"以后，放弃二十税一，恢复周制什一税。清初康乾盛世，采用三十税一（大貊）。

"天道无亲，恒与善人"，继第5章"强梁者不得其死"之后，本章再次引用东周太庙的"太一"上帝神谕《金人铭》。朱谦之曰:"此二句为古语,见《说苑·敬慎篇》引黄帝《金人铭》,又《后汉书·袁绍传》注引作《太公金匮》语。又《郎顗传》顗引《易》曰:'天道无亲,常与善人。'"[1]蒋锡昌曰:"'善人',即指上文'有德'之君而言。"[2]

第 5 章"强梁者",是指奉行否术的下德侯王,"不得其死"是天道"大威"使然。本章"善人",是指遵循泰道的上德侯王,"恒与善人"也是天道"大威"使然。

"天道无亲",乃指天道并非人格神,所以天道的因果报应,比人格神的赏善罚恶更为必然,亦即"天网恢恢,疏而不失"(第 37 章)。

句义:太一上帝神谕曰:"天道对待万物无所亲疏,恒常保佑有德圣君。"

43. 小国寡民章

小国寡民,使有什佰人之器而不用[3],使民重死而远徙[4]。

虽有舟车,无所乘之;虽有甲兵,无所陈之。

使民复结绳而用之,甘其食,美其服,乐其俗,安其居。[5]邻国相望,

---

[1] 朱谦之《老子校释》,306 页,中华书局 2000。

[2] 蒋锡昌《老子校诂》,459 页,上海书店 1992。

[3] 河上本、苏辙本均作"使有什伯人之器而不用",本书从之。苏辙注:"'什伯人之器',则材堪什夫伯夫之长者也。"意为十人百人之贤。帛甲本作"使十百人之器毋用",脱"有"。汉简本作"使有什佰人之气而勿用","器"误为"气"。帛乙本作"使有十百人器而勿用",脱"之"。严遵本改为"使人有什佰之器而不用","人"字移前。王弼本作"使有什伯之器而不用",傅奕本作"使民有什伯之器而不用也",删"人"。均非《老子》本义。○河上本旧误断为:"使有什伯,人之器而不用。"不可从。

[4] 三大出土本(帛甲本、帛乙本、汉简本)"远徙"前均无"不"字,意为远离迁徙。四大传世本(严遵本、河上本、王弼本、傅奕本)"远徙"前均增"不"字,"不远徙"蕴涵"可近徙",不合《老子》本义,本书不从。

[5] 三大出土本(帛甲本、帛乙本、汉简本)、严遵本均作"甘其食,美其服,乐其俗,安其居",《庄子·胠箧》引文同,本书从之。河上本、王弼本均作"甘其食,美其服,安其居,乐其俗",傅奕本作"甘其食,美其服,安其俗,乐其业"(《史记·货殖列传》引文同),本书不从。○《史记·货殖列传》:"老子曰:'至治之极,邻国相望,鸡狗之声相闻,民各甘其食,美其服,安其俗,乐其业,至老死不相往来。'"傅奕本:"至治之极,民各甘其食,美其服,安其俗,乐其业。邻国相望,鸡犬之声相闻,使民至老死不相与往来。"均有"至治之极"四字,别本皆无,本书不补。

鸡狗之声相闻，民至老死不相往来。

《老子》初始本上经《德经》第43章《小国寡民章》，帛书本在第30章《江海百谷章》之后错简插入《小国寡民章》、《信言不美章》，变为第31章。《老子》传世本颠倒上下经后变为第80章，即《老子》传世本之倒数第二章。

汉简本第42章《柔之胜刚章》之后，是第43章《小国寡民章》、第44章《信言不美章》，逻辑结构严密，义理层次缜密，当属《老子》初始本之章序。主流传世本（严遵本、河上本、王弼本、傅奕本等）章序相同。

帛书本第30章《江海百谷章》之后，错简插入《小国寡民章》、《信言不美章》，破坏了《老子》初始本的严密逻辑结构和缜密义理层次。这是汉简本、传世本之章序优于帛书本之章序的第三处。

《小国寡民章》是《德经》结论四章（41—44）之第三章，褒扬伏羲时代的理想邦国"小国寡民"。

43.1 小国寡民，使有什佰人之器而不用，使民重死而远徙。

第43章第1节第1层，描述老子向往的理想邦国：小国寡民。

"小国寡民"，即反对"广土众民"。因为春秋五霸发动兼并战争，伐灭大量小国，欲建"广土众民"的大国。老子晚年，母邦陈国被楚伐灭，所以老子晚年著书，认为理想的邦国是"小国寡民"，而非"广土众民"。参看《孟子·尽心上》："广土众民，君子欲之。"

"使有什佰人之器而不用"，即反对"尚贤"。因为春秋五霸发动兼并战争，伐灭大量小国，欲建"广土众民"的大国，均由"什佰人之器"（贤人）进献的"否术"鼓动。

"什佰人之器"，即成器之"贤人"。苏辙注："'什伯（佰）人之器'，则材堪什夫伯（佰）夫之长者也。"十夫长、百夫长不是民事之官长，而是军事之官长，深明《老子》的反战宗旨。老子反对"尚贤"，主张"不尚贤"（第47章），均与反战宗旨相关。

"使民重死而远徙","重死"反扣"轻死"(第 39 章),义同"畏死"(第 38 章)。

在上德侯王治下,"不尚贤"的"小国寡民"安居乐业,于是"民恒且必畏死"而"重死"(畏死),"安其居"而不"徙"。"远徙"之"远"是动词,意为以徙为远,即不欲迁徙,不想逃离本国侯王的辖域。参看《国语·周语上》:"国之将亡,民有远志。"

在下德侯王治下,"尚贤"的"广土众民"生不如死,于是"民恒且不畏死"而"轻死"(不畏死),"民弥叛"而"迁徙",即逃离本国侯王的辖域。

《庄子·人间世》发展了《老子》此义,认为"无适而非君也,无所逃于天地之间"。

句义:理想的邦国是小国寡民,侯王对十人百人中的成器贤人不予重用,让民众害怕死亡而远离迁徙。

虽有舟车,无所乘之;虽有甲兵,无所陈之。

第 43 章第 1 节第 2 层,总结《德经》的反战宗旨。

"虽有舟车,无所乘之;虽有甲兵,无所陈之"。"舟车"即战船、战车,"甲兵"即佩甲战士。上扣第 9 章:"天下有道,却走马以粪。天下无道,戎马生于郊。"第 33 章:"行无行,攘无臂,执无兵,扔无敌。"国家不能没有武备,但是最好永远不用。

句义:侯王即使拥有舟车,也无须驾乘;侯王即使拥有甲兵,也无须陈列。

43.2 使民复结绳而用之,甘其食,美其服,乐其俗,安其居。邻国相望,鸡狗之声相闻,民至老死不相往来。

第 43 章第 2 节,主张复归"结绳"时代,即上古伏羲时代。

"使民复结绳而用之","结绳"指上古伏羲时代。《尚书序》:"古者伏牺氏之王天下也,始画八卦,造书契,以代结绳之政,由是文籍生焉。"老子反对"以知治国"（第29章）的中古文字时代，主张复归"不以知治国"（第29章）的上古结绳时代，即伏羲泰道时代。

"甘其食，美其服，乐其俗，安其居"，这是泰道圣君治下理想邦国的四大愿景，仅言"衣食住"，不言"行"，因为理想邦国的民众"远徙"（远离迁徙）。

蒋锡昌曰："本章乃老子自言其理想国之治绩也。盖老子治国，以'无为'为唯一之政策，以人人能'甘其食，美其服，安其居，乐其俗'为最后之目的，其政策固消极，其目的则积极。此四事者，吾人初视之，若甚平常，而毫无奇异高深之可言。然时无论古今，地无论东西，凡属贤明之君主，有名之政治家，其日夜所劳心焦思而欲求之者，孰不为此四者乎？"[1]

"邻国相望，鸡狗之声相闻，民至老死不相往来"，这是伏羲时代"小国寡民"的基本特征。参看《庄子·胠箧》演绎《老子》本章："子独不知至德之世乎？昔者容成氏、大庭氏、伯皇氏、中央氏、栗陆氏、骊畜氏、轩辕氏、赫胥氏、尊卢氏、祝融氏、伏牺氏、神农氏，当是时也，民结绳而用之，甘其食，美其服，乐其俗，安其居，邻国相望，鸡狗之音相闻，民至老死而不相往来。"

句义：理想的邦国让民众恢复结绳记事，食物甘甜，衣服美丽，风俗怡乐，居室安全。邻国互相看见，鸡狗之声互相听见，民众老死不相往来。

44. 信言不美章

信言不美，美言不信。知者不博，博者不知。善者不多，多者不善。[2]
圣人无积，既以为人，己愈有；既以予人，己愈多。
故天之道，利而不害；人之道，为而不争。

---

[1] 蒋锡昌《老子校诂》，464、465页，上海书店1992。
[2] 六句之句序，三大出土本（帛甲本、帛乙本、汉简本）、严遵本均为："信言"二句，"知者"二句，"善者"二句。河上本、王弼本、傅奕本均为："信言"二句，"善者"二句，"知者"二句。○"善者"二句，帛甲本字坏。帛乙本作"善者不多，多者不善"，本书从之。汉简本、严遵本、河上本、王弼本均作"善者不辩，辩者不善"，傅奕本作"善言不辩，辩言不善"，本书不从。

《老子》初始本上经《德经》第 44 章《信言不美章》，帛书本在第 30 章《江海百谷章》之后错简插入《小国寡民章》、《信言不美章》，变为第 32 章。《老子》传世本颠倒上下经后变为第 81 章，亦即《老子》传世本之末章。

《信言不美章》是《德经》结论四章（41—44）之末章，阐明《老子》第一教义"人道效法天道"（礼必本于太一）。

44.1 信言不美，美言不信。知者不博，博者不知。善者不多，多者不善。

第 44 章第 1 节，小结《德经》义理。

"信言不美，美言不信"，河上公注："信言者，实言也。美言者，滋美之华辞。"参看王国维："可爱者不可信，可信者不可爱。"此处"信言"指进献"损之而益"的泰道之言，"美言"指进献"益之而损"的否术之言。意为：可信的进言（泰道）不华美，华美的进言（否术）不可信。

《庄子·齐物论》"言隐于荣华"，义近"美言不信"。《庄子·人间世》："夫两喜必多溢美之言，两怒必多溢恶之言。凡溢之类妄，妄则其信之也莫。"则言"美言"（溢美之言）、"恶言"（溢恶之言）均属不可信的妄言。

以上二句"信言不美，美言不信"，是说两类言者对侯王的两种进言。以下四句是说两类侯王如何取舍两种进言。

"知者不博，博者不知"，上扣《德经》第 1 章的价值范式"道↘德↘仁↘义↘礼"，又扣《德经》第 1 章的"去彼取此"范式，即去彼"仁↘义↘礼"，取此"道↘德"，亦即第 14 章"尊道而贵德"。意为：知晓尊"道"贵"德"的圣君不欲博闻"仁↘义↘礼"，博闻"仁↘义↘礼"的俗君不知尊"道"贵"德"。

"善者不多，多者不善"，"多"即第 49 章"多闻数穷"之"多"，即"道↘德"之外的多余价值"仁↘义↘礼"。《道经》第 65 章："其在道也，曰余食赘行。"《庄子·马蹄》："蹩躠为仁，踶跂为义，而天下始疑矣。"老庄主张去除人为虚增的多余价值"仁↘义↘礼"，义近"奥卡姆剃刀"。意为：善于治国的圣君不欲多知"仁↘义↘礼"，多知"仁↘义↘礼"的俗君不善治国。

句义：可信的进言必不华美，华美的进言必不可信。知晓尊道贵德的圣君不欲博闻仁义礼，博闻仁义礼的俗君不知尊道贵德。善于治国的圣君不欲多知仁义礼，多知仁义礼的俗君不善治国。

44.2 圣人无积，既以为人，己愈有；既以予人，己愈多。

第44章第2节第1层，总结性概括遵循泰道的圣君。

"圣人无积，既以为人，己愈有"，上扣第41章"天之道，损有余而益不足"，反扣第39章"以其上取食税之多也"。《庄子·天下》老子章："以有积为不足。"即演《德经》末章"圣人无积"。

"既以予人，己愈多"，上扣第41章"孰能有余而又取奉于天者？唯有道者也"。

句义：圣君不事积财，越是为人谋利，自己越是富有；越是给予他人，自己越是多财。

故天之道，利而不害；人之道，为而不争。

第44章第2节第2层，褒扬圣君遵循的"人之道"（泰道）效法"天之道"。

"天之道，利而不害"，天之道，利万物而不害万物；"损有余而益不足"（第41章），保持自然界的生态平衡。

"人之道，为而不争"，上德侯王的人之道，为万民而不与民争；"以辅万物之自然，而不敢为"（第28章），"百姓皆谓我自然"（第60章）。

下德侯王的"人之道"是"损不足而奉有余"（第41章）的否术，违背"利而不害"的"天之道"，老子主张"去彼"。

上德侯王的"人之道"是"为而不争"的泰道，效法"利而不害"的"天之道"，老子主张"取此"。此即《老子》第一教义"人道效法天道"（礼必本于太一）。

句义：所以天之道，利人而不害人；人之道，为人而不争斗。

《德经》结论四章的义理层次

上经《德经》第八部分《德经》结论四章（41—44），小结《德经》义理，阐明《老子》第一教义"人道效法天道"（礼必本于太一）。

义理层次如下——
第41章《天道张弓章》，贬斥俗君奉行的"人之道"（否术）违背"天之道"。
第42章《柔之胜刚章》，褒扬圣君遵循的"人之道"（泰道）效法"天之道"。
第43章《小国寡民章》，褒扬伏羲时代的理想邦国"小国寡民"。
第44章《信言不美章》，阐明《老子》第一教义"人道效法天道"（礼必本于太一）。

想要正确理解《老子》，首先必须理解上经《德经》。假如按照《老子》传世本的错误顺序先读《道经》，就会带着一堆得自《道经》的错误先入之见，错误理解《德经》，就会错误理解整部《老子》。

想要正确理解《德经》，首先必须正确理解《德经》第1章《上德不德章》的价值范式"道↘德↘仁↘义↘礼"、侯王四型"德↘仁↘义↘礼"和"去彼取此"范式（去彼"仁↘义↘礼"，取此"道↘德"）；进而正确理解《德经》第一部分《德经》绪论六章（1—6）的《老子》第一基石"道生一"，《老子》第一命题"侯王得一以为天下正"，《老子》第一宗旨"扬泰抑否"。因为《德经》第二至第七部分的三十四章（7—40），都是《德经》绪论六章的义理展开；《德经》第八部分《德经》结论四章（41—44），则是小结《德经》义理。

假如不明白《德经》八大部分的义理层次，不明白《德经》前六章（1—6）是绪论，不明白《德经》中间的三十四章（7—40）是展开，不明白《德经》后四章（41—44）是结论，就会把《德经》绪论部分、展开部分、结论部分的诸多相近之言，视为耄耋老人的唠叨重复，也就抓不住《德经》之核心，不理解《德经》之真义。只有明白《德经》八大部分的义理层次，明白何处是绪论部分，何处是展开部分，何处是结论部分，才能明白各章的相近之言并非耄耋老人的唠叨重复，才能深入理解滴水不漏、层层推进的《德经》义理，进而明白下经《道经》是为上经《德经》的"人道"命题提供"天道"论证。

下经

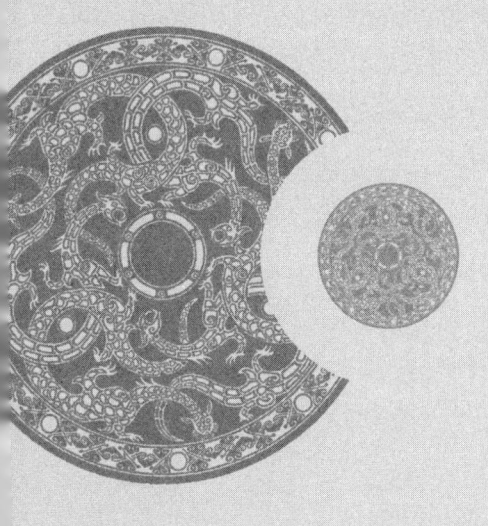

《道经》三十三章（45—77），对应斗柄三星

《道经》小引：道可道也，非恒道也

老子自定的《老子》初始本之上下经结构：上经《德经》"贵德"，下经《道经》"尊道"。上经《德经》提出"人道"命题，下经《道经》为上经《德经》之"人道"命题提供"天道"论证。"人道"是道术，属"德"，"德"为"道"施，万物皆有，是由"德"进"道"的可靠逻辑起点，所以《德经》必须是上经。"天道"是道体，属"道"，"道"难尽知，不是建构哲学体系的可靠逻辑起点，所以《道经》只能是下经。

按照《老子》上下经的"人道/天道"内涵结构和"经/经说"形式结构，上经《德经》是提出"人道"命题的"经"，下经《道经》是提供"天道"论证的"经说"。所以下经《道经》论证了上经《德经》提出的《老子》"君人南面之术"之六大命题：《老子》第一基石"道生一"，《老子》第一命题"侯王得一以为天下正"，《老子》第一宗旨"扬泰抑否"，《老子》第一教诲"知不知"，《老子》第一政纲"无为无不为"，《老子》第一教义"人道效法天道"（礼必本于太一）。

按其义理层次，分为八大部分。

第一部分《道经》绪论四章（45—48），论证《老子》第一基石"道生一"，作为《道经》论证《德经》的基础。

第二部分至第七部分的二十四章（49—72），以《老子》第一基石"道生一"为基础，论证《老子》第一教义"人道效法天道"（礼必本于太一），论证《老子》第一命题"侯王得一以为天下正"，论证《老子》第一教诲"知不知"，论证《老子》第一宗旨"扬泰抑否"；论证提炼自"太一"历法图（伏羲太极图）的价值范式"道↘德↘仁↘义↘礼"和侯王四型"德↘仁↘义↘礼"；按照"去彼取此"范式，"取此"以"德"治国的圣君，"去彼"以"仁↘义↘礼"治国的俗君。

第八部分《道经》结论五章（73—77），书尾总结《老子》第一宗旨"扬泰抑否"和《老子》第一政纲"无为无不为"。

一、《道经》绪论四章（45—48）：常道可道，恒道难言

下经《道经》第一部分《道经》绪论四章（45—48），论证上经《德经》的《老子》第一基石"道生一"，作为下经《道经》论证上经《德经》的基础。

45. 道可道章

道，可道也，非恒道也；名，可名也，非恒名也。[1]
无，名万物之始也；有，名万物之母也。[2]
故恒无，欲以观其妙；恒有，欲以观其所窍[3]。
两者同出，异名同谓。[4] 玄之又玄，众妙之门。

《老子》初始本下经《道经》第45章《道可道章》，《老子》传世本颠倒上下经后变为第1章。

《道可道章》是《道经》绪论四章（45—48）之首章，论证《老子》第一基石"道生一"，阐明《德经》仅言"一"（太一常道），未言"道"（无极恒道）。

---

[1] 帛甲本作："道，可道也，非恒道也；名，可名也，非恒名也。"本书从之。帛乙本字坏较多。汉简本作："道可道，非恒道殹；名可命，非恒名也。"删二"也"。三大传世本（河上本、王弼本、傅奕本）均作："道可道，非常道；名可名，非常名。"删四"也"。本书不从。

[2] 帛甲本、帛乙本、汉简本均作："无，名万物之始也；有，名万物之母也。"本书从之。三大传世本（河上本、王弼本、傅奕本）均作："无名，天地之始；有名，万物之母。"篡改"万物之始"为"天地之始"，本书不从。○ 无极恒道并非仅为"天地"（不涵盖"万物"）之"始"，而是"万物"（涵盖"天地"）之"始"，即全部宇宙之始。

[3] 帛甲本、帛乙本均作"观其所噭"，汉简本作"观其所佼"，三大传世本（河上本、王弼本、傅奕本）均作"观其徼"（删"所"）。"噭"、"佼"、"徼"，均通"窍"（窍）。

[4] 帛甲本、帛乙本均作："两者同出，异名同谓。"本书从之。汉简本作："此两者同出，异名同谓。"三大传世本（河上本、王弼本、傅奕本）均作："此两者同出而异名，同谓之玄。"本书不从。

下经 《道经》三十三章（45—77），对应斗柄三星

45.1 道，可道也，非恒道也；名，可名也，非恒名也。

第45章第1节第1层，论证上经《德经》所言《老子》第一基石"道生一"，是《老子》第一命题"侯王得一以为天下正"之前提。

"道，可道也"，第一个"道"，指宇宙最高主宰，即彼岸的本体论之"道"，道家谓之"道体"。"可道也"之"道"含广义、狭义二义：广义，泛指此岸的人类对彼岸的本体论之"道"的认知，即认识论之"道"，道家谓之"道术"；狭义，特指上经《德经》言说的"一"和"侯王得一"。

"非恒道也"，乃言上经《德经》"侯王得一以为天下正"之"一"，是可知、可得、"可道"的"浑天说"范畴之宇宙局部太阳系规律"太一常道"，而非不可知、不可得、不"可道"的"宣夜说"范畴之宇宙总体规律"无极恒道"；所以"侯王得一"仅是效法可知、可得、"可道"的"太一常道"，不是效法不可知、不可得、不"可道"的"无极恒道"。

句义：关于天道，可以言说的（即《德经》所言"一"），即非恒道（即《道经》所言"道"）。

"太一常道"可知，"可道"，可以效法，证见上经《德经》第18章："和曰常。"上经《德经》第15章："是谓袭常。"下经《道经》第59章："复命，常也。知常，明也。不知常，妄作凶。"

"无极恒道"不可知，不"可道"，无法效法，证见《道经》绪论四章（45—48）之首章《道可道章》："道，可道也，非恒道也。"第69章《知雄守雌章》："为天下式，恒德不贷，复归于无极。""宣夜说"范畴的宇宙总体规律"无极恒道"，是道家之"道"的唯一正解，也是道家的终极信仰。

"名，可名也"，第一个"名"，指对宇宙总体规律的命名，即彼岸的本体论之"道"的名相。"可名也"之"名"也含广义、狭义二义：广义，泛指此岸的人类对彼岸的本体论之"道"的命名；狭义，特指上经《德经》命名的"一"和"侯王得一"。

"非恒名也"，乃言上经《德经》把宇宙总体规律命名为"道"，是老子的开创性命名，因为老子之前从未有人把宇宙总体规律命名为"道"。老子之前，既

未有人把"宣夜说"范畴的宇宙总体规律命名为"道",也未有人把"浑天说"范畴的宇宙局部太阳系规律命名为"一",更未有人把两者之关系表述为"道生一",所以"道生一"是《老子》第一基石。对人类而言,宇宙总体规律是"天象无形,道隐无名"(《德经》第4章)的"无状之状"(《道经》第57章),亦即人类仅知其存在,不知其详情,所以《道经》第66章明确说"吾不知其名"。不知其名却"字之曰道",乃是"强为之名",即"非恒名"。

句义:关于(天道的)名相,可以命名的(即《德经》命名的"一"),即非恒名(即下经《道经》"强为之名"的"道")。

《道可道章》首先论"道",阐明人类有限之"德"(上经《德经》所"道"),只能略知"浑天说"范畴的宇宙局部太阳系规律"太一常道",无法尽知"宣夜说"范畴的宇宙总体规律"无极恒道"。这是总体论证上经《德经》提出的《老子》第一基石"道生一",总体论证上经《德经》提出的《老子》第一命题"侯王得一以为天下正";亦即总体论证上经《德经》所言"上德不德,是以有德。下德不失德,是以无德"(第1章),总体论证上经《德经》所言"知不知,上矣。不知不知,病矣"(第35章)。《道经》后续各章,将会展开论证。

《道可道章》其次论"名",阐明人类有限之"名"(上经《德经》所"名"),只能勉强命名其所略知的宇宙局部太阳系规律"太一常道",无法准确命名其所不知的宇宙总体规律"无极恒道"。这是超越性否定上经《德经》提出的《老子》第一命题"侯王得一以为天下正"之绝对性,因为"侯王得一"所效法的仅是宇宙局部太阳系规律"太一常道",不是宇宙总体规律"无极恒道"。《道经》后续各章,将会展开论证。

无,名万物之始也;有,名万物之母也。

第45章第1节第2层,论证上经《德经》第3章"天下万物生于有,有生于无"(即第5章"道生一")。

"无,名万物之始也","无"即"有生于无"之"无",亦即"宣夜说"范畴的宇宙总体规律"无极恒道",因人类不知其历法规律而不能拥有,故称"无"。

《庄子·大宗师》:"以无为首。"《庄子·泰初》:"泰初有无,无有无名。"均言"宣夜说"范畴的宇宙总体规律"无"是"万物之始"。所以《庄子·大宗师》说:"夫道……在太极之上"。

"有,名万物之母也","有"即"有生于无"之"有",亦即"浑天说"范畴的宇宙局部太阳系规律"太一常道",因人类知其历法规律而能够拥有,故称"有"。老子称天文存在为"父",称历法知识为"母",所以《老子》初始本七见"母"字,即上经《德经》第15章《天下有始章》"天下母"、"既得其母"、"复守其母",第22章《治人事天章》"有国之母",下经《道经》第45章《道可道章》"有,名万物之母也",第61章《敬天畏人章》"贵食母",第66章《有状混成章》"独立而不改,周行而不殆,可以为天地母",无一例外均指"浑天说"范畴的"太一"历法图(伏羲太极图)。

句义:无,命名(人类不拥有而)不可言说的万物始祖(无极恒道);有,命名(人类拥有而)可以言说的万物母体(太一常道)。

45.2 故恒无,欲以观其妙;恒有,欲以观其所窍。

第45章第2节第1层,阐释命名为"无"、"有"的目的。

"故恒无,欲以观其妙",阐释"无,名万物之始也",只能断句于"恒无",不能断句于"恒无欲"。

"恒有,欲以观其所窍",阐释"有,名万物之母也",只能断句于"恒有",不能断句于"恒有欲"。

句义:所以命名无极恒道为无,意欲观照万物始祖的玄妙;命名太一常道为有,意欲观照万物母体生出万物的孔窍。

[义理辨析 39]

《老子》初始本"欲以观其所窍","窍"上扣"万物之母",下扣"众妙之门",意为"道"生万物之孔窍、产门。《老子》内证又见第50章《谷神不死章》"是谓玄牝"和"玄牝之门"、第53章《抱一爱民章》"天门启闭，能为雌乎？"道家旁证见于《庄子·宇泰定》："出无本，入无窍。有实而无乎处，有长而无乎本标；有所出而无窍者有实，有所入而无本者有长。有实而无乎处者，宇也；有长而无本标者，宙也。有乎生，有乎死，有乎出，有乎入，出入而无见其形，是谓天门。天门者，无有也；万物出乎无有。有，不能以有为有，必出乎无有。"又见《文子·道原》："万物之总，皆阅一孔；百事之根，皆出一门。"

《老子》传世本作"欲以观其徼"，河上公注："徼，归也。"王弼注："徼，终归也。"把"道"生万物之孔窍、产门，反释为"道"是万物之终归，既无《老子》内证，亦无道家旁证，全反《老子》原义。

宋人林希逸、彭耜、黄茂材、王道，明人薛蕙、沈津、赵统、朱得之、程以宁，今人马叙伦等均已认为"徼"通"窾"（窍），然而大多数注家仍然盲从河上公注和王弼注。

两者同出，异名同谓。玄之又玄，众妙之门。

第45章第2节第2层，阐明"无/有"一元，并非二元。

"两者同出"，"两者"，指"无/有"二名。"同出"，指"无/有"二名同出天道，仅是分为两大天文层级："无"是"宣夜说"范畴的宇宙总体规律"无极恒道"，"有"是"浑天说"范畴的宇宙局部太阳系规律"太一常道"。

"异名同谓"，"异名"，指"无/有"二名是两大天文层级的不同能指。"同谓"，指"无/有"二名指称同一受指：天道。

句义：无、有二名同出一源，名相虽异，均指天道（仅是分属两大天文层级）。

"玄之又玄"，前"玄"指"无"，后"玄"指"有"。"玄"训黑，言其对于人类"不曒"（第57章），即不明。"玄"又通"旋"，言其"周行而不殆"（第66章），即旋转循环。"玄"与下句"妙"字互文，合词"玄妙"。

"众妙之门"，"众"，即"万物之始"、"万物之母"所言"万物"，参看第62章称"万物"之"父"为"众父"。"妙"，上扣"恒无，欲以观其妙"之"妙"。"门"，上扣"恒有，欲以观其所窍"之"窍"，即第50章"玄牝"、"玄牝之门"，第53

下经 《道经》三十三章（45—77），对应斗柄三星

章"天门"，均指万物母体生出万物的窍穴、产门。

句义：玄妙而又玄妙的天道，是宇宙众妙的产门。

[义理辨析 40]

《道可道章》是《老子》初始本第 45 章，以上经《德经》四十四章为前提。因此《道可道章》"可道也"之狭义，即指上经《德经》四十四章所"道"之《老子》第一命题"侯王得一以为天下正"，以《老子》第一基石"道生一"为前提。读者容易理解："道生一"之"道"是不可知、不"可道"的"宣夜说"范畴之宇宙总体规律"无极恒道"，"道生一"之"一"是可知、"可道"的"浑天说"范畴的宇宙局部太阳系规律"太一常道"，所以上经《德经》的《老子》第一命题"侯王得一以为天下正"，乃言侯王仅得"太一常道"，未得"无极恒道"。上德侯王深知自己不知"无极恒道"，所以顺道"无为"；上德侯王又深知一切人类全都不知"无极恒道"，所以"不尚贤"、不"妄作"。下德侯王不知自己不知"无极恒道"，所以悖道"有为"；下德侯王又不知一切人类全都不知"无极恒道"，所以"尚贤"而"妄作"。

《老子》传世本颠倒上下经后，《道可道章》变成了第 1 章，不再以上经《德经》四十四章为前提。历代注家无法正确阐释《道可道章》，于是篡改经文、任意断句、错误阐释。再据《道可道章》的错误阐释，错误阐释《老子》传世本的每章每句每字，导致《老子》传世本的一切阐释无不违背《老子》初始本真义。

[重大篡改 09]

《老子》传世本把"恒道"改为"常道"。首先导致历代注家不知《老子》第一基石"道生一"之真义，不知"道生一"之"道"是"宣夜说"范畴的宇宙总体规律"无极恒道"，不知"道生一"之"一"是"浑天说"范畴的宇宙局部太阳系规律"太一常道"；进而导致历代注家不知《老子》第一命题"侯王得

一以为天下正"之真义,不知《老子》第一教导"知不知"之真义;最终导致历代注家不知《老子》每章每句每字之真义。

《老子》传世本对《道可道章》的系统删改、错误断句、全面反注,导致《老子》降维为毫无逻辑结构、毫无义理层次的格言集锦,所有格言全都成了随意乱滚的格言玻璃球。

[错误断句]

《老子》初始本的第一句首字"道",第二句首字"名",第三句首字"无",第四句首字"有",第五句"故恒无",第六句"恒有",全都独立断句,义理清晰。《老子》传世本删去六个"也"字,以便错误断句,错误阐释。

《老子》传世本把《道可道章》第三句、第四句错误断句为:"无名,万物之始;有名,万物之母。"

"无名,万物之始"这一错误断句,违背了《德经》第4章:"天象无形,道隐无名。夫唯道,善始且善成。"又违背了《德经》第25章:"道者万物之主也。"老子只可能说"无"("宣夜说"范畴的宇宙总体规律)是"万物之始",不可能说"无名"是"万物之始"。

"有名,万物之母"这一错误断句,违背了道家的宇宙生成论,也违背了一切中国思想学派的宇宙生成论。道家正确地认识到:"名"(文字、语言)是人类的特殊发明,但在人类产生之前,宇宙、天地、万物早已存在了亿万年。所以老子只可能说"有"是"万物之母",不可能说"有名"是"万物之母"。先秦至今的一切中国思想学派,从未产生过"有名"是"万物之母"的思想。

西方思想确有"有名"是"万物之母"的思想。比如犹太教、基督教共有的《圣经·创世记》的神学"创世论":"上帝说:要有光。于是有了光。"认为先有"光"等名相,再有相关万物。再如希腊哲学家柏拉图的哲学"观念论"(又译"理念论"),也认为先有"桌子"等观念(理念),再有相关万物。所以基督教的神学"创世论",吸收了柏拉图的哲学"观念论",因为两者逻辑同构。然而中国自古至今,从未产生过类似"有名,万物之母"的思想,所以"有名,万物之母"是彻底违背老子思想、道家思想、中国思想的错误断句。

人类可以略知次级天道"太一常道",所以"可道"、"可名"。人类不能尽知顶级天道"无极恒道",所以"不可道"、"不可名",只能强为之道、强为之名。道家的"道不可知论"和"言不尽意论",专指对于顶级天道"无极恒道",人类不可知,人类不能尽意。

《老子》传世本把《道可道章》第五句、第六句错误断句于"无欲"和"有欲",与第三句、第四句断句于"无"和"有"脱钩,导致《道可道章》逻辑断裂,变成一堆断线乱滚的玻璃球。

汉简本:"故恒无,欲以观其眇;恒有,欲以观其所徼。"二"欲"后均无"也"字,是《老子》初始本之原貌。承上"无,名万物之始也。有,名万物之母也",证明必须断句于"恒无"和"恒有",不能断句于"恒无欲"和"恒有欲"。整部《老子》反复批评"有欲",主张"欲不欲",不可能褒扬"有欲",更不可能主张"恒有欲"。

帛甲本、帛乙本:"故恒无欲也,以观其眇;恒有欲也,以观其所噭。"因其误断于"恒无欲"和"恒有欲",所以二"欲"后妄增"也"字。严灵峰批评说:"常常有欲之人,自难虚静,何能'观徼'?是如帛书虽属古本,'也'字应不当有,当从'无'、'有'断句,而'欲'字作'将'字解,为下'观'字之副词。"

河上本、王弼本、傅奕本:"故常无欲,以观其妙;常有欲,以观其徼。"二"欲"后虽无"也"字,但是仍然错误断句于"常无欲"和"常有欲"。易顺鼎曰:"按《庄子·天下篇》:'老聃闻其风而悦之,建之以常无有。''常无有'即此章'常无'、'常有',以'常无'、'常有'为句,自《庄子》已然矣。"[1]高亨曰:"'常无'连读,'常有'连读。"[2]司马光、王安石、易顺鼎、朱谦之、高亨等,均断句于"常无"、"常有"。

46. 天下知美章

天下皆知美之为美,斯恶矣;皆知善之为善,斯不善矣。

---

[1] 朱谦之《老子校释》引,6页,中华书局2000。
[2] 高亨《重订老子正诂》,3页,开明书店1943。

有、无之相生也，难、易之相成也，长、短之相形也，高、下之相盈也，音、声之相和也，先、后之相随也，恒也。[1]

　　是以圣人居无为之事[2]，行不言之教；万物作而不辞也[3]，为而不恃也，成功而不居也[4]。夫唯不居也，是以不去也。[5]

《老子》初始本下经《道经》第46章《天下知美章》，《老子》传世本颠倒上下经后变为第2章。

《天下知美章》是《道经》绪论四章（45—48）之次章，论证《老子》第一教诲"知不知"，褒扬圣君自知不知"恒道"，贬斥俗君不知不知"恒道"。

46.1 天下皆知美之为美，斯恶矣；皆知善之为善，斯不善矣。

第46章第1节第1层，《道可道章》标举"恒道"之后，《天下知美章》立刻转入"君人南面之术"。

"天下皆知美之为美，斯恶矣"。"美／恶"对言，"恶"训丑。《庄子·德充符》"恶人"均为丑人。

"（天下）皆知善之为善，斯不善矣"。"善／不善"对言，论证《德经》第12章：

---

[1] 帛甲本、帛乙本均作："有无之相生也，难易之相成也，长短之相刑也，高下之相盈也，音声之相和也，先后之相随，恒也。"本书从之。汉简本、三大传世本（河上本、王弼本、傅奕本）均删前六句末字"也"，又删"恒也"，本书不从。○楚简本亦无"恒也"，因其为摘抄本，当属没抄全。

[2] 四大出土本（楚简本、帛甲本、帛乙本、汉简本）均作"居无为之事"，本书从之。三大传世本（河上本、王弼本、傅奕本）均作"处无为之事"，本书不从。

[3] 楚简本作"万勿（物）复（作）而弗忖（辞）也"，本书从之。帛甲本字坏，仅剩末字"也"。帛乙本作"万物昔而弗始"，汉简本作"万物作而弗辞"，傅奕本作"万物作而不为始"，均脱"也"。河上本、王弼本均作"万物作焉而不辞，生而不有"，本书不从。

[4] 楚简本作"为而弗志也，成而弗居"，帛甲本作"为而弗志也，成功而弗居也"，帛乙本作"为而弗侍也，成功而弗居也"，汉简本作"为而弗侍，成功而弗居"，河上本、王弼本均作"为而不恃，功成而弗居"，傅奕本作"为而不恃，功成不处"。经义无别，本书综合为"为而不恃也，成功而不居也"。

[5] 楚简本作"天唯弗居也，是以弗去也"，帛乙本、汉简本作"夫唯弗居，是以弗去"，河上本作"夫惟弗居，是以不去"，王弼本作"夫唯弗居，是以不去"，傅奕本作"夫惟不处，是以不去"。经义无别，本书综合为"夫唯不居也，是以不去也"。

下经 《道经》三十三章（45—77），对应斗柄三星　　　　　　　　　　　　　331

"圣人恒无心，以百姓之心为心。善者善之，不善者亦善之。"第 25 章："人之不善，何弃之有？"

老子按照上经《德经》第 1 章的价值范式"道↘德↘仁↘义↘礼"，批评俗君不以"道德"为美为善，而以"仁义礼"为美为善，把符合"仁义礼"的民众视为"善人"而"葆之"，把不符合"仁义礼"的民众视为"不善人"而"弃之"。

《庄子·齐物论》承于《老子》此义，提出"是不是，然不然"。乃言："是"俗君所"不是"的"道德"，"然"俗君所"不然"的"道德"；"不是"俗君所"是"的"仁义礼"，"不然"俗君所"然"的"仁义礼"。

句义：天下皆以俗君所美（的仁义礼）为美，这是以丑为美；天下皆以俗君所善（的仁义礼）为善，这是以不善为善。

有、无之相生也，难、易之相成也，长、短之相形也，高、下之相盈也，音、声之相和也，先、后之相随也，恒也。

第 46 章第 1 节第 2 层，承上第 1 层，论证俗君、圣君之区别。

"有、无之相生也"，"有/无"是"有以为/无以为"的略语，上扣《德经》第 1 章："上德无为而无以为……上义为之而有以为。"第 39 章："民之不治者，以其上之有以为也。"

"难、易之相成也"，"难/易"是"民难治/民易治"的略语，上扣《德经》第 26 章："图难于其易……天下难事必作于易。……多易者必多难。是以圣人犹难之，故终无难。"第 39 章："民之不治者，以其上之有以为也。"

"长、短之相形也"，"长/短"是"国祚长久/国祚短暂"的略语，上扣《德经》第 7 章："知足不辱，知止不殆，可以长久。"第 22 章："有国之母，可以长久，是谓深根固柢、长生久视之道也。"

"高、下之相盈也"，"高/下"是"高必以下为基"的略语，上扣《德经》第 2 章："侯王毋已，贵高将恐蹶。是故贵必以贱为本，高必以下为基。"

"音、声之相和也"，"音/声"是"大音希声"的略语，上扣《德经》第 4 章"大音希声"，第 5 章"负阴而抱阳，冲气以为和"。

"先、后之相随也","先/后"是"身先之/身后之"的略语,上扣《德经》第 30 章:"圣人之欲上民也,必以其言下之;其欲先民也,必以其身后之。"

"恒也",上扣《道可道章》:"道,可道也,非恒道也。"揭示俗君、圣君之区别。

句义:俗君有为、圣君无为之相对产生,百姓难治、百姓易治之相对构成,国祚长久、国祚短暂之相对形成,居于高位、居于下位之相对容纳,发布政令、接受政令之相对应和,侯王居先、百姓居后之相对追随,源于侯王是否知晓自己不知恒道。

46.2 是以圣人居无为之事,行不言之教;万物作而不辞也,为而不恃也,成功而不居也。夫唯不居也,是以不去也。

第 46 章第 2 节,小结本章,揭示圣君顺道"无为"的原因是"知不知",深知自己不知"恒道"。

"是以圣人居无为之事,行不言之教",上扣《德经》第 6 章:"不言之教,无为之益,天下希及之矣。""是以圣人"证明,第 1 节并非空泛议论,而是对比俗君、圣君是否知道自己不知"恒道"。

"万物作而不辞也,为而不恃也,成功而不居也",上扣《德经》第 14 章"生而不有,为而不恃,长而不宰",第 41 章"圣人为而不有,成功而不居也,若此其不欲见贤也"。

"夫唯不居也,是以不去也",上扣《德经》第 1 章:"上德不德,是以有德。"句式全同,内涵全同。

句义:所以圣君知晓自己不知恒道,崇尚无为之事,实行无言之教;听任万物兴作而不推辞己责,听任万物自为而不自恃己德,听任万物成功而不居己功。唯因圣君不自居己功,所以其功不会失去。

[义理辨析 41]

下经《道经》首章《道可道章》标举上经《德经》未言的"恒道",不易看出其与"君人南面之术"的关系。次章《天下知美章》立刻回到《老子》主题"君人南面之术"，此后《道经》各章再未脱离"君人南面之术"。

下经《道经》首章《道可道章》标举"恒道"之后，次章《天下知美章》立刻论证上经《德经》首章"上德不德，是以有德。下德不失德，是以无德"：圣君"知不知"（第35章），深知自己仅仅"得一"而未"得道"，所以"上德不德，是以有德"。俗君"不知不知"（第35章），以为"得一"就是"得道"，所以"下德不失德，是以无德"。

〔重大删改〕

《老子》初始本以《上德不德章》开篇，读者极易明白《老子》主题是"君人南面之术"。《老子》初始本上经《德经》出现19次"圣人"，均指圣君，下经《道经》次章《天下知美章》第20次出现"圣人"，读者极易明白是指圣君。

《老子》传世本颠倒上下经后，以《道可道章》开篇，历代注家不可能明白《老子》主题是"君人南面之术"，不可能明白《天下知美章》首次出现的"圣人"是指圣君，更不可能把《天下知美章》的"美/恶"、"善/不善"、"有/无"、"难/易"、"长/短"、"高/下"、"音/声"、"先/后"，与《德经》相关字句挂钩。

《老子》传世本又删去本章"恒也"二字，导致本章与上章"恒道"脱钩，又不知"圣人"指圣君，于是本章"美/恶"等句均与《老子》主题"君人南面之术"脱钩，被谬解为"朴素辩证法"，彻底遮蔽了《老子》真义。

47. 不尚贤章

不尚贤，使民不争；不贵难得之货，使民不为盗；不见可欲，使民不乱[1]。

是以圣人之治也，虚其心，实其腹，弱其志，强其骨；恒使民无知

---

[1] 帛甲本、帛乙本均作"使民不乱"，本书从之。汉简本、河上本、想尔本均作"使心不乱"，王弼本、傅奕本均作"使民心不乱"，本书不从。○"使民不乱"，即"使民不叛"，与"心"无关。参看第20章"民弥叛"，"叛/乱"，合词"叛乱"。

无欲也，使夫知不敢[1]。弗为而已，则无不治矣。[2]

《老子》初始本下经《道经》第47章《不尚贤章》，《老子》传世本颠倒上下经后变为第3章。

《不尚贤章》是《道经》绪论四章（45—48）之第三章，论证《老子》第一政纲"无为无不为"，褒扬圣君彻悟人类不知"恒道"，不尚贤而顺道无为；贬斥俗君不悟人类不知"恒道"，尚贤而悖道有为。

47.1 不尚贤，使民不争；不贵难得之货，使民不为盗；不见可欲，使民不乱。

第47章第1节，论证《德经》"使有什佰人之器而不用"、"不贵难得之货"等义。

"不尚贤，使民不争"，"不尚贤"，上扣《德经》第43章"使有什佰人之器而不用"，第28章"以辅万物之自然，而不敢为"，第29章"以知治国，国之贼也；不以知治国，国之德也"。上扣各句，均斥侯王。

"不贵难得之货，使民不为盗"，上扣《德经》第28章"是以圣人欲不欲，不贵难得之货"，第20章"法令滋彰而盗贼多有"。上扣各句，均斥侯王。

"不见可欲，使民不乱"，上扣《德经》第9章"罪莫大于可欲"，第20章"民弥叛"。上扣各句，均斥侯王。

句义：圣君不崇尚贤人，使民不争贤名；不贵难得之货，使民不做盗贼；不呈现可欲的名利，使民不欲作乱。

---

[1] 帛乙本作"恒使民无知无欲也，使夫知不敢"（帛甲本后句字坏，汉简本无"也"），本书从之。河上本、王弼本均作"常使民无知无欲，使夫智者不敢为也"，傅奕本、想尔本后句"智"作"知"，句末无"也"字（想尔本又无"夫"字），本书不从。○本义是"使民知不敢"，并非"使智者不敢"。

[2] 帛甲本字坏。帛乙本作"弗为而已，则无不治矣"，本书从之。汉简本作"弗为，则无不治矣"，脱"而已"。河上本、王弼本均作"为无为，则无不治"，傅奕本作"为无为，则无不为矣"，想尔本作"不为，则无不治"，本书不从。

47.2 是以圣人之治也，虚其心，实其腹，弱其志，强其骨；恒使民无知无欲也，使夫知不敢。

第47章第2节第1层，论证《德经》"以正治国"、"不以知治国"等义。

"是以圣人之治也"，上扣《德经》第20章"以正治国"，第29章"不以知治国"。

"虚其心，实其腹，弱其志，强其骨"句法错综：一"虚其心"，三"弱其志"，上扣第1层"不尚贤，使民不争"；二"实其腹"，四"强其骨"，上扣第1层"不贵难得之货，使民不为盗"。

"恒使民无知无欲也"，"无知"，上扣第1节"不尚贤"。"无欲"，上扣第1节"不贵难得之货"。假如不知《老子》的严密逻辑结构和缜密义理层次，不知"无知"上扣第1节"不尚贤"，不知"无欲"上扣第1节"不贵难得之货"，就会错误认为"恒使民无知无欲"是老子主张"愚民"。

"使夫知不敢"，圣君"不尚贤"，"不贵难得之货"，可使多数民众不敢争名夺利，亦即不敢"为奇"。上扣上经《德经》第38章："为奇者吾得而杀之，夫孰敢矣？"

句义：因此圣君治理邦国，使民冲虚德心、柔弱心志而不争贤名，使民充实肠胃、刚强骨骼而不争货利；使民恒常无知于贤名、无欲于货利，使民不敢争名夺利。

弗为而已，则无不治矣。

第47章第2节第2层，论证《德经》圣君"无为而治"。

"弗为"，上扣《德经》第1章"上德无为而无以为"。"而已"，论证《德经》第2章"侯王毋已，贵高将恐蹶"。"无不治"，上扣《德经》第29章"不以知治国"。

《论语·卫灵公》："子曰：'无为而治'者，其舜也与？夫何为哉？恭己正南面而已矣。"隐扣《老子》"弗为而已，则无不治矣"，同时点破《老子》主题"君人南面之术"。

句义：圣君无为而知止，于是国事无不治理。

48. 道冲不盈章

道冲，而用之有不盈也。渊兮，似万物之宗。
挫其锐，解其纷；和其光，同其尘。湛兮，似或存。[1]
吾不知其谁之子，象帝之先。

《老子》初始本下经《道经》第48章《道冲不盈章》，《老子》传世本颠倒上下经后变为第4章。

《道冲不盈章》是《道经》绪论四章（45—48）之末章，论证《老子》第一教义"人道效法天道"（礼必本于太一），褒扬圣君彻悟"恒道"遍在永在而效法"恒道"，贬斥俗君不悟"恒道"遍在永在而违背"恒道"。

48.1 道冲，而用之有不盈也。渊兮，似万物之宗。

第48章第1节，论证《德经》"大盈若冲，其用不穷"等义。

"道冲，而用之有不盈也"，论证《德经》第8章"大盈若冲，其用不穷"。"冲/盈"对举，"冲"训虚，"盈"训满。"冲"与"不盈"义同。此"道"为"道生一"之"道"，即《道可道章》所言"宣夜说"范畴的宇宙总体规律"恒道"。

句义：恒道冲虚，然而功用永不满盈。

"渊兮，似万物之宗"，阐释"中士"、"下士"为何怀疑"恒道"是否万物

---

[1] 王弼本、傅奕本均作"湛兮，似或存"，帛乙本作"湛呵佁或存"，汉简本作"湛旖佁或存"，"佁"均为"似"之误，本书从之。河上本作"湛兮，似若存"，乃据第50章"绵绵若存"，改"或"为"若"。想尔本作"湛似常存"，改"或"为"常"。二者改字，是担心读者误解《老子》主张"道"可能不存在，因而改"或"为"若"、"常"。并非《老子》主张"道"可能不存在，而是中士、下士认为道可能不存在。

之宗。义承《德经》第 25 章"道者万物之主也",宗、主合词"宗主"。《庄子·大宗师》称"在太极之上"的"恒道"为"大宗师",承于《老子》"万物之宗"。

句义:恒道渊深,所以中士、下士疑其是否万物宗主。

48.2 挫其锐,解其纷;和其光,同其尘。湛兮,似或存。

第 48 章第 2 节第 1 层,论证《德经》"和其光,同其尘;挫其锐,解其纷"等义。

"挫其锐,解其纷;和其光,同其尘。"已见上经《德经》第 19 章:"塞其兑,闭其门;和其光,同其尘;挫其锐,解其纷。是谓玄同。"

"湛兮,似或存",阐释"中士"、"下士"为何怀疑"恒道"之存在。"湛兮",义同第 1 节"渊兮",仍言恒道深湛潜藏而"上士"坚信其存在。"似或存",义同第 1 节"似万物之宗",仍言恒道深湛潜藏而"中士"半信半疑,"下士"彻底不信。

句义:恒道钝挫各方尖锐,化解各方纷争;和合物德之光,浑同万物之尘。恒道深湛,所以中士、下士疑其是否存在。

[义理辨析 42]

按照《老子》初始本上下经的"经/经说"结构,读者很容易明白:上德侯王"和其光,同其尘;挫其锐,解其纷"(上经《德经》第 19 章之"经"),是效法恒道的"挫其锐,解其纷;和其光,同其尘"(下经《道经》第 48 章之"经说")。

《老子》传世本颠倒上下经,破坏了"经/经说"结构,导致《道经》第 48 章在前,《德经》第 19 章在后,汉后注家多将后者视为无意义重复,甚至删去。

吾不知其谁之子，象帝之先。

第48章第2节第2层，否定"中士"、"下士"对"恒道"之怀疑、不信。

"吾不知其谁之子"，论证《德经》第5章"道生一"，"道"先于"一"。"道"是宇宙总体规律，正是宇宙至高存在，故曰"吾不知其谁之子"；"一"是宇宙局部太阳系规律，并非宇宙至高存在，故曰"道生一"。

"象帝之先"，"帝"即"太一"上帝，是宇宙局部太阳系规律"一"的神格化，《德经》第5章称为"教父"。参看《道经》第62章称"宣夜说"范畴的宇宙总体规律"道"为"众父"。论证"道"先于"一"，"一"又先于"教父"，即"太一"帝星先于"太一"上帝（参看上卷第二章）。

严遵注《道生一章》曰："一者，道之子，神明之母，太和之宗，天地之祖。"[1]即言"道"先于"一"，"一"先于"神明"（太一上帝），"一"生"太和"（泰道之和），"一"生"天地"（太阳系之天地）。

句义：吾人不知恒道是谁之子，仅知恒道在太一上帝之先。

[义理辨析43]

上经《德经》肯定"道者万物之主也"，即肯定"恒道"是"万物之宗"，所以本章"似万物之宗"之"似"，"似或存"之"似"，并非老子怀疑"恒道"是否"万物之宗"、怀疑"恒道"是否存在，而是"中士"、"下士"怀疑"恒道"是否"万物之宗"、怀疑"恒道"是否存在。

上经《德经》第4章已言："上士闻道，勤而行之。中士闻道，若存若亡。下士闻道大笑之，不笑不足以为道。""似万物之宗"之"似"，"似或存"之"似"，即"若存若亡"之"若"。本章最后"吾不知其谁之子，象帝之先"，即肯定"恒道"是万物之主、万物之宗。下文第50章"绵绵若存，用之不勤"，即肯定"恒道"之存在，兼释"上士闻道，勤而行之"。

---

[1] 严遵《老子指归》，熊铁基主编《老子集成》第1卷，71页，宗教文化出版社2011。

"宣夜说"范畴的宇宙总体规律"恒道"是"无",即人类不能拥有,"冲"而"渊兮",即冲虚深藏,所以对于"恒道"之存在,只有"上士"坚信,"中士"半信半疑,"下士"彻底不信。

《道经》绪论四章的义理层次

下经《道经》第一部分《道经》绪论四章(45—48),论证上经《德经》的《老子》第一基石"道生一",作为下经《道经》论证上经《德经》的基础。

义理层次如下——

第45章《道可道章》,论证《老子》第一基石"道生一",阐明《德经》仅言"一"(太一常道),未言"道"(无极恒道)。

第46章《天下知美章》,论证《老子》第一教诲"知不知",褒扬圣君自知不知"恒道",贬斥俗君不知不知"恒道"。

第47章《不尚贤章》,论证《老子》第一政纲"无为无不为",褒扬圣君彻悟人类不知"恒道",不尚贤而顺道无为;贬斥俗君不悟人类不知"恒道",尚贤而悖道有为。

第48章《道冲不盈章》,论证《老子》第一教义"人道效法天道"(礼必本于太一),褒扬圣君彻悟"恒道"遍在永在而效法"恒道",贬斥俗君不悟"恒道"遍在永在而违背"恒道"。

按照《老子》初始本上下经的"经/经说"结构,下经《道经》的每章每句每字都是论证上经《德经》的某章某句某字,只要与上经《德经》的相关字句挂钩,就能精确理解下经《道经》的每章每句每字。

《老子》传世本颠倒上下经,破坏了《老子》初始本上下经的"经/经说"结构,导致历代注家对《老子》传世本上经《道经》的阐释,违背了《老子》第一基石"道生一"之真义,违背了《老子》第一命题"侯王得一以为天下正"之真义,违背了《老子》第一教导"知不知"之真义;最终导致历代注家对《老子》每章每句每字的阐释,全部违背《老子》初始本之真义。

二、天地不仁四章（49—52）：天地不仁，圣君不仁

下经《道经》第二部分"天地不仁"四章（49—52），按照提炼自"太一"历法图（伏羲太极图）的《老子》价值范式"道↘德↘仁↘义↘礼"，论证上经《德经》为何反对"仁↘义↘礼"。

49. 天地不仁章

天地不仁，以万物为刍狗。圣人不仁，以百姓为刍狗。

天地之间，其犹橐籥欤？虚而不屈，动而愈出。

多闻数穷[1]**，不若守于中。**

《老子》初始本下经《道经》第 49 章《天地不仁章》，《老子》传世本颠倒上下经后变为第 5 章。

《天地不仁章》是"天地不仁"四章（49—52）之首章，论证提炼自"太一"历法图（伏羲太极图）的《老子》价值范式"道↘德↘仁↘义↘礼"。

49.1 天地不仁，以万物为刍狗。圣人不仁，以百姓为刍狗。

第 49 章第 1 节第 1 层，以天道之"天地不仁"，论证人道之"圣人不仁"。

上经《德经》第 1 章标举提炼自"太一"历法图（伏羲太极图）的《老子》价值范式"道↘德↘仁↘义↘礼"之后，《德经》后续各章（2—44）仅言尊"道"贵"德"，再未言及"仁义礼"。《道经》第一部分《道经》绪论四章（45—48）总论《道经》宗旨之后，《道经》第二部分之首章《天地不仁章》（49）再次言"仁"，以天道之"天地不仁"，论证人道之"圣人不仁"。"仁"字涵盖"仁义礼"，

---

[1] 帛甲本、帛乙本、汉简本、想尔本均作"多闻数穷"，本书从之。强本成疏："多闻，博瞻也。"可证成玄英本亦作"多闻"。《文子·道原》亦作"多闻数穷"。《淮南子·本经训》："博学多闻，而不免于惑。"演绎"多闻数穷"。河上本、王弼本、傅奕本改为"多言数穷"，本书不从。

"圣人不仁"即圣君去彼"仁义礼"。

"天地不仁，以万物为刍狗"，上扣《德经》第25章："道者万物之主也，善人之葆也，不善人之所葆也。""刍狗"，祭祀"太一"上帝的草编之狗。"以万物为刍狗"，乃言天地对万物一视同仁，无所亲疏。天道不以"仁义礼"对万物有所亲疏有所贵贱有所偏私有所弃取，因为每物都是祭祀太一上帝的草狗。

"圣人不仁，以百姓为刍狗"，上扣《德经》第25章："人之不善，何弃之有？""以百姓为刍狗"，乃言圣人效法天道，对百姓一视同仁，无所亲疏。

句义：天地不仁，以万物为祭祀太一上帝的草狗而一视同仁无所亲疏。圣君不仁，以百姓为祭祀太一上帝的草狗而一视同仁无所亲疏。

天地之间，其犹橐籥欤？虚而不屈，动而愈出。

第49章第1节第2层，譬解第1层"天地不仁"。

"天地之间，其犹橐籥欤？"橐 tuó，牛皮。籥 yuè，吹管。橐籥，皮制风箱。烧陶铸铜，须以橐籥吹送氧气提高窑温。吴澄曰："橐籥，冶铸所以吹风炽火之器也。天地间犹橐籥者，橐像太虚，包含周遍之体；籥像元气，纲缊流行之用。"[1] 苏辙曰："方其一动，气之所及无不靡也。"[2] 意为天地之间如同风箱，吹送氧气提高窑温，遍及窑内一切器物。

"虚而不屈"，"虚"，风箱内部空虚，譬解天道冲虚。"不屈"，不屈一物，遍及万物。

"动而愈出"，"动"，风箱来回抽动，譬解天道循环。"愈出"，送出氧气，泽及万物。

句义：天地之间，大概犹如风箱吧？天道虚己而不屈一物，天道运转而泽及万物。

---

[1] 吴澄《道德真经注》，熊铁基主编《老子集成》第5卷，610页，宗教文化出版社2011。
[2] 苏辙《道德真经注》，熊铁基主编《老子集成》第3卷，3页，宗教文化出版社2011。

49.2 多闻数穷，不若守于中。

第 49 章第 2 节，概括章旨"圣人不仁"。

"多闻数穷"，"多"，上扣《德经》第 44 章"善者不多，多者不善"，"仁义礼"是人为虚增的多余价值。"多闻"，多闻人为虚增的多余价值"仁义礼"。"数"，"太一"历法图（伏羲太极图）之"本数"，夏商周政治制度是效法"本数"的"末度"。"数穷"，侯王多闻"仁义礼"末度，"道德"本数必穷。参看《庄子·天下》："古之人其备乎！配神明，醇天地，育万物，和天下，泽及百姓；明于本数，系于末度。"《庄子·天道》："末学者，古人有之，而非所以先也。"此谓侯王多闻"仁义礼"末度，"道德"本数必穷，不如持守太一中道。

"不若守于中"，"中"，中道，此指"太一"历法图（伏羲太极图）所示天道。

句义：侯王多闻末度必将本数穷困，不如持守太一中道。

[义理辨析 44]

上经《德经》第 1 章《上德不德章》曰："失道而后德，失德而后仁，失仁而后义，失义而后礼。"标举老子提炼自"太一"历法图（伏羲太极图）的《老子》价值范式"道↘德↘仁↘义↘礼"，此后《德经》后续各章（2—44）再未言及"仁义礼"，仅言尊"道"贵"德"。

下经《道经》第一部分绪论四章论证《老子》第一基石"道生一"之后，第二部分首章《天地不仁章》，立刻论证上经《德经》第 1 章《上德不德章》的《老子》价值范式"道↘德↘仁↘义↘礼"。

《老子》初始本之上经《德经》为"经"，下经《道经》为"经说"，很容易根据其"经/经说"结构，明白两章之相关，也容易理解"天地不仁"、"圣人不仁"之"仁"，涵盖"仁义礼"，即以"天道"之鄙弃"仁义礼"，论证"人道"效法天道而鄙弃"仁义礼"。

《老子》传世本颠倒上下经后，破坏了《老子》初始本的"经/经说"结构，不可能明白两章之相关；汉后注家以儒解老，"仁"是儒学第一价值，更不可能理解老子褒扬"天地不仁"、"圣人不仁",即使理解也予反注。

《庄子·齐物论》"至仁不仁",《庄子·大宗师》"有亲非仁也",《庄子·宇泰定》"至仁无亲",《庄子·管仲》"无所甚亲,无所甚疏,抱德炀和,以顺天下,此谓真人",《庄子·马蹄》"蹩躠为仁,踶跂为义,而天下始疑矣",均承《老子》褒扬"天地不仁"、"圣人不仁"。

旧老学反注本章,全反《老子》真义。一是妄言《老子》贬斥"不仁",比如刘师培反注曰:"《老子》此旨曰:天地之于万物,圣人之于百姓,均始用而旋弃,故以刍狗为喻,而斥为不仁。"[1]二是妄言《老子》主张天地、圣人残酷无情,违背《德经》第23章"其神不伤人"、"圣人亦不伤民",违背《德经》第25章"道者万物之主也,善人之葆也,不善人之所葆也。人之不善,何弃之有",违背《道经》第68章"圣人恒善救人,而无弃人"。

50. 谷神不死章

谷神不死,是谓玄牝。玄牝之门,是谓天地之根。绵绵若存,用之不勤。(以上王弼本第6章)

天长地久。天地之所以能长且久者,以其不自生也,故能长生。

是以圣人后其身而身先,外其身而身存。不以其无私乎?故能成其私。(以上王弼本第7章)

《老子》初始本下经《道经》第50章《谷神不死章》,《老子》传世本颠倒上下经后,为凑八十一章之数而分为二章,成为第6章、第7章,导致逻辑断裂,义理不明。

《谷神不死章》是"天地不仁"四章(49—52)之次章,论证提炼自"太一"历法图(伏羲太极图)的《老子》第一命题"侯王得一以为天下正"。

---

[1] 刘师培《老子斠补》,熊铁基主编《老子集成》第11卷,713页,宗教文化出版社2011。

50.1 谷神不死，是谓玄牝。

第 50 章第 1 节第 1 层，论证"泰道"是道生万物的"玄牝"。

"谷神不死"，"谷神"是《德经》第 2 章"得一"五项之第三项、第四项"神得一以灵，谷得一以盈"的"谷/神"合词。"谷神"即谷风之神、东风之神、春风之神、泰道之神。《诗经·国风·谷风》："习习谷风。"传曰："东风谓之谷风。阴阳和，谷风至。""阴阳和"义同《德经》第 5 章"负阴而抱阳，冲气以为和"。春分泰卦位于"太一"历法图（伏羲太极图）正东，故称泰道之神为"谷神"，又称对位春分泰卦的东岳为"泰山"。"不死"，参看《庄子·大宗师》："杀生者不死，生生者不生。"意为生杀万物的天道不生不死。"谷神不死"，即春气生物的泰道之神不死。

严遵注"谷神不死"曰："太和妙气，妙物若神。太和之所以生而不死，始而不终，开导神明，为天地之根元。"[1] 即言"谷神"是春气生物的泰道。

"是谓玄牝"，"玄牝"，上扣《道可道章》"有，名万物之母也。……恒有，欲以观其所窍。……玄之又玄，众妙之门"。人类拥"有"的"太一"历法图（伏羲太极图），是道生万物之"母"（其所对应的天文存在则是万物之"父"）；"泰道"是"万物之母"生出万物之"窍"之"门"，即"玄牝"。

句义：春气生物的泰道永生不死，叫作玄牝。

玄牝之门，是谓天地之根。绵绵若存，用之不勤。

第 50 章第 1 节第 2 层，展开第 1 层"玄牝"。

"玄牝之门，是谓天地之根"，玄牝之门，上承《道可道章》"玄之又玄，众妙之门"。下启第 53 章："天门启闭，能为雌乎？"《文子·道原》："万物之总，皆阅一孔；百事之根，皆出一门。"即释《老子》"玄牝之门，是谓天地之根"。

---

[1] 强思齐《道德真经玄德纂疏》引，熊铁基主编《老子集成》第 2 卷，333 页，宗教文化出版社 2011。

"绵绵若存","若存",并非否定其存,而是肯定其存,亦即否定第48章中士、下士怀疑天道"似万物之宗"和"似或存"。但是彼章乃言"无极恒道",此章则言"太一常道"之"泰道"。

"用之不勤",历代注家多训"不勤"为"不尽",这是随意音训,违背上经《德经》第4章"上士闻道,勤而行之"。王弼注"不勤"为"不劳",不误。"不劳"义近上章"天地不仁",即"以辅万物之自然,而不敢为"(第28章)。

句义:玄牝是天地万物的产门,是天地万物的根本。泰道玄牝绵绵长存,自发作用不须勤劳。

50.2 天长地久。天地之所以能长且久者,以其不自生也,故能长生。

第50章第2节第1层,论证"泰道"是"可以长久"之道。

"天长地久",上扣《德经》第2章"得一"五项之第一项、第二项"天得一以清,地得一以宁",又扣《德经》第7章、第22章之"可以长久"。

"天地之所以能长且久者,以其不自生也,故能长生","不自生",即被"玄牝"泰道所生。"长久"、"长生",上扣《德经》第7章"知足不辱,知止不殆,可以长久",第22章"有国之母,可以长久,是谓深根固柢、长生久视之道也"。以天道之"长久",论证人道效法天道方能"长久"。

句义:天空长生而清明,大地久存而宁定。天地之所以能够长生而且久存,是因为不能自生而生于泰道,所以能够长生久存。

是以圣人后其身而身先,外其身而身存。不以其无私乎?故能成其私。

第50章第2节第2层,论证《德经》第2章"得一"五项之第五项,亦即《老子》第一命题"侯王得一以为天下正"。

"是以圣人后其身而身先,外其身而身存",上扣《德经》第2章"得一"第五项"侯王得一以为天下正"。兼证《德经》第30章:"圣人之欲上民也,必以其言下之；其欲先民也，必以其身后之。"

"不以其无私乎？故能成其私"，参看《庄子·天道》："老聃曰：无私焉，乃私也。"

句义：所以圣君遵循泰道自后己身方能身先，自外己身方能身存。不是因为圣君遵循泰道对百姓一视同仁无所偏私吗？所以圣君能够成就国祚长久之私。

[义理辨析45]

上经《德经》第2章《侯王得一章》，标举"得一"五项："昔之得一者，天得一以清，地得一以宁，神得一以灵，谷得一以盈，侯王得一以为天下正。"前两项"天地"言天道，中二项"谷神"言"泰道"，第五项"侯王"言人道，提出《老子》第一命题"侯王得一以为天下正"。

下经《道经》第一部分绪论四章论证《老子》第一基石"道生一"之后，第二部分次章《谷神不死章》，逐一论证上经《德经》第2章《侯王得一章》之"得一"五项，先言"谷神"，再言"天地"，后言"侯王"，论证《老子》第一命题"侯王得一以为天下正"。

《老子》初始本之上经《德经》为"经"，下经《道经》为"经说"，很容易根据其"经/经说"结构，明白两章之相关，也容易理解侯王"得一"仅是"得太一常道"，而非"得无极恒道"。

《老子》传世本颠倒上下经后，破坏了《老子》初始本的"经/经说"结构，不可能明白两章之相关；改"恒"为"常"之后，更不可能理解侯王"得一"仅是"得太一常道"，而非"得无极恒道"。

老子痛斥"夫礼者，忠信之薄，而乱之首也"（上经《德经》第1章），反对与其同时代的郑相子产之名言："夫礼，天之经也，地之义也，民之行也……协于天地之性，是以长久"（《左传·昭公二十五年》）。本章即以"天长地久"之"泰道"，论证上经《德经》第7章、第22章所言"可以长久"的"君人南面之术"（详见上卷第三章）。

51. 上善若水章

上善若水。水善利万物而不争[1]，居众人之所恶[2]，故几于道矣。居善地，心善渊，予善天，言善信，[3]正善治，事善能，动善时。夫唯不争，故无尤。

《老子》初始本下经《道经》第51章《上善若水章》，《老子》传世本颠倒上下经后变为第8章。

《上善若水章》是"天地不仁"四章（49—52）之第三章，论证提炼自"太一"历法图（伏羲太极图）的《老子》第一宗旨"扬泰抑否"，标举遵循泰道的"圣君七善"。

51.1 上善若水。水善利万物而不争，居众人之所恶，故几于道矣。

第51章第1节，以水性之趋下譬解泰道之谦下。

"上善若水"，"上善"，上扣《德经》第5章："万物负阴而抱阳，冲气以为和。"指至善的泰道。"若水"，上扣《德经》第24章："大国者下流也……故宜

---

[1] 帛甲本作"水善利万物而有静……夫唯不静"，帛乙本、汉简本作"水善利万物而有争……夫唯不争"，前者之"不静"，后者之"有争"，均不合水德，均与"有静"、"不争"矛盾，本书不从。河上本、王弼本均作"水善利万物而不争……夫唯不争"，傅奕本"唯"作"惟"，想尔本"而"作"又"，本书从之。

[2] 帛甲本作"居众之所恶"，帛乙本作"居众人之所亚"，傅奕本作"居众人之所恶"，"居"扣"居善地"，本书从之。汉简本脱"居"，河上本、王弼本、想尔本均作"处众人之所恶"，"处"不扣"居善地"，本书不从。

[3] 帛乙本、汉简本均作"予善天，言善信"，本书从之。帛甲本作"予善信"，"善"后脱"天，言善"三字。三大传世本（河上本、王弼本、想尔本）均作"与善仁，言善信"，改"天"为"仁"，傅奕本改作"人"，不合前章"天地不仁"、"圣人不仁"，更不合《老子》斥"仁"。本书不从。○高明曰："'仁'是儒家崇尚的行为，而道家视'仁'乃有为之表现，故甚藐视。如第三十八章云'上仁为之'，'失德而后仁'，十八章云'大道废，有仁义'，十九章云'绝仁弃义，民复孝慈'。足见'仁'同老子旨是抵牾的。经文不会是'与善仁'。"（高明《帛书老子校注》，256页，中华书局1996）

为下。"第 30 章："江海之所以能为百谷王者，以其善下之也。"均以水性之趋下，譬解泰道之谦下。

与郭店《老子》同墓出土的郭店《太一生水》，通篇阐释《老子》宗旨"泰道"，篇名之"水"即指"上善若水"的"泰道"。《太一生水》篇名意为：《老子》宗旨"上善若水"的泰道，提炼自"太一"历法图（伏羲太极图）正东的泰卦（详见上卷第二章）。

"水善利万物而不争"，"善利万物"，上扣《德经》第 28 章"辅万物之自然，而不敢为"。"不争"，上扣《德经》第 30 章"以其不争也，故天下莫能与之争"，第 32 章"是谓不争之德"，第 37 章"不争而善胜"，第 44 章"为而不争"。

"居众人之所恶"，上扣《德经》第 5 章："人之所恶，唯孤、寡、不穀，而王公以自名也。"《老子》5 见"众人"，均指奉行"仁义礼"的众多俗君，非指众多普通人。

"故几于道矣"，"道"指泰道。侯王对位泰卦䷊之上卦三阴，阴气下行，故以下行之水譬解泰道之谦下。

句义：上善的泰道如同水性之趋下。水善于造福万物却不争高位，甘居众多俗君厌恶的下位，所以近于泰道。

51.2 居善地，心善渊，予善天，言善信，正善治，事善能，动善时。

第 51 章第 2 节第 1 层，承上第 1 节"上善若水"，阐明遵循泰道的"圣君七善"。

"圣君七善"，上扣《德经》第 10 章"不出于户，以知天下；不窥于牖，以知天道"所言夏商周明堂十二室对应北斗七星（详见《德经》第 10 章和上卷第二章）。

"圣君七善"之一："居善地"。圣君居于明堂，每月初一移居北斗斗柄所指明堂十二室之一，即"居善地"。

"圣君七善"之二："心善渊"。"心"，上扣《德经》第 12 章："圣人恒无心，以百姓之心为心。""渊",上扣《道经》第48章："渊兮,似万物之宗。"特指明堂之外的圜水。圣君"以百姓之心为心",顺从"渊兮,似万物之宗"的天道,即"心善渊"。

"圣君七善"之三："予善天"。"予",上扣《德经》第44章："既以予人,己愈多。""天",即"天道",特指明堂顶层用于观天的昆仑台。圣君心系天道,把给予民众的福利视为天赐,不居己功,即"予善天"。

"圣君七善"之四："言善信"。"言",指政令,特指侯王每月初一移居北斗斗柄所指明堂之室所发"月令",参看《礼记·月令》,《吕氏春秋·十二纪》,《逸周书》之《明堂解》、《月令解》,蔡邕《明堂月令论》等。"信","月令"合于天时、地利、民心,故信。圣君仅发合于天时、地利、民心的少量"月令",不发违背天时、地利、民心的多余政令,即"言善信"。

"圣君七善"之五："正善治"。"正",上扣《德经》第2章"侯王得一以为天下正",第8章"清静为天下正"。"治",上扣《德经》第20章"以正治国",第22章"治人事天莫若啬",第23章"治大国若烹小鲜",第29章"以知治国,国之贼也;不以知治国,国之德也"。圣君遵循治国正道"泰道",即"正善治"。

"圣君七善"之六："事善能"。"事",上扣《德经》第22章"治人事天",第26章"为无为,事无事","天下难事必作于易,天下大事必作于细"。圣君治人事天,顺道无为,任物自然,不逞其能,即"事善能"。

"圣君七善"之七："动善时"。"动",侯王移居明堂之室,与北斗斗柄转动同步。"时",北斗斗柄、明堂居室对应之天时、农时。圣君一切动作,无不上顺天时,下应农时,即"动善时"。

"圣君七善"始于"居善地",终于"动善时",均与侯王逐月移居北斗斗柄所指明堂之室有关,即与夏商周明堂制度"礼必本于太一"(礼制本于太一历法图,"末度"效法"本数")有关。

句义:圣君居室善于择地,德心善于渊深,给予善于法天,政令善于诚信,身正善于治国,从事善于赋能,行动善于应时。

> 夫唯不争，故无尤。

第51章第2节第2层，小结本章。

"夫唯不争，故无尤"，"不争"，上扣本章首句"水善利万物而不争"。"无尤"，即无过。《玉篇》："尤，过也。"《文子·道原》："调其数而合其时，时之变则间不容息，先之则太过，后之则不及。"即言不争先，不落后，合于天象之时而动，既无太过，亦无不及。圣君遵循泰道，如上善之水而行七善。不与天争，不与小国争，不与大国争，不与民争，仅须"辅万物之自然，而不敢为"（第28章），即无过失。

句义：唯因圣君如水不争，所以没有过失。

52. 持而盈之章

> 持而盈之，不若其已。
> 揣而锐之，不可长葆。
> 金玉盈室[1]，莫能守也。
> 贵富而骄[2]，自遗咎也。
> 功遂身退，天之道也。

《老子》初始本下经《道经》第52章《持而盈之章》，《老子》传世本颠倒上下经后变为第9章。

---

[1] 汉简本作"持而盈之……金玉盈室"，二"盈"相关，楚简本、帛甲本、帛乙本小异，本书从之。想尔本改为"持而满之……金玉满室"，避汉惠帝刘盈讳而改"盈"为"满"，二"满"相关。傅奕本改为"持而盈之……金玉满室"，河上本、王弼本改为："持而盈之……金玉满堂"，前句不避刘盈讳，后句避刘盈讳，改字不彻底。本书不从。

[2] 帛甲本、帛乙本均作"贵富而骄"，本书从之。楚简本作"贵福乔"，汉简本、河上本、王弼本、傅奕本、想尔本改为"富贵而骄"，本书不从。〇秦汉以前为贵族社会，贵族身份世袭，多言"贵富"。秦汉以后变成官僚社会，官僚身份不世袭，多言"富贵"。《庄子》初始本多见"贵富"，《庄子》传世本亦多改为"富贵"，参看拙著《庄子复原本》。

下经 《道经》三十三章（45—77），对应斗柄三星

《持而盈之章》是"天地不仁"四章（49—52）之末章，展开提炼自"太一"历法图（伏羲太极图）的《老子》第一宗旨"扬泰抑否"，贬斥俗君奉行否术"益之而损"，褒扬圣君遵循泰道"损之而益"。

52.1 持而盈之，不若其已。
揣而锐之，不可长葆。
金玉盈室，莫能守也。
贵富而骄，自遗咎也。

第52章第1节，批评俗君奉行否术"毋已"导致"益之而损"。

《德经》第2章："侯王毋已，贵高将恐蹶。"《德经》第5章："人之所恶，唯孤、寡、不榖，而王公以自名也。是故物或损之而益，或益之而损。"批评俗君"毋已"导致"益之而损"。

"益之而损"四项之一："持而盈之，不若其已。""持"，反扣《德经》第14章"为而不持"。"盈"，反扣《道经》第48章"道冲，而用之有不盈也"。"已"，反扣《德经》第2章"侯王毋已，贵高将恐蹶"，第7章"知止不殆"。"持而盈之"属于"益之而损"，故曰"不若其已"。此斥俗君把"得一"视为"得道"而不知止。

句义：侯王自得而至满盈，不如止于未满。

[义理辨析 46]

《管子·白心》："持而满之，乃其殆也。名满于天下，不若其已也。"即演《老子》"持而盈之，不若其已"。

《荀子·宥坐》："孔子观于鲁桓公之庙，有欹器焉。孔子问于守庙者曰：'此为何器？'守庙者曰：'此盖为宥坐之器。'孔子曰：'吾闻宥坐之器者，虚则欹，中则正，满则覆。'孔子顾谓弟子曰：'注水焉！'弟子挹水而注之，中而正，满而覆，虚而欹。孔子喟然而叹曰：'吁！恶有满而不覆者哉！'子路曰：'敢问持满有道乎？'孔子曰：'聪明圣知，守之以愚；功被天下，守之以让；勇力抚世，

守之以怯；富有四海，守之以谦。此所谓挹而损之之道也。'"夏商周之欹器，源于上古伏羲族的取水之器（仰韶文化尖底瓶）。上章言"上善若水"，本章承之而言"取水之道"，进一步譬解泰道"守之以谦"的"损之之道"。孔子所言"吾闻"，盖即闻于老子。

"益之而损"四项之二："揣而锐之，不可长葆。""锐"，反扣《德经》第19章、《道经》第48章重言的"挫其锐，解其纷"。"葆"，反扣《德经》第25章："道者万物之主也，善人之葆也，不善人之所葆也。""揣而锐之"属于"益之而损"，故曰"不可长葆"。

此言圣君遵循泰道，"挫其锐，解其纷"，钝化、化解各方矛盾，所以"有国之母，可以长久"（第22章）。俗君奉行否术，"揣而锐之"，锐化、激化各方矛盾，所以"不可长葆"。

句义：侯王突出而至尖锐，不能长葆不折。

"益之而损"四项之三："金玉盈室，莫能守也。""金玉盈室"，反扣《德经》第2章"不欲琭琭如玉，（宁可）珞珞如石"。"莫能守也"，正扣《德经》第7章"多藏必厚亡"。"金玉盈室"属于"益之而损"，故曰"莫能守也"。

此言圣君"欲不欲，不贵难得之货"（第28章），"不贵难得之货，使民不为盗"（第47章），所以"守于中"（第49章）。俗君"贵难得之货"（第28章），"法令滋彰而盗贼多有"（第20章），所以"莫能守也"。

句义：侯王金玉堆满居室，难以长守不失。

"益之而损"四项之四："贵富而骄，自遗咎也。""贵"，扣《德经》第2章"侯王毋已，贵高将恐蹶"。"富"，扣《德经》第20章"我无事而民自富"。"贵富"，"贵为天子，富有四海"之略语。"骄"，"骄溢"之略语，溢即盈满至极而溢出。"咎"，扣《德经》第9章"咎莫憯于欲得"。"贵富而骄"属于"益之而损"，故曰"自遗咎也"。

此言圣君以"民自富"保其长久之"贵"，不与民争利，故无咎。俗君以"自富"保其长久之"贵"，与民争利，故"自遗咎"。

句义：侯王贵富而至骄溢，自招怨咎祸事。

下经 《道经》三十三章（45—77），对应斗柄三星　　　　　　　　　　　　　　　　353

"益之而损"四项，前四字均属"功遂"，后四字均属不肯"身退"，违背"功遂身退"的"天之道"。

[重大篡改 10]

传世本把"金玉盈室，莫能守也"，改为"金玉满堂，莫之能守"，成为甜俗的格言警句。

假如不了解《老子》的全书宗旨、教诲对象、知识背景，仅把《老子》视为一个老头即兴书写的格言警句，那么连貌似易懂的"金玉满堂，莫之能守"也不可能懂。因为"金"不是富家翁穿金戴银的金，而是侯王祭祀天帝的青铜礼器；"玉"不是富家翁臂上的玉手镯，而是侯王上朝之时佩戴的玉组佩。夏商周的普通人或富家翁，根本没资格使用青铜礼器祭祀天帝，根本没资格佩戴玉组佩上朝。后人想当然以为"金玉满堂，莫之能守"是《老子》教诲富家翁，不知《老子》是教诲天下侯王如何守其邦国、保其爵禄：侯王不遵循泰道，只奉行否术，其爵（金）、其禄（玉）必将不能长守，无法达成"子孙以其祭祀不绝"（第17章）。

52.2 功遂身退，天之道也。

第52章第2节，褒扬圣君遵循泰道"知止"导致"损之而益"。

"功遂身退，天之道也"，"功遂身退"，上扣《德经》第41章："圣人为而不有，成功而不居也，若此其不欲见贤也。""天之道"，上扣《德经》第41章："天之道，损有余而益不足。人之道不然，损不足而奉有余。"

此言俗君奉行否术"毋已"导致"益之而损"，违背"天之道"。圣君遵循泰道"知止"导致"损之而益"，效法"天之道"而"功遂身退"。

老子所言"功遂身退"，"身退"即第50章"圣人后其身而身先"之"后其身"，义同孔子所言"功被天下，守之以让"（《荀子·宥坐》），乃言圣君功成之后不居功，非言圣君功成之后退位，更非后世误用于普通人的功成之后"隐退"。

句义：侯王功成事遂身退，才是效法天道。

天地不仁四章的义理层次

下经《道经》第二部分"天地不仁"四章（49—52），按照提炼自"太一"历法图（伏羲太极图）的《老子》价值范式"道↘德↘仁↘义↘礼"，论证上经《德经》为何反对"仁↘义↘礼"。

义理层次如下——

第49章《天地不仁章》，论证提炼自"太一"历法图（伏羲太极图）的《老子》价值范式"道↘德↘仁↘义↘礼"。

第50章《谷神不死章》，论证提炼自"太一"历法图（伏羲太极图）的《老子》第一命题"侯王得一以为天下正"。

第51章《上善若水章》，论证提炼自"太一"历法图（伏羲太极图）的《老子》第一宗旨"扬泰抑否"，标举遵循泰道的"圣君七善"。

第52章《持而盈之章》，展开提炼自"太一"历法图（伏羲太极图）的《老子》第一宗旨"扬泰抑否"，贬斥俗君奉行否术"益之而损"，褒扬圣君遵循泰道"损之而益"。

"天地不仁"四章按照《老子》初始本上下经的"经/经说"结构，在《道经》绪论四章（45—48）论证《老子》第一基石"道生一"的基础上，论证提炼自"太一"历法图（伏羲太极图）的《老子》价值范式"道↘德↘仁↘义↘礼"，《老子》第一命题"侯王得一以为天下正"，《老子》第一宗旨"扬泰抑否"。

《老子》传世本颠倒上下经，破坏了"经/经说"结构，导致每章每句每字全都成了逻辑断裂的断线珍珠，随意乱滚的格言玻璃球。

三、抱一贵德四章（53—56）：抱一爱民，圣君贵德

下经《道经》第三部分"抱一贵德"四章（53—56），按照提炼自"太一"

下经 《道经》三十三章（45—77），对应斗柄三星 355

历法图（伏羲太极图）的《老子》价值范式"道↘德↘仁↘义↘礼"，论证上经《德经》为何主张"抱一贵德"。

53. 抱一爱民章

  载营魄抱一，能毋离乎？
  抟气致柔[1]，能婴儿乎？
  涤除玄鉴[2]，能毋有疵乎？
  爱民治国，能毋以知乎？
  天门启闭，能为雌乎？
  明白四达，能毋以知乎？[3]
  故生之畜之，生而不有，长而不宰，是谓玄德。[4]

  《老子》初始本下经《道经》第53章《抱一爱民章》，《老子》传世本颠倒上下经后变为第10章。

  《抱一爱民章》是"抱一贵德"四章（53—56）之首章，以侯王"抱一毋离"，论证《老子》第一命题"侯王得一以为天下正"；以侯王"爱民治国毋以知"，论证《老子》第一教诲"知不知"。

---

[1] 帛乙本作"槫气至（致）柔"，汉简本作"槫气致柔"，"槫"均通"摶"（抟）。四大传世本（河上本、王弼本、傅奕本、想尔本）均作"专气致柔"，"专"均通"抟"。○"气"可"抟"，不可"专"。

[2] 帛甲本、帛乙本均作"玄监"，汉简本作"玄鑑"，"监"通"鑑"（鉴），本书从之。参看《淮南子·修务训》："诚得清明之士，执玄鉴于心，照物明白，不为古今易意。"河上本、王弼本、傅奕本、想尔本均作"玄览"，本书不从。

[3] "爱民治国"之后，"明白四达"之后，两大出土本（帛乙本、汉简本）重言"能毋以知乎"（河上本重言"能无知"）。本书从之。王弼本作"能无知乎……能无为乎"，傅奕本作"能无以知乎……能无以为乎"，想尔本作"而无知……而无为"，均避重复而修改后句，本书不从。

[4] 帛甲本、帛乙本脱"故"字。汉简本作"故生之畜之，生而弗有，长而弗宰，是谓玄德"，本书从之。四大传世本（河上本、王弼本、傅奕本、想尔本）均作"生之畜之，生而不有，为而不恃，长而不宰，是谓玄德"，乃据《德经》第14章"故道生之畜之，长之育之，成之熟之，养之覆之；生而不有，为而不恃，长而不宰，是谓玄德"增入"为而不恃"四字，本书不从。

53.1 载营魄抱一，能毋离乎？
抟气致柔，能婴儿乎？
涤除玄鉴，能毋有疵乎？

第 53 章第 1 节，论证《老子》第一命题"侯王得一以为天下正"。

"载营魄抱一，能毋离乎"，"载"，运载。"营魄"，气血营卫之体魄。"营"即气血营卫，"魄"即肉身（"魂"即精神）。"载营魄"，运载气血营卫之体魄，此喻运用全部身心。

"抱一"，上扣《德经》第 2 章"侯王得一以为天下正"；侯王"得一"之后抱持"太一"治国。"能毋离乎"，能否永不背离。

句义：侯王运用身心抱持太一，能否永不背离？

"抟气致柔，能婴儿乎"，"抟气"，义同"抱一"；"抟"即"抱"，"气"即"一"。"一"即太极浑沌元气；《庄子·知北游》"通天下一气"，"一气"即太极浑沌元气。《庄子·大宗师》"夫道……在太极之上而不为高……伏羲氏得之，以袭气母"，即言伏羲氏"得一"，称"太一"历法图（伏羲太极图）为"气母"，又言道"在太极之上"，即"道"在"一"之上。

"致柔"，上扣《德经》第 6 章"天下之至柔，驰骋于天下之至坚"，第 15 章"守柔曰强"，第 18 章"骨弱筋柔而握固"。"致柔"即遵循泰道之柔，鄙弃否术之刚。

"能婴儿乎"，上扣《德经》第 18 章"含德之厚者，比于赤子"。此以婴儿之柔弱，譬解泰道之柔弱。

句义：侯王因袭气母遵循泰道，能否柔如婴儿？

"涤除玄鉴"，"涤除"，涤除外界撄扰，参看《庄子·在宥》引老子之言"无撄人心"。"玄鉴"，上扣《道可道章》"玄之又玄"，认知对"玄之又玄"的恒道之无知。

"能毋有疵乎"，上扣《德经》第 35 章："知不知，上矣。不知不知，病矣。"疵即病。上德侯王认知"得一"并非"得道"，即"知不知"而无疵病。下德侯王不能认知"得一"并非"得道"，即"不知不知"而有疵病。

句义：侯王排除外撄明鉴无知，能否达至无病？

[义理辨析 47]

旧老学误释"道生一"之"一"为"道"，进而误释"得一"为"得道"，误释"抱一"为"抱道"，未明《老子》第一基石"道生一"真义。

河上公以后，养生家、神仙家把《老子》视为养生书，把"载营魄抱一，能毋离乎"，释为"抱元守一"，把"一"释为生命的"元气"；把"抟气致柔，能婴儿乎"，释为气功导引的养生柔术；把"涤除玄鉴，能毋有疵乎"，释为排除杂念的气沉丹田。《老子》宗旨是"君人南面之术"，与修仙、养生、气功无关，详下"爱民治国"即明。

53.2 爱民治国，能毋以知乎？
天门启闭，能为雌乎？
明白四达，能毋以知乎？
故生之畜之，生而不有，长而不宰，是谓玄德。

第 53 章第 2 节，论证《老子》第一教诲"知不知"。

"爱民治国"，上扣《德经》第 20 章"以正治国"，"以正治国"即以泰道治国。泰道之柔，即在"爱民"。

"能毋以知乎"，上扣《德经》第 29 章："以知治国，国之贼也；不以知治国，国之德也。"第 35 章："知不知，上矣。不知不知，病矣。"

句义：侯王爱护民众治理邦国，能否不用其知？

"天门启闭"，"天门"，上扣《道可道章》"恒有，欲以观其所徼"之"徼"，第 50 章"谷神不死，是谓玄牝。玄牝之门，是谓天地之根"之"玄牝"，即道生万物之产门，特指春气生物的泰道。"启闭"，是天文术语"分至启闭"之略语。《左传·僖公五年》"分至启闭"，杜预注："启，立春、立夏。闭，立秋、立冬。""天门"之"启"，特指春分泰卦开启春气生物的泰道，亦即开启道生万物之产门。"天门"之"闭",特指秋分否卦闭合春气生物的泰道,亦即闭合道生万物之产门。参看《庄子·宇泰定》:"有乎生,有乎死;有乎出,有乎入;出入而无见其形,是谓天门。"

"能为雌乎",上扣《德经》第5章"负阴而抱阳","为雌"即"负阴"。此言道生万物之产门有启有闭,教诲侯王效法春气生物的泰道,"为柔"、"为雌",开启春气"生"物之门,关闭秋气"杀"物之门。

句义:侯王认知天门开启闭合,能否持守雌德?

"明白四达","四达"即"分至启闭",乃言侯王所居明堂四方对应四季天象。参看《尸子·处道》:"仲尼曰:'不出于户,而知天下;不下其堂,而治四方。'"当属孔子暗引《老子》。

"能毋以知乎",重言,仍扣《德经》第29章:"以知治国,国之贼也;不以知治国,国之德也。"第35章:"知不知,上矣。不知不知,病矣。"教诲侯王明白明堂四方对应四季,仅须顺道无为,无须运用有缺之知悖道有为。

句义:侯王明白四季循环往复,能否不用其知?

"故生之畜之,生而不有,长而不宰,是谓玄德。"上扣《德经》第14章:"故道生之畜之,长之育之,成之熟之,养之覆之;生而不有,为而不恃,长而不宰,是谓玄德。"《德经》第14章的主语是"天道",本章的主语是效法"天道"的"侯王","天道"有此"玄德",效法"天道"的"侯王"也有"玄德"。本章仅仅重言《德经》第14章的天道"玄德"之三项,因为侯王不可能僭代天道的全部"玄德",只能效法天道的部分"玄德"。

句义:所以圣君统摄民生、蓄养民众,保障民生而不占有,身为君长而不主宰,这是至上之德。

54. 辐共一毂章

三十辐共一毂,当其无,有车之用。
埏埴以为器,当其无,有器之用。

下经 《道经》三十三章（45—77），对应斗柄三星

凿户牖[1]，当其无，有室之用。
故有之以为利，无之以为用。

《老子》初始本下经《道经》第 54 章《辐共一毂章》，《老子》传世本颠倒上下经后变为第 11 章。

《辐共一毂章》是"抱一贵德"四章（53—56）之次章，以侯王"抱一毋离"而顺道"无为"，民众"抱一毋离"而循德"无不为"，论证《老子》第一政纲"无为无不为"。

54.1 三十辅共一毂，当其无，有车之用。
埏埴以为器，当其无，有器之用。
凿户牖，当其无，有室之用。

第 54 章第 1 节，义承上章"抱一毋离"，继续论证《老子》第一命题"侯王得一以为天下正"。

"三十辐共一毂"，即上章"抱一毋离"。上章末句"明白四达"，乃言侯王移居明堂之室对应北斗旋转；本章首句"三十辐共一毂"，乃言侯王所乘之车的车轮对应日月旋转。证见《周礼·冬官考工记》："轮辐三十，以象日月也。盖弓二十有八，以象星也。龙旗九斿，以象大火也。鸟旗七斿，以象鹑火也。熊旗六斿，以象伐也。龟旐四斿，以象营室也。弧旌枉矢，以象弧也。"《史记·太史公自序》："二十八宿环北辰，三十辐共一毂，运行无穷。辅拂股肱之臣配焉，忠信行道，以奉主上。"三十辐条取象于一月三十日，圆心的轮毂取象于北极天枢。弓形车盖取象于二十八宿，与侯王仪仗"左青龙，右白虎，前朱雀，后玄武"配套，均为人道效法天道的夏商周制度。所以本章所言之车，专指侯王之车，并非普通之车，因为普通之车的轮辐不是三十，更无对应天象的纹饰和仪仗。

---

[1] 三大出土本（帛甲本、帛乙本、汉简本）"凿户牖"后均无"以为室"三字，本书从之。四大传世本（河上本、王弼本、傅奕本、想尔本）"凿户牖"后均增"以为室"三字，本书不从。

"当其无，有车之用"，轮毂中间空无，方能插入车轴带动车轮旋转，而有车子前行之用。譬解侯王如同轮毂居中旋转而不移位，抱一不离而顺道"无为"；民众如同车轮居外旋转而移位，抱一不离而循德"无不为"。

"埏埴以为器"，河上公注："埏，和也；埴，土也。谓和土以为器也。"《荀子·性恶》："陶人埏埴而为器。"埏 shān，和土为器。埴 zhí，所和之土。此指和土制作陶器。

"当其无，有器之用"，陶器中间空无，才有陶器之用。《老子》之文极简，此处隐嵌制陶必须使用陶轮。《庄子·齐物论》承于《老子》此譬，称天枢为"天均"，"均"即陶均，亦即陶轮。譬解侯王如同陶轮居中旋转而不移位，抱一不离而顺道"无为"；民众如同陶泥居外旋转而移位，抱一不离而循德"无不为"。

"凿户牖"，"户"、"牖"二字，上扣《德经》第 10 章："不出于户，以知天下；不窥于牖，以知天道。"所以本章所言之室，专指侯王所居明堂之室，并非普通之室，因为普通之室不对应天象，没有"不出于户，以知天下；不窥于牖，以知天道"的特殊功能。

"当其无，有室之用"，门窗中间空无，方有居室之用。譬解侯王如同明堂户牖之空无，抱一不离而顺道"无为"；民众如同明堂十二室对应北斗斗柄，抱一不离而循德"无不为"。

第 1 节以侯王出行之"车"、侯王饮食之"器"、侯王居住之室，譬解"侯王得一以为天下正"。"当其无"，譬解侯王抱一不离而顺道"无为"。"有某之用"，譬解民众抱一不离而循德"无不为"。

句义：三十辐条共抱同一轮毂，仅当轮毂中间空无，车子才有功用。抟土制作陶器，仅当陶器中间空无，器物才有功用。凿出门户窗牖，仅当门窗中间空无，居室才有功用。

54.2 故有之以为利，无之以为用。

第 54 章第 2 节，概括第 1 节。

"故有之以为利",上扣《德经》第11章的《老子》第一政纲"无为无不为"之"无不为",以及第20章"我(侯王)无为而民自为"之"民自为"。

"无之以为用",上扣《德经》第11章的《老子》第一政纲"无为无不为"之"无为",以及第20章"我(侯王)无为而民自为"之"无为"。

句义:所以民众循德有为之利,正是侯王顺道无为之用。

55. 五色目盲章

五色令人目盲,五音令人耳聋,五味令人口爽,驰骋田猎令人心发狂,难得之货令人行妨。

是以圣人之治也,为腹不为目。[1] 故去彼取此。

《老子》初始本下经《道经》第55章《五色目盲章》,《老子》传世本颠倒上下经后变为第12章。

《五色目盲章》是"抱一贵德"四章(53—56)之第三章,以"圣人之治也,为腹不为目",论证圣君"不贵难得之货"。

55.1 五色令人目盲,五音令人耳聋,五味令人口爽,驰骋田猎令人心发狂,难得之货令人行妨。

第55章第1节,标举"俗君五不善",与《道经》第51章"圣君七善"对比。

"俗君五不善"之一:"五色令人目盲"。五色,青、赤、黄、白、黑。

"俗君五不善"之二:"五音令人耳聋"。五音,宫、商、角、徵、羽。

"俗君五不善"之三:"五味令人口爽"。五味,酸、苦、甘、辛、咸。爽,差失也(王弼),义同"毫厘不爽"之"爽"。参看《淮南子·精神训》:"五味乱

---

[1] 帛甲本作"是以圣人之治也,为腹不……"(坏二字),帛乙本作"是以圣人之治也,为腹而不为目",本书综合。汉简本、四大传世本(河上本、王弼本、傅奕本、想尔本)均作"是以圣人为腹不为目",删"之治也"三字,遮蔽经义,本书不从。

口，使口爽伤。"

"俗君五不善"之四："驰骋田猎令人心发狂"。"驰骋田猎"是侯王贵族的日常消遣，普通民众勤于劳作无此消遣。

"俗君五不善"之五："难得之货令人行妨"。"难得之货"是侯王贵族的欲求之物，普通民众勤于劳作无此欲求。

句义：五色容易使人目盲，五音容易使人耳聋，五味容易败坏口味，驰骋打猎容易使人心灵疯狂，难得之货容易妨害德行。

55.2 是以圣人之治也，为腹不为目。故去彼取此。

第55章第2节，阐明"圣君"去彼"俗君五不善"，取此"圣君七善"（第51章）。

"圣人之治也，为腹不为目"，上扣《道经》第47章："圣人之治也，虚其心，实其腹，弱其志，强其骨；恒使民无知无欲也，使夫知不敢。弗为而已，则无不治矣。""目"字总摄第1节目、耳、口、心、行五项。

"故去彼取此"，上扣《德经》第1章、第36章"故去彼取此"。本章第1节"去彼"，第2节"取此"。

句义：所以圣君治理天下，只求饱腹而不求悦目。所以去除声色犬马，仅求安居乐业。

［义理辨析48］

《老子》初始本三见"故去彼取此"，上经《德经》第1章、第36章二见，下经《道经》第55章一见。全书虽仅三见，却是见于《老子》初始本首章、贯穿《老子》初始本全书的"去取"范式。

《老子》初始本最后一见"故去彼取此"，置于下经《道经》第三部分，意在提醒读者：在下经《道经》第一部分《道经》绪论"四章标举论"道"范式之后，第二部分"天地不仁"四章是为上经《德经》去彼"仁↘义↘礼"提供天道依据，第三部分"抱一贵德"四章是为上经《德经》取此"道⇘德"（即"尊道贵德"）提供天道依据。这是《老子》初始本逻辑结构严密、义理层次缜密之又一明证。由于《老子》传世本颠倒了上下经，彻底遮蔽了《老子》初始本的逻辑结构，《老子》才被降维为毫无逻辑结构、毫无义理层次的一堆格言玻璃球。

56. 宠辱若惊章

宠辱若惊，贵大患若身。

何谓宠辱若惊？宠为下也。[1]**得之若惊，失之若惊，是谓宠辱若惊。**

何谓贵大患若身？吾所以有大患者，为吾有身。及吾无身，吾有何患？

故贵以身为天下[2]**，若可以托天下；爱以身为天下，若可以寄天下。**

《老子》初始本下经《道经》第56章《宠辱若惊章》，《老子》传世本颠倒上下经后变为第13章。

《宠辱若惊章》是"抱一贵德"四章（53—56）之末章，以"贵大患若身"，论证圣君"不贵难得之货"而"贵身"（贵德）。

56.1 宠辱若惊，贵大患若身。
何谓宠辱若惊？宠为下也。得之若惊，失之若惊，是谓宠辱若惊。

---

[1] 帛甲本作"苟胃龙辱若惊？龙之为下"，帛乙本作"何胃弄辱若惊？弄之为下也"。楚简本作"可胃宠辱？宠为下也"，汉简本作"何胃宠辱？宠为下"，脱"若惊"。王弼本、傅奕本均作"何谓宠辱若惊？宠为下"，脱"也"。本书综合为"何谓宠辱若惊？宠为下也"。河上本、陈景元本、李道纯本等改后句为"宠为上，辱为下"，把经义同时否定"宠辱"，改为褒"宠"贬"辱"。本书不从。

[2] 汉简本、王弼本均作"故贵以身为天下"，河上本、傅奕本、想尔本小异，本书从之。参看《淮南子·道应训》："故《老子》曰：贵以身为天下，焉可以托天下。爱以身为天下，焉可以寄天下矣。"帛甲本、帛乙本均作"故贵为身于为天下"，本书不从。参看《庄子·在宥》："故贵以身于为天下，则可以托天下；爱以身于为天下，则可以寄天下。"

何谓贵大患若身？吾所以有大患者，为吾有身。及吾无身，吾有何患？

第 56 章第 1 节，义承上章论证圣君"不贵难得之货"，进而论证圣君"贵身"（贵德），亦即论证《德经》第 7 章"身与货孰多"，义理缜密。

"宠辱"，民众对侯王之"宠"之"辱"。蒋锡昌曰："前章言圣人为腹不为目，此章言惟圣人能为腹不为目，不以宠辱荣患损易其身者，然后乃可以天下付之也。"[1]蒋锡昌有此卓见的重要原因，就是明白《老子》的唯一教诲对象是侯王。

"若惊"，侯王因民众"宠辱"而受惊。参看《道经》第 60 章"侯王四境"："太上，不知有之；其次，亲而誉之；其次，畏之；其下，侮之。"民众对第一境圣君"不知有之"，无"宠"无"辱"。民众对第二境俗君"亲而誉之"，即"宠"，对第三境、第四境俗君"畏之"、"侮之"，即"辱"。圣君被民众"宠辱"必"惊"，即不欲从以"德"治国的第一境圣君，降至以"仁义礼"治国的后三境俗君。

"贵大患若身"，是"贵身若大患"之倒装（焦竑《老子翼》）。"身"，指自身之德，非指肉身。"贵身"，即《德经》第 14 章"尊道而贵德"之"贵德"。

句义：上德侯王被民众宠辱如受惊吓，重视己德如同重视大患。

"何谓宠辱若惊？"设问。

"宠为下也"，回答。"宠"是承上"宠辱"之略词，完整句是"宠辱为下也"。"下"即"下德侯王"。"得之若惊，失之若惊，是谓宠辱若惊"，展开回答。

句义：为何被民众宠辱如受惊吓？因为被民众宠辱即为下德侯王。得到民众宠辱如受惊吓，失去民众宠辱如受惊吓，这叫被民众宠辱如受惊吓。

"何谓贵大患若身？"设问。

"吾所以有大患者，为吾有身。及吾无身，吾有何患？"回答。"吾"是侯王自称，本书译为"寡人"。"为吾有身"之"有"，不是"有无"之"有"，而是"持有"之"有"，即《德经》第 14 章"生而不有，为而不持"之"有"之"持"。

---

[1] 蒋锡昌《老子校诂》，75 页，上海书店 1992。

"及吾无身"之"无",训致无,"无身"义同《德经》第1章"上德不德,是以有德"之"不德",即不拔高己德,不自得。《庄子·逍遥游》"至人无己"之"无己",《庄子·齐物论》之"吾丧我",《庄子·大宗师》之"不自得",《庄子·应帝王》之"无见得",承于《老子》"上德不德"和"无身"（致无己德）。

句义：为何重视己德如同重视大患？因为寡人之所以有大患，正是寡人拔高己德。倘若寡人永不拔高己德，寡人还有什么大患？

56.2 故贵以身为天下,若可以托天下；爱以身为天下,若可以寄天下。

第56章第2节,小结本章。

"贵以身为天下",义同"贵身重于贵天下"。"爱以身为天下",义同"爱身重于爱天下"。"贵身"即贵自身之德,"爱身"即爱自身之德。上扣《德经》第17章："修之于身,其德乃贞；修之于家,其德乃余；修之于乡,其德乃长；修之于国,其德乃丰；修之天下,其德乃博。"

句义：所以上德侯王重视己德而治理天下,方能托付天下；上德侯王珍爱己德而治理天下,方能交付天下。

抱一贵德四章的义理层次

下经《道经》第三部分"抱一贵德"四章（53—56）,按照提炼自"太一"历法图（伏羲太极图）的《老子》价值范式"道↘德↘仁↘义↘礼",论证上经《德经》为何主张"抱一贵德"。

义理层次如下——

第53章《抱一爱民章》,以侯王"抱一毋离",论证《老子》第一命题"侯王得一以为天下正"；以侯王"爱民治国毋以知",论证《老子》第一教诲"知不知"。

第54章《辐共一毂章》,以侯王"抱一毋离"而顺道"无为",民众"抱一毋离"而循德"无不为",论证《老子》第一政纲"无为无不为"。

第55章《五色目盲章》,以"圣人之治也,为腹不为目",论证圣君"不贵难得之货"。

第56章《宠辱若惊章》,以"贵大患若身",论证圣君"不贵难得之货"而"贵身"(贵德)。

汉后注家对《老子》传世本之《宠辱若惊章》阐释多误,原因如下——

一是《老子》传世本颠倒了上下经,汉后注家无法根据《德经》已言之义正确阐释本章。

二是汉后注家不知本章省略主语"侯王",更不知哪句褒扬上德侯王,哪句批评下德侯王。

三是汉后注家囿于汉后君权日尊、儒家尊君之成心,以为"宠"字只能用于居上位者对居下位者,不知"宠"、"辱"二字均谓民众对待侯王。注家之中,仅有蒋锡昌明白"宠"、"辱"均谓民众对待侯王。

四是汉后注家误释"身"为肉身,不知"身"指自身之德,把"贵身"误释为贵肉身,把"及吾无身,吾有何患"误释为老子认为人无肉身即无祸患。这一误解的重要原因是,河上公以后的养生家把《老子》视为修仙尸解之书。

正确理解本章的障碍如此之多,本章遂成传统误解最深之章。

现代注家经常根据对《宠辱若惊章》的错误理解,厚诬老子宣扬苟且偷生的保身哲学、保命哲学。老子作为抵达人类智慧巅峰的中国哲学突破第一人,怎么可能弱智到幻想人无肉身,怎么可能认为苟且偷生者"可以托天下"、"可以寄天下"?

四、知常尊道三章(57—59):守静知常,圣君尊道

下经《道经》第四部分"知常尊道"三章(57—59),按照提炼自"太一"

下经《道经》三十三章（45—77），对应斗柄三星

历法图（伏羲太极图）的《老子》价值范式"道↘德↘仁↘义↘礼"，论证上经《德经》为何主张"知常尊道"。

57. 执今之道章

视之不见，名之曰微；听之不闻，名之曰希；搏之不得[1]，名之曰夷。[2] 三者不可至计[3]，故混而为一。一者[4]，其上不皦，其下不昧。寻寻不可名[5]，复归于无物，是谓无状之状。

无物之象，是谓芒芒[6]。随而不见其后，迎而不见其首。

---

[1] 帛甲本、帛乙本均作"捪之而弗得"，汉简本作"搏而弗得"。河上本、王弼本均作"搏之不得"，陆德明《老子音义》："搏，音博。"本书从之。傅奕本作"搏之不得"，"搏"（挬）为"搏"之讹字，本书不从。《庄子·知北游》："视之而不见，听之而不闻，搏之而不得也。"即引《老子》本章。《淮南子·道应训》化用《庄子·知北游》："视之不见其形，听之不闻其声，搏之不可得"，均作"搏"不作"挬"。"搏"训捕捉，无物亦可捕捉，仅是捕捉不到，可言"道无"。"挬"训聚物成团，有物方可挬之，不可言"道无"，参看第53章"挬气致柔"。○《庄子·逍遥游》"挬扶摇而上者九万里"，"搏"字旧亦讹为"挬"，拙著《庄子复原本》业已校正。

[2] 帛甲本、帛乙本均作"微－希－夷"，本书从之。汉简本、河上本、王弼本、傅奕本、想尔本均作"夷－希－微"，本书不从。

[3] 帛甲本、帛乙本均作"三者不可至计"，汉简本作"参也，不可致计"，乃言不可计历，本书从之。四大传世本（河上本、王弼本、傅奕本、想尔本）均作"此三者不可致诘"，改"计"为"诘"，遮蔽初始本真义，本书不从。

[4] 帛甲本、帛乙本、傅奕本均有"一者"，本书从之。汉简本改"一者"为"参也"，河上本、王弼本、想尔本均删"一者"，遮蔽初始本真义，本书不从。

[5] 帛甲本作"寻寻呵不可名也"，帛乙本作"寻寻呵不可命也"，汉简本作"台台微微不可命"。河上本、王弼本、傅奕本、想尔本作"绳绳不可名"。"绳绳"不可解，今从帛甲本、帛乙本"寻寻"。

[6] 傅奕本作"芒芒"，当属项羽妾冢本原文，本书从之。《庄子·至乐》："芒乎芴乎，而无从出乎？芴乎芒乎，而无有象乎？"《庄子·山木》："芒乎芴乎，其送往而迎来。"《庄子·天下》："芒乎何之？芴乎何适？"证明《老子》初始本正字为"芒芒"、"芴芒"。帛甲本、帛乙本作"物塱"，汉简本作"没芒"，当属抄者不明其义而随意改字。河上本、王弼本改为"惚恍"，失其本义，本书不从。

执今之道[1]，**以御今之有。以知古始**[2]**，是谓道纪。**

《老子》初始本下经《道经》第57章《执今之道章》，《老子》传世本颠倒上下经后变为第14章。

《执今之道章》是"知常尊道"三章（56—59）之首章，论证圣君为何"尊道"（尊崇不可知的无极恒道），如何"知常"（认知太一常道），为何"执今之道"（执守今人可知的太一常道）。

57.1 视之不见，名之曰微；听之不闻，名之曰希；搏之不得，名之曰夷。

第57章第1节第1层，描述"道生一"之"道"（无极恒道）不可认知。

三句的省略主语都是"道生一"之"道"（无极恒道），上扣《道可道章》"无，名万物之始"。按照《道可道章》"道可道也，非恒道也；名可名也，非恒名也"，以及《德经》第4章"天象无形，道隐无名"，先为"宣夜说"范畴之宇宙总体规律"无极恒道"拟出三名"微"、"希"、"夷"，描述其三大特征——

"视之不见，名之曰微"，"微"训几微，天象运行变化几微，此言"道"（无极恒道）不具视觉性。

"听之不闻，名之曰希"，"希"训无声，天象运行寂然无声，此言"道"（无极恒道）不具听觉性。

"搏之不得，名之曰夷"，"夷"训平淡，天象运行平淡难明，此言"道"（无极恒道）不具物质性。

句义：无极恒道目视不能见，可名为微；耳听不能闻，可名为希；手触不能得，可名为夷。

---

[1] 帛甲本、帛乙本均作"执今之道"，本书从之。汉简本、河上本、王弼本、傅奕本、想尔本改为"执古之道"，本书不从。

[2] 帛甲本、帛乙本、河上本、想尔本均作"以知古始"，本书从之。汉简本作"以智古以"，王弼本、傅奕本作"能知古始"，本书不从。

三者不可至计，故混而为一。一者，其上不皦，其下不昧。

第 57 章第 1 节第 2 层，阐明"道生一"之"道"（无极恒道），仅知天文存在，无法计算历法；"道生一"之"一"（太一常道），既知天文存在，又可计算历法。

"三者不可至计"，"道"（无极恒道）的三大特征"微"、"夷"、"希"无法计算历法，所以"宣夜说"范畴之宇宙总体规律"道"（无极恒道）不可知、不可得。

"故混而为一"，"一"，即"道生一"之"一"（太一常道）。从混沌之中显现的围绕"太一"帝星旋转的太阳系天象可以计算历法，所以"浑天说"范畴的宇宙局部太阳系规律"一"（太一常道）可知、可得。

"一者，其上不皦，其下不昧"，"不皦"，不明亮；"其上不皦"，"一"（太一常道）之上的"道"（无极恒道）不明亮，人类无法认知。"不昧"，不暗昧；"其下不昧"，"一"（太一常道）之下的天象历数不暗昧，人类可以认知。

句义：微、希、夷三者不可计算历法，所以通过混沌认知太一常道。太一常道之上的无极恒道不明亮，太一常道之下的天象历数不暗昧。

［重大篡改 11］

《老子》初始本之"微—希—夷"，《老子》传世本改为"夷—希—微"。五代道士陈抟，号"希夷"，乃据道教内部所传《老子》初始本之"微—希—夷"，异于《老子》传世本之"夷—希—微"。

《老子》初始本"三者不可至计"，《老子》传世本篡改为"三者不可致诘"，又删去"一者"，遮蔽了《老子》初始本的计历之义。

寻寻不可名，复归于无物，是谓无状之状。

第 57 章第 1 节第 3 层，阐释第 2 层"其上不皦"，即"道生一"之"道"（无极恒道）不可知、不可得。

"寻寻不可名"，人类反复寻求"道"（无极恒道）而无法认知、无法命名。

"复归于无物",句法同于第69章"复归于无极",故"无物"和"无极",均指《道可道章》之"恒道",即"宣夜说"范畴的宇宙总体规律"无极恒道"。

"是谓无状之状","宣夜说"范畴的宇宙总体规律"无极恒道",是不可知、不可闻、不可得的"无状之状"。

句义:反复探寻不可名状的无极恒道,复归于空无一物,那是没有状貌的状貌。

无物之象,是谓芴芒。

第57章第1节第4层,阐释第2层"其下不昧",即"道生一"之"一"(太一常道)可知、可得。

"无物之象,是谓芴芒",上古伏羲氏发明了让"无状之状"显现为"象"的天文观测根本方法"芴芒",亦即让"一"(太一常道)变成可知、可得的圭表测影:"芴"即圭影,"芒"即日芒(太阳光芒),"象"即可知、可得、可以计算历法的圭象(卦象)。古人从此可以认知"浑天说"范畴的宇宙局部太阳系规律"太一常道",已见《德经》第5章对"太一"历法图(伏羲太极图)的描述:"一生二,二生三,三生万物。万物负阴而抱阳,冲气以为和。"

句义:从空无一物中显现的可知天象,就是太阳光芒的表木投影。

〔重大篡改12〕

《老子》初始本五见"芴芒"或"芒芴",均言上古伏羲氏发明的圭表测影,因此均在《道经》。因为《道经》必须论证"道生一"之"道"(无极恒道)不可知、不可得,"道生一"之"一"可知、可得,所以侯王只能"得一以为天下正",不能"得道以为天下正"。

圭表测影是使"一"(太一常道)可知、可得的方法,所以"芒"、"芴"二字均有独立意义,各有精确内涵。二字分言的内涵是:"芒"即太阳光芒,"芴"即圭表投影。

二字合言，正序作"芒芴"，内涵是圭表测影之原理：正午阳光之"芒"，投射圭影之"芴"，可将无法测量的太阳所在纬度，转化为可以测量的圭影长短。逆序作"芴芒"，内涵是圭表测影之结果：根据"芴"之圭影长短，认知"芒"之投射角度，即可算出太阳所在纬度。

"太一"历法图（伏羲太极图）之伏羲六十四卦，以阳爻之"芒"对应太阳所在纬度，以阴爻之"芴"对应圭影长短。比如"太一"历法图（伏羲太极图）外圈的开辟四时之卦：

坤卦☷六阴，记录冬至太阳位于南回归线上空，太阳最南，圭影最长。

乾卦☰六阳，记录夏至太阳位于北回归线上空，太阳最北，圭影最短。

泰卦䷊下三阳，上三阴，记录春分太阳由南而北到达赤道上空，昼夜等长，阴阳平分。

否卦䷋下三阴，上三阳，记录秋分太阳由北而南到达赤道上空，昼夜等长，阴阳平分。

《老子》传世本篡改"芴芒"为"惚恍"，篡改"芒芴"为"恍惚"，彻底遮蔽了《老子》初始本真义，导致《老子》第一基石"道生一"之义不明，导致《老子》第一命题"侯王得一以为天下正"之义不明，导致《老子》第一宗旨"扬泰抑否"之义不明，导致《老子》第一教诲"知不知"之义不明，于是一切阐释均失准星（详见上卷第四章）。

随而不见其后，迎而不见其首。

第57章第1节第5层，阐明人类尽管可以通过圭表测影认知"一"，但是"一"仅是"浑天说"范畴的宇宙局部太阳系规律"太一常道"，并非"宣夜说"范畴的宇宙总体规律"无极恒道"。

"随而不见其后，迎而不见其首"，"其"指"一"（太一常道），"不见其后"、"不见其首"，阐释第2层"三者不可至计，故混而为一。一者，其上不皦，其下不昧"："一"（太一常道）虽然可知、可得，然而"一"之上的"道"（无极恒道）仍然不可知、不可得，仍然"不可至计"，所以追随"太一常道"不见其后，迎接"太一常道"不见其首，因为"太一常道"从属于无首无尾的"无极恒道"。

句义：尾随太一常道之后不见其尾，迎接太一常道之前不见其首。

57.2 执今之道，以御今之有。以知古始，是谓道纪。

第 57 章第 2 节，阐明侯王"得一"并非"得道"，所以"得一"以后必须"知不知"，"不知不知"即为大病。

"执今之道，以御今之有"，义同《德经》第 2 章"侯王得一以为天下正"。"执今之道"，即"侯王得一"。"以御今之有"，即"以为天下正"。"今之道"，即通过"芀芒"（圭表测影）所得"太一常道"。

"以知古始，是谓道纪"，"古始"，即上古伏羲族认知"道"（无极恒道）始于认知"一"（太一常道）。"道纪"，即"一"（太一常道）非"道"（无极恒道）之全部，仅为"道"（无极恒道）之纲纪。参看《庄子·天下》："（老子）以深为根，以约为纪。"

句义：圣君执守今人可知的太一常道，驾驭今人可见的宇宙万有。以此知晓古人认知无极恒道始于认知太一常道，并将太一常道视为无极恒道之纲纪。

〔重大篡改 13〕

《老子》传世本篡改"执今之道"为"执古之道"，彻底遮蔽了《老子》初始本真义。

《老子》初始本"执今之道"之"执道"，原为执守天道，即第 63 章"圣人执一以为天下牧"之"执一"。"今之道"，指今人能知的"浑天说"范畴之"太一常道"，而非今人不知的"宣夜说"范畴之"无极恒道"。道家认为天道无古无今、永恒不变，无论人类知与不知。

《老子》传世本"执古之道"之"执道"，转为执守人道。"古之道"，指孔子追慕的"周道"、"周礼"。这一重大篡改，不仅违背了"天道无古无今、永恒不变"的道家观念，而且违背了《老子》批判"周道"、"周礼"的宗旨。

58. 古之善士章

古之善为士者，微妙玄达，[1]深不可识。

夫唯不可识，故强为之颂曰[2]：

豫兮其若冬涉川，犹兮其若畏四邻，俨兮其若客，涣兮其若冰释，沌兮其若朴，混兮其若浊，旷兮其若谷[3]。

孰能浊以静者？将徐清。孰能牝以主者？将徐生。[4]

葆此道者，不欲盈。夫唯不欲盈，是以能敝而成[5]。

---

[1] 楚简本、河上本、王弼本、想尔本均作"古之善为士者"，本书从之。汉简本作"古之为士者"，脱"善"。帛甲本字坏。帛乙本、傅奕本均作"古之善为道者"，改"士"为"道"。本书不从。○楚简本、帛乙本、汉简本均作"玄达"，本书从之。"达"前扣第53章"明白四达"。《庄子》"达人"即承于此"古之善为士者，微妙玄达"。四大传世本（河上本、王弼本、傅奕本、想尔本）改为"玄通"，本书不从。

[2] 楚简本、汉简本均作"颂"，帛甲本、帛乙本、汉简本均有"曰"，本书从之。帛甲本、帛乙本、四大传世本（河上本、王弼本、傅奕本、想尔本）改"颂"为"容"，本书不从。○易顺鼎曰："《文选·魏都赋》张载注引《老子》曰：'古之士，微妙玄通，深不可识。夫唯不可识，故强为之颂。'作'颂'者，古字；作'容'者，今字。"（蒋锡昌《老子校诂》引，87、88页，上海书店1992）

[3] 楚简本作"沌乎其奴朴，混乎其奴浊"，二句"沌/混"连文，未抄"旷兮其若谷"一句。帛甲本、帛乙本、汉简本"旷兮其若谷"均在"混兮其若浊"后，未隔断"沌/混"连文，本书从之。三大传世本（河上本、王弼本、傅奕本）"旷兮其若谷"均在"混兮其若浊"（河上本"混"作"浑"）前，隔断"沌/混"连文，本书不从。

[4] 楚简本："孰能浊以静者？将徐清。孰能牝以主者？将徐生。"本书从之。帛乙本作"浊而静之徐清，女以重之徐生"，帛甲本作"浊而情之余清，女以重之余生"，脱二"孰能"、二"将"。汉简本："孰能浊以静之？徐清。孰能安以动之？徐生。"改二"者"为"之"，脱二"将"。河上本、王弼本："孰能浊以静之？徐清。孰能安以久动之？徐生。"增"久"。本书不从。

[5] 楚简本未抄本章末二句，帛甲本字坏。帛乙本作"是以能敝而不成"，衍一"不"字。汉简本作"是以能敝不成"，"不"为"而"之讹（易顺鼎、马叙伦）。河上本、王弼本、范应元本作"故能蔽不新成"，"蔽"通"敝"，"不"为"而"之讹，"新"据第63章"敝则新"补。傅奕本作"是以能敝而不成"，"而"字仍在，又增"而"之讹字"不"。想尔本作"能弊复成"，"弊"通"敝"。○战国秦汉诸籍或引或释，已有此类讹衍。《淮南子·道应训》"弊而不新成"，"不"为衍文。《文子·九守》"夫唯不盈，是以弊不新成"，"不"为"而"之讹。《庄子·大宗师》"弊而复新"（见拙著《庄子复原本》，通行本脱），承于《老子》"敝而成"、"敝则新"。《苏氏易传》卷五："凡物之有敝者，必自其方盛而忘之，迨其衰则无及矣。"合于《老子》"敝而成"、"敝则新"及《庄子》"弊而复新"之义。综上，此句当作"是以能敝而成"，义同第63章"敝则新"。

《老子》初始本下经《道经》第58章《古之善士章》,《老子》传世本颠倒上下经后变为第15章。

《古之善士章》是"知常尊道"三章(57—59)之次章,阐明"善士七德",褒扬居于明堂、对应北斗七星的古之圣君"知常尊道"。

58.1 古之善为士者,微妙玄达,深不可识。

第58章第1节第1层,承于上章"以知古始",褒扬古之圣君"知常尊道"。

"古之善为士者",上扣《德经》第4章"上士闻道,勤而行之",第32章"善为士者不武"。河上公注:"谓得道之君也。"蒋锡昌曰:"'士'亦君也。'上士'即上等之君,'中士'即中等之君,'下士'即下等之君。后世以'士'字专用之臣民,而《老子》'士'谊,遂亦晦矣。"[1]

"微妙玄达,深不可识",褒扬"知常尊道"的古之"上士",隐斥不"尊道"、不"知常"的"中士"、"下士"。天道的特征"随而不见其后,迎而不见其首",上士的特征"微妙玄达,深不可识",两者可以互参。

句义:古之圣君善于执守太一常道,所以微妙玄达,深不可识。

夫唯不可识,故强为之颂曰:
豫兮其若冬涉川,犹兮其若畏四邻,俨兮其若客,涣兮其若冰释,沌兮其若朴,混兮其若浊,旷兮其若谷。

第58章第1节第2层,标举"尊道知常"的"善士七德"。

本章"善士七德",与第51章"圣君七善"一样,上扣《德经》第10章"不出于户,以知天下;不窥于牖,以知天道"所言夏商周明堂十二室对应北斗七星(详见《德经》第10章和上卷第二章)。

"夫唯不可识,故强为之颂曰","尊道知常"的善士尽管"深不可识",仍

---

[1] 蒋锡昌《老子校诂》,86页,上海书店1992。

下经 《道经》三十三章（45—77），对应斗柄三星　　　　　　　　　　　　　　　　375

须"强为之颂"；正如天道"不知其名"，仍须"强为之名"（第66章）。

"善士七德"之一："豫兮其若冬涉川"。"冬涉川"，参看《诗经·小雅·小旻》之义："战战兢兢，如临深渊，如履薄冰。""太一"历法图（伏羲太极图）以冬至坤卦为起点，所以善士七德之第一德，始于"冬"。此言古之圣君处理内政"战战兢兢，如临深渊，如履薄冰"，不敢悖道有为而妄作。

"善士七德"之二："犹兮其若畏四邻"。"畏四邻"，上扣《德经》第24章"大国以下小国"、"小国以下大国"的外交泰道。"畏四邻"的实质是"畏天道"，亦即畏惧"天网恢恢，疏而不失"（第37章）的天道"大威"（第36章）。此言古之圣君处理外交战战兢兢，如临深渊，如履薄冰，不敢悖道有为而妄作。

以上二德为一组，"犹"、"豫"，合词"犹豫"。"犹豫"即"不敢为天下先"（第31章），"勇于不敢者则活"（第37章），亦即"战战兢兢，如临深渊，如履薄冰"，所以处理内政、外交无不遵循示弱为雌的泰道。

"善士七德"之三："俨兮其若客"。"若客"，上扣《德经》第25章"道者万物之主也"，第33章"吾不敢为主而为客"，第42章"社稷之主"。此言古之圣君深知天道才是"万物之主"，侯王仅是"社稷之主"，所以处理内政、外交，遵循"战战兢兢，如临深渊，如履薄冰"的为客之道。

"善士七德"之四："涣兮其若冰释"。"冰释"，上扣《德经》第19章、《道经》第48章重言的"挫其锐，解其纷"，义承"冬涉川"的"如履薄冰"，转喻各方矛盾之涣然冰释。此言古之圣君化解各方矛盾，和解各方纷争，君民同心同德。

以上二德为一组，乃言古之圣君处理内政、外交均行泰道，不敢为主而为客，于是内政矛盾、外交纷争涣然冰释。

"善士七德"之五："沌兮其若朴"。"若朴"，上扣《德经》第20章："圣人之言曰：我欲不欲而民自朴。"彼章乃言民知其愚而守"朴"德，本章则言君知其愚而守"朴"德。此言古之圣君自知其愚，持守朴德，不敢拔高己德，不敢悖道有为而妄作。

"善士七德"之六："混兮其若浊"。"混"，上扣《德经》第12章"为天下浑其心"；彼章乃言圣君使民众"浑其心"而守愚朴，本章则言圣君自知其愚而守愚朴。"若浊"，上扣《德经》第8章"清静为天下正"，"清"、"浊"对言，运用"正言若反"表达范式。此言古之圣君自知其浊，不敢悖道有为而妄作，由于顺道无为，浊德趋于清静。义同《德经》第1章"上德不德，是以有德"，亦即"上德知浊，是以有清"。

以上二德为一组，"混"、"沌"，合词"混沌"（浑沌）。乃言圣君知愚守朴，知浊得清，永葆"混沌"真德。侯王首先自己"浑其心"，然后方能"为天下浑其心"。《庄子·应帝王》承于《老子》此义，遂言"日凿一窍，七日而浑沌死"。

"善士七德"之七："旷兮其若谷"。"若谷"，上扣《德经》第4章"上德若谷"，亦即《德经》第1章"上德不德，是以有德"。此言古之圣君自知其德空旷不足，所以虚怀若谷。

句义：唯因古之圣君深不可识，所以勉强颂扬如下：审慎啊如若冬天涉过大川，戒惧啊如若提防四周邻国，拘谨啊如若身为宾客，涣散啊如若薄冰将释，敦厚啊如若未雕朴木，浑沌啊如若混浊之水，空旷啊如若无人山谷。

58.2 孰能浊以静者？将徐清。孰能牝以主者？将徐生。
葆此道者，不欲盈。夫唯不欲盈，是以能敝而成。

第58章第2节，概括第1节"善士七德"。

"孰能浊以静者？将徐清"，"浊"，上承第1节"混兮其若浊"。"静"和"清"，上扣《德经》第8章"清静为天下正"，《道经》第51章"上善若水"。

此言古之圣君恪守"善士七德"，顺道"无为"而守"静"，必将使水清澈，成为天道的"上善"之水。今之俗君违背"善士七德"，悖道"有为"而妄"动"，必将使水混浊，污染天道的"上善"之水。

"孰能牝以主者？将徐生"，"牝"，上扣《德经》第24章"牝恒以静胜牡"，《道经》第45章"恒有，欲以观其所窍"、"众妙之门"，第50章"玄牝"，第53章"天门启闭，能为雌乎？""主"，上扣《德经》第42章"社稷之主"，第33章"吾不敢为主而为客"，反扣第1节"俨兮其若客"。"生"，上扣《德经》第3章"天下万物生于有"，第5章"道生一，一生二，二生三，三生万物。万物负阴而抱阳，冲气以为和"。

下经 《道经》三十三章（45—77），对应斗柄三星　　　　　　　　　　　　　　　　　　377

此言古之圣君深知牝之静胜牡之动，所以遵循"负阴抱阳"的泰道，为牝，为雌，为母，使民生生不息而"无死地"（第13章）。

"葆此道者"，上扣《道经》第57章"执今之道"，葆此太一常道。"不欲盈"，上扣《德经》第8章"大盈若冲"，《道经》第48章"道冲，而用之有不盈也"。

"夫唯不欲盈，是以能敝而成"，"敝"，义近《德经》第18章"物壮则老"之"老"，均指物"生"之后的趋"死"。"成"，义近《道经》第63章"敝则新"之"新"，均指物"生"之后摆脱"敝—老"的新"生"。

句义：谁能守浊而静处？必将徐徐澄清。谁能守雌而为主？必将徐徐生成。古之圣君葆此太一常道，不欲满盈。唯因不欲满盈，故能摆脱敝坏而新成。

59. 守静知常章

至虚，极也；守静，督也。[1]

万物并作，吾以观其复也。

天道圆圆，各复其根。[2]

归根曰静，静曰复命[3]。复命，常也。知常，明也。不知常，妄作凶。

知常容，容乃公，公乃王，王乃天，天乃道，道乃久，殁身不殆[4]。

―――――――

[1] 帛乙本作"至虚，极也；守静，督也"，本书从之。帛甲本作"至虚，极也；守情，表也"，汉简本作"至虚极，积正督"，王弼本、想尔本均作"致虚极，守静笃"（河上本、傅奕本小异），本书不从。

[2] 楚简本作"天道员员，各复其堇"，"员"通"圆"，"堇"通"根"，本书从之。帛甲本作"天物云云，各复归于其……"（末一字坏），帛乙本作"天物祜祜，各复归于其根"，汉简本作"大物云云，各复归其根"，改"天道"为"天物"、"大物"，改"员员"为"祜祜"、"云云"。河上本、王弼本均作"夫物芸芸，各复归其根"，又改"天物"为"夫物"，改"云云"为"芸芸"。本书不从。○《庄子·在宥》"万物芸芸，各复其根"，当属汉后据《老子》传世本所改。

[3] 汉简本、傅奕本、想尔本均作"静曰复命"，本书从之。帛甲本、帛乙本均作"静是谓复命"，河上本、王弼本均作"是谓复命"，本书不从。○蒋锡昌："诸本作'静曰'，是也。"（蒋锡昌《老子校诂》，103页，上海书店1992）

[4] 汉简本及各本多作"没身不殆"，"没"通"殁"。据汉简本第15章"殁身不殆"校正。

《老子》初始本下经《道经》第 59 章《守静知常章》,《老子》传世本颠倒上下经后变为第 16 章。

《守静知常章》是"知常尊道"三章(56—59)之末章,阐明"知常七义",教诲居于明堂、对应北斗七星的今之侯王"知常尊道"。

59.1 至虚,极也;守静,督也。
万物并作,吾以观其复也。
天道圆圆,各复其根。

第 59 章第 1 节,承于上章褒扬古之圣君"知常尊道",教诲今之侯王"知常尊道"。

"至虚,极也","极",乃言"浑天说"范畴之天极,即地球自转轴所指太一帝星,参看《史记·天官书》:"中宫天极星,其一明者,太一常居也。"夏商周宗教,把太一帝星神格化为"太一"上帝。《德经》第 5 章引用镌刻于东周太庙之太一上帝神像背部的神谕,并称太一上帝为"教父"。

"守静,督也","督"训中,乃言"浑天说"范畴之天中,即《庄子·齐物论》所言"道枢"、"环中"。"守静",乃言太一帝星居于天中不动。夏商周宗教认为,"太一"上帝居于天庭之中宫。

"极"(天极)和"督"(天中),反扣《道经》第 57 章"复归于无物"之"无物",《道经》第 69 章"复归于无极"之"无极"。"浑天说"范畴的"太一常道"才有"天极"、"天中"、"道枢"、"环中","宣夜说"范畴的"无极恒道"没有"天极"、"天中"、"道枢"、"环中"。

句义:太一上帝至虚,方能成为天极;太一上帝守静,方能居于天中。

"万物并作","作",作息,参看上古民谣《击壤歌》:"日出而作,日落而息。"上古龙山时代以降,华夏农业社会遵循"太一"历法图(伏羲太极图)标示的华夏阴阳合历,安排春耕、夏种、秋收、冬藏等一切作息。"万物并作"乃言不是一物如此作息,而是万物无不如此作息。侯王居于明堂,逐月移居北斗斗柄所指之明堂十二室,也是"万物并作"之一。

"吾以观其复也","复",扣"太一"历法图（伏羲太极图）内圈首卦复卦☷☳，卦象标示太阳刚离开极南即南回归线位置开始北移。"太一"历法图（伏羲太极图）内圈末卦剥卦☶☷，卦象标示太阳马上要到极南即南回归线位置。太阳到达南回归线，乃冬至，对应坤卦☷☷，而后复向北，作无限循环运动，即为"观其复"。

句义：万物遵循太一常道并行作息，吾人以此观其复归。

"天道圆圆，各复其根"，总言"天道"，兼及"浑天说"范畴的"太一常道"和"宣夜说"范畴的"无极恒道"。"浑天说"范畴的宇宙局部太阳系，以"太一常道"为其复归之根；"宣夜说"范畴的宇宙总体，以"无极恒道"为其复归之根：故曰"各复其根"。

句义：天道周行旋转，是宇宙万物复归之根。

[重大篡改 14]

《老子》传世本继篡改《德经》第 4 章"天象无形"为"大象无形"之后，又篡改《道经》第 59 章"天道圆圆"为"夫物芸芸"，这一系统篡改，意在遮蔽《老子》所言"天道"，从而反注为"人道"。

59.2 归根曰静，静曰复命。复命，常也。知常，明也。不知常，妄作凶。

第 59 章第 2 节第 1 层，论证《德经》第 15 章"是谓袭常"，教诲今之侯王"尊道知常"。

"归根曰静"，"归根"，即宇宙万物归于"无极恒道"。"静"，上扣《德经》第 8 章"清静为天下正"，即侯王顺道清静"无为"。

"静曰复命"，侯王顺道清静"无为"，即复归"天命"。天道运行曰"命"，人道运行曰"运"。天"命"永恒不变，人"运"随时可改。

"复命，常也"，"常"，上扣《德经》第 15 章"是谓袭常"。《老子》初始本称"宣夜说"范畴的宇宙总体规律为"恒道"（第 45 章），称"浑天说"范畴的宇宙局部太阳系规律为"常道",简称"常"。

"知常,明也","知常",侯王认知太一常道。"明也",侯王德心澄明。

"不知常,妄作凶","不知常",侯王不能认知并遵循太一常道。"妄作凶",侯王违背太一常道而"妄作"必凶。参看《庄子·庚桑楚》:"老子曰:'能无卜筮而知吉凶乎?能止乎?能已乎?能舍诸人而求诸己乎?'"即言无须卜筮即知吉凶:遵循太一常道必吉,违背太一常道必凶。

句义:侯王归根方能清静无为,清静无为方能复归天命。复归天命方能认知常道,认知常道方能德心澄明。不知常道,妄作必凶。

知常容,容乃公,公乃王,王乃天,天乃道,道乃久,殁身不殆。

第59章第2节第2层,概括"知常七义",小结"知常尊道"三章。

本章"知常七义",与第51章"圣君七善"、第58章"善士七德"一样,上扣《德经》第10章"不出于户,以知天下;不窥于牖,以知天道"所言夏商周明堂十二室对应北斗七星(详见《德经》第10章和上卷第二章)。

"知常七义"之一:"知常容"。"常",上扣《德经》第15章"是谓袭常",第18章"和曰常"。"容",上扣《德经》第13章"无死地",第25章"道者万物之主也,善人之葆也,不善人之所葆也。人之不善,何弃之有?"第31章"泰道三宝"之"慈",《道经》第53章"爱民治国";参看《尚书·周书·君陈》:"有容,德乃大。"此言侯王认知太一常道,方能"爱民治国",宽容"不善人"。

"知常七义"之二:"容乃公"。"公",上扣《德经》第5章"王公"之"公",《道经》第50章:"不以其无私乎?故能成其私。"此言侯王公而无私,方能成为王公。

"知常七义"之三:"公乃王"。"王",上扣《德经》第5章"王公"之"王",第42章"天下之王"。"容乃公,公乃王"之"公"、"王",双关名实,既指名相本义"公正"、"王天下",又指以此名相为职位的邦国之"公"、天下之"王"。此言侯王公正善待天下百姓,方能成为天下之王。

"知常七义"之四:"王乃天"。"天",上扣《德经》第4章"天象无形",亦即第1节"吾以观其复"之天象。此言侯王居于明堂，必须顺应明堂对位的天象。

"知常七义"之五："天乃道"。"道"，上扣《德经》第10章："不出于户，以知天下；不窥于牖，以知天道。"此言侯王居于明堂，顺应明堂对位的天象，就是顺应天道。

"知常七义"之六："道乃久"。"久"，上扣《德经》第7章："知足不辱，知止不殆，可以长久。"第22章："有国之母，可以长久，是谓深根固柢、长生久视之道也。"第17章："子孙以其祭祀不绝。"此言侯王顺应天道，方能在位长久，国祚长久，子孙祭祀不绝。

"知常七义"之七："殁身不殆"。概括前六义。上扣《德经》第15章："既得其母（太一常道），以知其子（泰道）。既知其子（泰道），复守其母（太一常道），殁身不殆。"此言侯王尊道知常，终身没有危殆。

"知常七义"前六义，均用顶真句法，第七义不用顶真句法，因为第七义"殁身不殆"，包括在位长久、没有篡弑、国祚长久、子孙祭祀不绝等义，都是天下侯王的终极诉求。老子以此规劝天下侯王首先"尊道"，尊崇不可知、不可得的"无极恒道"；然后"知常"，遵循可知、可得的"太一常道"，作为治国正道。

句义：侯王认知常道方能宽容，宽容方能为公，为公方能为王，为王方能顺天，顺天方能尊道，尊道方能长久，终身没有危殆。

知常尊道三章的义理层次

下经《道经》第四部分"知常尊道"三章（57—59），按照提炼自"太一"历法图（伏羲太极图）的《老子》价值范式"道↘德↘仁↘义↘礼"，论证上经《德经》为何主张"知常尊道"。

义理层次如下——

第57章《执今之道章》，论证圣君为何"尊道"（尊崇不可知的无极恒道），如何"知常"（认知太一常道），为何"执今之道"（执守今人可知的太一常道）。

第58章《古之善士章》，阐明"善士七德"，褒扬居于明堂、对应北斗七星的古之圣君"知常尊道"。

第 59 章《守静知常章》，阐明"知常七义"，教诲居于明堂、对应北斗七星的今之侯王"知常尊道"。

《守静知常章》是《道经》第四部分"知常尊道"三章之末章，也是《道经》二、三、四部分十一章（49—59）论证《德经》第 1 章之价值范式"道↘德↘仁↘义↘礼"的证毕之章，故于章末"容乃公，公乃王"嵌入"王公"二字，上扣《德经》第 5 章之"王公"，再次点破《老子》初始本的教诲对象是"王公"，亦即"侯王"，点破《老子》初始本的唯一主题是"君人南面之术"，从而引出《道经》第五部分"侯王四境"六章。这是《老子》初始本逻辑结构严密、义理层次缜密之又一明证。

《德经》论述"知常尊道"，《道经》论证"知常尊道"，无不立足于《老子》第一基石"道生一"，因而兼含二义：侯王首先必须尊崇不可知、不可得的"道"（"宣夜说"范畴的宇宙总体规律"无极恒道"），其次必须遵循可知、可得的"一"（"浑天说"范畴的宇宙局部太阳系规律"太一常道"）作为治国正道。后者即《德经》第 15 章所言"袭常"，《道经》第 57 章所言"执今之道"，《道经》第 59 章所言"知常"。

《老子》传世本篡改"恒道"为"常道"，篡改"天象无形"为"大象无形"，篡改"天道圆圆"为"夫物芸芸"，篡改"执今之道"为"执古之道"，妄注"道生一"为"道生道"，通过系统篡改和系统反注，彻底遮蔽、彻底反转了《老子》初始本之真义。

五、侯王四境六章（60—65）：太上不知，百姓自然

下经《道经》第五部分"侯王四境"六章（60—65），按照提炼自"太一"历法图（伏羲太极图）的《老子》价值范式"道↘德↘仁↘义↘礼"，论证上经《德经》的侯王四型"德↘仁↘义↘礼"。

首章标举"侯王四境"，后五章展开"侯王四境"。

下经 《道经》三十三章（45—77），对应斗柄三星　　　　　　　　　　　　383

60. 太上不知章

太上，不知有之。[1] 其次，亲而誉之。其次，畏之。其下，侮之。信不足焉，有不信。

犹兮，其贵言也。功成事遂，百姓皆谓我自然。（以上王弼本第17章）

故[2]大道废焉，有仁义。智慧出焉，有大伪。六亲不和焉，有孝慈。国家昏乱焉，[3]有忠臣。（以上王弼本第18章）

绝知弃辩[4]，民利百倍。绝巧弃利，盗贼无有。绝为弃作[5]，民复孝慈。

此三言也，以为文未足，故令之有所属：见素抱朴，少私寡欲（以

---

[1] 本书作"太上，不知有之"，与本章下文"百姓皆谓我自然"及《道经》第68章"善行者，无辙迹"逻辑一致。元人吴澄《道德真经注》、元人邓锜《道德真经三解》、明太祖《御注道德真经》、明成祖《永乐大典·老子》、明人朱得之《老子通义》、明人焦竑《老子翼》、明人周如砥《道德经解集义》、明人王夫之《老子衍》、清世祖顺治《御注道德经》、清人吴世尚《老子宗指》、清人潘静观《道德经妙门约》、今人奚侗《老子集解》、今人朱谦之《老子校释》、今人马叙伦《老子校诂》等均已校正为"太上不知有之"。刘向之前的四大出土本（楚简本、帛甲本、帛乙本、汉简本）和刘向之后的主流传世本（河上公今本、王弼本、傅奕本等），均作"太上，下知有之"，乃是承袭战国中期以后的法家版《老子》。详见本书上卷第四章。

[2] 四大出土本（楚简本、帛甲本、帛乙本、汉简本）"大道废"前均有"故"字，与上相连而不分章。四大传世本（河上本、王弼本、傅奕本、想尔本）为凑八十一章之数，删去"故"字，"大道废"下另起一章。

[3] 四大出土本"大道废"、"智慧出"、"六亲不和"、"国家昏乱"（楚简本、帛甲本"国"均作"邦"）后均有"安"字，傅奕本均作"焉"，本书从之。三大传世本（河上本、王弼本、想尔本）均删"焉"字，本书不从。

[4] 楚简本作"绝知弃辩"，诸家识读均同，本书从之。帛甲本、帛乙本、汉简本、四大传世本（河上本、王弼本、傅奕本、想尔本）改为"绝圣弃知"或"绝圣弃智"，本书不从。

[5] 楚简本作"绝愚弃作"，庞朴、季旭昇、陈锡勇、裘锡圭等识读为"绝为弃作"，本书从之；合于楚简本"万物将自愚。愚而欲作"之"愚/作"，又合于《庄子·知北游》"至人无为，大圣不作"之"为/作"。有些学者识读楚简本"绝愚弃作"为"绝伪弃诈"、"绝伪弃虑"、"绝化弃邪"，本书不从。帛甲本、帛乙本、汉简本、四大传世本（河上本、王弼本、傅奕本、想尔本）改为"绝仁弃义"，本书不从。○"绝巧弃利，盗贼无有"八字，各本均同，传世本仅是从居中移为居末。

上王弼本第 19 章），绝学无忧[1]。

《老子》初始本下经《道经》第 60 章《太上不知章》，《老子》传世本颠倒上下经后，为凑八十一章之数而分为三章，成为第 17、18、19 章，导致经文断裂，经义不明。

元人吴澄《道德真经注》已窥三章当属一章，重新合为一章。胡适曰："吴澄合十七、十八、十九为一章，极有理，远胜河上公本。"[2] 西汉中期的汉简本出土，印证了吴澄、胡适的卓见。

《太上不知章》是"侯王四境"六章（60—65）之首章，标举"侯王四境"，论证《德经》的"侯王四型"、"侯王摄生四境"。"取此"第一境圣君，"去彼"后三境俗君。

60.1 太上，不知有之。其次，亲而誉之。其次，畏之。其下，侮之。

第 60 章第 1 节第 1 层，论证《德经》第 1 章"侯王四型"，第 13 章"侯王摄生四境"，概括为"侯王四境"。

"侯王四境"之前语"太上—其次—其次—其下"，省略主语"侯王"。"侯王四境"之后语"不知有之—亲而誉之—畏之—侮之"，省略主语"百姓"。蒋锡昌曰："'之'为君之代名词。"[3]

"侯王四境"第一境："太上，不知有之。"对应《德经》第 1 章"侯王四型"第一型："上德无为而无以为。"又对应《德经》第 13 章"侯王摄生四境"第一境：百姓"无死地"。以"德"治国的第一境圣君，提炼自"太一"历法图（伏

---

[1] "绝学无忧"原为第 20 章首句，与该章下文意义无关，韵亦不协。胡适曰："二十章首句'绝学无忧'当属十九章之末，与'见素抱朴，少私寡欲'两句为同等的排句。"（胡适《中国哲学史大纲》，49 页，上海书店 1989）○"绝学无忧"承上总括"绝弃三言"，且"朴"、"欲"、"忧"三字于韵为协。

[2] 胡适《中国哲学史大纲》，50 页，上海书店 1989。

[3] 蒋锡昌《老子校诂》，108 页，上海书店 1992。

下经 《道经》三十三章（45—77），对应斗柄三星 385

羲太极图）的春分泰卦☷☰，详见上卷第二章。此言圣君以"德"（春气生物的泰道）治国，"上德无为而无以为"，百姓"无死地"，所以"不知有之"。

"侯王四境"第二境："其次，亲而誉之。"对应《德经》第 1 章"侯王四型"第二型："上仁为之而无以为。"又对应《德经》第 13 章"侯王摄生四境"第二境：百姓"生之徒，十有三"。"亲而誉之"，上扣《德经》第 2 章"数誉无誉"之"数誉"。以"仁"治国的第二境贤君，提炼自"太一"历法图（伏羲太极图）的夏至乾卦☰，详见上卷第二章。此言贤君以"仁"治国，"上仁为之而无以为"，百姓"生之徒，十有三"，所以"亲而誉之"。

"侯王四境"第三境："其次，畏之。"对应《德经》第 1 章"侯王四型"第三型："上义为之而有以为。"又对应《德经》第 13 章"侯王摄生四境"第三境：百姓"死之徒，十有三"。"畏之"，上扣《德经》第 2 章"数誉无誉"之"无誉"。以"义"治国的第三境暴君，提炼自"太一"历法图（伏羲太极图）的秋分否卦☰☷，详见上卷第二章。此言暴君以"义"（秋气杀物的否术）治国，"上义为之而有以为"，百姓"死之徒，十有三"，所以"畏之"而"无誉"。

"侯王四境"第四境："其下，侮之。"对应《德经》第 1 章"侯王四型"第四型："上礼为之而莫之应，则攘臂而扔之。……夫礼者，忠信之薄，而乱之首也。"又对应《德经》第 13 章"侯王摄生四境"第四境：百姓"动皆之死地，亦十有三"。"侮"，义同《德经》第 4 章"大白若辱"、第 7 章"知足不辱"、《道经》第 56 章"宠辱若惊"之"辱"，第 42 章"受国之诟"之"诟"，《道经》第 61 章"唯之与诃"之"诃"。以"礼"治国的第四境昏君，提炼自"太一"历法图（伏羲太极图）的冬至坤卦☷，详见上卷第二章。此言昏君以"礼"治国，"上礼为之而莫之应"，百姓"动皆之死地"，所以"侮之"、"辱"之、"诟"之、"诃"之。

句义：圣君以德治国，百姓不知有君。贤君以仁治国，百姓亲而誉之。暴君以义治国，百姓畏而惧之。昏君以礼治国，百姓侮而辱之。

信不足焉，有不信。

第 60 章第 1 节第 2 层，贬斥以"仁义礼"治国的后三境俗君。

"信不足焉"，省略主语"侯王"。"有不信"，省略主语"百姓"。河上公注："君信不足于下，下则应之以不信。"

"信不足焉，有不信"，上扣《德经》第1章"侯王四型"结语："夫礼者，忠信之薄，而乱之首也。"天道"有情有信"（《庄子·大宗师》），所以"万物尊道而贵德"（《德经》第14章）。第一境圣君顺应天道而"有情有信"，所以百姓有"忠"。后三境俗君"信不足"，朝令夕改，出尔反尔，所以百姓"有不信"，不信频繁乱出、毫无信用的一切政令。

句义：后三境俗君（以仁义礼治国）诚信不足，百姓不予信任。

犹兮，其贵言也。功成事遂，百姓皆谓我自然。

第60章第1节第3层，褒扬以"德"治国的第一境圣君。

"犹兮，其贵言也"，"犹"，上扣《道经》第58章："豫兮其若冬涉川，犹兮其若畏四邻。"乃言圣君发布政令"犹豫"慎言，没有繁文缛节的"礼仪三百，威仪三千"（《礼记·中庸》）。"贵言"，上扣《德经》第4章"大音希声"，第6章"不言之教"，《道经》第46章"圣人居无为之事，行不言之教"。

"百姓皆谓我自然"，上扣《德经》第28章："圣人……以辅万物之自然，而不敢为。"

句义：第一境圣君犹豫审慎，施行不言之教。功业成就政事顺遂，百姓都说我自然。

故大道废焉，有仁义。智慧出焉，有大伪。六亲不和焉，有孝慈。国家昏乱焉，有忠臣。

第60章第1节第4层，继续贬斥以"仁义礼"治国的后三境俗君。

"故大道废焉，有仁义"，上扣《德经》第1章的价值范式："失道而后德，失德而后仁，失仁而后义，失义而后礼。"

《老子》初始本三见"大道"。《德经》第16章二见："行于大道，唯迤是畏。

下经 《道经》三十三章（45—77），对应斗柄三星　　　　　　　　　　　　　　387

大道甚夷，人甚好径。"《道经》第 60 章一见："故大道废焉，有仁义。"三处"大道"均指"泰道"，因为"大"通"太"，"太"通"泰"。"大道"若指天道则不可通，因为天道之道体永存不废，唯有人道之道术可存可废，圣君存之则"天下有道"（《德经》第 9 章），俗君废之则"天下无道"（《德经》第 9 章）。此言后三境俗君废弃以德治国的大道，才有仁义礼的伪道。

"智慧出焉，有大伪"，上扣《德经》第 29 章："以知治国，国之贼也。"此言仁义礼的伪智慧出现，才有天下大伪。

"六亲不和焉，有孝慈"，"不和"，反扣《德经》第 5 章"负阴而抱阳，冲气以为和"的"泰道"。"有孝慈"，反扣《德经》第 31 章"泰道三宝"之"慈"。彼章之"慈"是第一境圣君之真"慈"，本章之"慈"是后三境俗君之伪"慈"。此言六亲不和，才有伪装的父慈子孝。

"国家昏乱焉，有忠臣"，上扣《德经》第 1 章"夫礼者，忠信之薄，而乱之首也"，第 20 章"国家滋昏"。此言国家昏乱，才有伪装的君信臣忠。

句义：所以俗君废弃以德治国的大道，才有仁义礼的伪道。仁义礼的伪智慧出现，才有天下大伪。六亲不和，才有伪装的父慈子孝。国家昏乱，才有伪装的君信臣忠。

60.2 绝知弃辩，民利百倍。绝巧弃利，盗贼无有。绝为弃作，民复孝慈。

此三言也，以为文未足，故令之有所属：见素抱朴，少私寡欲，绝学无忧。

第 60 章第 2 节，标举"绝弃三言"，褒扬第一境圣君。

"绝弃三言"之一："绝知弃辩，民利百倍。"上扣《德经》第 29 章："以知治国，国之贼也；不以知治国，国之德也。"

"绝弃三言"之二："绝巧弃利，盗贼无有。"上扣《德经》第 20 章："人多知而苛物滋起，法令滋彰而盗贼多有。"

"绝弃三言"之三："绝为弃作，民复孝慈。"上扣第 1 节："六亲不和焉，有孝慈。"参看《庄子·知北游》"至人无为，大圣不作"。"绝为"，上扣《德经》第 11 章"(侯王顺道) 无为而 (百姓循德) 无不为"之"(侯王顺道) 无为"，第 20 章"我无为而民自为"之"我 (圣君) 无为"，参看《道经》第 77 章"道恒无为，侯王若能守之，万物将自为"之"侯王若能守之 (顺道无为)"。"弃作"之"作"，即第 59 章"妄作凶"之"妄作"，参看《道经》第 77 章"为而欲作"。

句义：圣君绝弃以知治国的言辩，百姓自然获利百倍。圣君绝弃巧取豪夺的重税，百姓自然不做盗贼。圣君绝弃有为妄作的礼教，百姓自然父慈子孝。

"此三言也"，即"绝弃三言"。

"以为文未足，故令之有所属"，"绝弃三言"褒扬圣君尚嫌不足，再予概括。

"见素抱朴"，上扣《德经》第 20 章："我 (圣君) 欲不欲而民自朴。"《道经》第 53 章"载营魄抱一"。"抱朴"即"抱一"，"太一常道"为"无极恒道"之"朴"。"朴"训真德，即"以德治国"的治国正道。

"见素抱朴"是道家重要名相"素朴"之出处。道家多言"素朴"，少言"朴素"。老子以及一切道家所言"素朴"，均与旧老学所谓"朴素辩证法"无关。

"少私寡欲"，上扣《德经》第 28 章："是以圣人欲不欲，不贵难得之货。"《道经》第 50 章："不以其无私乎？故能成其私。"

"绝学无忧"，上扣《德经》第 11 章："为学者日益，为道者日损。""为学者"即后三境俗君，"为道者"即第一境圣君。又扣《德经》第 28 章："学不学，复众人之所过。""学不学"，即第一境圣君仅仅"尊道贵德"，不学后三境俗君所学"仁义礼"。

蒋锡昌曰："'为学日益，为道日损'河上注：'学，谓政教礼乐之学也。'此'学'与彼'学'谊同，即河上所谓'政教礼乐之学'，如'圣'、'智'、'仁'、'义'、'巧'、'利'是也。《庄子·田子方》：'始吾以圣知之言、仁义之行为至矣。吾闻子方之师，吾形解而不欲动，口钳而不欲言。吾所学者，直土梗耳！'《庄子》所谓'学'，亦指'圣知'、'仁义'而言，与《老子》同。"[1] 河上公、蒋锡昌所言甚是。旧多不明"学"指"仁义礼"，不明"为学"指下德侯王以"仁义礼"

---

[1] 蒋锡昌《老子校诂》，123 页，上海书店 1992。

治国,谬解《老子》反对学习一切知识,厚诬《老子》是"反智主义"。

句义:以上绝弃三言,褒扬圣君尚嫌不足,所以再予概括:圣君显现纯素抱持朴德,少其私心寡其私欲,拒学有为即可无忧。

[重大篡改 15]

《老子》初始本"太上,不知有之",《老子》传世本篡改为"太上,下知有之"。

《老子》初始本"绝知弃辩",《老子》传世本篡改为"绝圣弃知"或"绝圣弃智"。

《老子》初始本"绝为弃作",《老子》传世本篡改为"绝仁弃义"。

遮蔽《老子》初始本真义,详见上卷第四章和本章注释。

61. 敬天畏人章

唯之与诃[1],相去几何?

美之与恶[2],相去何若?

人之所畏,亦不可以不畏人。[3]

芒[4]兮,其未央哉!

---

[1] 楚简本作"隹与可","隹"通"唯","可"通"诃"。帛甲本作"唯与诃"。帛乙本作"唯与呵",汉简本作"唯与何",河上本、王弼本、傅奕本均作"唯之与阿",想尔本作"唯之与何",本书综合为"唯之与诃"。

[2] 四大出土本(楚简本、帛甲本、帛乙本、汉简本)均作"美与恶",傅奕本、想尔本均作"美之与恶",意为百姓赞美或厌恶侯王,本书从之。河上本、王弼本均作"善之与恶",遮蔽经义,本书不从。

[3] 三大出土本(楚简本、帛乙本、汉简本)均作"人之所畏,亦不可以不畏人",本书从之。四大传世本(河上本、王弼本、傅奕本、想尔注本)改为"人之所畏,不可不畏",删句尾"人"字,本书不从。

[4] "芒",帛乙本作"朢",通"芒";下文"芒兮其无所止","芒"字帛乙本亦作"朢"。汉简本作"芒",本书从之。河上本、王弼本、傅奕本改"芒"为"荒",本书不从。○"芒兮,其未央哉?"与下"芴兮其如晦,芒兮其无所止",义蕴相关。改"芒"为"荒",则义蕴不再相关。

众人熙熙，若享太牢而春登台。
我泊兮未兆，若婴儿之未孩，累兮若无所归[1]。
众人皆有余，而我独若匮。[2]
我愚人之心也哉，沌沌兮！[3]
俗人昭昭，我独昏昏。
俗人察察，我独闷闷。
芴兮其如晦，芒兮其无所止。[4]
众人皆有以，而我独顽以鄙。
我欲独异于人，而贵食母。

《老子》初始本下经《道经》第 61 章《敬天畏人章》，《老子》传世本颠倒上下经后变为第 20 章。

《敬天畏人章》是"侯王四境"六章（60—65）之次章，褒扬第一境圣君"敬天畏人"，贬斥后三境俗君"不敬天不畏人"。

61.1　唯之与诃，相去几何？美之与恶，相去何若？

第 61 章第 1 节第 1 层，贬斥后三境俗君相距有限，均属下德侯王。

---

[1] 帛甲本作"累呵如[无所归]"，帛乙本作"累呵佁无所归"，汉简本作"纍旖台无所归"。河上本作"乘乘兮若无所归"，王弼本作"儽儽兮若无所归"，傅奕本作"儡儡兮其不足以无所归"，想尔本作"颐无所归"。本书综合校定。

[2] 出土本、传世本均作"众人皆有余，而我独若遗"，奚侗、于省吾、蒋锡昌、朱谦之、高明均谓"遗"当作"匮"（匮乏），与"有余"对言。

[3] 河上本、王弼本、傅奕本均作"我愚人之心也哉，沌沌兮"，本书从之。帛甲本作"我禺人之心也，蠢蠢呵"，帛乙本作"我愚人之心也，湷湷呵"，汉简本作"我愚人之心也，屯屯虖"，经义无别。

[4] 汉简本作"没旖其如晦，芒旖其无所止"，汉简本"没"皆通"芴"，本书从之。帛甲本作"忽呵其若……，望呵其若无所止"（前句句末一字坏），帛乙本作"沕呵其若海，望呵其若无所止"，"忽"、"沕"均通"芴"，"望"均通"芒"，"海"为"晦"之讹（证见汉简本、想尔本）。河上本作"忽兮若海，漂兮若无所止"，王弼本作"澹兮其若海，飂兮若无止"，傅奕本作"淡兮其若海，飘兮似无所止"，想尔本作"忽若晦，寂无所止"，本书不从。

下经 《道经》三十三章（45—77），对应斗柄三星　　　　　　　　　　　　　　391

"唯"，百姓应命侯王，即百姓对第三境暴君"畏之"。"诃"，义同《德经》第 42 章"受国之诟"之"诟"，百姓诃骂侯王，即百姓对第四境昏君"侮之"。

"美"，百姓赞美侯王，即百姓对第二境贤君"亲而誉之"。"恶"，百姓厌恶侯王，即百姓厌恶第三境暴君、第四境昏君。

"相去几何"，"相去何若"，乃言后三境俗君相去不远，相差不大。

句义：百姓应诺或诃骂俗君，相去多远？百姓赞美或厌恶俗君，相差多大？

[重大篡改 16]

刘师培曰："'阿'当作'诃'。《说文》：'诃，大言而怒也。'《广雅·释诂》：'诃，怒也。''诃'俗作'呵'。《汉书·食货志》'结而弗呵乎'，颜注：'责怒也。'盖'唯'为应词，'诃'为责怒之词。人心之怒，必起于有所否，故老子因叶下文'何'韵，以'诃'代'否'。'唯之与阿'，犹言从之与违也。"[1] 刘氏未见帛书本，所言全合帛甲本"唯与诃"，帛乙本"唯与呵"，诚为卓见。

《老子》传世本篡改《德经》第 42 章"受国之诟"之"诟"为"垢"，篡改《道经》第 61 章"唯之与诃"之"诃"为"阿"（释为"唯"、"阿"义同，均为应声），是故意遮蔽《老子》真义的系统篡改。

人之所畏，亦不可以不畏人。

第 61 章第 1 节第 2 层，揭示后三境俗君与第一境圣君之根本差异。

"人之所畏"，百姓"畏惧"后三境俗君。上扣《德经》第 36 章："民不畏威，则大威将至矣。"彼章乃言，百姓对后三境俗君通常"畏之"，一旦从"畏之"转为"民不畏威"而"侮之"，则天之"大威将至矣"。

"亦不可以不畏人"，上扣《德经》第 37 章："勇于敢者则杀，勇于不敢者则活。"后世常言"敬天畏人"，源于《老子》此章。

---

[1] 蒋锡昌《老子校诂》引，124 页，上海书店 1992。

句义：天下人畏惧侯王，侯王也不可以不畏惧天下人。

[重大篡改 17]

《老子》传世本删去末字"人"，篡改为："人之所畏，亦不可以不畏。"意为：人人畏惧侯王，所以任何人都不可以不畏惧侯王。不仅彻底违背了《老子》初始本的此句真义，而且彻底颠覆了《老子》初始本的全书宗旨。

三大出土本（楚简本、帛乙本、汉简本）均作"亦不可以不畏人"，证明其为《老子》初始本原貌。然而1973年帛甲本、帛乙本出土至今五十余年，1993年楚简本出土至今三十余年，2009年汉简本入藏北大至今十余年，老学研究者大多坚持《老子》传世本的伪经伪义，或对四大出土本"亦不可以不畏人"之末字视而不见，或谓末字"人"是衍文，或将末字"人"断于下句，变成："人之所畏，不可不畏。人芒兮，其未央哉？"（详见上卷第四章。）

61.2 芒兮，其未央哉！
众人熙熙，若享太牢而春登台。
我泊兮未兆，若婴儿之未孩，累兮若无所归。
众人皆有余，而我独若匮。
我愚人之心也哉，沌沌兮！
俗人昭昭，我独昏昏。
俗人察察，我独闷闷。
芴兮其如晦，芒兮其无所止。
众人皆有以，而我独顽以鄙。
我欲独异于人，而贵食母。

第61章第2节，对比第一境圣君"敬天畏人"和后三境俗君"不敬天不畏人"。此节取歌谣形式，是为《未央歌》。

下经 《道经》三十三章（45—77），对应斗柄三星

《未央歌》七见"我"，均非老子自称，均为第一境圣君之自称，本书译为"寡人"。证见《德经》第20章："是以圣人之言曰：我无为而民自为，我好静而民自正，我无事而民自富，我欲不欲而民自朴。"

《未央歌》三见"众人"、二见"俗人"，均非民众、百姓，均指后三境之众君、俗君。

蒋锡昌曰："'众人'与'我'对言，前指俗君，后指圣人也。'俗人'与'众人'谊同，亦指普通之人君而言。此章言圣人与普通人君之异。"[1] 诚为卓见！

第一句："芒兮，其未央哉？"总领《未央歌》。

"芒"，即"茫茫"之"芒"。"央"（中央），此指昆仑台中央圭表测影的表木。太阳每日正午直射昆仑台中央的表木，即为圭表测影的时间。"未央"，未达昆仑台中央，隐喻后三境俗君未达中道。正午之"芒"，照于表木而得"茫"（圭影），方为中道。西汉初期崇尚"黄老之道，无为而治"，遂采《老子》本章"未央"，命名长安皇宫为"未央宫"。

句义：太阳光芒啊，尚未抵达昆仑台中央！

第二句："众人熙熙，若享太牢而春登台。"此言后三境俗君。

"众人"，上扣《德经》第28章"复众人之所过"之"众人"，即后三境俗君。第28章和本章之"众人"，不可误解为"百姓"。百姓没有资格登上昆仑台参加祭祀，更无资格分享"太牢"祭肉。

"若享太牢而春登台"，倒装句，正序是："若春登台而享太牢。"

"太牢"，祭祀太一上帝的牺牛（"少牢"则用牺羊），上扣《德经》第17章"子孙以其祭祀不绝"。"台"，即夏商周明堂三层之顶层，用于圭表测影的昆仑台（参看《玉器之道》），平时用于观天，节日用于祭天。

"春登台"，春分泰卦之日，在明堂顶层昆仑台祭祀"太一上帝"，即屈原《九歌》"东皇太一"。参看《礼记·月令》："仲春之月……是月也，玄鸟至。至之日，以大牢祠于高禖。"仲春"至之日"，即"春至"，春分。

句义：众多俗君熙熙攘攘，春分泰卦之日登临昆仑台祭祀太一上帝却不遵循

---

[1] 蒋锡昌《老子校诂》，127、134、141页，上海书店1992。

太一常道。

第三句："我泊兮未兆,若婴儿之未孩,累兮若无所归。"此言第一境圣君。

"我泊兮未兆",上扣《德经》第27章"其未兆,易谋也",乃言第一境圣君居安思危,治于未乱。

"若婴儿之未孩",《类篇》："孩与咳同,为小儿笑。"上扣《德经》第18章"比于赤子",《道经》第53章"抟气致柔,能婴儿乎?"乃言第一境圣君永葆婴儿初德、赤子初心。

"累兮若无所归",上扣《德经》第28章"学不学,复众人之所过",乃言第一境圣君孤独不与众多俗君同道。

句义:寡人淡泊啊治于祸乱未兆,如同婴儿尚未发笑,孤独前行啊似无同道。

第四句："众人皆有余,而我独若匮。"对比后三境俗君、第一境圣君。

"众人皆有余",上扣《德经》第1章"下德不失德,是以无德",乃言后三境俗君拔高己德,认为己德"有余"。

"而我独若匮",上扣《德经》第1章"上德不德,是以有德",乃言第一境圣君不拔高己德,认为己德"若匮"。《未央歌》五见"独"字,义同"孤"、"寡",上扣《德经》第2章、第5章侯王自称"孤、寡"。

句义:众多俗君自命有余,唯独寡人自知不足。

第五句："我愚人之心也哉,沌沌兮!"再言第一境圣君"上德不德"。

"我愚人之心也哉",上扣《德经》第35章:"知不知,上矣。"又扣第29章:"古之为道者,非以明民也,将以愚之也。"彼章乃言圣君使民自知其愚,本章则言圣君自知其愚。

"沌沌兮",上扣《道经》第58章:"沌兮其若朴,混兮其若浊。"

句义:寡人之心如同愚人啊,永葆婴儿混沌初德。

第六、第七句："俗人昭昭,我独昏昏。俗人察察,我独闷闷。"再次对比后三境俗君、第一境圣君。

"俗人昭昭",上扣《德经》第29章:"以知治国,国之贼也。"第35章:"不知不知,病矣。""俗人察察",上扣《德经》第21章:"其政察察,其民缺缺。"均证"俗人"并非普通人,而是后三境俗君。

"我独昏昏",上扣《德经》第29章:"不以知治国,国之德也。"第35章:"知不知，上矣。""我独闷闷"，上扣《德经》第21章："其政闷闷，其民淳淳。"均证"我"非老子自称，而是第一境圣君自称。

句义：众多俗君自居全知全能，唯独寡人自知无知。众多俗君自居明察秋毫，唯独寡人自知昏愦。

第八句："芴兮其如晦，芒兮其无所止。"继续对比后三境俗君、第一境圣君。

"芴"、"芒"二字，上扣《道经》第57章："无物之象，是谓芴芒。"

"芴兮"，概括第六、第七句"我独昏昏"、"我独闷闷"。"芴"即圭影，乃言圣君对位泰卦上卦之三阴，自比圭影。"其如晦"，自知德晦。

"芒兮"，概括第六、第七句"俗人昭昭"、"俗人察察"。"芒"即日芒，乃言俗君对位否卦上卦之三阳，自比太阳。"其无所止"，上扣《德经》第2章："侯王毋已，贵高将恐蹶。"

句义：寡人自比圭影啊自知德晦，俗君自比太阳啊有殆不止。

第九句："众人皆有以，而我独顽以鄙。"继续对比后三境俗君、第一境圣君。

"众人皆有以"，"有以"，"有以为"之略语，上扣《德经》第1章"上义为之而有以为"，第39章"以其上之有以为也"。

"而我独顽以鄙"，义同"我愚人之心也哉"。

句义：众多俗君不知鄙陋有为妄作，唯独寡人自知鄙陋无为守拙。

第十句："我欲独异于人，而贵食母。"总结《未央歌》。

"我欲独异于人"，概括第一境圣君独异于后三境俗君。

"母"，即"太一"历法图（伏羲太极图），上扣《德经》第15章"天下有始，以为天下母"，第22章"有国之母，可以长久"，《道经》第45章"有，名万物之母也"。《庄子·大宗师》"伏羲氏得之，以袭气母"，称伏羲太极图为"气母"。

"食"，上扣第39章"以其上取食税之多也"。

"贵食母"，第一境圣君"得一以为天下正"，遵循"有国之母"（"太一"历法图）治国，方能得其"食税"。

句义：寡人异于众多俗君，独贵仰食太一气母。

62. 唯道是从章

孔德之容，唯道是从。

道之为状[1]，唯芒唯芴。

芴兮芒兮，其中有象。

芒兮芴兮[2]，其中有物。

幽兮冥兮[3]，其中有精。

其精甚真，其中有信。

自今及古[4]，其名不去，以顺众父。

---

[1] 第57章"无状之状"、第66章楚简本"有状混成"，证明此处原文应为"道之为状"。旁证见于王弼本本章末句："吾何以知众甫之状哉？以此。"帛甲本、帛乙本、汉简本既改第66章"有状混成"为"有物混成"，又改本章"道之状"为"道之物"。四大传世本（河上本、王弼本、傅奕本、想尔本）又增"为"字，而作"道之为物"。称"道"为"物"，既与第57章"复归于无物"、"无物之象"抵牾，又与第5章"道……生万物"抵牾。○"道之为状"，与"孔德之容"对言，容即容止，状即状貌。先言"孔德之容，唯道是从"，继言"道之为状，唯芒唯芴"，义理绵密通顺。

[2] 傅奕本作"惟芒惟芴"，"芴兮芒兮"。"芒兮芴兮"，为楚汉之际项羽妾冢本原文，本书从之。○帛甲本作"唯望唯物"、"[物呵望]呵"、"望呵物呵"。帛乙本作"唯望唯沕"、"沕呵望呵"、"望呵沕呵"。汉简本作"唯訫唯没"、"没旖訫旖"、"訫旖没旖"。河上本作"唯怳唯忽"、"忽兮怳兮"、"怳兮忽兮"，王弼本作"惟恍惟惚"、"惚兮恍兮"、"恍兮惚兮"，想尔本作"唯慌唯惚"、"慌惚中有物"、"惚慌中有像"。均非。

[3] 傅奕本作"幽兮冥兮"，为楚汉之际项羽妾冢本原文，本书从之。汉简本作"幽旖冥旖"，是其旁证。帛乙本改"幽"为"幼"，河上本、王弼本、想尔本改"幼"为"窈"。○道家形容"道之为状"的常用品词是"幽冥"，非"窈冥"。传世本之"窈"，通"窅"。证见《庄子·天运》："动于无方，居于窅冥。"《庄子·在宥》："至道之精，窅窅冥冥……为汝入于窅冥之门矣，至彼至阴之原也。"

[4] 三大出土本（帛甲本、帛乙本、汉简本）、严遵本、王弼古本、傅奕本、范应元本、范应元《老子道德经古本集注》引王弼注，均作"自今及古"，合于第57章"执今之道"，本书从之。河上本、王弼今本、想尔本、众多传世本均改为"自古及今"，与改第57章"执今之道"为"执古之道"是系统篡改。○范应元曰："'自今及古'，严遵、王弼同古本。"马叙伦曰："各本作'自古及今'，非是。古、去、甫韵。范谓'王弼同古本'，则弼注中两作'自古及今'，盖后人依别本改经文，并及弼注矣。"蒋锡昌曰："按《道德真经集注》（唐明皇、河上公、王弼、王雱注）引王弼注：'故曰自今及古，其名不去也。'正与范见王本合，足证今本已为后人所改，马说是也。"（蒋锡昌《老子校诂》，148页，上海书店1992；范应元、马叙伦语并见该页所引）

下经 《道经》三十三章（45—77），对应斗柄三星

吾何以知众父之然哉？以此。[1]

《老子》初始本下经《道经》第62章《唯道是从章》，《老子》传世本颠倒上下经后变为第21章。

《唯道是从章》是"侯王四境"六章（60—65）之第三章，推尊"宣夜说"范畴的宇宙总体规律"无极恒道"为"众父"，褒扬第一境圣君"唯道是从"，"以顺众父"。

62.1 孔德之容，唯道是从。
道之为状，唯芒唯芴。

第62章第1节第1层，褒扬第一境圣君"唯道是从"。

"孔德之容"，上扣《德经》第1章"上德不德"，第4章"上德若谷"、"广德若不足"，"孔"训空，"孔德"即空虚德心。《庄子·人间世》："唯道集虚，虚室生白。""虚室"义同"孔德"。王弼注："孔，空也。唯以空为德，然后乃能动作从道。""容"，容止。

"唯道是从"，上扣《德经》第14章"尊道而贵德"之"尊道"。"道"，即《德经》第5章"道生一"之"道"，《道可道章》之"恒道"。《庄子·人间世》："唯道集虚，虚室生白。""唯道集虚"义同"唯道是从"。《荀子·子道》："从道不从君，从义不从父，人之大行也。"义承《老子》"唯道是从"。

《道经》第60章《太上不知章》之"侯王四境"，取《德经》第1章价值范式"道↘德↘仁↘义↘礼"的后四价值：圣君以"德"治国，贤君以"仁"治国，

---

[1] 帛乙本作"以顺众父。吾何以知众父之然也？以此。帛甲本作"以顺众仪。吾何以知众仪之然？以此"，"仪"通"父"。汉简本作"以说众父。吾何以知众父之然哉？以此"，改"顺"为"说"（悦）。本书综合。河上本作"以阅众甫。吾何以知众甫之然哉？以此"，王弼本作"以阅众甫。吾何以知众甫之状哉？以此"，傅奕本作"以阅众甫。吾奚以知众甫之然哉？以此"，想尔本作"以阅终甫。吾何以知终甫之然？以此"，改"说"为"阅"，改"众"为"终"，改"父"为"甫"，本书不从。○《庄子·天地》："有族有祖，可以为众父，而不可以为众父父。""众父"、"众父父"承于《老子》"众父"。

暴君以"义"治国，昏君以"礼"治国。此言以"德"治国的圣君，顺从价值范式的第一价值"道"："唯道是从"。

"道之为状，唯芒唯芴"，阐释圣君如何顺从不可知的"无极恒道"。"芒"即日芒，"芴"即圭影。

句义：圣君冲虚德心之容止，唯知顺从无极恒道。无极恒道显现之状貌，唯有日芒所投圭影。

芴兮芒兮，其中有象。
芒兮芴兮，其中有物。

第62章第1节第2层，阐释"芒芴"原理和"芒芴"过程。

"芴兮芒兮，其中有象"，"象"，伏羲卦象。此言因"芴"知"芒"而画伏羲卦象。

"芒兮芴兮，其中有物"，"物"，节令物候。此言观"芒"成"芴"而知节令物候。

句义：经由圭影认知日芒，其中就有伏羲卦象。观测日芒所成圭影，其中就有节令物候。

幽兮冥兮，其中有精。
其精甚真，其中有信。

第62章第1节第3层四句，阐释圭表测影所得"太一常道"是"无极恒道"之精华。

"幽兮冥兮，其中有精。其精甚真，其中有信。"参看《庄子·大宗师》："夫道，有情有信，无为无形……在太极之上而不为高……伏羲氏得之，以袭气母。"

句义：幽微玄冥的无极恒道，经由太一常道显现精华。其中精华十分真实，其中规律甚为可信。

62.2 自今及古，其名不去，以顺众父。

第62章第2节第1层三句，推尊"宣夜说"范畴的宇宙总体规律"无极恒道"为"众父"。

"自今及古"，太阳的运行规律古今不变，记录太阳运行规律的圭表测影也古今不变。

"其名不去"，尽管"天象无形，道隐无名"（第4章），然而圭影有形，记录圭影的卦象有名，所以记录圭表测影的伏羲卦名古今不去，从上古伏羲时代至夏《连山》、商《归藏》、周《周易》传承数千年。

"以顺众父"，"以顺"，上扣第1节"唯道是从"。"众父"，即"宣夜说"范畴的宇宙总体规律"无极恒道"，上扣《德经》第5章称"浑天说"范畴的宇宙局部太阳系规律"太一常道"为"教父"。"众"又上扣《道经》第45章"玄之又玄，众妙之门"，"父"又上扣《道经》第48章"吾不知其谁之子，象帝之先"。"无极恒道"在"太一常道"之先，"太一常道"在"太一上帝"之先，所以"教父"（太一上帝）之上有"众父"（无极恒道），"众父"是宇宙万物至高之父。

句义：由今溯古，历代不去伏羲卦名，以此顺从宇宙众父。

吾何以知众父之然哉？以此。

第62章第2节第2层二句，小结本章。

"吾何以知众父之然哉？"这是老子设问。上扣《道可道章》首句："道，可道也，非恒道也。"彼章乃言"浑天说"范畴的宇宙局部太阳系规律"太一常道"可知、可得、可道，"宣夜说"范畴的宇宙总体规律"无极恒道"不可知、不可得、不可道。此章则问既然"无极恒道"即"众父"不可知，如何"唯道是从"，"以顺众父"？

"以此。"这是老子回答。"此"字即指第1节："道之为状，唯芒唯芴。芴兮芒兮，其中有象。芒兮芴兮，其中有物。"此言"无极恒道"尽管不可知，但是顺从圭表测影揭示、伏羲卦象记录的"太一常道"，即为顺从"无极恒道"，即为"唯道是从"，"以顺众父"。

句义：吾人如何知晓宇宙众父之本然而顺从之？凭借这些。

【重大篡改 18】

《老子》初始本三见"父"字，一是上经《德经》第 5 章称"浑天说"范畴的"太一"上帝为"教父"，二、三是下经《道经》第 62 章称"宣夜说"范畴的宇宙总体规律"无极恒道"为"众父"（重复一次），由此确立《老子》第一基石"道生一"，进而确立《老子》第一命题"侯王得一以为天下正"（蕴涵侯王只能"得一"不能"得道"），确立《老子》第一教诲"知不知"（蕴涵侯王必须自知其对"无极恒道"的永恒无知，不能悖道"有为"、任意"妄作"，只能"唯道是从"，"以顺众父"），确立《老子》第一宗旨"扬泰抑否"（褒扬春气生物的泰道，贬抑秋气杀物的否术）。所以《老子》哲学体系的一切义理，无不建立于《老子》第一基石"道生一"的两大天文层级之上。

《老子》传世本篡改"众父"为"众甫"，遮蔽了《老子》初始本以"宣夜说"范畴的"无极恒道"为"众父"，遮蔽了《老子》第一基石"道生一"的两大天文层级，淆乱了《老子》哲学体系的一切义理。

63. 曲则全章

曲则全，枉则正[1]。洼则盈，敝则新。少则得，多则惑。是以圣人执一以为天下牧[2]。

不自见故明，不自是故彰，不自伐故有功，不自矜故能长。

---

[1] 帛乙本、汉简本、傅奕本、想尔本均作"枉则正"，本书从之。《庄子·则阳》："古之君人者……以正为在民，以枉为在己"，亦证《老子》初始本作"枉则正"。河上本、王弼本改为"枉则直"，本书不从。

[2] 三大出土本（帛甲本、帛乙本、汉简本）均作"是以圣人执一以为天下牧"，本书从之。三大传世本（河上本、王弼本、想尔本）改为"是以圣人抱一为天下式"，傅奕本作"圣人袌一以为天下式"，"抱一"乃据第 53 章"载营魄抱一"而改，"天下式"乃据第 69 章"知其白，守其黑，为天下式"而改，本书不从。

夫唯不争，故天下莫能与之争。

古之所谓"曲则全"者，岂虚语哉？诚全而归之。

《老子》初始本下经《道经》第 63 章《曲则全章》，《老子》传世本颠倒上下经后变为第 22 章。

《曲则全章》是"侯王四境"六章（60—65）之第四章，阐明"泰道六义"、"圣君四不德"，褒扬第一境圣君"圣人执一以为天下牧"。

63.1 曲则全，枉则正。洼则盈，敝则新。少则得，多则惑。是以圣人执一以为天下牧。

第 63 章第 1 节，承于上章"自今及古，其名不去"所言伏羲卦名，标举"泰道六义"，对应泰卦六爻。

"泰道六义"之一："曲则全"。这是成语"委屈求全"之出处。"曲"，总摄《德经》第 4 章"大白若辱"、第 7 章"知足不辱"，《道经》第 56 章"宠辱若惊"之"辱"，《德经》第 42 章"受国之诟"之"诟"，《道经》第 60 章"其下，侮之"之"侮"、第 61 章"唯之与诃"之"诃"。"全"，即《子华子》、《庄子》所言"全生"。《庄子·天下》论老聃："人皆求福，己独曲全，曰苟免于咎。"即演《老子》"曲则全"。此言侯王遵循泰道，承受诟、诃、侮、辱，自知其曲，方能全生。

"泰道六义"之二："枉则正"。这是成语"矫枉过正"之出处。"枉"，乃言圣君承受百姓之"诟"、"诃"、"侮"、"辱"以后，必须自矫其枉。"正"，上扣《德经》第 2 章"侯王得一以为天下正"之"正"。《庄子·则阳》："古之君人者，以得为在民，以失为在己，以正为在民，以枉为在己，故一物有失其形者，退而自责。"即演《老子》"枉则正"。此言侯王遵循泰道，自矫其枉，方能"侯王得一以为天下正"。

"泰道六义"之三："洼则盈"。"洼"地，即"谷"地，上扣《德经》第 4 章"上德若谷"，第 30 章"江海之所以能为百谷王者，以其善下之也，故能为百谷王"。"盈"，上扣《德经》第 2 章"谷得一以盈……谷毋已，盈将恐竭"，《道经》第 58 章"葆此道者，不欲盈"。此言侯王遵循泰道，自"洼"其德，方能充盈。

"泰道六义"之四:"敝则新"。上扣《德经》第 35 章"以其病病也,是以不病",《道经》第 58 章"夫唯不欲盈,是以能敝而成"。此言侯王遵循泰道,自治其弊,方能新生。

"泰道六义"之五:"少则得"。"少",即提取自"太一"历法图(伏羲太极图)之春分泰卦的唯一道术"德"(泰道)。"得",上扣《德经》第 2 章"侯王得一以为天下正"之"得一"。此言侯王遵循泰道,以"德"(泰道)治国,方能"侯王得一以为天下正"。

"泰道六义"之六:"多则惑"。"多",即提取自"太一"历法图(伏羲太极图)之夏至乾卦、秋分否卦、冬至坤卦的多余方术"仁义礼",上扣《德经》第 44 章:"善者不多,多者不善。""惑",上扣《德经》第 16 章"行于大道,唯迤是畏。大道甚夷,人甚好径",第 21 章"人之迷也,其日固久矣"。《庄子·人间世》:"夫道不欲杂,杂则多,多则扰,扰则忧,忧而不救。"即演《老子》"多则惑"。此言侯王遵循泰道,以"德"(泰道)治国,鄙弃"仁义礼"(否术),方能避免迷惑于歧途。

"是以圣人执一以为天下牧",概括"泰道六义"。"圣人",即《道经》第 60 章"侯王四境"之第一境圣君。

"执一",上扣《德经》第 2 章"侯王得一以为天下正"之"得一",《道经》第 53 章"载营魄抱一"之"抱一",《道经》第 57 章"执今之道"。"得一"、"抱一"、"执一"之"一","执今之道"之"今之道",均指"太一"历法图(伏羲太极图)揭示的"浑天说"范畴之宇宙局部太阳系规律"太一常道"。"得一"、"抱一"、"执一"、"执今之道",均言圣君遵循可知、可得、可抱、可执的"太一常道"。

"天下牧",上扣《德经》第 42 章"天下之王",《道经》第 67 章"万乘之王"。夏商周三代统治者均为黄帝族。上古黄帝族原为长城以北的游牧民族,通过上古中古之交的"炎黄之战",南下征服长城以南的农耕三族(伏羲族、东夷族、南蛮族),入主"中原",先后建立夏商周三大王朝。所以夏商周黄帝族"牧民"如"牧羊",天下之王称为"天下牧",九州诸侯称为"州牧"。参看《庄子·齐物论》:"君乎牧乎,固哉!"此言圣君执守太一常道牧天下民。

句义:侯王自知其曲方能全生,自矫其枉方能得正。侯王自洼其德方能充盈,自治其敝方能新生。侯王少闻必将有得,多闻必将困惑。所以圣君执守太一常道牧天下民。

[义理辨析 49]

"侯王四境"的第一境圣君,"得一、抱一、执一",遵循"太一"历法图(伏羲太极图),以"德"(泰道)治国。"侯王四境"的后三境俗君,以"仁义礼"(否术)治国。

大量先秦典籍,演绎《道经》第63章"圣人执一以为天下牧"——

《管子·心术下》:"执一而不失,能君万物。"

《荀子·尧问》:"执一无失,行微无怠,忠信无倦,而天下自来。执一如天地,行微如日月,忠诚盛于内,贲于外,形于四海,天下其在一隅邪!夫有何足致也!"

《韩非子·扬权》:"圣人执一以静,使名自命,令事自定。"

《吕氏春秋·执一》:"王者执一,而为万物正。"

《吕氏春秋·为欲》:"圣王执一,四夷皆至者,其此之谓也!执一者至贵也,至贵者无敌。"

《吕氏春秋·有度》:"先王不能尽知(无极恒道),执一而万物治。"

《淮南子·齐俗训》:"圣王执一而勿失,万物之情既矣,四夷九州岛服矣。"

《淮南子·诠言训》:"君执一则治,无常则乱。"

《淮南子·人间训》:"见本而知末,观指而睹归,执一而应万,握要而治详,谓之术。"

《文子·道德》:"老子曰:执一无为,因天地与之变化。"

《文子·守弱》:"圣人以道镇之,执一无为,而不损冲气,见小守柔,退而勿有,法于江海。"

部分先秦典籍,根据《道经》第60章"侯王四境"的第一境圣君、后三境俗君,阐释《道经》第63章"圣人执一以为天下牧"——

《黄帝四经·经法》之《论》曰:"天执一,以明三:日,信出信入,南北有[极,度之稽也](据《鹖冠子·泰鸿》"南北有极,度之稽也"补)。月,信生信死,进退有常，数之稽也。列星，有数而不失其行，信之稽也。"

《鹖冠子·泰鸿》："日，信出信入，南北有极，度之稽也。月，信死信生，进退有常，数之稽也。列星，不乱其行，代而不干，位之稽也。天明三，以定一，则万物莫不至矣。"

《黄帝四经·经法》与《鹖冠子·泰鸿》所言略同，所以后者可补前者之缺字。前者所言"天执一，以明三"，后者所言"天明三，以定一"，都是根据《道经》第60章"侯王四境"的第一境圣君、后三境俗君，阐释《道经》第63章"圣人执一以为天下牧"。

[重大篡改 19]

《老子》传世本把"圣人执一以为天下牧"，篡改为"圣人抱一为天下式"，再释"一"为"道"，释"抱一"为"抱道"，遮蔽《老子》第一基石"道生一"的两大天文层级，导致《老子》全书陷入义理混乱和自相矛盾。

63.2 不自见故明，不自是故彰，不自伐故有功，不自矜故能长。
夫唯不争，故天下莫能与之争。
古之所谓"曲则全"者，岂虚语哉？诚全而归之。

第63章第2节，标举"圣君四不德"，上扣《德经》第1章"上德不德，是以有德"，对应"太一"历法图（伏羲太极图）四时之卦。

"圣君四不德"之一："不自见故明"。"不自见"，上扣《德经》第1章"上德不德"，第36章"是以圣人自知而不自见也"，即圣君自知不知"无极恒道"，不拔高己德。"故明"，上扣《德经》第1章"是以有德"，《道经》第59章"知常，明也"，即圣君知晓并遵循"太一常道"而德心澄明。

句义：圣君不拔高己德所以德心澄明。

"圣君四不德"之二："不自是故彰"。"不自是"，上扣《道经》第61章"我独若遗"、"我愚人之心也哉，沌沌兮"、"我独昏昏"、"我独闷闷"、"我独顽以鄙"，"我"字均为圣君自称。又扣《德经》第29章"不以知治国，国之德也"，第35章"知不知，上矣"。"故彰"，反扣《德经》第20章"法令滋彰而盗贼多有"。

句义：圣君不自以为是所以天道彰显。

"圣君四不德"之三："不自伐故有功"。上扣《德经》第41章："成功而不居也，若此其不欲见贤也。"

句义：圣君不自居有功所以治国成功。

"圣君四不德"之四："不自矜故能长"。上扣《德经》第30章"圣人之欲上民也，必以其言下之；其欲先民也，必以其身后之"，第31章"不敢为天下先"。

句义：圣君不自我矜夸所以能为君长。

"夫唯不争，故天下莫能与之争"，概括"圣君四不德"为"无争"。上扣《德经》第30章"以其不争也，故天下莫能与之争"、第32章"是谓不争之德"、第37章"天之道，不争而善胜"、第44章"人之道，为而不争"，《道经》第47章"不尚贤，使民不争"、第51章"水善利万物而不争……夫唯不争，故无尤"。

句义：唯因圣君不争，所以天下侯王不能与之争。

"古之所谓'曲则全'者，岂虚语哉"，明言"曲则全"是引用古语。上扣《德经》第5章"人之所教，亦我而教人"。

"诚全而归之"，"全"即全生，上扣《德经》第13章"无死地"。"归之"，上扣《德经》第23章："非其神不伤人也，圣人亦不伤民也。夫两不相伤，则德交归焉。"

句义：古训所言"自知其曲方能全生"，岂是虚语呢？百姓若能全生，天下必将归心。

64. 希言自然章

希言自然。

飘风不终朝，骤雨不终日。孰为此者？天地。天地尚不能久，而况于人乎？

> 故从事于道者，同于道。德者，同于德。失者，同于失。[1]
> 同于德者，道亦德之。同于失者，道亦失之。[2]
> 信不足焉，有不信。[3]

《老子》初始本下经《道经》第 64 章《希言自然章》，《老子》传世本颠倒上下经后变为第 23 章。

《希言自然章》是"侯王四境"六章（60—65）之第五章，褒扬第一境圣君顺道无为"希言自然"，"德者，同于德"，"道亦德之"；贬斥后三境俗君悖道有为如"飘风"、"骤雨"，"失者，同于失"，"道亦失之"。

64.1 希言自然。

第 64 章第 1 节第 1 层，继续褒扬第一境圣君。

"希言自然"，上扣《道经》第 60 章："犹兮，其贵言也。功成事遂，百姓皆谓我自然。""希言"，即"犹兮，其贵言也"，省略主语"圣君"。"自然"，即"功成事遂，百姓皆谓我自然"，省略主语"百姓"。

"希"通稀，"言"即政令。"希言"即少发政令。蒋锡昌曰："希言者，少声教法令之治。"[4]陈鼓应曰："希言，按字面解释是：少说话。深一层的意思是：不

---

[1] 两大出土本（帛乙本、汉简本）均为三句："故从事而道者同于道，德者同于德，失者同于失。"帛甲本小异。传世本河上本、王弼本改为四句："故从事于道者，道者同于道，德者同于德，失者同于失。"第一句"故从事于道者同于道"中，妄增"道者"二字，分出"道者同于道"一句，与后二句"德者同于德，失者同于失"并列。傅奕本改为六句："故从事于道者，道者同于道；故从事于德者，德者同于德；故从事于失者，失者同于失。"未明经义。

[2] 两大出土本（帛甲本、帛乙本）均为四句："同于德者，道亦德之。同于失者，道亦失之。"本书从之。汉简本首句多"故"字。传世本河上本、王弼本改为六句："同于道者，道亦乐得之；同于德者，德亦乐得之；同于失者，失亦乐失之。"傅奕本改为："同于道者，道亦德之；同于得者，得亦德之；同于失者，失亦得之。"本书不从。

[3] 汉简本、四大传世本（河上本、王弼本、傅奕本、想尔本）章末，均有"信不足焉，有不信"二句（字各有小异），乃是重言《道经》第 60 章"信不足焉，有不信"，本书从之。帛甲本、帛乙本不理解《老子》重言，视为错简重出而删去二句，本书不从。

[4] 蒋锡昌《老子校诂》，156 页，上海书店 1992。

施加政令。"[1]

句义：侯王无为少发政令，百姓自为合于自然。

飘风不终朝，骤雨不终日。孰为此者？天地。天地尚不能久，而况于人乎？

第 64 章第 1 节第 2 层，继续贬斥后三境俗君。

"飘风不终朝，骤雨不终日。孰为此者？天地。""飘风"、"骤雨"，譬解"有为"。"不终朝"、"不终日"，譬解"有为"不能持久。

句义：暴风不能持续一天，骤雨不能持续一日。发动风雨的是谁？天地。

"天地尚不能久，而况于人乎"，参看《左传·文公五年》："《商书》曰：'沈渐刚克，高明柔克。'……天为刚德，犹不于时，况在人乎？"文字小异，命义全同。《商书》或即《归藏》。蒋锡昌曰："'人'指有为之君而言。'飘风'、'骤雨'，所以喻人君治国，不能清静无为，而务以智治国也。"[2]

句义：天地有为尚且不能持久，侯王有为怎么可能持久？

64.2 故从事于道者，同于道。德者，同于德。失者，同于失。
同于德者，道亦德之。同于失者，道亦失之。
信不足焉，有不信。

第 64 章第 2 节，按照《德经》第 1 章的价值范式"道↘德↘仁↘义↘礼"和"去彼取此"范式，"取此"以"德"治国的圣君，"去彼"以"仁↘义↘礼"治国的俗君。

"故从事于道者，同于道"，"从事于道者"，侯王治国的四种境界。"同于道"，同于侯王治国的四种道术。

---

[1] 陈鼓应《老子今注今译》，164 页，商务印书馆 2003。
[2] 蒋锡昌《老子校诂》，156、157 页，上海书店 1992。

"德者，同于德"，"德者"，圣君以"德"治国。"同于德"，第一境圣君"上德不德，是以有德"（《德经》第1章）。

"失者，同于失"，"失者"，俗君以"仁↘义↘礼"治国而失德。"同于失"，后三境俗君"下德不失德，是以无德"（《德经》第1章），此"失"训无德。

句义：所以侯王四境，同于治国四道。第一境圣君以德治国，所以有德。后三境俗君以仁义礼治国，所以有失。

"同于德者，道亦德之"，圣君顺道无为以"德"治国，天道"德"之。

"同于失者，道亦失之"，俗君悖道有为以"失"（仁↘义↘礼）治国，天道"失"之。

句义：第一境圣君以德治国，天道视为有德之君。后三境俗君以仁义礼治国，天道视为失德之君。

"信不足焉，有不信"，七字已见《道经》第60章，重言。点破本章是评价《道经》第60章之"侯王四境"。

句义：后三境俗君（以仁义礼治国）诚信不足，百姓不予信任。

65. 跂者不立章

跂者不立，跨者不行。[1]
自见者不明，自是者不彰，自伐者无功，自矜者不长。
其在道也，曰余食赘行[2]，物或恶之，故有欲者弗居。[3]

---

[1] 河上本作"跂者不立，跨者不行"，本书从之。三大出土本（帛甲本、帛乙本、汉简本）均脱"跨者不行"，仅有"炊者不立"，"炊"为"跂"之讹。王弼本、傅奕本均作"企者不立"，"跂"通"企"。"跂"、"跨"二字均取足旁，二喻连类，字宜作"跂"。《庄子》均作"跂"，不作"企"。

[2] 帛甲本、帛乙本、河上本、王弼本、傅奕本均作"余食赘行"，本书从之。汉简本作"斜食叕行"，"斜"为"余"讹，"叕"通"缀"，音同"赘"。想尔本作"餘食饌行"。本书不从。

[3] 两大出土本（帛乙本、汉简本）均作"物或恶之，故有欲者弗居"，帛甲本"者"后一字坏，余同，本书从之。四大传世本（河上本、王弼本、傅奕本、想尔本）改为"物或恶之，故有道者不处"（字有小异），本书不从。○第72章重言"物或恶之，故有欲者弗居"，传世本所改相同。改者以为"有欲者"境界太低而改之，其实"有欲者"是"欲治天下"、"欲不欲"的第一境圣君。

《老子》初始本下经《道经》第 65 章《跂者不立章》,《老子》传世本颠倒上下经后变为第 24 章。

汉简本之《跂者不立章》,在第 64 章《希言自然章》之后,第 66 章《有状混成章》之前,义理缜密,当属《老子》初始本之章序。主流传世本(河上本、王弼本、傅奕本、想尔本等)章序相同。

帛书本之《跂者不立章》,插入第 62 章《唯道是从章》之后,第 63 章《曲则全章》之前。上下章义脱节,当属错简。这是汉简本、传世本之章序优于帛书本之章序的第四处。

帛书本之章序有四处异于汉简本、传世本之章序,三处在《德经》,一处在《道经》,章序均不合理。有些学者迷信帛书本之章序,凡是汉简本、传世本之章序异于帛书本之章序,均以帛书本为是,以汉简本、传世本为非,殊不可取。

《跂者不立章》是"侯王四境"六章(60—65)之末章,阐明"俗君四自德",贬斥后三境俗君奉行的"仁义礼"是"余食赘行"。

65.1 跂者不立,跨者不行。

第 65 章第 1 节,譬解后三境俗君悖道"有为"。

上章已举"飘风不终朝,骤雨不终日"二喻,譬解后三境俗君悖道"有为"不能长久。本章再举"跂者不立,跨者不行"二喻,继续譬解后三境俗君悖道"有为"不能长久。

《老子》初始本作"跂者不立",《老子》传世本作"企者不立"。"跂"通"企",义为:踮起脚跟。"企图",即踮起脚跟而图。"企鹅",即以踮起脚跟命名。《庄子》全书无"企",多篇作"跂",亦证《老子》初始本作"跂者不立"。

《庄子·马蹄》:"夫至德之世,同与禽兽居,族与万物并,恶乎知君子小人哉?同乎无知,其德不离;同乎无欲,是谓素朴;素朴而民性得矣。及至圣人,蹩躠为仁,踶跂为义,而天下始疑矣;澶漫为乐,摘僻为礼,而天下始分矣。……夫赫胥氏之时,民居不知所为,行不知所之,含哺而熙,鼓腹而游,民能已此矣。及至圣人,屈折礼乐以匡天下之形,悬跂仁义以慰天下之心,而民乃始踶跂好知,争归于利，不可止也。此亦圣人之过也。""蹩躠为仁，踶跂为义"、"澶漫为乐，摘僻为礼"，即承《老子》贬斥后三境俗君人为拔高后天价值"仁义礼"。"踶跂好知"，"踶跂"即承《老子》"跂者不立"，"好知"即承《老子》"以知治国，国之贼也"。

《庄子·宇泰定》："人见其跂，犹之魁然。"亦承《老子》"跂者不立"，贬斥后三境俗君人为拔高先天身高，塑造虚假的后天身高"魁然"。

"跂者不立"为纵向之喻，乃言人为拔高自然身高，违背天赋"至德"，导致不能久立。

"跨者不行"为横向之喻，乃言人为超出自然步幅，违背天赋"至德"，导致不能久行。

后三境俗君拔高后天价值"仁义礼"，导致百姓失去先天"恒德"。第一境圣君不拔高后天伪德"仁义礼"，导致百姓"恒德不离"（《道经》第69章），"其德不离"（《庄子·马蹄》），"百姓皆谓我自然"（《道经》第60章）。

句义：踮起脚跟不能久立，跨行大步不能久行。

65.2 自见者不明，自是者不彰，自伐者无功，自矜者不长。

第65章第2节第1层，标举"俗君四自德"，与第63章"圣君四不德"对比。

第63章"圣君四不德"："不自见故明，不自是故彰，不自伐故有功，不自矜故能长。"上扣《德经》第1章："上德不德，是以有德。"褒扬《道经》第60章"侯王四境"的第一境圣君。

本章"俗君四自德"："自见者不明，自是者不彰，自伐者无功，自矜者不长。"上扣《德经》第1章："下德不失德，是以无德。"贬斥《道经》第60章"侯王四境"的后三境俗君。

第63章"圣君四不德"和第65章"俗君四自德"，分扣第60章"侯王四境"之第一境圣君、后三境俗君，是命义深邃的正反表述，旧多视为毫无意义的啰唆重复。

句义：俗君拔高己德不能德心澄明，自以为是不能彰显天道，自居有功不能治国成功，自我矜夸不能担任君长。

其在道也，曰余食赘行，物或恶之，故有欲者弗居。

第65章第2节第2层，贬斥后三境俗君以"仁义礼"治国。

"其在道也"，义近《庄子·秋水》"以道观之"。以《德经》第1章的价值范式"道↘德↘仁↘义↘礼"之"道"，评价"德↘仁↘义↘礼"。

"曰余食赘行"，譬解后三境俗君奉行的"仁义礼"如同多余之食、累赘之行，是人为虚增的多余价值，必须"损之又损之"（《德经》第11章）。老子主张去除人为虚增的多余价值"仁↘义↘礼"，义近"奥卡姆剃刀"。

"物或恶之"，百姓厌恶后三境俗君人为虚增的多余价值"仁义礼"。

"故有欲者弗居"，"有欲者"，上扣《德经》第20章"我（圣君自称）欲不欲"，第28章"圣人欲不欲"。

句义：以道观之，俗君奉行的仁义礼均属弃余之食、附赘之形，百姓容易厌恶，所以欲治天下的圣君不取。

侯王四境六章的义理层次

下经《道经》第五部分"侯王四境"六章（60—65），按照提炼自"太一"历法图（伏羲太极图）的《老子》价值范式"道↘德↘仁↘义↘礼"，论证上经《德经》的侯王四型"德↘仁↘义↘礼"。

义理层次如下——

第60章《太上不知章》，标举"侯王四境"，论证《德经》"侯王四型"、"侯王摄生四境"。"取此"第一境圣君，"去彼"后三境俗君。

第61章《敬天畏人章》，褒扬第一境圣君"敬天畏人"，贬斥后三境俗君"不敬天不畏人"。

第62章《唯道是从章》，推尊"宣夜说"范畴的宇宙总体规律"无极恒道"为"众父"，褒扬第一境圣君"唯道是从"，"以顺众父"。

第63章《曲则全章》，阐明"泰道六义"、"圣君四不德"，褒扬第一境圣君"圣人执一以为天下牧"。

第64章《希言自然章》，褒扬第一境圣君顺道无为"希言自然"，"德者同于德"，

"道亦德之";贬斥后三境俗君悖道有为如"飘风"、"骤雨","失者,同于失","道亦失之"。

第65章《跂者不立章》,阐明"俗君四自德",贬斥后三境俗君奉行的"仁义礼"是"余食赘行"。

《道经》第60章《太上不知章》之"侯王四境",论证了《德经》第1章的"侯王四型",《德经》第13章的"侯王摄生四境",而"侯王四型"、"侯王摄生四境"、"侯王四境"提取自"太一"历法图(伏羲太极图)的四时之卦,贯穿于"主之以太一"的《老子》初始本全书,所以《太上不知章》高度浓缩了《老子》初始本的一切重要义理,"侯王四境"六章系统论证了《老子》初始本的一切重要义理。

假如《老子》初始本只能保留一章,当属《太上不知章》。

假如《老子》初始本只能保留一部分,当属"侯王四境"六章。

六、道法自然三章(66—68):人法天道,道法自然

下经《道经》第六部分"道法自然"三章(66—68),按照提炼自"太一"历法图(伏羲太极图)的《老子》价值范式"道↘德↘仁↘义↘礼",论证上经《德经》的《老子》第一教义"人道效法天道"(礼必本于太一)。

66.有状混成章

有状混成[1],先天地生。寂兮寥兮,独立而不改,**周行而不殆**[2],可

---

[1] 楚简本作"有牆蟲成","蟲"为"昆"之异体字,通"混","牆"为"状"之异体字,合于第57章"无状之状,无物之象",本书从之。三大出土本(帛甲本、帛乙本、汉简本)、四大传世本(河上本、王弼本、傅奕本、想尔本)改"状"为"物",不合第57章"无状之状"、"无物之象",本书不从。

[2] 三大传世本(河上本、王弼本、傅奕本)均作"周行而不殆",想尔本无"而"字,"周行"合于章旨,本书从之。帛甲本、帛乙本均无此句,当属脱文。汉简本作"偏行而不殆","偏行"不合章旨,本书不从。

下经 《道经》三十三章（45—77），对应斗柄三星 413

以为天地母[1]。

吾不知其名，字之曰道，强为之名曰大。大曰逝，逝曰远，远曰反。道大，天大，地大，[2]人亦大。域中有四大[3]，而人居其一焉。[4]

人法地，地法天，天法道，道法自然。

《老子》初始本下经《道经》第66章《有状混成章》，《老子》传世本颠倒上下经后变成了第25章。

《有状混成章》是"道法自然"三章（66—68）之首章，以"人法地，地法天，天法道，道法自然"，论证《德经》的《老子》第一教义"人道效法天道"（礼

---

[1] 三大出土本（帛甲本、帛乙本、汉简本）、王弼古本、傅奕古本均作"天地母"，上承"先天地生"，下启"道大，天大，地大"、"地法天，天法道"，本书从之。本章仅言"天地"，不言"天下"。楚简本、四大传世本（河上本、王弼今本、傅奕今本、想尔本）据第15章"天下有始，以为天下母"，改本章"天地母"为"天下母"，本书不从。○此亦楚简本不可迷信之证。范应元曰："'天地'字，古本如此。一作'天下母'，宜从古本。""古本"即傅奕古本。马叙伦曰："（范应元）其说是也。上谓'先天地生'，则此自当作'为天地母'。成疏引：'间化阴阳，安立天地。'则成亦作'天地'。"蒋锡昌曰："《道德真经集注》（唐明皇、河上公、王弼、王雱注）引王弼注：'故可以为天地母也'，是古王本'下'作'地'。当据正。今本经、注并作'下'，盖皆经后人所改也。天地自道而生，故道可以为天地之母也。"（蒋锡昌《老子校诂》，168页，上海书店1992；范应元、马叙伦语并见该页所引）

[2] 帛甲本、帛乙本、四大传世本（河上本、王弼本、傅奕本、想尔本）均作"道大，天大，地大"，"道"在"天"、"地"之前，合于章首"（道）先天地生"，本书从之。楚简本、汉简本均作"天大，地大，道大"，"天"、"地"在"道"之前，不合章首"（道）先天地生"，本书不从。○此证楚简本、汉简本不可迷信。

[3] 楚简本、汉简本、四大传世本（河上本、王弼本、傅奕本、想尔本）均作"域中有四大"，本书从之。帛甲本、帛乙本均改为"国中有四大"，道、天、地非"国中"可有，亦非"国中"为大，本书不从。○此证帛甲本、帛乙本不可迷信。

[4] 初始本"人亦大"、"而人居其一焉"，与下文"人法地，地法天，天法道，道法自然"衔接，本书从之。四大出土本（楚简本、帛甲本、帛乙本、汉简本）、两大传世本（河上本、王弼本）改为"王亦大"、"而王居其一焉"，傅奕本作"人亦大"、"而王处其一尊"，想尔本作"生大"、"而生处一"，均与下文"人法地，地法天，天法道，道法自然"无法衔接，本书不从。陈柱曰："《说文·大部》'大'下云：'天大，地大，人亦大焉，象人形。'是许君所见作'人亦大'也。人为万物之灵，为天演中最进化之物，故曰'人亦大'。"朱谦之曰："'王'字乃尊君者妄改经文。《老子》本作'人'，不作'王'也。"（朱谦之《老子校释》，103页，中华书局2000；陈柱语并见102、103页所引）○此证四大出土本不可迷信。

必本于太一）。

66.1 有状混成，先天地生。寂兮寥兮，独立而不改，周行而不殆，可以为天地母。

第66章第1节第1层，在"侯王四境"六章论证了《德经》侯王四境"德↘仁↘义↘礼"之后，进而论证居于"德↘仁↘义↘礼"之上的绝对价值"道"。

"有状混成，先天地生"，"状"，上扣《道经》第57章"寻寻不可名，复归于无物，是谓无状之状"。"先天地生"，参看《庄子·大宗师》："夫道，自本自根，未有天地，自古以固存，神鬼神帝，生天生地。"此言"宣夜说"范畴的宇宙总体规律"无极恒道"，"天地"义同宇宙。

"寂兮寥兮"，上扣《德经》第4章："天象无形，道隐无名。""寂"即无声（无名），"寥"即无形。参看河上公注："寂者无音声，寥者空无形。"严灵峰注："寂，静而无声。寥，动而无形。"

"独立而不改"，"独立"，上扣《道经》第48章"吾不知其谁之子，象帝之先"，第62章"众父"。"不改"，永恒不变。

"周行而不殆"，"周行"，圆周运行，上扣《道经》第59章"天道圆圆"。"殆"，损坏。

"可以为天地母"，上扣《道经》第62章"众父"。"众父"是宇宙之父，指无极恒道的天文存在。"天地母"义同宇宙之母，指无极恒道的历法知识。《老子》称天文存在为"父"，称历法知识为"母"，详见上卷第二章。

句义：有种状貌（无极恒道）浑然天成，先于天地宇宙而生。寂静无声抽象无形，独立存在永恒不变，周行循环永无损坏，可以视为天地宇宙的母体。

[重大篡改20]

《老子》传世本把"有状混成"篡改为"有物混成"，导致言"道"变成言"物"，违背第57章"无状之状"、"无物之象"，又违背下文"字之曰道"。

《老子》传世本把"可以为天地母"篡改为"可以为天下母","天下"属于"浑天说"范畴的宇宙局部太阳系规律"太一常道","天地"属于"宣夜说"范畴的宇宙总体规律"无极恒道"。

"天地"义同宇宙,"天地母"义同宇宙母体。《老子》认为宇宙有父有母,并非有母无父。老子所处春秋晚期,尚无"宇宙"一词。汉语史"宇宙"一词,首见于《庄子·齐物论》。

吾不知其名,字之曰道,强为之名曰大。大曰逝,逝曰远,远曰反。

第66章第1节第2层,论证"宣夜说"范畴的宇宙总体规律"无极恒道"不可知、不可得。

"吾不知其名",上扣《德经》第19章"言者不知",第35章"知不知,上矣。不知不知,病矣……以其病病也,是以不病"。

"字之曰道",上扣《道经》首章《道可道章》:"道,可道也,非恒道也。"古人有姓,有名,有字,姓高于名,名高于字。

"强为之名曰大",上扣《道经》首章《道可道章》:"名,可名也,非恒名也。"

"大曰逝","逝"上扣"周行"。地球自转导致太阳一日一"周行",东升西落产生昼夜。地球公转导致太阳一年一"周行",南北移动产生四季。太阳每日西落,夏至以后南藏,均属"逝"。

"逝曰远","远"兼反义"近"。太阳于冬至日南藏抵达南回归线上空,距北半球的中国最远。太阳于夏至日北归抵达北回归线上空,距北半球的中国最近。

"远曰反","反"训返,上扣《德经》第3章"反者道之动"。冬至后的上半年太阳北返,夏至后的下半年太阳南返。

第57章以"微"、"希"、"夷"三义,描述"宣夜说"范畴的宇宙总体规律"无极恒道"不可知、不可得。本章以"逝"、"远"、"反"三义,描述"浑天说"范畴的宇宙局部太阳系规律"太一常道"可知、可得。再以"太一常道"之"逝"、"远"、"反",勉强描述"无极恒道"之"微"、"希"、"夷"。即以"教父"之状貌,推知"众父"之状貌，因为"教父"是"众父"之子。

句义：吾人不知无极恒道之名，为其取字叫道，勉强为其取名叫大。大之义是逝，逝之义是远，远之义是返。

66.2 道大，天大，地大，人亦大。域中有四大，而人居其一焉。

第66章第2节第1层，承上第1节"天道"，进言"人道"。

"道大"，"道"，扣上"字之曰道"。"大"，扣上"强为之名曰大"。均言《老子》第一基石"道生一"之"道"，即"宣夜说"范畴的宇宙总体规律"无极恒道"。

"天大，地大"，扣上"有状混成，先天地生"。"天"指天球，"地"指地球，均属《老子》第一基石"道生一"之"一"，即"浑天说"范畴的宇宙局部太阳系规律"太一常道"。

"人亦大"，"人"居于地球，地球从属于太一天球，太一天球从属于无极宇宙。

"域中有四大，而人居其一焉"，人类居于四大之末。

句义：无极恒道至大，（从属于无极恒道的）太一天球次大，（从属于太一天球的）地球次大，（居于地球的）人类又次大。寰宇之中共有四大，人类属于四大之一。

人法地，地法天，天法道，道法自然。

第66章第2节第2层，论证上经《德经》为何主张"人道效法天道"。

"人法地，地法天，天法道"，"法"，效法。参看《周易·系辞上》："法象莫大乎天地，变通莫大乎四时。"

"道法自然"，"自然"，上扣《德经》第14章："道之尊也，德之贵也，夫莫之爵而恒自然。"第28章："以辅万物之自然，而不敢为。"《道经》第60章："功成事遂，百姓皆谓我自然。"第64章："希言自然。""自"，自己，"然"，样子。

胡适曰："'自'是自己，'然'是如此。'自然'只是自己如此。"[1]（熊十力《新唯识论》袭之。）

句义：人类作息效法地球节气，地球节气效法天球周行，天球周行效法恒道循环，恒道循环效法自己本然。

67. 重为轻根章

重为轻根，静为躁君。是以君子终日行[2]，不离辎重[3]。
虽有荣观，燕处超然。[4]奈何万乘之王[5]，而以身轻于天下[6]？
轻则失本[7]，躁则失君。

---

[1] 胡适《中国哲学史大纲》，56、57页，上海书店1989年。
[2]《韩非子·喻老》、傅奕本、想尔本均作"君子终日行"，帛乙本、汉简本作"君子冬日行"，帛甲本作"君子众日行"，"冬"、"众"均通"终"，本书从之。河上本、王弼本改为"圣人终日行"，本书不从。
[3]《韩非子·喻老》作"不离辎重也"，帛甲本、傅奕本均作"不离其辎重"。河上本、王弼本、想尔本作"不离辎重"，经义无别，本书从之。帛乙本、汉简改为"不远其辎重"，本书不从。
[4] 帛乙本作"虽有环官，燕处则超若"，帛甲本作"唯有环官，燕处……若"（坏二字），汉简本作"唯有荣馆，燕处超若"。四大传世本（河上本、王弼本、傅奕本、想尔本）均作"虽有荣观，燕处超然"，经义无别，本书从之。
[5] 帛甲本、帛乙本、汉简本均作"万乘之王"，本书从之。《韩非子·喻老》、河上本、王弼本、傅奕本、想尔本改为"万乘之主"，本书不从。〇春秋战国之时，"万乘"指"王"，"千乘"指"侯"。韩非的教诲对象不是"周王"，而是"诸侯"（尽管多已叛周称"王"），所以改"王"为"主"。秦汉以后"万乘之王"已经称"帝"，所以承袭韩非，改"王"为"主"。《老子》尽管合称"侯王"，但是某些章节言"侯"，某些章节言"王"，命义精确。本章言"天下"，对应"王"，不对应"侯"。
[6]《韩非子·喻老》、帛甲本、帛乙本、汉简本均作"而以身轻于天下"，本书从之。四大传世本（河上本、王弼本、傅奕本、想尔本）删"于"，改为"而以身轻天下"，本书不从。
[7] 帛甲本、帛乙本、汉简本、王弼本、傅奕本、想尔本均作"轻则失本"，"本"扣首句"重为轻根"之"根"，合于经义，本书从之。《韩非子·喻老》、河上本改为"轻则失臣"，"臣"扣次句"躁则失君"之"君"，不合经义，本书不从。〇《老子》主旨是君、民关系，非君、臣关系。《韩非子》主旨是君主控制大臣，而非君主控制百姓，所以改"本"为"臣"，河上本承之。吴澄本、释德清本改"本"为"根"，虽与首句"重为轻根"一致，仍非原貌。朱谦之曰："君、臣对立之文，为后之尊君者所妄改，当非《老子》本文。"（朱谦之《老子校释》，106页，中华书局2000）

《老子》初始本下经《道经》第67章《重为轻根章》,《老子》传世本颠倒上下经后变成了第26章。

《重为轻根章》是"道法自然"三章(66—68)之次章,褒扬第一境圣君效法天道而无为无事,贬斥后三境俗君违背天道而有为妄作。

67.1 重为轻根,静为躁君。是以君子终日行,不离辎重。

第67章第1节,褒扬第一境圣君"人法地,地法天,天法道,道法自然"。

"重为轻根,静为躁君",此承上章"地法天,天法道,道法自然",乃言"天道"。二句均据泰卦䷊卦象:侯王对应泰卦上卦三阴,阴气重而静;百姓对应泰卦下卦三阳,阳气轻而躁。

"是以君子终日行,不离辎重",此承上章"人法地",乃言"人道效法天道"。严遵曰:"君子者,有土之君也。"[1]"君子"的本义是"君王之子",即侯王。侯王出行,必有提供补给的辎重之车。

句义:侯王慎重方能成为轻浮之民的根本,侯王清静方能成为躁动之民的君长。所以圣君终日出行,不离辎重之车。

67.2 虽有荣观,燕处超然。奈何万乘之王,而以身轻于天下?轻则失本,躁则失君。

第67章第2节,批评后三境俗君违背"人法地,地法天,天法道,道法自然"。

"虽有荣观,燕处超然","荣观",荣华的宫观。"超然",上扣《德经》第28章:"圣人欲不欲,不贵难得之货。"

句义:侯王虽然可有荣华的宫观,但宜超然处之。

---

[1] 强思齐《道德真经玄德纂疏》引,熊铁基主编《老子集成》第2卷,396页,宗教文化出版社2011年。

下经 《道经》三十三章（45—77），对应斗柄三星　　　　　　　　　　　　　　　419

"奈何万乘之王，而以身轻于天下？""身"，训自身之德。上扣《德经》第7章："名与身孰亲？身与货孰多？得与亡孰病？"《道经》第56章："贵以身为天下，若可以托天下；爱以身为天下，若可以寄天下。"

句义：为何万乘之王，为了身外之物而轻用己身妄为天下？

"轻则失本，躁则失君"，上扣《德经》第20章："夫天下多忌讳而民弥叛，民多利器而国家滋昏，人多知而苛物滋起，法令滋彰而盗贼多有。"

句义：侯王轻率妄作就会失去根本，躁动有为就会失去君位。

68. 善行无迹章

善行者[1]，无辙迹。

善言者，无瑕谪。

善数者，不用筹策。

善闭者，无关键而不可启[2]。

善结者，无绳约而不可解。

是以圣人恒善救人，而无弃人。物无弃材，是谓袭明。[3]

---

[1] 帛甲本、帛乙本、汉简本、傅奕本"善行"、"善言"、"善数"、"善闭"、"善结"后均有"者"字，本书从之。河上本、王弼本、想尔本均删"者"字，本书不从。

[2] 帛甲本、帛乙本、汉简本均作"不可启"，本书从之。四大传世本（河上本、王弼本、傅奕本、想尔本）均避汉景帝刘启讳，改为"不可开"，本书不从。

[3] 帛甲本作"是以声（圣）人恒善救人，而无弃人。物无弃财，是胃（谓）愧（袭）明"，帛乙本作"是以圣人恒善救人，而无弃人。物无弃财，是胃（谓）曳（袭）明"，"财"通"材"，本书从之。汉简本"是以"作"故"，"愧明"作"欲明"。四大传世本（河上本、王弼本、傅奕本、想尔本）均作"是以圣人常善救人，故无弃人；常善救物，故无弃物，是谓袭明"（字有小异），把"物无弃材"一句，扩充为"常善救物，故无弃物"两句，本书不从。○初始本"物无弃材"，"物"指"人"，第65章、第72章"物或恶之"，"物"亦指"人"。传世本"常善救物，故无弃物"，"物"不指"人"，不合经义。本章乃言圣君"恒善救人，而无弃人"，不涉及"常善救物，故无弃物"。

故善人，善人之师也；不善人，善人之资也。[1]
不贵其师，不爱其资，虽知大迷。此谓要妙。

《老子》初始本下经《道经》第 68 章《善行无迹章》，《老子》传世本颠倒上下经后变成了第 27 章。

《善行无迹章》是"道法自然"三章（66—68）之末章，褒扬第一境圣君效法天道"恒善救人"，贬斥后三境俗君违背天道"虽知大迷"。

68.1 善行者，无辙迹。
善言者，无瑕谪。
善数者，不用筹策。
善闭者，无关键而不可启。
善结者，无绳约而不可解。
是以圣人恒善救人，而无弃人。物无弃材，是谓袭明。
故善人，善人之师也；不善人，善人之资也。

第 68 章第 1 节，标举"泰道七善"，褒扬第一境圣君。

本章"泰道七善"，与《道经》第 51 章"圣君七善"、第 58 章"善士七德"、第 59 章"知常七义"一样，上扣《德经》第 10 章"不出于户，以知天下；不窥于牖，以知天道"所言夏商周明堂十二室对应北斗七星（详见《德经》第 10 章和上卷第二章）。

"泰道七善"之一："善行者，无辙迹。""行"，上扣上章"君子终日行"。"无辙迹"，上扣《道经》第 60 章"侯王四境"之第一境圣君："太上，不知有之。"此言第一境圣君行善不留痕迹，后三境俗君行恶自誉为善。

---

[1] 帛乙本、汉简本均作"故善人，善人之师也；不善人，善人之资也"，乃言圣君、百姓之关系，本书从之。帛甲本"故善"后三字坏。四大传世本（河上本、王弼本、傅奕本、想尔本）改为"故善人者，不善人之师；不善人者，善人之资"，把圣君、百姓之关系，泛化为善人、不善人之关系，不合经义，本书不从。

《庄子·泰初》:"上如标枝,民如野鹿。端正而不知以为义,相爱而不知以为仁,实而不知以为忠,当而不知以为信;蠢动而相使,不以为赐。是故行而无迹,事而无传。"演绎《老子》"善行者,无辙迹"。

句义:善于行走之人,没有车辙印迹。

"泰道七善"之二:"善言者,无瑕谪。""言"指政令,上扣《德经》第6章:"不言之教,无为之益,天下希及之矣。"《道经》第46章:"圣人居无为之事,行不言之教。"第64章:"希言自然。"此言第一境圣君少发政令而无"瑕谪",后三境俗君多发政令而有"瑕谪"。

句义:善于言辞之人,没有瑕疵过失。

"泰道七善"之三:"善数者,不用筹策。""数",即"太一常道"之"本数"(《庄子·天下》)。"筹策",夏商周太史以"筹"计历,夏商周太卜以"策"卜筮,两者实为一物。夏商周政治制度效法"太一常道","太一常道"为"本数",政治制度为"末度"(《庄子·天下》),详见上卷第二章。"不用筹策",上扣《德经》第10章:"不出于户,以知天下;不窥于牖,以知天道。"参看《庄子·庚桑楚》:"老子曰:能无卜筮而知吉凶乎?"此言第一境圣君效法"太一常道"之"本数",制定"礼必本于太一"之"末度"。后三境俗君违背"太一常道"之"本数",违背"礼必本于太一"之"末度"。

句义:善于本数之人,不用卜筮末度。

[义理辨析 50]

《论语·子路》:"子曰:不占而已矣。"《荀子·大略》:"善为易者不占。"均承《老子》本章"善数者,不用筹策",《庄子·庚桑楚》:"老子曰:能无卜筮而知吉凶乎?"

魏晋儒生王弼,先以儒家义理注《周易》,主张"得意忘象",彻底抛开卦象本义,妄言易学均合儒家义理;再以儒家义理注《老子》,主张"名教本于自然",彻底抛开《老子》本义,妄言老学均合儒家义理。

"泰道七善"之四："善闭者，无关键而不可启。"古人锁门，横木曰"关"，插入横木之竖木曰"键"。上扣《德经》第15章、第19章之"塞其兑，闭其门"（义同"塞其键，闭其门"），第21章"其政闷闷"（义同"塞其兑，闭其门"、"无关键而不可启"）。此言第一境圣君关闭否术之门，无须关键而不开人祸之门。后三境俗君开启否术之门，奉行否术而开启人祸之门。

句义：善于关门之人，不用门闩而他人无法打开。

"泰道七善"之五："善结者，无绳约而不可解。"绳之体曰"绳"，绳之用曰"约"，即束物。上扣《德经》第42章："圣人执左契，而不责于人。"即以"绳约"隐喻"契约"。

圣君"执左契而不责于人"，故有"绳约"相当于"无绳约"。第一境圣君"以百姓之心为心"，君民永结同心而"不可解"。民众不会"弥叛"（《德经》第20章），盗贼不会"多有"（《德经》第20章），君位不被篡弑，"子孙以其祭祀不绝"（《德经》第17章）。

句义：善于打结之人，不用绳结而他人无法解开。

"泰道七善"之六："是以圣人恒善救人，而无弃人。物无弃材，是谓袭明。"上扣《德经》第25章："道者万物之主也，善人之葆也，不善人之所葆也。人之不善，何弃之有？"彼章言天道作为"万物之主"，"不弃"不善之人；本章言圣君作为"社稷之主"（《德经》第42章），效法天道而"善救"不善之民。"袭明"，上扣《德经》第15章"袭常"，第18章"和曰常，知和曰明"，《道经》第59章"知常，明也"。"袭常"即因袭"太一常道"，"袭明"即"知常"、"袭常"之"明"。

句义：因此圣君恒常善于救人，而无抛弃之民。每人均有可取之处，这叫因袭太一常道而德心澄明。

"泰道七善"之七："故善人，善人之师也；不善人，善人之资也。"上扣《德经》第12章"善者善之，不善者亦善之"，第25章"道者万物之主也，善人之葆也，不善人之所葆也"。

"故善人，善人之师也"，前"善人"指善良之民，后"善人"指圣君。

"不善人，善人之资也"，"不善人"指不善之民，"善人"指圣君。"资"，

下经 《道经》三十三章（45—77），对应斗柄三星

物资，义同"物无弃材"之"材"。道生之物，均不可弃。

句义：因此善良之民是引导圣君向善的老师，不善之民是启发圣君向善的资材。

〔义理辨析 51〕

《道经》第 51 章"圣君七善"、第 58 章"善士七德"、第 59 章"知常七义"、第 68 章"泰道七善"，分别对应上古伏羲族首创的二十八宿天象体系之四方七宿，用于论证《德经》第 10 章"不出于户，以知天下；不窥于牖，以知天道"所言夏商周明堂十二室对应北斗七星（详见《德经》第 10 章和上卷第二章）。

68.2 不贵其师，不爱其资，虽知大迷。此谓要妙。

第 68 章第 2 节，批评后三境俗君。

"不贵其师，不爱其资，虽知大迷。此谓要妙。"此为汉语"师资"之出处。"爱"，上扣《德经》第 31 章"泰道三宝"之第一宝"慈"，又扣《道经》第 53 章"爱民治国"之"爱民"。"知"，上扣《德经》第 29 章"以知治国，国之贼也"，《道经》第 46 章"天下皆知美之为美，斯恶矣；皆知善之为善，斯不善矣"。乃言合于"仁义礼"的"善人"并非真"善人"，不合"仁义礼"的"不善人"并非真"不善人"。"迷"，上扣《德经》第 21 章"人之迷也，其日固久矣"。

句义：俗君不尊重引人向善的老师，不爱惜启人向善的资材，即使多知仍属大迷。这是要义妙谛。

〔义理辨析 52〕

《老子》所谓"不善者"、"不善人"，均指不合"仁义礼"之民，并非真正的"不善者"、"不善人"，故《道经》第 46 章曰："天下皆知美之为美，斯恶矣；皆知善之为善，斯不善矣。"《庄子·养生主》"为恶无近刑"，亦非真"为恶"，

而是真人"尊道贵德"不合"仁义礼",被后三境俗君视为"为恶"。

第一境圣君视"不善人"为天道施德不厚者,于是遵循"损有余而益不足"的泰道,用"泰道三宝"之"慈"待之,以"不善人"为"资"(财富)而"爱"之;正如父母对待先天不足的残疾子女,因天道对其施德不厚而更予关爱。

后三境俗君视"不善人"为天生坏种,于是奉行"损不足而奉有余"的否术,用"以奇用兵"之"兵"待之,对"不善人"不"慈"不"爱","代大匠斫"而"弃"之"杀"之。

本章论证了上经《德经》第13章留下的悬念:第一境圣君使民"无死地",是因为遵循泰道而"爱民治国","恒善救人"。后三境俗君使民"动皆之死地",是因为奉行否术而不"爱民治国","代大匠斫"。

道法自然三章的义理层次

下经《道经》第六部分"道法自然"三章(66—68),按照提炼自"太一"历法图(伏羲太极图)的《老子》价值范式"道↘德↘仁↘义↘礼",论证上经《德经》的《老子》第一教义"人道效法天道"(礼必本于太一)。

义理层次如下——

第66章《有状混成章》,以"人法地,地法天,天法道,道法自然",论证《德经》的《老子》第一教义"人道效法天道"(礼必本于太一)。

第67章《重为轻根章》,褒扬第一境圣君效法天道而无为无事,贬斥后三境俗君违背天道而有为妄作。

第68章《善行无迹章》,褒扬第一境圣君效法天道"恒善救人",贬斥后三境俗君违背天道"虽知大迷"。

《德经》言及两种"人道"——

《德经》第41章:"天之道,损有余而益不足。人之道不然,损不足而奉有余。"这是后三境俗君违背"天道"的"人道"(否术)。

下经《道经》三十三章（45—77），对应斗柄三星

《德经》第 44 章："天之道，利而不害；人之道，为而不争。"这是第一境圣君效法"天道"的"人道"（泰道）。

《道经》第六部分"道法自然"三章（66—68）论证了《德经》"人道效法天道"，亦即为何"去彼"后三境俗君违背"天道"的"人道"（否术），为何"取此"第一境圣君效法"天道"的"人道"（泰道）。于是《道经》第七部分"知雄守雌"四章（69—72），进而论证《德经》"扬泰抑否"。

七、知雄守雌四章（69—72）：泰道守雌，否术争雄

下经《道经》第七部分"知雄守雌"四章（69—72），按照提炼自"太一"历法图（伏羲太极图）正东的春分泰卦、正西的秋分否卦，论证夏商周政治制度"礼必本于太一"而"扬泰抑否"；论证"泰道"是"天下莫不知"的正道，"否术"是"天下莫不知"的奇术。

前二章论证夏商周政治制度"扬泰"，后二章论证夏商周政治制度"抑否"。

69. 知雄守雌章

知其雄，守其雌，为天下溪。为天下溪，恒德不离，复归于婴儿。
知其白，守其辱，为天下谷。为天下谷，恒德乃足，复归于朴。
知其白，守其黑，为天下式。为天下式，恒德不贷，复归于无极。[1]

---

[1] 三大出土本（帛甲本、帛乙本、汉简本）"复归于婴儿"之下，句序均作："知其白，守其辱，为天下谷。为天下谷，恒德乃足，复归于朴。知其白，守其黑，为天下式。为天下式，恒德不贷，复归于无极。"字有小异，本书综合。四大传世本（河上本、王弼本、傅奕本、想尔本）"复归于婴儿"之下，均作："知其白，守其黑，为天下式。为天下式，常德不忒，复归于无极。知其荣，守其辱，为天下谷。为天下谷，常德乃足，复归于朴。"先调整句序，使"复归于朴"与下"朴散则为器"相接；再改三"恒德"为"常德"，改"知其白，守其辱"为"知其荣，守其辱"，改"贷"为"忒"。本书不从。

朴散则为器，圣人用之则为官长。[1]

《老子》初始本下经《道经》第69章《知雄守雌章》，《老子》传世本颠倒上下经后变为第28章。

《知雄守雌章》是"知雄守雌"四章（69—72）之首章，论证"知雄守雌"的"泰道"是夏商周的"天下式"，阐明"侯王得一以为天下正"必须"复归于无极"。

69.1 知其雄，守其雌，为天下溪。为天下溪，恒德不离，复归于婴儿。

知其白，守其辱，为天下谷。为天下谷，恒德乃足，复归于朴。

知其白，守其黑，为天下式。为天下式，恒德不贷，复归于无极。

第69章第1节，论证《德经》为何褒扬"泰道"。

"知其雄，守其雌，为天下溪。为天下溪，恒德不离，复归于婴儿"，"雄"即泰卦☰下卦三阳，"雌"即泰卦☷上卦三阴，合言《德经》第5章"负阴而抱阳"之"泰道"。"雌"扣《德经》第24章："牝恒以静胜牡。"《道经》第50章："谷神不死，是谓玄牝。"第53章："天门启闭，能为雌乎？"第58章："孰能牝以主者？将徐生。"

"为天下溪"，上扣《德经》第30章"江海之所以能为百谷王者，以其善下之也"，《道经》第51章"上善若水"。

"恒德不离"，"恒德"即《德经》第1章价值范式"道↘德↘仁↘义↘礼"之"德"，亦即"负阴而抱阳，冲气以为和"（第5章）之"泰道"，因为侯王四型、侯王四境"德↘仁↘义↘礼"，提取自"太一"历法图（伏羲太极图）的四时之卦"泰↘乾↘否↘坤"，所以圣君以"德"治国，即以"泰"治国。参看《周易·易

---

[1] 三大出土本（帛甲本、帛乙本、汉简本）本章末句均为"圣人用则为官长"，本书补"之"字。四大传世本均将下章首句"夫大制无割"，移为本章末句，河上本、王弼本作"故大制不割"，傅奕本作"大制无割"，想尔本作"是以大制无割"，本书不从。

下经 《道经》三十三章（45—77），对应斗柄三星

经·恒》："不恒其德，或承之羞。"

"复归于婴儿"，上扣《德经》第18章"含德之厚者，比于赤子"，《道经》第53章"抟气致柔，能婴儿乎"，《道经》第61章"我泊兮未兆，若婴儿之未孩"；对应泰卦上卦之阴气柔弱，乃言圣君遵循泰道，永葆婴儿的初始真德。

句义：圣君认知雄强之祸，持守雌弱之福，成为天下之溪沟。成为天下之溪沟，就能恒德不离，复归于婴儿初德。

"知其白，守其辱，为天下谷。为天下谷，恒德乃足，复归于朴"，"白"即泰卦☷下卦三阳，"辱"即泰卦☷上卦三阴，合言《德经》第5章"负阴而抱阳"之"泰道"。"知其白，守其辱"，句扣《德经》第4章"大白若辱"。"辱"即"䵝"。《玉篇》："䵝，垢黑也。""辱"字又扣《德经》第7章"知足不辱"之"辱"，第42章"受国之诟"之"诟"，《道经》第61章"唯之与诃"之"诃"。故"白"训百姓之亲誉，"辱"训百姓之诟辱。

"为天下谷"，上扣《德经》第4章"上德若谷"。"溪"、"谷"互文，无水为"谷"，有水为"溪"。

"恒德乃足，复归于朴"，上扣《德经》第20章"我欲不欲而民自朴"，《道经》第58章"沌兮其若朴"，《道经》第60章"见素抱朴"。

句义：圣君认知亲誉之祸，持守诟辱之福，成为天下之山谷。成为天下之山谷，就能恒德富足，复归于素朴真德。

"知其白，守其黑，为天下式。为天下式，恒德不贷，复归于无极"，"白"即泰卦☷下卦三阳，"黑"即泰卦☷上卦三阴，合言《德经》第5章"负阴而抱阳"之"泰道"。"白"，即《德经》第5章"益之而损"，第21章"光而不耀"之"光"。"黑"，即《德经》第5章"损之而益"，第21章"光而不耀"之"不耀"。

"为天下式"，上扣《德经》第29章"稽式"。"式"，即按照"太一"历法图（伏羲太极图）制作、同于明堂格局的式盘（式盘之图，见上卷第二章）。"天下式"，即治理天下之法式。上文"天下溪"、"天下谷"是起譬，此处"天下式"是本旨。

"恒德不贷"，"贷"训变，"不贷"即不变。

"复归于无极"，句法同于《道经》第57章"复归于无物"，"无极"义同"无物"。"无极"，上扣《道可道章》"恒道"，即"宣夜说"范畴的宇宙总体规律"无

极恒道"。

句义：圣君认知自益之祸，持守自损之福，成为天下之法式。成为天下之法式，就能恒德长在，复归于无极恒道。

69.2 朴散则为器，圣人用之则为官长。

第69章第2节，称颂圣君遵循"泰道"。

"朴散则为器"，"朴"，即第1节"恒德"，即第一境圣君遵循的"德"（泰道）。"器"，即后三境俗君奉行的"仁义礼"。"散"，后三境俗君把"恒德"离散为"仁义礼"，降格为"器"。

"圣人用之则为官长"，侯王采用"仁义礼"之器，就把自己从"侯王"降格为"官长"；正如侯王奉行"否术"治国，就把自己从"侯王"降格为"将军"。

"朴散则为器，圣人用之则为官长"，上扣《德经》第43章"小国寡民，使有什佰人之器而不用"，"什佰人之器"即"贤人"和"官长"。《老子》主张"不尚贤"，即圣君不用"什佰人之器"，不把宜于"官长"的"仁义礼"奉为治国之道。

句义：倘若素朴的恒德离散为仁义礼之器，圣君以器治国就会降格为官长。

70. 大制无割章

夫大制无割[1]，将欲取天下而为之，吾见其不得已。

天下神器也，非可为者也。为之者败之，执之者失之。

物或行或随，或嘘或吹，或强或挫，或培或堕[2]。是以圣人去甚，

---

[1] 帛甲本、帛乙本本章首句均作"夫大制无割"，"夫"为开章语气词，本书从之。汉简本本章首句作"大制无割"，脱"夫"。四大传世本（河上本、王弼本、傅奕本、想尔本）均将本章首句移为上章末句并改字，本书不从。

[2] 汉简本作"或强或挫（挫），或怀（培）或隋（堕）"，本书从之。河上本作"或强或羸，或载或隳"，王弼本作"或强或羸，或挫或隳"，本书不从。

下经 《道经》三十三章（45—77），对应斗柄三星　　　　　　　　　　　　　　　429

去大，去奢。[1]

《老子》初始本下经《道经》第 70 章《大制无割章》，《老子》传世本颠倒上下经后变为第 29 章。

《大制无割章》是"知雄守雌"四章（69—72）之次章，论证"以正治国"的"泰道"是夏商周的"大制"，阐明"泰道三去"。

70.1 夫大制无割，将欲取天下而为之，吾见其不得已。

第 70 章第 1 节第 1 层，义承上章，推尊"泰道"为治国"大制"。

"夫大制无割"，"大制"，即上章"知雄守雌"的"天下式"泰道。"无割"，上扣《德经》第 21 章"圣人方而不割"，即以"德"（泰道）治国的"大制"，不能割裂为以"仁义礼"（否术）治国的小制。

"将欲取天下而为之，吾见其不得已"，"之"，即"仁义礼"小制。"不得已"，参见第 72 章："故兵者非君子之器也，不祥之器也。不得已而用之。"

句义：泰道大制不可割裂，侯王欲取天下而作为，吾人见其迫不得已。

天下神器也，非可为者也。为之者败之，执之者失之。

第 70 章第 1 节第 2 层，标举泰道"大制"的精髓是"无为"。

"天下神器也，非可为者也"，"神器"，上扣《德经》第 4 章"大器免成"之"大器"。

---

[1] 帛甲本作"是以声（圣）人去甚，去大，去楮"，帛乙本作"是以圣人去甚，去大，去诸"，"楮"、"诸"均通"奢"，本书从之。汉简本、四大传世本（河上本、王弼本、傅奕本、想尔本）改为"是以圣人去甚，去奢，去泰"，把第三项"去奢"移前为第二项，又改"去大"为"去泰"，本书不从。○本章"去大"，上合第 26 章"是以圣人终不为大，故能成其大"，下合第 74 章"是以圣人之能成大也，以其不为大也，故能成大"。传世本改为"去泰"，不合第 75 章"执大象，天下往。往而不害，安平泰"。《老子》初始本第一宗旨是"扬泰抑否"，不可能主张"去泰"。

"为之者败之，执之者失之"，上扣《德经》第 28 章："为之者败之，执之者失之。是以圣人无为，故无败；无执，故无失。"重言前二句，省略"圣人无为"。

句义：天下是至大的神器，并非侯王可以有为之物。侯王有为必将败坏天下，坚执有为必将失去天下。

70.2 物或行或随，或嘘或吹，或强或挫，或培或堕。是以圣人去甚，去大，去奢。

第 70 章第 2 节，论证第 1 节"非可为者也"，标举"泰道三去"。

"物或行或随，或嘘或吹，或强或挫，或培或堕"，上扣《德经》第 20 章："是以圣人之言曰：我无为而民自为。"展开万物循德"自为"的种种自为，侯王不能悖道有为使之一律，只能"辅万物之自然，而不敢为"（第 28 章），抵达"百姓皆谓我自然"（第 60 章）的圣治之境。

"是以圣人去甚，去大，去奢"，标举"泰道三去"，上扣《德经》第 13 章"泰道三宝"。"泰道三宝"属于"取此"，"泰道三去"属于"去彼"。

"泰道三去"之一："去甚"。扣"泰道三宝"之"不敢为天下先"。"甚"即过度，圣君"去彼"违背"道德"的过度干预。

"泰道三去"之二："去大"。扣"泰道三宝"之"慈"。上扣《德经》第 26 章："是以圣人终不为大，故能成其大。"下启《道经》第 74 章："是以圣人之能成大也，以其不为大也，故能成大。"圣君"去彼"自大自得的有为妄作。

"泰道三去"之三："去奢"。扣"泰道三宝"之"俭"。"奢"，上扣《德经》第 28 章"难得之货"，第 39 章"以其上取食税之多也"，第 41 章"损不足而奉有余"，《道经》第 52 章"金玉盈室"。圣君"去彼"难得之货、金玉盈室、食税之多。

句义：万物或自行或跟随，或吸气或吹气，或强悍或软弱，或上升或下堕。因此圣君去除过度干预，去除自大妄为，去除奢靡无度。

[义理辨析 53]

《庄子·逍遥游》鲲鹏寓言:"九万里则风斯在下矣,而后乃今培风,背负青天而莫之夭阏者,而后乃今将图南。""培风",即演《老子》本章之"或培"。"夭阏",即演《老子》本章之"或堕"。

《庄子·齐物论》:"南郭子綦隐几而坐,仰天而嘘,嗒焉似丧其偶。"演绎《老子》本章"或嘘"。下文演绎《老子》本章"或吹":"夫大块噫气,其名为风。是唯无作,作则万窍怒号。尔独不闻之飂飂乎?山林之畏崔,大木百围之窍穴,似鼻,似口,似耳;似枅,似圈,似臼,似洼者,似污者。激者,謞者;叱者,吸者,叫者,嚎者,笑者,咬者。前者唱于,而随者唱喁;泠风则小和,飘风则大和。厉风济,则众窍为虚。尔独不见之调调、之刁刁乎?"结语"夫吹万不同,而使其自已也",点破《老子》本章"物或行或随,或嘘或吹,或强或挫,或培或堕"之义。

[重大篡改 21]

《老子》传世本篡改本章"去大"为"去泰",既违背《老子》第一宗旨"扬泰抑否",又违背《道经》第75章"执大象,天下往。往而不害,安平泰"。

《老子》传世本又篡改《道经》第75章"安平泰"为"安平大",既违背《德经》第26章"是以圣人终不为大,故能成其大",又违背《道经》第74章"是以圣人之能成大也,以其不为大也,故能成大"。

《老子》传世本篡改本章"去大"为"去泰",篡改彼章"安平泰"为"安平大",是刻意遮蔽《老子》初始本真义的系统篡改。

以上二章论证《德经》为何褒扬"泰道",以下二章论证《德经》为何贬斥"否术"。

71. 以道佐君章

以道佐人主者，不欲以兵强于天下，[1] 其事好还。

师之所处，荆棘生焉。大军之后，必有凶年。[2]

善者果而已，不以取强。[3] 果而毋骄，果而毋矜，果而毋伐，果而毋得已居，是谓果而不强。[4]

物壮则老，谓之不道，不道早已。

《老子》初始本下经《道经》第 71 章《以道佐君章》，《老子》传世本颠倒上下经后变为第 30 章。

《以道佐君章》是"知雄守雌"四章（69—72）之第三章，批评天下卿相向天下侯王进献"以奇用兵"的"否术"。

71.1 以道佐人主者，不欲以兵强于天下，其事好还。

第 71 章第 1 节第 1 层，批评进献"否术"的卿相。

"以道佐人主者"，上扣《德经》第 25 章："故立天子，置三公，虽有拱璧，

---

[1] 楚简本作"以道佐人主者，不欲以兵强于天下"，本书从之。帛甲本、帛乙本、汉简本均作"以道佐人主，不以兵强于天下"，脱"者"、"欲"二字。四大传世本（河上本、王弼本、傅奕本、想尔本）均作"以道佐人主者，不以兵强天下"，脱"欲"、"于"。本书不从。

[2] "大军之后，必有凶年"，帛甲本、帛乙本、汉简本、想尔本均无，河上本、王弼本、傅奕本均有，无损经义，今姑存之。

[3] 楚简本、汉简本均作"善者果而已，不以取强"，想尔本小异，本书从之。帛甲本、帛乙本均作"善者果而已矣，毋以取强焉"；傅奕本作"故善者果而已矣，不敢以取强焉"（河上本小异），增"敢"；王弼本作"善有果而已，不敢以取强"，"有"为"者"之讹。本书不从。

[4] 帛甲本作"果而毋骄，果而勿（毋）矜，果而 [毋伐]，果而毋得已（己）居，是谓 [果] 而不强"，仅坏三字，本书从之。楚简本作"果而弗伐，果而弗骄，果而弗矜，是谓果而不强，其事好长"，最为完整，可资参照。帛乙本略同，仅脱"果而不强"之"不"。汉简本作"故果而毋矜，果而毋骄，果而毋伐，果而毋不得已"，增"故"，脱"是谓果而不强"。河上本、王弼本均作"果而勿矜，果而勿伐，果而勿骄，果而不得已，果而勿强"，脱"是谓"。傅奕本、想尔本均作"果而勿矜，果而勿伐，果而勿骄，果而不得已，是果而勿强"，脱"谓"。本书均不从。

以先驷马，不如坐而进此。"此"道"不是天道之道体，而是人道之道术。

"不欲以兵强于天下"，"不欲"，上扣《德经》第20章"我欲不欲而民自朴"，第28章"圣人欲不欲"。"以兵"，上扣《德经》第20章"以奇用兵"。

"其事好还"，后世常言"天道好还"之出处。上扣《德经》第33章："祸莫大于无敌，无敌近亡吾宝矣。"第37章："天网恢恢，疏而不失。"

句义：以泰道辅佐人主的卿相，不欲用兵戈强行征服天下，因为天道不断循环。

师之所处，荆棘生焉。大军之后，必有凶年。

第70章第1节第2层，展开第1层"其事好还"。

"师之所处，荆棘生焉。"义近《周易·易经·师》："师出以律，否臧凶。"

"大军之后，必有凶年。"义近《周易·易经·同人》："伏戎于莽，升其高陵，三岁不兴。""凶年"，五谷歉收之年。

上古伏羲时代至中古夏商周的华夏天道信仰认为：天下之气有其恒定的总量，此气盛则彼气衰，彼气盛则此气衰。否术"杀"物之秋气，抑制泰道"生"物之春气，所以春天不能诛杀罪犯，不能征伐别国，必须秋后问斩，秋后开战，秋后算账，否则"杀"物之秋气抑制"生"物之春气，就会影响五谷丰收。老子正是基于上古至中古的华夏天道信仰，褒扬圣君遵循春气"生"物的"泰道"，贬斥俗君奉行秋气"杀"物的"否术"。

句义：师旅驻扎之处，必将荆棘丛生。邦国大战之后，必将面临凶年。

71.2 善者果而已，不以取强。果而毋骄，果而毋矜，果而毋伐，果而毋得已居，是谓果而不强。

物壮则老，谓之不道，不道早已。

第70章第2节，阐明圣君"不得已"而"以奇用兵"。

"善者果而已"，蒋锡昌曰："《左氏·宣二年传》：'杀敌为果。'"[1]"而已"，而

---

[1] 蒋锡昌《老子校诂》，201页，上海书店1992。

止，扣上章"吾见其不得已"。"不以取强"，上扣《德经》第18章"心使气曰强"。

"果而毋骄，果而毋矜，果而毋伐，果而毋得己居，是谓果而不强"，上扣《道经》第63章："不自见故明，不自是故彰，不自伐故有功，不自矜故能长。"第65章："自见者不明，自是者不彰，自伐者无功，自矜者不长。""毋得己居"，参看《庄子·天下》论关尹、老聃"在己无居"。

句义：圣君善于保住胜果而知止，不会乘胜逞强。有胜果不骄溢，有胜果不矜夸，有胜果不自满，有胜果不居为己功，这叫有胜果不逞强。

"物壮则老，谓之不道，不道早已"，三句已见《德经》第18章。两章之三句，上接之文不同，义理全都可通，证明并非错简重出，而是《道经》论证《德经》的勾连标志。

《德经》第18章："和曰常，知和曰明。益生曰祥，心使气曰强。"下接"物壮则老，谓之不道，不道早已"三句。"心使气曰强"之"强"即逞强，被否定。

《道经》第71章："善者果而已，不以取强。果而毋骄，果而毋矜，果而毋伐，果而毋得己居，是谓果而不强。"下接"物壮则老，谓之不道，不道早已"三句。"果而不强"之"不强"即不逞强，被肯定。

句义：万物强壮即趋衰老，这叫不合泰道，不合泰道必定早死。

72. 兵者不祥章

夫兵者不祥之器也[1]**，物或恶之，故有欲者弗居。**[2]

君子居则贵左，用兵则贵右。故兵者非君子之器也，不祥之器

---

[1] 帛甲本、帛乙本均作"夫兵者不祥之器也"，本书从之。汉简本作"夫雔美者，不祥之器也"，"雔"为"唯"讹，"美"为"兵"讹。三大传世本（河上本、王弼本、想尔本）均作"夫佳兵者，不祥之器"，"佳"为汉简本"雔"之讹。傅奕本作"夫美兵者，不祥之器"，"美"源于汉简本。○《老子》全书贬斥"以奇用兵"之"否术"，不可能称"佳兵"或"美兵"。

[2] 两大出土本（帛甲本、汉简本）均作"物或恶之，故有欲者弗居"，已见第65章，本书从之。四大传世本（河上本、王弼本、傅奕本、想尔注本）改为"物或恶之，故有道者不处"，与第65章所改全同，本书不从。○传世本把第65章、第72章的"有欲者"系统篡改为"有道者"，乃是误以为《老子》反对"有欲"，不知"有欲者"是指"圣人欲不欲"的圣君。

下经 《道经》三十三章（45—77），对应斗柄三星 435

也。[1]不得已而用之，恬淡为上，勿美也。若美之，是乐杀人也。夫乐杀人，不可以得志于天下矣。

是以[2]吉事尚左，丧事[3]尚右。偏将军居左，上将军居右，言以丧礼居之也[4]。故杀人众，则以悲哀莅之。[5]战胜，则以丧礼居之。

《老子》初始本下经《道经》第72章《兵者不祥章》，《老子》传世本颠倒上下经后变为第31章。

《兵者不祥章》是"知雄守雌"四章（69—72）之末章，论证《老子》第一宗旨"扬泰抑否"植根于夏商周泰否左右制度，夏商周泰否左右制度植根于夏商周"太一"历法图，夏商周政治制度的核心理念是"礼必本于太一"，"泰道"是"天下莫不知"的正道，"否术"是"天下莫不知"的奇术。

72.1 夫兵者不祥之器也，物或恶之，故有欲者弗居。

第72章第1节第1层，论证"以奇用兵"的"否术"是"不祥之器"。

"夫兵者不祥之器也"，"夫兵者"，上扣《德经》第20章"以奇用兵"。"不祥"，上扣《德经》第20章"天下多忌讳而民弥叛"，第36章"民不畏威，则

---

[1] 帛甲本、帛乙本均作"故兵者非君子之器也，兵者不祥之器也"，后"兵者"衍文。汉简本作"兵者非君子之器也，不祥之器也"，无后"兵者"，本书从之。四大传世本（河上本、王弼本、傅奕本、想尔本）均作"兵者，不祥之器，非君子之器"，本书不从。

[2] 三大出土本（帛甲本、帛乙本、汉简本）均有"是以"，本书从之。河上本、王弼本均脱"是以"，傅奕本、想尔本均作"故"，本书不从。

[3] 三大出土本（楚简本、帛甲本、汉简本）均作"丧事"，本书从之。四大传世本（河上本、王弼本、傅奕本、想尔本）改为"凶事"，本书不从。

[4] 四大出土本（楚简本、帛甲本、帛乙本、汉简本）均作"言以丧礼居之也"，本书从之。三大传世本（河上本、王弼本、想尔本）均作"言以丧礼处之"，傅奕本作"言居上势，则以丧礼处之"，本书不从。

[5] 楚简本作"故杀……，则以哀悲位（莅）之"（坏二字），"莅"字扣第23章"以道莅天下"，本书从之。三大出土本（帛甲本、帛乙本、汉简本）均脱"故"，四大传世本（河上本、王弼本、傅奕本、想尔本）均脱"故"，"莅"作"泣"，本书不从。○有"故"字，则《老子》"扬泰抑否"非其独创新见，而是植根于夏商周泰否左右制度。无"故"字，则《老子》"扬泰抑否"为其独创新见，不再植根于夏商周泰否左右制度。

大威将至矣",第38章"若民恒且不畏死,奈何以杀惧之也"。

"物或恶之,故有欲者弗居",二句十字已见《道经》第65章。"物或恶之",上扣《道经》第60章"侯王四境"之后三境俗君:"其次,亲而誉之。其次,畏之。其下,侮之。""有欲者",上扣《德经》第20章"我(圣君)欲不欲",第28章"圣人欲不欲",《道经》第70章"将欲取天下而为之",第71章"不欲以兵强于天下"。

此言兵戈是"以奇用兵"的"不祥之器",奉行秋气"杀"物的"否术"加威于民,必将导致民众"恶之","民弥叛","民不畏威","民不畏死",天道"大威将至矣",所以欲取天下的圣君不取。

句义:兵戈是不祥之器,百姓容易厌恶,所以欲取天下的圣君不取。

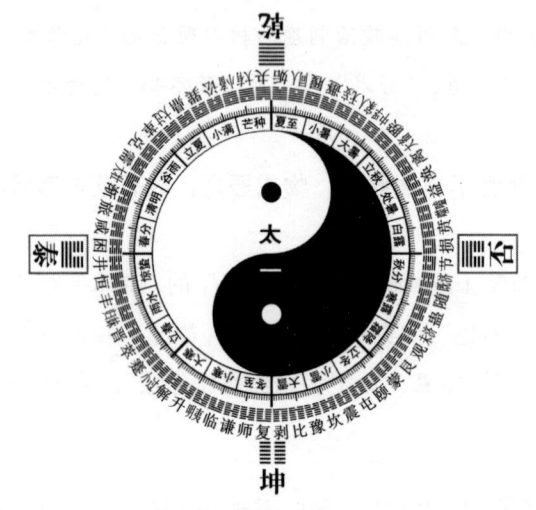

▲夏商周"太一"历法图(黄帝族方位:上南下北,左东右西)

君子居则贵左,用兵则贵右。

第72章第1节第2层,援引夏商周泰否左右制度,论证《德经》为何"扬泰抑否"。

"君子居则贵左",上扣《德经》第20章"以正治国"。严遵曰:"君子者,有土之君也。贵左者,尚生长也。"[1]"左",对应夏商周"太一"历法图(伏羲

---

[1] 强思齐《道德真经玄德纂疏》引,熊铁基主编《老子集成》第2卷,396页,宗教文化出版社2011。

太极图）左面的泰卦（图见上卷第二章），即春气"生"物的"泰道"。

"用兵则贵右"，上扣《德经》第20章"以奇用兵"。"右"，对应夏商周"太一"历法图（伏羲太极图）右面的否卦（图见上卷第二章），即秋气"杀"物的"否术"。

句义：先王定制，承平之时效法太一历法图左面的泰卦，用兵之时效法太一历法图右面的否卦。

故兵者非君子之器也，不祥之器也。不得已而用之，恬淡为上，勿美也。若美之，是乐杀人也。夫乐杀人，不可以得志于天下矣。

第72章第1节第3层，教诲天下侯王不能"乐杀人"。

"故兵者非君子之器也，不祥之器也"，重言第1层。

"不得已而用之"，上扣《道经》第70章："将欲取天下而为之，吾见其不得已。"

"恬淡为上"，上扣《道经》第71章："善者果而已，不以取强。"

"勿美也"，上扣《道经》第46章："天下皆知美之为美，斯恶矣。"

"若美之，是乐杀人也。夫乐杀人，不可以得志于天下矣"，上扣《德经》第21章："其无正也，正复为奇，善复为妖。人之迷也，其日固久矣。"

句义：所以兵戈不是治国之器，而是不祥之器。侯王迫不得已用兵，恬淡克制为上，勿以兵戈为美。若以兵戈为美，就是乐于杀人。乐于杀人，不能得志于天下。

[义理辨析54]

东周史官老子通晓夏商周政治制度的核心理念是"礼必本于太一"，深知夏商周泰否左右制度是效法夏商周"太一"历法图（伏羲太极图）左面的泰卦和右面的否卦，所以《老子》全书共有七章言"兵"，均指"以奇用兵"的"否术"。

《德经》第13章："出生入死。生之徒，十有三。死之徒，十有三。民之生生而动，动皆之死地，亦十有三。夫何故也？以其生生之厚也。盖闻善摄生者，陆行不避兕虎，入军不被甲兵。兕无所投其角，虎无所措其爪，兵无所容其刃。夫何故也？以其无死地焉。"

《德经》第 20 章："以正治国，以奇用兵，以无事取天下。"

《德经》第 33 章："用兵有言曰：'吾不敢为主而为客，不敢进寸而退尺。'是谓行无行，攘无臂，执无兵，扔无敌。祸莫大于无敌，无敌近亡吾宝矣。故抗兵相若，则哀者胜矣。"

《德经》第 40 章："是以兵强则不胜，木强则折。故强大居下，柔弱居上。"

《德经》第 43 章："小国寡民，使有什佰人之器而不用，使民重死而远徙。虽有舟车，无所乘之；虽有甲兵，无所陈之。"

《道经》第 71 章："以道佐人主者，不欲以兵强于天下，其事好还。"

《道经》第 72 章："夫兵者不祥之器也，物或恶之，故有欲者弗居。君子居则贵左，用兵则贵右。故兵者非君子之器也，不祥之器也。不得已而用之，恬淡为上，勿美也。"

《老子》全书"扬泰抑否"，正是植根于夏商周泰否左右制度。

72.2 是以吉事尚左，丧事尚右。偏将军居左，上将军居右，言以丧礼居之也。故杀人众，则以悲哀莅之。战胜，则以丧礼居之。

第 72 章第 2 节，继续援引夏商周泰否左右制度，论证《德经》为何"扬泰抑否"。

"是以吉事尚左，丧事尚右"，援引夏商周吉事之礼对应夏商周"太一"历法图左面的泰卦，丧事之礼对应夏商周"太一"历法图右面的否卦，论证"扬泰抑否"并非老子别出心裁的新见，而是"礼必本于太一"的夏商周政治传统，亦即《德经》第 5 章所言"人之所教，亦我而教人"。

句义：因此先王定制，吉事之礼效法太一历法图左面的泰卦，丧事之礼效法太一历法图右面的否卦。

"偏将军居左，上将军居右，言以丧礼居之也"，补证"丧事尚右"。地位低的偏将军居左，地位高的上将军居右，乃是采用"丧礼"之制。侯王假如平居奉行"以奇用兵"的否术，等于天天举行"丧礼"，必将大为"不祥"，在位不能长久，国祚不能长久。

句义：偏将军居于兵车左面，上将军居于兵车右面，这是采用丧礼处置兵事。

"故杀人众，则以悲哀莅之。战胜，则以丧礼居之"，申论夏商周政治制度规定：战胜不能庆祝。

句义：所以杀人众多，则以悲哀临之。战胜敌国，则以丧礼处置。

[义理辨析 55]

老子认为周代"以礼治国"导致了"忠信之薄"（《德经》第 1 章）和"天下无道"（《德经》第 9 章），所以"见周之衰，乃遂去"（《史记·老子列传》），撰著《老子》初始本痛斥周代"以礼治国"。

《老子》初始本否定周代"以礼治国"的铁证，首先见于上经《德经》。《德经》第 1 章的价值范式"道↘德↘仁↘义↘礼"，把"礼"列于价值范式之末。《德经》第 1 章的末句"去彼取此"范式，取此"道、德"，去彼"仁、义、礼"。《德经》第 1 章"夫礼者，忠信之薄，而乱之首也"开宗明义否定了"周礼"，所以《德经》第 2 章至第 44 章仅言"道、德"，再未言及"仁、义、礼"。

《老子》初始本否定周代"以礼治国"的铁证，其次见于下经《道经》。

下经《道经》论证上经《德经》，为其提供天道依据，完全按照上经《德经》第 1 章的价值范式"道↘德↘仁↘义↘礼"和"去彼取此"范式，安排《道经》八大部分的逻辑结构和义理层次。《道经》分言"仁义礼"，共计三次。

《道经》第 49 章"天地不仁"、"圣人不仁"，以"仁"涵盖"仁义礼"。

《道经》第 60 章"故大道废焉，有仁义"，以"仁义"涵盖"仁义礼"。

《道经》第 72 章"战胜，则以丧礼居之"，以"丧礼"涵盖"仁义礼"。

充分证明《老子》初始本具有严密的逻辑结构和缜密的义理层次。

但是《老子》初始本为了因应周代"以礼治国"的"政治正确"，采用了巧妙的叙事策略：在第 1 章把"礼"列于价值范式之末，痛斥"夫礼者，忠信之薄，而乱之首也"之后，第 2 章至第 71 章整整 70 章再未言"礼"，直到《道经》第七部分末章亦即第72章再次言"礼"，作为全书自始至终否定"周礼"的点题。

西汉中期汉武帝"独尊儒术"而推崇"周礼"，所以西汉晚期的国家图书馆馆长刘向颠倒了《老子》初始本的上下经，使《老子》初始本第1章之否定"周礼"隐入《老子》传世本的书腰，彻底遮蔽了《老子》初始本对周代"以礼治国"的否定。

《老子》传世本的汉后注家对此心领神会，极其默契地遵循汉后两千年"独尊儒术"而推崇"周礼"的"政治正确"，共同遮蔽了《老子》初始本对周代"以礼治国"的否定。《老子》传世本遂成反《老子》的伪《老子》，《老子》传世本的历代注释遂成反老学的伪老学。

知雄守雌四章的义理层次

下经《道经》第七部分"知雄守雌"四章（69—72），按照提炼自"太一"历法图（伏羲太极图）正东的春分泰卦、正西的秋分否卦，论证夏商周政治制度"礼必本于太一"而"扬泰抑否"；论证"泰道"是"天下莫不知"的正道，"否术"是"天下莫不知"的奇术。

前二章论证夏商周政治制度"扬泰"，后二章论证夏商周政治制度"抑否"。

义理层次如下——

第69章《知雄守雌章》，论证"知雄守雌"的"泰道"是夏商周的"天下式"，阐明"侯王得一以为天下正"必须"复归于无极"。

第70章《大制无割章》，论证"以正治国"的"泰道"是夏商周的"大制"，阐明"泰道三去"。

第71章《以道佐君章》，批评天下卿相向天下侯王进献"以奇用兵"的"否术"。

第72章《兵者不祥章》，论证《老子》第一宗旨"扬泰抑否"植根于夏商周泰否左右制度，夏商周泰否左右制度植根于夏商周"太一"历法图，夏商周政治制度的核心理念是"礼必本于太一"，"泰道"是"天下莫不知"的正道，"否

下经 《道经》三十三章（45—77），对应斗柄三星

术"是"天下莫不知"的奇术。

《老子》初始本之《道经》证《德经》，下经证上经，天道证人道，至此证毕。以下进入《道经》第八部分，亦即《老子》初始本的最后部分：《道经》结论五章。

八、《道经》结论五章（73—77）：圣君无为，万物自为

下经《道经》第八部分《道经》结论五章（73—77），书尾总结《老子》第一宗旨"扬泰抑否"和《老子》第一政纲"无为无不为"。

73. 道恒无名章

道恒无名[1]，朴虽小，天地[2]不敢臣。侯王[3]若能守之，万物将自宾。
天地相合，以降甘露，民莫之命[4]而自均。
始制有名，名亦既有，夫亦将知止，知止所以不殆。
譬道之在天下也，犹小谷之与江海[5]（以上王弼本第32章）。

---

[1] 四大出土本（楚简本、帛甲本、帛乙本、汉简本）均作"道恒无名"，本书从之。四大传世本（河上本、王弼本、傅奕本、想尔本）均避汉文帝刘恒讳，改为"道常无名"，本书不从。

[2] 楚简本作"天地"，本书从之。两大出土本（帛乙本、汉简本）、四大传世本（河上本、王弼本、傅奕本、想尔本）均改为"天下"，本书不从。○"朴"为道施，即万物始基，本章"道（大）-朴（小）-天（大）-地（大）-人（大）"，承上第66章"道大，天大，地大，人亦大"，原文"天地"序列、经义皆明，改为"天下"则序列、经义皆不明。

[3] 三大出土本（楚简本、帛乙本、汉简本）、河上本、王弼本均作"侯王"，本书从之。傅奕本、想尔本均作"王侯"，本书不从。○《老子》仅称"侯王"，不称"王侯"。另有一处称"王公"。

[4] 楚简本作"民莫之命"，本书从之。三大出土本（帛甲本、帛乙本、汉简本）、四大传世本（河上本、王弼本、傅奕本、想尔本）均作"民莫之令"，本书不从。○"命"指天命，"令"指王令，不可混淆。

[5] 楚简本作"犹少谷之与江海"，"少"为"小"之讹。帛乙本作"犹小谷之与江海也"，汉简本作"犹小谷之与江海"，本书从之。四大传世本（河上本、王弼本、傅奕本、想尔本）均作"犹川谷之与江海"，"川"为"小"之讹，本书不从。

故[1]知人者知也，自知者明也；胜人者有力也，自胜者强也；知足者富也，强行者有志也；不失其所者久也，死而不亡者寿也。[2]（以上王弼本第33章）

《老子》初始本下经《道经》第73章《道恒无名章》，《老子》传世本颠倒上下经后，为凑八十一章之数而分为二章，成为第32章、第33章，导致经文断裂，经义不明。

《道恒无名章》是《道经》结论五章（73—77）之首章，书尾总结提炼自"太一"历法图（伏羲太极图）的价值范式"道↘德↘仁↘义↘礼"，取此"道↘德"，去彼"仁↘义↘礼"。

73.1 道恒无名，朴虽小，天地不敢臣。侯王若能守之，万物将自宾。

第73章第1节第1层，《道经》结论之始，概括《德经》第1章的"道↘德↘仁↘义↘礼"价值范式和"去彼取此"范式：取此"道↘德"，去彼"仁↘义↘礼"。

"道恒无名"，上扣《德经》第4章："天象无形，道隐无名。"《道经》第45章："道，可道也，非恒道也；名，可名也，非恒名也。"结论第一句尊"道"。

"朴虽小，天地不敢臣"，上扣《德经》第20章"我欲不欲而民自朴"，《道经》第58章"沌兮其若朴"，第60章"见素抱朴"，第69章"恒德乃足，复归于朴"。"朴"即道所分施于每物的真德，《老子》称为"恒德"，《庄子》称为"故德"。结论第二句贵"德"。

"侯王若能守之，万物将自宾"，上扣《德经》第2章"侯王得一以为天下正"，

---

[1] 汉简本"知人者知也"前有"故"。四大传世本（河上本、王弼本、傅奕本、想尔本）为凑八十一章之数，删去"故"字，"知人者"下另起一章。
[2] 帛乙本、傅奕本"知人者"至"死而不亡者"八句句尾均有"也"字，本书从之。帛甲本有坏字。汉简本、三大传世本（河上本、王弼本、想尔本）均删"也"字，本书不从。

《道经》第 53 章 "载营魄抱一，能毋离乎"，第 63 章 "圣人执一以为天下牧"。结论第三句教诲侯王尊 "道" 贵 "德"，摒弃 "仁义礼"。

句义：天道永恒无名，天道所施朴德虽然微小，但是天地不敢以朴德为臣。侯王若能尊道贵德，万物将会自居宾位。

天地相合，以降甘露，民莫之命而自均。

第 73 章第 1 节第 2 层，书尾总结《老子》第一宗旨 "泰道"。

"天地相合，以降甘露"，上扣《德经》第 5 章 "负阴而抱阳，冲气以为和" 之泰道。天与地不可能相合，此言泰卦☷☰上卦三阴之阴气下行，下卦三阳之阳气上行，阴阳冲气合成雨露。

"民莫之命而自均"，"莫之命"，天道曰 "命"，人道曰 "令"；上扣《德经》第 6 章 "不言之教，无为之益"，《道经》第 46 章 "圣人居无为之事，行不言之教"，第 60 章 "太上，不知有之"，第 64 章 "希言自然"。"自均"，上扣《德经》第 20 章 "我（圣君）无为而民自为"，第 41 章 "天之道，损有余而益不足"；民众循德自为而天下均平。

句义：天地遵循泰道冲气合和，以此降下雨露，民众无须命令就会循德自为而天下均平。

始制有名，名亦既有，夫亦将知止，知止所以不殆。

第 73 章第 1 节第 3 层，承上 "天地相合，以降甘露" 之泰道。

"始制有名，名亦既有"，第 1 层已言 "道恒无名"，此言第 2 层 "天地相合，以降甘露" 之泰卦卦名。《道经》第 62 章 "自今及古，其名不去"，亦言伏羲卦名。

"夫亦将知止，知止所以不殆"，上扣《德经》第 2 章 "侯王毋已，贵高将恐蹶"，第 7 章 "知止不殆，可以长久"。

句义：伏羲始制泰卦之名，泰卦之名既有之后，侯王宜于遵循泰道而知止，知止即无危殆。

73.2 譬道之在天下也，犹小谷之与江海。

故知人者知也，自知者明也；胜人者有力也，自胜者强也；知足者富也，强行者有志也；不失其所者久也，死而不亡者寿也。

第 73 章第 2 节，分为两层。

第 1 层，承上"朴"（德）之"小"，进言"道"之"大"。

"譬道之在天下也，犹小谷之与江海"，蒋锡昌曰："此句倒文，正文当作：'道之在天下也，譬犹江海之与川谷。'盖正文以江海譬道，以川谷譬天下万物。"[1]《老子》初始本作"小谷"，《老子》传世本作"川谷"，"川"为"小"之讹字。"小谷"，上扣《德经》第 4 章"上德若谷"，《道经》第 58 章"旷兮其若谷"，譬解圣君不敢自居得道而自知无知，不敢自居江海而虚怀若谷。

句义：天道大于天下，犹如江海大于小谷。

第 2 层，"故"字总领八句。两句一组，分为四组。

第一组两句："故知人者知也，自知者明也。"

"知人者"，上扣《德经》第 12 章"圣人恒无心，以百姓之心为心"，第 17 章"以身观身，以家观家，以乡观乡，以国观国，以天下观天下"。"自知者"，上扣《德经》第 35 章"知不知，上矣"，《道经》第 61 章"我愚人之心也哉"、"我独昏昏"、"我独闷闷"、"我独顽以鄙"。"知也"，"明也"，上扣《德经》第 10 章"不出于户，以知天下；不窥于牖，以知天道。……是以圣人不行而知，不见而明"。

句义：所以侯王凭借认知人心而认知天下，凭借自知无知而明白天道。

第二组两句："胜人者有力也，自胜者强也。"

"胜人者有力也"，上扣《德经》第 31 章"泰道三宝"之慈："夫慈，以战则

---

[1] 蒋锡昌《老子校诂》，220 页，上海书店 1992。

胜，以守则固。天将建之，以慈卫之。"第33章："抗兵相若，则哀者胜矣。""自胜者强也"，上扣《德经》第15章"守柔曰强"，第24章"牝恒以静胜牡"。

句义：侯王凭借战胜敌人而有力，凭借战胜自我而强大。

第三组两句："知足者富也，强行者有志也。"

"知足者"，上扣《德经》第7章"知足不辱"，第9章"故知足之足，恒足矣"，《道经》第60章"少私寡欲"。"富也"，上扣《德经》第20章"我无事而民自富"。"强行者"，上扣《德经》第4章"上士闻道，勤而行之"。"有志也"，上扣《道经》第72章"得志于天下"。

句义：侯王凭借知足寡欲而使民富裕，凭借强力行道而得志于天下。

第四组两句："不失其所者久也，死而不亡者寿也。"

"不失其所者久也"，上扣《德经》第7章"知止不殆，可以长久"，第22章"有国之母，可以长久，是谓深根固柢、长生久视之道也"，乃言侯王"有国"而在位长久。

"死而不亡者寿也"，上扣《德经》第17章"子孙以其祭祀不绝"，乃言邦国"不亡"而国祚长久。

在位长久、国祚长久是书尾教诲侯王遵循"泰道"的两大理由。道教养生家释"死而不亡"为"死后成仙"，不合《老子》真义。

句义：侯王凭借不失其位而在位长久，凭借身死国存而国祚长久。

[义理辨析56]

《老子》反复申言"自知无知"之"明"。如《德经》第10章："圣人不行而知，不见而明。"第15章："见小曰明，守柔曰强。用其光，复归其明。"《德经》第18章："和曰常，知和曰明。"《道经》第76章："是谓微明：柔弱胜刚强。"所以老子认为"明道"高于"知物"："明白四达，能毋以知乎？"(《道经》第53章）所以老子反对以知治国："以知治国，国之贼也；不以知治国，国之德也。"(《德经》第29章）

第一境圣君之所以被称为"圣人"、"明君"、"圣明",即在于具有"自知无知"之"明"。后三境俗君之所以不圣不明,即在于缺乏"自知无知"之"明"。"自知之明"并非自知其知,而是自知无知,亦即彻悟人类不可能尽知"宣夜说"范畴的宇宙总体规律"无极恒道",只可能略知"浑天说"范畴的太阳系规律"太一常道"。此即《德经》第35章所言:"知不知,上矣。不知不知,病矣。是以圣人之不病,以其病病也,是以不病。"

老子名言"知不知,上矣",与苏格拉底名言"我只知道自己一无所知"境界相同,所以老子是轴心时代的中国哲学突破第一人,苏格拉底是轴心时代的希腊哲学突破第一人,而老子(前570—前470)比苏格拉底(前469—前399)早一百年。

74. 天道左右章

道泛兮[1],其可左右。成功遂事,而弗名有也。[2]
爱利万物而不为主,可名于小。

---

[1] 三大出土本(帛甲本、帛乙本、汉简本)"道"前均无"大"字,本书从之。四大传世本(河上本、王弼本、傅奕本、想尔本)"道"前均增"大"字,违背下文谓"道"既"可名于小",又"可名于大",本书不从。高明曰:"今本所谓'大道泛兮'之'大'字,乃后人妄增。"(高明《帛书老子校注》,406页,中华书局1996)○《老子》初始本三见"大道",《德经》第16章二见:"使我挈然有知,行于大道,唯迤是畏。大道甚夷,人甚好径。"《道经》第60章一见:"故大道废焉,有仁义。"三处"大道"均指"人道"之道术,不指"天道"之道体。"人道"之道术才有小径,可存可废;"天道"之道体"独立而不改"(第66章),既无小径,也不可废,故本章"道"前不可增"大"。

[2] 帛甲本、帛乙本各坏二字,本书综合为"成功遂事,而弗名有也"。汉简本作"万物作而生弗辞,成功而弗名有",前句为新增衍文,后句为帛书本二句之压缩。四大传世本均从汉简本而小异,河上本、王弼本均作"万物恃之而生而不辞,功成不名有",傅奕本作"万物恃之以生而不辞,功成而不居",想尔本作"万物恃以生而不辞,成功不名有",本书不从。

下经 《道经》三十三章（45—77），对应斗柄三星　　　　　　　　　　　　　447

> 万物归焉而不知主，可名于大。[1]
> 是以圣人之能成大也，以其不为大也，故能成大。[2]

《老子》初始本下经《道经》第74章《天道左右章》，《老子》传世本颠倒上下经后变为第34章。

《天道左右章》是《道经》结论五章（73—77）之次章，书尾总结"天道"可以"左生右杀"，"人道"只能"扬泰抑否"。

74.1 道泛兮，其可左右。成功遂事，而弗名有也。

第74章第1节第1层，书尾总结天道遍在永在。

"道泛兮，其可左右"，"道泛兮"，天道遍在永在。"其可左右"，对应"太一"历法图（伏羲太极图）左面主"生"的泰卦、右面主"杀"的否卦；上扣《道经》第72章："君子居则贵左，用兵则贵右。……吉事尚左，丧事尚右。偏将军居左，上将军居右。"

句义：天道遍在永在，可以左生右杀。

---

[1] 帛乙本作"万物归焉而弗为主，则恒无欲也，可名于小；万物归焉而弗为主，可名于大"，帛甲本大同，仅坏二字。其误有二。其一，帛书本"则恒无欲也"，河上本、王弼本、傅奕本改为"常无欲"，然而想尔本、顾欢本、敦煌丁本、遂州本等均无"常无欲"，证明其为羼入经文之注文。羼入经文之注文，源于《道经》首章《道可道章》之错误断句："故恒无欲，以观其妙。"正确断句为："故恒无，欲以观其妙。"其二，帛书本重复"万物归焉而弗为主"，前句下接"可名于小"，后句下接"可名于大"，义不可通。前句，汉简本作"爱利万物而弗为主"，河上本作"爱养万物而不为主"，王弼本作"衣养万物而不为主"，傅奕本、想尔本均作"衣被万物而不为主"（想尔本无"而"），证明帛书本前句有误，本书据汉简本、传世本，综合为"爱利万物而不为主"。后句，汉简本亦作"万物归焉而弗为主"，河上本、王弼本均作"万物归焉而不为主"，想尔本作"万物归之而不为主"，证明帛书本后句大体无误。傅奕本作"万物归焉而不知主"，当属秦汉之际项羽妄冢本经文，本书从之。

[2] 三大出土本（帛甲本、帛乙本、汉简本）均作"是以圣人之能成大也，以其不为大也，故能成大"，为三句，主语为"圣人"，本书从之。傅奕本作"是以圣人能成其大也，以其终不自大，故能成其大"，亦为三句，主语仍为"圣人"。河上本、想尔本均作"是以圣人终不为大，故能成其大"，把前两句压缩为一句，保留主语"圣人"。王弼本删去首句"是以圣人之能成大也"，改为"以其终不自为大，故能成其大"，导致主语"圣人"变成承上省略的"道"，不合经义。本书不从。

"成功遂事，而弗名有也"，"成功遂事"，承上"其可左右"，即天道成就"泰"生万物、"否"杀万物之伟业。"弗名有"，即天道生杀万物却不宣称占有万物，听任万物循德自为。

句义：天道成就生杀万物之伟业，却不宣称占有万物。

爱利万物而不为主，可名于小。
万物归焉而不知主，可名于大。

第 74 章第 1 节第 2 层，书尾总结天道既"生"又"杀"，因"小"成"大"。

"爱利万物而不为主，可名于小"，"爱利万物"，即"泰"生万物。"不为主"，上扣《德经》第 25 章"道者万物之主"。"小"字上扣《道经》第 73 章："朴虽小，天地不敢臣。"乃言天道以"朴"爱利万物使之生，"朴"之小即"道"之小。

"万物归焉而不知主，可名于大"，"万物归焉"，即"否"杀万物。"不知主"，上扣《道经》第 60 章"太上，不知有之"。"大"字上扣《道经》第 66 章："字之曰道，强为之名曰大。大曰逝，逝曰远，远曰反。"乃言天道以"归"司杀万物使之死，"归"之大即"道"之大。

《庄子·知北游》："六合为巨，未离其内；秋毫为小，待之成体。"即言天道"可名于大"，"可名于小"。

句义：天道爱利万物却不做万物之主，可以命名天道为小。万物归于天道却不知万物之主，可以命名天道为大。

74.2 是以圣人之能成大也，以其不为大也，故能成大。

第 74 章第 2 节，书尾总结圣君效法天道因"小"成"大"。

"是以圣人之能成大也，以其不为大也，故能成大"，上扣《德经》第 26 章"是以圣人终不为大，故能成其大"，《道经》第 70 章"圣人……去大"。

句义：因此圣君能成其大，是因为效法天道而不自大，所以能成其大。

75. 人道大象章

执大象，天下往。往而不害，安平泰[1]。
药与饵，过客止。故道之出言，淡乎其无味也？视之不足见，听之不足闻，用之不可既也。

《老子》初始本下经《道经》第 75 章《人道大象章》，《老子》传世本颠倒上下经后变为第 35 章。

《人道大象章》是《道经》结论五章（73—77）之第三章，书尾总结泰卦之象为"大象"，泰卦之义为"安平泰"。

75.1 执大象，天下往。往而不害，安平泰。

第 75 章第 1 节，书尾总结泰卦之象为"大象"，泰卦之义为"安平泰"。

"执大象"，"大"通"太"，"太"通"泰"，故称泰卦之"象"为"大象"。《老子》三见"大道"（第 16 章二见、第 60 章一见），均指泰道。泰卦之道是侯王"以正治国"之"大道"，泰卦之象是侯王"以正治国"之"大象"。"大象"反扣《德经》第 4 章"天象无形"，记录圭表测影的伏羲卦象，使天象从无形变成有形。

"天下往"，义承上章"万物归焉"，"往"、"归"义同，合词"归往"。"往"，又扣《德经》第 42 章"天下之王"、《道经》第 67 章"万乘之王"。苏轼曰："天下归往谓之王。"(《上神宗皇帝书》）天道作为"万物之主"而"不为主"，结果是"万物归"。圣君效法天道，作为"社稷之主"而"不为主"，结果是"天下往"。

"往而不害"，上扣《德经》第 12 章"善者善之，不善者亦善之"、第 13 章"无死地"、第 25 章"人之不善，何弃之有"、第 31 章"泰道三宝"之"慈"，《道经》

---

[1] 傅奕本作"安平泰"，当属秦汉之际项羽妾冢本经文，本书从之。唐玄宗御注本、范应元本、易玄本、邢玄本、庆阳本、磻溪本、楼正本、孟颖本、遂州本、顾欢本、徽本、邵本、司马本、苏辙本、吴澄本、彭本、志本、焦循本、林希逸本、《永乐大典》本等均作"安平泰"，同于傅奕本。四大出土本（楚简本、帛甲本、帛乙本、汉简本）、想尔本均作"安平大"，王弼本作"安平太"。改"泰"为"大"或"太"，遮蔽经义。

第 53 章"爱民治国"、第 68 章"圣人恒善救人,而无弃人"。

"安平泰","泰",书尾点破《德经》第 5 章"负阴而抱阳,冲气以为和"乃言泰卦之卦象,即"执大象"之"大象"。河上公注:"万物归往而不伤害,则国安家宁而致太平矣。"

句义:圣君执守泰卦之象,天下民众无不归往。民众归往而不受伤害,是为安康平和的泰道。

[重大篡改 22]

《老子》初始本从无数角度反复阐释"泰道",但是"泰"字仅在书尾出现一次,即"安平泰"。诸多《老子》传世本(以及四大出土本)却把"安平泰"改为"安平太"或"安平大",遮蔽了"安平泰"的真义。

《老子》第一宗旨"扬泰抑否",教诲天下侯王遵循春气"生"物的"泰道",放弃秋气"杀"物的"否术",意在祈望天下"安平泰",亦即"国泰民安"。成语"国泰民安",意为国家遵循泰道,民众安居乐业,源于《老子》初始本之"安平泰"。"安平泰"之"泰",即"泰卦"、"泰山"、"东皇泰一"之"泰"。

标示春气生物的春分泰卦,是伏羲六十四卦中的至尊之卦、至吉之卦,是华夏泰道的源头。所以华夏天帝名为"东皇泰一"(屈原《九歌》),五岳至尊东岳名为"泰山",封禅"泰山"是华夏宗教祭祀"太一"上帝的最高仪式(《史记·封禅书》)。

75.2 药与饵,过客止。故道之出言,淡乎其无味也?视之不足见,听之不足闻,用之不可既也。

第 75 章第 2 节,书尾总结"泰道"大用。

"药与饵,过客止","药",药物。"饵",药引。药物与药引,会使过客望而却步。譬解良药苦口,下德侯王不易接受。

"故道之出言,淡乎其无味也",上扣《德经》第 26 章:"为无为,事无事,味无味。""泰道"要求侯王自损自弱，守雌守柔，所以俗君视为"无味"，只有圣君能够"味无味"。

"视之不足见，听之不足闻"，上扣《道经》第57章："视之不见，名之曰微；听之不闻，名之曰希；搏之不得，名之曰夷。"乃言"泰道"难以闻见。又扣《德经》第4章："上士闻道，勤而行之。中士闻道，若存若亡。下士闻道大笑之，不笑不足以为道。"第34章："吾言甚易知，甚易行。而人莫之能知，莫之能行。"

"用之不可既也"，书尾总结圣君遵循"泰道"必将"损之而益"。上扣《德经》第3章："反者道之动，弱者道之用。"彼章乃言"天道"之道体以弱为用，本章则言"人道"之道术（泰道）以弱为用。又扣《德经》第5章"万物负阴而抱阳，冲气以为和"之后的二句："物或损之而益，或益之而损。"彼章乃言圣君遵循"泰道"必将"损之而益"，俗君奉行"否术"必将"益之而损"。本章"用之不可既也"专言前义，即圣君遵循"泰道"必将"损之而益"。

句义：药物与药引，过客望而却步。为何吾书言说泰道，平淡而无味？因为眼睛看不见泰道，耳朵听不见泰道，泰道之用不可穷尽。

76. 柔弱胜刚强章

将欲翕之，必固张之；将欲弱之，必固强之；将欲废之，必固兴之；[1]**将欲夺之，必固予之。是谓微明：柔弱胜刚强**[2]**。**

---

[1] "将欲/必固"四组八句，其中三组六句各本均同，第三组二句各本不同。《韩非子·喻老》："将欲取之，必固与之。"《战国策·魏策一》："《周书》曰：'将欲败之，必姑辅之；将欲取之，必姑与之。'"后八字同于《韩非子·喻老》，所言《周书》或即《老子》。帛甲本、帛乙本均作："将欲去之，必固与之。""去"与《韩非子》、《战国策》之"取"义同。汉简本作："将欲废之，必固举之。""废"与帛书本之"去"义同，"举"与帛书本之"与"义同。河上本、王弼本、傅奕本均作："将欲废之，必固兴之。""兴"与汉简本之"举"义同。经义无别，今从传世本。〇《吕览·行论》："《诗》曰：'将欲毁之，必重累之；将欲踣之，必高举之。'"句式全同。不见《诗经》，或为佚诗，当属《老子》"将欲/必固"句式之源。

[2] 三大传世本（河上本、王弼本、想尔本）均作"柔弱胜刚强"，本书从之。帛甲本、帛乙本均作"柔弱胜强"，汉简本作"㬉弱胜强"，"㬉"为"软"之古字，均脱"刚"字。傅奕本作"柔之胜刚，弱之胜强"，分为两句。本书不从。

鱼不可脱于渊，国之利器不可以示人。

《老子》初始本下经《道经》第76章《柔弱胜刚强章》，《老子》传世本颠倒上下经后变为第36章。

《柔弱胜刚强章》是《道经》结论五章（73—77）之第四章，书尾总结《老子》第一宗旨"扬泰抑否"："柔弱胜刚强"，"泰道"胜"否术"。

76.1 将欲翕之，必固张之；将欲弱之，必固强之；将欲废之，必固兴之；将欲夺之，必固予之。是谓微明：柔弱胜刚强。

第76章第1节，义承上章。

上章末句"用之不可既也"，是书尾总结圣君遵循"泰道"必将"损之而益"；本章"将欲/必固"八句，是书尾总结俗君奉行"否术"必将"益之而损"。

"将欲翕之，必固张之；将欲弱之，必固强之；将欲废之，必固兴之；将欲夺之，必固予之"，"必固"之后的"张之"、"强之"、"兴之"、"予之"，均言俗君奉行"否术"必先"益之"；"将欲"之后的"翕之"、"弱之"、"废之"、"夺之"，均言俗君奉行"否术"必将受"损"。

"将欲/必固"八句，省略了圣君遵循"泰道"必将"损之而益"的相反八句："将欲张之，必固翕之；将欲强之，必固弱之；将欲兴之，必固废之；将欲予之，必固夺之。"

天道对待奉行"否术"的俗君，首先是张之、强之、兴之、予之，然后是翕之、弱之、废之、夺之；"益之而损"的结果是"民弥叛"。

天道对待遵循"泰道"的圣君，首先是翕之、弱之、废之、夺之，然后是张之、强之、兴之、予之；"损之而益"的结果是"安平泰"。

经义既明，可知"将欲/必固"的主使者，并非人间力量，而是天道"大威"（第36章），亦即"天网恢恢，疏而不失"（第37章），所以"将欲/必固"八句的省略主语是"天道"。天道如此对待遵循"泰道"的圣君和奉行"否术"的俗君，是因为"反者道之动，弱者道之用"（第3章）。

"将欲/必固"八句的命义，相当于天道对奉行"否术"者的"欲擒故纵"，义近希腊格言："上帝要谁灭亡，必先让他疯狂！"

历代注家不知"将欲/必固"八句的省略主语是"天道"，或者妄言这是《老子》鼓吹"阴谋"的"阴谋家言"，或者妄言这是《老子》论述"辩证唯物主义"的"朴素辩证法"，与《老子》真义毫不相干。

"是谓微明"，以天道之"微"而"明"，譬解泰道之"微"而"明"。"微"，上扣《道经》第57章"视之不见，名之曰微"。"明"，上扣《德经》第10章"不见而明"。"微"与"明"的共性是"不见"（不可见）。"微"与"明"的表达重心不同："微"指泰道不能直接看见，"明"指彻悟不能直接看见的泰道之大用。"是谓微明"，乃言泰道将在幽微之中显明大用。即按"反者道之动，弱者道之用"的天道范式，在"将欲/必固"的幽微之中显明大用。朱谦之曰："案'是谓微明'，高延第曰：'首八句即祸福盛衰倚伏之几，天地自然之运，似幽实明。''微明'，谓微而显也。"[1]

"柔弱胜刚强"，书尾总结"泰道"必胜"否术"。上扣《德经》第6章："天下之至柔，驰骋于天下之至坚。""至柔"、"柔弱"，对位泰卦☷上卦三阴，即"以正治国"（第20章）的"泰道"。"至坚"、"刚强"，对位否卦☰上卦三阳，即"以奇用兵"（第20章）的"否术"。

句义：将要关闭之，必先开启之；将要弱化之，必先强化之；将要废除之，必先兴盛之；将要剥夺之，必先给予之。这是天道在幽微之中的显明：柔弱的泰道必胜刚强的否术。

76.2 鱼不可脱于渊，国之利器不可以示人。

第76章第2节，承上第1节，书尾总结《老子》第一宗旨"扬泰抑否"。

"鱼不可脱于渊"，上扣《德经》第20章"以正治国"，譬解泰道"微明"而"不可见"。"鱼"、"渊"扣《道经》第51章"上善若水"。

---

[1] 朱谦之《老子校释》，144页，中华书局2000。

"国之利器不可以示人"，上扣《德经》第20章"以奇用兵"，譬解否术"利器"而"不可以示人"。"利器"扣《德经》第20章"夫天下多忌讳而民弥叛，民多利器而国家滋昏"，侯王倘若喜用否术"利器"，民众必以否术"利器"反噬侯王而"弥叛"。

句义：泰道如鱼不可脱离渊水，否术利器不可轻易示人。

77. 道恒无为章

道恒无为[1]，**侯王若能守之，万物将自为。**

为而欲作，[2]**将镇之以无名之朴**[3]。**夫亦将知足，知足以静，万物将自定。**[4]

《老子》初始本下经《道经》第77章《道恒无为章》，《老子》传世本颠倒上下经后变为第37章，其后续以下经《德经》之四十四章。

《道恒无为章》是《道经》结论五章（73—77）之末章，书尾总结《老子》第一政纲"无为无不为"：侯王顺道无为，民众循德自为。

---

[1] 楚简本、汉简本均作"道恒无为"，本书从之。帛甲本、帛乙本改为"道恒无名"，与第73章首句"道恒无名"相同，不合经义。四大传世本（河上本、王弼本、傅奕本、想尔本）改为"道常无为而无不为"，增"而无不为"四字，违背经义，本书不从。

[2] 楚简本、帛甲本均作"万物将自愳。愳而欲作"（帛甲本"欲"后一字坏），二"愳"即"为"，义承首句"道恒无为"，本书从之；合于楚简本"绝愳弃作"之"愳/作"，又合于《庄子·知北游》"至人无为，大圣不作"之"为/作"。帛乙本、汉简本、四大传世本（河上本、王弼本、傅奕本、想尔本）改为"万物将自化。化而欲作"，二"愳"改为"化"，不承首句"道恒无为"，本书不从。

[3] 楚简本作"将贞之以亡明（无名）之朴"，"贞"通"镇"，本书从之。帛乙本作"吾将阗之以无名之朴"，汉简本作"吾将寘之以无名之朴"，四大传世本（河上本、王弼本、傅奕本、想尔本）均作"吾将镇之以无名之朴"，句前均增"吾"，"朴"为道施，主语为"道"，增"吾"不通，本书不从。

[4] 楚简本作"夫亦将知（足），知足以静，万物将自定"，本书从之。○帛甲本作"无名之朴，夫将不辱。不辱以情，天地将自正"，帛乙本作"阗之以无名之朴，夫将不辱。不辱以静，天地将自正"，汉简本作"无名之朴，夫亦将不辱。不辱以静，天地将自正"，王弼本作"无名之朴，夫亦将无欲。不欲以静，天下将自定"，河上本作"无名之朴，亦将不欲。不欲以静，天下将自定"，傅奕本作"无名之朴，夫亦将不欲。不欲以靖，天下将自正"，想尔本作"无名之朴，亦将不欲。无欲以静，天地自止"，均非原文，本书不从。

77.1 道恒无为，侯王若能守之，万物将自为。

第 77 章第 1 节，书尾总结《老子》第一政纲"无为无不为"。

"道恒无为，侯王若能守之，万物将自为"，上扣《德经》第 11 章的《老子》第一政纲"无为无不为"，以及第 20 章："我（圣君）无为而民自为。"再次证明《德经》第 11 章的"无为无不为"分指侯王、民众：侯王顺道"无为"，民众循德"自为"而"无不为"。

句义：天道永恒无为，侯王若能效法天道持守无为，万物将会循德自为。

[义理辨析 57]

《老子》初始本之"侯王"分见于三章，首见于书首《德经》第 2 章，又见于书尾《道经》第 73 章，再见于全书末章第 77 章，中间再未出现"侯王"，但有"王公"（第 5 章）、"天子"（第 25 章）、"百谷王"（第 30 章）、"天下之王，社稷之主"（第 42 章）、"万乘之王"（第 67 章）、"人主"（第 71 章）等等，或称第一境圣君为"圣人"、"君子"、"大丈夫"、"上士"、"为道者"等等，或称后三境俗君为"中士"、"下士"、"为学者"、"众人"、"俗人"等等。由于《老子》初始本首尾均言"侯王"，读者容易明白《老子》的教诲对象是"侯王"，全书省略主语均为"侯王"，容易明白《老子》均言"君人南面之术"，容易理解《老子》真义。

《老子》传世本颠倒上下经后，《道经》第 73 章之"侯王"见于第 32 章，《道经》第 77 章之"侯王"见于第 37 章，《德经》第 2 章之"侯王"见于第 39 章，三者全都隐入书腰，读者不可能明白《老子》全书的省略主语是"侯王"，不可能明白《老子》的教诲对象是"侯王"，不可能明白"圣人"、"君子"指第一境圣君，不可能明白"众人"、"俗人"指后三境俗君，不可能明白《老子》真义。

77.2 为而欲作，将镇之以无名之朴。夫亦将知足，知足以静，万物将自定。

第 77 章第 2 节，书尾总结"万物自为"受到"道"施之"朴"限定。

"为而欲作,将镇之以无名之朴","为",承上"万物将自为"。"作",上扣《道经》第59章"妄作凶"。"无名之朴",上扣第73章"朴虽小,天地不敢臣"。"万物自为"并非悖道"妄作"、胡作非为,将会受到"道"施之"朴"的限制。所以"万物自为"实为万物循"朴"自为,亦即万物循"德"自为。

"万物将自为。为而欲作"之"为/作",上扣《道经》第60章"绝为弃作"之"为/作",证明《道经》第60章《太上不知章》是《老子》初始本的核心章,故于末章再予申论。

"夫亦将知足",此谓万物(含民众、侯王)均应因循"朴"德"自为"而"知足",不能"为而欲作",不能悖道妄作。由于侯王是《老子》的唯一教诲对象,所以此义特别针对侯王,要求侯王"不贵难得之货"(第28、47章),不求"金玉盈室"(第52章),不欲"取食税之多"(第39章)。

"知足以静","知足",上扣《德经》第7章"知足不辱,知止不殆,可以长久",第9章"祸莫大于不知足","知足之足,恒足矣";《道经》第73章"知足者富也"。"以静",上扣《德经》第8章"清静为天下正"。侯王知足而守静,民众亦知足而守静。

"万物将自定","万物"含民众、侯王,重点是侯王。"万物将自定"是"万物自为"的结果,亦即"百姓皆谓我自然"(第60章)。今人谓之"自发生成的自然秩序"。

句义:万物自为若欲悖道妄作,将被天道分施的无名朴德限定范围。那么万物将会知足,知足就能守静,万物将会自定。

[义理辨析58]

"为而欲作,将镇之以无名之朴"之"镇之",并非下德侯王运用"否术"予以"镇压",而是天道运用"朴"德予以"镇静"。参看《道经》第58章:"孰能浊以静者?将徐清。"由于"万物自为"是循德"自为",并非胡作非为,"道"所分施的"朴"德会自动限制"自为"中的可能"妄作",不劳侯王"代大匠斫"(第38章)地杀之弃之。因为"天网恢恢,疏而不失"(第37章)同样适用于"万

下经 《道经》三十三章（45—77），对应斗柄三星　　　　　　　　　　　　　457

物自为"，"万物自为"只要超出循德"自为"的限度，天道"大威"就会降临。

[重大篡改 23]

《老子》初始本末章《道恒无为章》，是确认《老子》初始本宗旨的压舱石，也是《老子》传世本的篡改重灾区。《老子》传世本全面篡改了《道恒无为章》经文，彻底遮蔽了《老子》初始本真义，彻底颠覆了《老子》初始本宗旨。

其一，《老子》传世本把初始本经文"万物将自为"，篡改为"万物将自化"，同时把《德经》第 20 章"我（侯王）无为而民自为"，系统篡改为"我（侯王）无为而民自化"，《老子》初始本之"自为"论，于是变成了《老子》传世本之"自化"论。

《老子》初始本《德经》第 20 章"我（侯王）无为而民自为"、《道经》第 77 章"侯王若能守之，万物将自为"的两处"自为"，是确认《德经》第 11 章"无为而无不为"乃言"侯王顺道无为，百姓循德无不为"的两大硬证。《老子》传世本把两处"自为"系统篡改为"自化"，彻底遮蔽了《老子》真义"侯王顺道无为，百姓循德无不为"，彻底剥夺了民众循德"自为"而"无不为"的天赋权利。

《庄子·齐物论》三籁寓言，把《老子》所言"万物自为"、"民自为"，演绎为"吹万不同，咸其自取"，"咸其自取"即循德"自为"，"吹万不同"即循德"无不为"。郭象借用《老子》传世本的"自化"论，把《庄子》所言"咸其自取"谬解为"咸其独化"。于是《庄子》初始本的"造化"论，变成了郭象版《庄子》传世本的"独化"论，以此否定"道"之存在。

其二，《老子》传世本把初始本经文"万物将自定"，篡改为"天下将自正"。

《老子》初始本原文："万物将自为……万物将自定"，两句主语均为"万物"，因此两句具有因果关系，乃言"万物"（含民众）从"自为"到"自定"，不劳侯王"代大匠斫"地运用"否术"加以"有为"干预、限定。

《老子》传世本改为："万物将自化……天下将自正"，于是前句主语为"万物"，后句主语为"天下"，两句失去因果关系。"万物"之"自化"，"天下"之"自正"，与民众的循德"自为"而"无不为"彻底脱钩，不仅遮蔽了本章宗旨，而且为侯王"代大匠斫"地运用"否术"加以"有为"干预、限定留下了空间。

其三，《老子》传世本把初始本经文"将镇之以无名之朴"，篡改为"吾将镇之以无名之朴"。

《老子》初始本原文："道恒无为，侯王若能守之，万物将自为。为而欲作，将镇之以无名之朴。"经义甚明：天道无为，侯王效法天道无为，听任万物自为。万物自为若欲妄作，天道将以所施"朴"德限定其范围。

《老子》传世本改为："道常无为而无不为，侯王若能守之，万物将自化。化而欲作，吾将镇之以无名之朴。"其义变成：天道无为而无不为，侯王效法天道无为而无不为，不能听任万物自为，万物必须自觉服从侯王教化。假如万物拒绝服从侯王教化而欲妄作，侯王将镇之以无名之朴。

可见《老子》传世本先把"道恒无为"改为"道常无为而无不为"，是为侯王"无不为"留下空间。再把"万物将自为"改为"万物将自化"，是要求民众自觉服从侯王教化。再为"将镇之以无名之朴"增一"吾"字，是让侯王有权镇压不服教化的民众。然而"吾将镇之以无名之朴"根本不通，违背"朴虽小，天地不敢臣"。天地、万物、人类、侯王都不能以"朴"为"臣"，均为"朴"之"臣"，侯王怎能以"无名之朴"为"臣"而镇压民众？

道施"朴"德于万物，也包括侯王、民众。所以天道以"朴"德约束万物，同样约束侯王、民众。增一"吾"字，变成了"朴"德仅仅约束民众服从侯王教化，不许其"自为"而"无不为"，却不再约束侯王，侯王可以任意地"无为而无不为"。

其四，《老子》传世本重写初始本经文的最后一段，成为"王道乐土"的太平颂歌。

《老子》初始本原文："夫亦将知足，知足以静，万物将自定。"原义是要求侯王"知足"，以道施"朴"德"知足以静"，"不贵难得之货"，不求"金玉盈室"，不欲"取食税之多"，那样就会"我（侯王）无事而民自富"。

《老子》传世本改为："无名之朴，夫亦将不欲。不欲以静，天地将自定。"其义变成了侯王要求民众持守"朴"德而"不欲以静"，于是天下太平，"天地将自定"。

由此可见，本章作为《老子》初始本末章，对于确认《老子》真义、宗旨极其重要，而《老子》传世本为了遮蔽《老子》初始本的真义、宗旨，系统篡改了本章经文。

《道经》结论五章的义理层次

下经《道经》第八部分《道经》结论五章（73—77），书尾总结《老子》第一宗旨"扬泰抑否"和《老子》第一政纲"无为无不为"。

义理层次如下——

第 73 章《道恒无名章》，书尾总结提炼自"太一"历法图（伏羲太极图）的价值范式"道↘德↘仁↘义↘礼"，取此"道↘德"，去彼"仁↘义↘礼"。

第 74 章《天道左右章》，书尾总结"天道"可以"左生右杀"，"人道"只能"扬泰抑否"。

第 75 章《人道大象章》，书尾总结泰卦之象为"大象"，泰卦之义为"安平泰"。

第 76 章《柔弱胜刚强章》，书尾总结《老子》第一宗旨"扬泰抑否"："柔弱胜刚强"，"泰道"胜"否术"。

第 77 章《道恒无为章》，书尾总结《老子》第一政纲"无为无不为"：侯王顺道无为，民众循德自为。

《道经》结论五章，首章第 73 章，章首曰："道恒无名……侯王若能守之，万物将自宾。"末章第 77 章，章首曰："道恒无为，侯王若能守之，万物将自为。"句式相同，这是第 73 章至第 77 章乃是《道经》结论、全书总论的明确标志，再次证明《老子》初始本具有严密的逻辑结构和缜密的义理层次。

解密《老子》初始本的逻辑结构和义理层次之后，很难相信《史记·老子列传》关于老子出关被关尹强留而即兴著书"五千文"的传说。一部如此体大思精的人类智慧巅峰之作，不大可能是即兴著书的产物，只能是精思密虑、反复推敲的产物。老子出关留书或有可能，但是所留之书必非临时起意的即兴著书，而是鉴于关尹求道之诚，把凝聚毕生心血的已成之书留下一个副本，亦即《庄子·大宗师》所言"副墨之子"。

"以知古始,是为道纪"的《老子》,是上古四千年华夏文化和中古两千年夏商周文明的最高结晶,是轴心时代的中国哲学突破之书,是抵达人类智慧巅峰的不朽之书。经由《庄子·大宗师》所言闻道九阶"副墨之子—络诵之孙—瞻明—聂许—需役—於讴—玄冥—参寥—疑始",《老子》一直传到今天,已经传遍世界,必将永远滋养人类,嘉惠万物,泽被天地,覆载宇宙。

《老子》初始本今译

本书逐章逐句逐字阐释《老子》初始本全书之后,让我们诵读一遍《老子》初始本的完整经文和今译。

上经《德经》四十四章(1—44)

德经	一、《德经》绪论六章(1—6)	今译
1 上德不德章	上德不德,是以有德。下德不失德,是以无德。 　　上德无为而无以为,上仁为之而无以为,上义为之而有以为,上礼为之而莫之应,则攘臂而扔之。 　　故失道而后德,失德而后仁,失仁而后义,失义而后礼。 　　夫礼者,忠信之薄,而乱之首也。前识者,道之华,而愚之首也。 　　是以大丈夫居其厚,不居其薄;居其实,不居其华。故去彼取此。 (王弼本第38章)	上德侯王永不拔高己德,所以有德。 　　下德侯王不断拔高己德,所以无德。 　　上德侯王无为而无意妄作,上仁侯王有为而无意妄作,上义侯王有为而有意妄作,上礼侯王有为而无人响应,于是抡起手臂牵引天下。 　　因此侯王于道有失之后才会以德治国,于德有失之后才会以仁治国,于仁有失之后才会以义治国,于义有失之后才会以礼治国。 　　侯王一旦以礼治国,必将忠信浅薄,成为祸乱之首。侯王按照礼制的成心治国,仅有治道的浮华,实为愚蠢之首。 　　所以上德侯王居于厚德,鄙弃薄德;居于治道的实质,鄙弃治道的浮华。因此去除有为,采取无为。

续表

2 侯王得一章	昔之得一者，天得一以清，地得一以宁，神得一以灵，谷得一以盈，侯王得一以为天下正。 　其致之也，天毋已，清将恐裂；地毋已，宁将恐废；神毋已，灵将恐歇；谷毋已，盈将恐竭；侯王毋已，贵高将恐蹶。 　是故贵必以贱为本，高必以下为基。是以侯王自谓孤、寡、不穀，此其贱之本邪？非也？故致数誉无誉。不欲琭琭如玉，珞珞如石。 （王弼本第39章）	从前得到太一常道者，天空得到太一常道所以清明，大地得到太一常道所以定宁，鬼神得到太一常道所以灵验，河谷得到太一常道所以充盈，侯王得到太一常道所以尊为天下正道。 　五者得到太一常道以后均能知止，因为天空若不知止，清明恐将灭裂；大地若不知止，安宁恐将废弛；鬼神若不知止，灵验恐将消歇；河谷若不知止，充盈恐将衰竭；侯王若不知止，尊贵高位恐将崩蹶。 　因此尊贵的侯王必以卑贱的百姓为根本，高位的侯王必以下位的百姓为基础。所以侯王自称孤家、寡人、不善，这不是以卑贱的百姓为根本吗？难道不是吗？因此侯王得到过多赞誉必将丧失赞誉。上德侯王不欲光华如玉，宁愿素朴如石。
3 反者道动章	反者道之动，弱者道之用。 　天下万物生于有，有生于无。 （王弼本第40章）	返回循环是天道的运动方式，削弱强者是天道的作用方式。 　天下万物生于人类拥有的太一常道，人类拥有的太一常道生于人类不拥有的无极恒道。
4 上士闻道章	上士闻道，勤而行之。中士闻道，若存若亡。下士闻道大笑之，不笑不足以为道。 　是以建言有之：明道若昧，进道若退，夷道若纇。上德若谷，大白若辱，广德若不足，建德若偷，质贞若渝。大方无隅，大器免成，大音希声。 　天象无形，道隐无名。夫唯道，善始且善成。 （王弼本第41章）	上德之士闻道，勤勉遵行。 　中德之士闻道，时而遵行时而丧亡。 　下德之士闻道大笑，不笑不足以为道。 　所以献策之言如是说：光明之道貌似暗昧，前进之道貌似后退，平坦之道貌似不平。至上之德虚怀若谷，至白之德如有污垢，至广之德如同不足，建设之德如同窃取，质贞之德如同有变。至大之方没有四隅，至大之器免于成形，至大之音不闻其声。 　天象永无定形，天道隐通无名。唯有天道，善于创始善于守成。
5 道生一章	道生一，一生二，二生三，三生万物。 　万物负阴而抱阳，冲气以为和。 　人之所恶，唯孤、寡、不穀，而王公以自名也。是故物或损之而益，或益之而损。 　人之所教，亦我而教人。故"强梁者不得其死"，吾将以为教父。 （王弼本第42章）	无极恒道生成太一常道，太一常道生成阴阳二气，阴阳二气生成三爻八卦，三爻八卦生成万物。 　万物生成于负阴抱阳的泰卦☰，阴阳二气上下对冲达致和谐。 　人类厌恶的，唯有孤家、寡人、不善，然而王公对位泰卦上卦谦称自损。所以上德侯王自损而获益，下德侯王自益而受损。 　古人如此教我，我也如此教人。因此太一上帝神谕说"强挺脊梁者不得好死"，吾人将以太一上帝为教父。

续表

6 天下至柔章	天下之至柔，驰骋于天下之至坚。 无有入于无间，吾是以知无为之有益也。 不言之教，无为之益，天下希及之矣。 （王弼本第43章）	天下的至柔之物，驰骋于天下的至坚之物。 无有之物方能进入无间之处，吾人因此知晓无为之有益。 少发政令之教化，为于无为之有益，天下侯王鲜有企及。
德经	二、侯王正道十三章（7—19）	今译
7 名身孰亲章	名与身孰亲？身与货孰多？得与亡孰病？ 是故甚爱必大费，多藏必厚亡。故知足不辱，知止不殆，可以长久。 （王弼本第44章）	身外之名与身内之德，何者更为亲近？身内之德与身外之货，何者更为重要？得到身外之物与丧亡身内之德，何者更是大病？ 所以侯王深爱声名必有巨大花费，多藏财货必有重大损失。因此侯王知足即不受辱，知止即无危殆，可以国祚长久。
8 大成若缺章	大成若缺，其用不敝。大盈若冲，其用不穷。 大直若屈，大巧若拙，大盛若绌。 躁胜寒，静胜热，清静为天下正。 （王弼本第45章）	大成如同缺损，其用永无敝坏。大盈如同冲和，其用永无穷尽。 大直如同屈折，大巧如同笨拙，大盛如同不足。 阳躁胜过阴寒属于一偏，阴静胜过阳热属于一偏，阴阳平衡清静无为才是侯王治理天下的正道。
9 天下有道章	天下有道，却走马以粪。天下无道，戎马生于郊。 故罪莫大于可欲，祸莫大于不知足，咎莫憯于欲得。 故知足之足，恒足矣。 （王弼本第46章）	天下有道，退役的战马用于粪田。 天下无道，豢养的战马陈于城郊。 所以侯王的莫大罪过是欲求声名，侯王的莫大祸患是财货不知足，侯王的莫大过错是拔高己德。 因此知足的富足，才是恒久的富足。
10 不出于户章	不出于户，以知天下；不窥于牖，以知天道。 其出弥远，其知弥少。 是以圣人不行而知，不见而明，不为而成。 （王弼本第47章）	圣君不出明堂之门，即知天下民心；不窥明堂之窗，即知天道节令。 俗君出门越远，所知天道民心越少。 所以圣君不必远行即知天下民心，不见星象即明天道节令，不事有为即能事遂功成。

续表

11 为学日益章	为学者日益，为道者日损。 损之又损之，以至于无为。无为而无不为。 取天下也，恒以无事。及其有事，不足以取天下。 （王弼本第48章）	志于学的俗君日日增益仁义礼，志于道的圣君日日减损仁义礼。 圣君减损又减损仁义礼，直至尊道贵德而无为。圣君顺道无为，百姓循德无不为。 圣君治理天下，恒常不事有为。一旦从事有为，不足以治理天下。
12 圣人无心章	圣人恒无心，以百姓之心为心。 善者善之，不善者亦善之，德善也。信者信之，不信者亦信之，德信也。 圣人之在天下也，歙歙焉，为天下浑其心。百姓皆属其耳目焉，圣人皆孩之。 （王弼本第49章）	圣君永无前识成心，仅以百姓之心为心。 圣君既善待善良的百姓，又善待不善良的百姓，所以被百姓视为善良之君。圣君既相信忠信的百姓，又相信不忠信的百姓，所以被百姓视为忠信之君。 圣君存在于天下的作用，就是合通万物，使天下百姓浑一其心。百姓专注耳目视听，圣君使之永葆婴儿真德。
13 出生入死章	出生入死。 生之徒，十有三。死之徒，十有三。民之生生而动，动皆之死地，亦十有三。 夫何故也？以其生生之厚也。 盖闻善摄生者，陆行不避兕虎，入军不被甲兵。兕无所投其角，虎无所措其爪，兵无所容其刃。 夫何故也？以其无死地焉。 （王弼本第50章）	人类出道而生，入道而死。 俗君不善统摄民生，亏生的民众，十成中有三成；被诛的民众，十成中有三成。民众为了维生而动，动辄蹈于死地，十成中也有三成。 民众为何忍受俗君？因为民众的维生本能非常深厚。 尝闻圣君善于统摄民生，民众陆行不须躲避犀虎，入军不会承受兵刃。犀牛之角无处可顶，老虎之爪无处抓取，甲兵之刃无处容刀。 民众为何爱戴圣君？因为圣君不让民众蹈于死地。
14 道生德畜章	道生之，德畜之，物形之，器成之，是以万物尊道而贵德。 道之尊也，德之贵也，夫莫之爵而恒自然。故道生之畜之，长之育之，成之熟之，养之覆之；生而不有，为而不恃，长而不宰，是谓玄德。 （王弼本第51章）	天道创生万物，真德畜养万物，物类形成万物，器形成就万物，所以万物尊崇天道而贵重真德。 天道之至尊，真德之至贵，无须爵位加持而恒久自然。所以天道创生、孕畜万物，长养、培育万物，完成、养熟万物，颐养、覆载万物；创生万物而不占有，畜养万物而不控制，高于万物而不主宰，这是至上之德。

续表

15 天下有始章	天下有始，以为天下母。 既得其母，以知其子。既知其子，复守其母，殁身不殆。 塞其兑，闭其门，终身不勤。启其兑，济其事，终身不棘。 见小曰明，守柔曰强。用其光，复归其明，毋遗身殃，是谓袭常。 （王弼本第52章）	天下始于太一常道，圣君以太一常道为治理天下之母本。 圣君既得常道为母，即知泰道为子。既知常道之子（泰道），复守泰道之母（常道），终身没有危殆。 圣君堵塞耳目感官，关闭外通之门，终身不必勤政。开启真德之心，以德治理国事，终身不必劳神。 圣君见小悟道叫作灵明，守柔行泰叫作强大。运用德心之光，复归天道之明，不留自身祸殃，这叫因袭太一常道。
16 挈然有知章	使我挈然有知，行于大道，唯迤是畏。 大道甚夷，人甚好径。 朝甚除，田甚芜，仓甚虚。服文采，带利剑，餍饮食，而资货有余。是谓盗竽，非道也。 （王弼本第53章）	假使寡人拥有提纲挈领的真知，躬行治国大道，最怕误入歧途。 大道（泰道）甚为平直，然而俗君甚为喜好捷径（否术）。 假如讼狱甚为繁多，田地甚为荒芜，仓廪甚为空虚；侯王却服饰华丽，佩戴利剑，餍饱饮食，而且财货有余，这是盗窃君位，乃是无道之君。
17 善建不拔章	善建者不拔，善抱者不脱，子孙以其祭祀不绝。 修之于身，其德乃贞；修之于家，其德乃余；修之于乡，其德乃长；修之于国，其德乃丰；修之于天下，其德乃博。 以身观身，以家观家，以乡观乡，以国观国，以天下观天下。 吾何以知天下之然哉？以此。 （王弼本第54章）	圣君善建真德而不拔真德，善抱真德而不离真德，子孙凭其真德而祭祀不绝。 圣君修德于身，德乃贞洁；修德于家，德乃富余；修德于乡，德乃优长；修德于国，德乃丰厚；修德于天下，德乃博大。 圣君以自身真德洞观他人真德，以自家真德洞观别家真德，以本乡真德洞观异乡真德，以本国真德洞观邻国真德，以天下真德洞观天下真德。 吾人如何知晓天下之本然？凭借天道分施万物之真德。
18 含德之厚章	含德之厚者，比于赤子；蜂虿虺蛇不螫，攫鸟猛兽不搏。 骨弱筋柔而握固，未知牝牡之合而朘怒，精之至也。终日号而不嗄，和之至也。 和曰常，知和曰明。益生曰祥，心使气曰强。物壮则老，谓之不道，不道早已。 （王弼本第55章）	圣君永葆厚德，如同赤身婴儿；蜂虫毒蛇不螫，猛禽猛兽不扑。 婴儿筋骨柔弱却抓握牢固，不知男女交合却男根怒立，因为精气充沛之至。婴儿终日号哭却嗓子不哑，因为泰和之至。 泰和谓之常道，知晓泰和谓之圣明。俗君却把追求益生视为吉祥，把逞心使气视为强大。万物强壮即趋衰老，这叫不合泰道，不合泰道必定早死。

续表

德经		今译
19 知者不言章	知者不言，言者不知。 塞其兑，闭其门；和其光，同其尘；挫其锐，解其纷。是谓玄同。 故不可得而亲，亦不可得而疏；不可得而利，亦不可得而害；不可得而贵，亦不可得而贱。故为天下贵。 （王弼本第56章）	圣君知晓泰道而少发政令，俗君不知泰道而多发政令。 圣君堵塞耳目感官，关闭外通之门；和合物德之光，浑同万物之尘；钝挫各方尖锐，化解各方纷争。这叫天下同心同德。 所以圣君不可得而亲近，也不可得而疏远；不可得而谋利，也不可得而谋害；不可得而尊贵，也不可得而卑贱。所以圣君是天下至贵。
德经	三、泰否正奇五章（20—24）	今译
20 以正治国章	以正治国，以奇用兵，以无事取天下。 吾何以知其然也？夫天下多忌讳而民弥叛，民多利器而国家滋昏，人多知而苛物滋起，法令滋彰而盗贼多有。 是以圣人之言曰："我无为而民自为，我好静而民自正，我无事而民自富，我欲不欲而民自朴。" （王弼本第57章）	圣君以泰道为治国正道，以否术为用兵奇术，以不生事治理天下。 吾人为何知晓圣君如此？因为天下多有忌讳民众必将反叛，民众多有利器国家必将昏乱，侯王多知末度必将苛政增加，法令多有禁止必将盗贼遍地。 所以圣君有言曰："寡人顺道无为则民众循德自为，寡人喜好清静则民众自正德心，寡人事于无事则民众自致富足，寡人追求寡欲则民众自归素朴。"
21 其政闷闷章	其政闷闷，其民淳淳。其政察察，其民缺缺。 祸兮福之所倚，福兮祸之所伏，夫孰知其极？ 其无正也，正复为奇，善复为妖。人之迷也，其日固久矣。 是以圣人方而不割，廉而不刿，直而不肆，光而不耀。 （王弼本第58章）	圣君施政闷然无言，民众持守淳朴厚德。俗君施政明察秋毫，民众趋于狡诈缺德。 祸事是福事的倚待，福事是祸事的预伏，谁能知晓何时至极反转？ 俗君不行正道，必将放弃正道采用奇术，必将放弃善政采用妖政。俗君迷恋奇术，时日业已甚久。 所以圣君执守大方而不予割裂，保持锋利而不伤民众，正道直行而不入歧途，永葆德光而决不炫耀。
22 治人事天章	治人事天莫若啬。夫唯啬，是以早服。早服是谓重积德，重积德则无不克，无不克则莫知其极，莫知其极则可以有国。 有国之母，可以长久，是谓深根固柢、长生久视之道也。 （王弼本第59章）	侯王治理人间，事奉天道，莫若俭啬。侯王唯有俭啬，才会早日顺服泰道。早日顺服泰道就会重视积德，重视积德就会无事不能，无事不能就不会近极点，不近极点就会长久有国。 侯王顺服泰道是拥有邦国之母，可以国祚长久，这是深固国本、长久视事的治国正道。

续表

23 大国小鲜章	治大国若烹小鲜。 以道莅天下，其鬼不神。非其鬼不神也，其神不伤人也。非其神不伤人也，圣人亦不伤民也。 夫两不相伤，则德交归焉。 （王弼本第60章）	圣君治理大国，如同烹饪小鱼，不宜扰动。 圣君遵循泰道莅临天下，鬼神就不会发威。鬼神不仅不发威，而且不伤人。不仅神不伤人，而且圣君也不伤民。 一旦鬼神、圣君两不伤民，那么民众的德心就会交相归依邦国。
24 大国下流章	大国者下流也，天下之牝也。天下之交也，牝恒以静胜牡。以其静也，故宜为下。 故大国以下小国，则取小国；小国以下大国，则取于大国。故或下以取，或下而取。故大国不过欲兼畜人，小国不过欲入事人。夫各得其欲，则大者宜为下。 （王弼本第61章）	大国如同江河下游，处于天下之牝位。天下的男女交媾，女子恒常以静处取胜男子。女子因为静处，所以宜处下位。 所以大国以泰道之谦下对待小国，就能取信小国；小国以泰道之谦下对待大国，就能取悦大国。所以或以泰道之谦下取信，或以泰道之谦下取悦。所以大国不过是想兼并小国，小国不过是想入事大国。若欲各遂所愿，那么大国宜于谦下。
德经	**四、道主万物五章（25—29）**	今译
25 道主万物章	道者万物之主也，善人之葆也，不善人之所葆也。人之不善，何弃之有？ 美言可以市尊，美行可以加人。故立天子，置三公，虽有拱璧，以先驷马，不如坐而进此。 古之所以贵此者何也？不谓求以得，有罪以免欤？故为天下贵。 （王弼本第62章）	天道是万物的宗主，既保佑善人，也保佑不善人。国人若有不善，侯王怎能弃之？ 美好的建言可以进献尊者，美好的行为可以加持他人。所以除了设立天子，还要设置三公，三公与其向天子进献拱把的玉璧、驷马的车舆，不如进献泰道。 古人为何看重进献泰道？不是因为进献泰道可以求取所得，有罪可以赦免吗？所以泰道是天下至贵。
26 为无为章	为无为，事无事，味无味。 大小多少，报怨以德。 图难于其易，为大于其细。天下难事必作于易，天下大事必作于细。是以圣人终不为大，故能成其大。 夫轻诺者必寡信，多易者必多难。是以圣人犹难之，故终无难。 （王弼本第63章）	圣君为无为之政，事无事之业，味无味之味。 民怨无论大小多少，圣君均以德政回报民怨。 圣君处理民怨难事从易处入手，处理民怨大事从细事入手。因为天下难事必须运作于易处，天下大事必须运作于细事。所以圣君始终不敢自大，故能成就其大。 俗君轻率承诺必定寡信，自居容易必定多难。所以圣君把处理民怨视为最大的难事，故能最终无难。

续表

27 其安易持章	其安，易持也。其未兆，易谋也。其脆，易泮也。其微，易散也。 为之于未有也，治之于未乱也。 合抱之木，作于毫末。九成之台，作于蔂土。百仞之高，始于足下。 （王弼本第64章上半）	国泰民安，易于维持。祸兆未显，易于图谋。矛盾初萌，易于化解。民怨隐微，易于消散。 圣君在祸事未有之时顺道而为，在政事未乱之时无为而治。 合抱大木，生于微末的种子。九层高台，成于细小的土块。百仞高墙，始于脚下的地面。
28 为者败之章	为之者败之，执之者失之。是以圣人无为，故无败；无执，故无失。 人之败也，恒于其且成也败之。故慎终如始，则无败事。 是以圣人欲不欲，不贵难得之货；学不学，复众人之所过；以辅万物之自然，而不敢为。 （王弼本第64章下半）	俗君悖道有为必将失败，有此执念必有过失。因此圣君顺道无为，所以不会失败；无此执念，所以没有过失。 侯王的失败，常在即将成功之时发生。所以审慎至终一如初始，即无败事。 因此圣君追求寡欲，不贵难得的财货；追求不学，修复众多俗君的过失；以此辅助万物保持自然，不敢悖道有为。
29 古之为道章	古之为道者，非以明民也，将以愚之也。 民之难治，以其知也。故以知治国，国之贼也；不以知治国，国之德也。 恒知此两者，亦稽式也。恒知稽式，是谓玄德。玄德深矣，远矣，与物反矣，乃至大顺。 （王弼本第65章）	古之尊道圣君，不欲使民聪明，而欲使民愚朴。 民众之所以难治，是因为有限之知过多。因此俗君以有限之知冒充全知而治国，是国之盗贼；圣君不以有限之知冒充全知而治国，是国之福德。 侯王始终知晓两者之异，就会尊奉泰道为法式。侯王始终知晓以泰道为法式，就会拥有玄德。玄德深邃啊，遥远啊，与万物表象相反啊，所以诸事顺遂。
德经	五、泰道三宝四章（30—33）	今译
30 江海百谷章	江海之所以能为百谷王者，以其善下之也，故能为百谷王。 是以圣人之欲上民也，必以其言下之；其欲先民也，必以其身后之。 故居上而民不重也，居前而民不害也，天下乐推而不厌也。 以其不争也，故天下莫能与之争。 （王弼本第66章）	江海之所以能做百谷之王，是因为水性趋下，所以能做百谷之王。 因此圣君欲居民众之上，必定言辞谦下；欲居民众之先，必定谦退于后。 因此圣君居上而民众不视为重负，居先而民众不视为危害，天下乐于推戴而不厌弃。 正因圣君不争，所以天下俗君不能与之争。

续表

31 泰道三宝章	天下皆谓我大，大而不宵。夫唯大，故不宵。若宵，久矣其细也夫！ 我恒有三宝，持而保之：一曰慈，二曰俭，三曰不敢为天下先。 慈，故能勇；俭，故能广；不敢为天下先，故能为成事长。今舍其慈且勇，舍其俭且广，舍其后且先，则死矣。 夫慈，以战则胜，以守则固。天将建之，以慈卫之。 （王弼本第67章）	天下都说寡人已经成大，变大之后不再变小。寡人成大之后继续遵循泰道，所以不再变小。倘若继续遵循泰道可能变小，那么寡人成大之前早已变小了！ 寡人能够成大是因为恒常拥有泰道三宝，而且持久保持：其一慈爱民命，其二俭省民力，其三不敢居于天下民众之先。 寡人慈爱民命，所以民众勇敢；寡人俭省民力，所以国土广大；寡人不敢居于天下民众之先，所以能成国事之君长。今之俗君舍弃君慈民勇，舍弃君俭国广，舍弃君后民先，必将死路一条。 侯王只要慈爱，民众战则能胜，守则能固。天道若欲建邦立国，必以侯王慈爱护卫之。
32 善为士者章	善为士者不武，善战者不怒，善胜敌者不与，善用人者为之下。 是谓不争之德，是谓用人，是谓配天，古之极也。 （王弼本第68章）	善于为君的侯王不爱动武，善于战斗的侯王不喜动怒，善于胜敌的侯王不与敌争，善于用人的侯王谦退善下。 这叫不争之德，这叫善用人道，这叫效法天道，是古之圣君的极致境界。
33 用兵有言章	用兵有言曰："吾不敢为主而为客，不敢进寸而退尺。"是谓行无行，攘无臂，执无兵，扔无敌。 祸莫大于无敌，无敌近亡吾宝矣。故抗兵相若，则哀者胜矣。 （王弼本第69章）	兵家有言曰："我不敢主动进攻而愿被动应战，不敢前进一寸而愿后退一尺。" 这叫以行军致无行军，以战争致无战争，以执兵致无执兵，以御敌致无敌国。 祸患莫大于天下无敌，天下无敌近于丧亡泰道三宝。所以两国对抗兵力相当，侯王慈爱一方必胜。
德经	六、知其不知二章（34—35）	今译
34 吾言易知章	吾言甚易知，甚易行。而人莫之能知，莫之能行。 言有宗，事有君。夫唯无知，是以不我知。知我者希，则我贵矣，是以圣人被褐而怀玉。 （王弼本第70章）	吾言甚易知晓，甚易践行。然而俗君无人知晓，无人践行。 言语有其宗旨，政事有其君长。只有无知的君长，才会不知吾言宗旨。知晓吾言宗旨的君长稀少，说明吾言珍贵，所以圣君身披粗衣而怀揣宝玉。
35 知不知章	知不知，上矣。不知不知，病矣。 是以圣人之不病，以其病病也，是以不病。 （王弼本第71章）	圣君深知自己不知恒道，这是至上之知。 俗君不知自己不知恒道，这是至大之病。 因此圣君不病，是因为视病为病，所以不病。

续表

德经	七、民不畏威五章（36—40）	今译
36 民不畏威章	民不畏威，则大威将至矣。 毋狭其所居，毋厌其所生。夫唯弗厌，是以不厌。 是以圣人自知而不自见也，自爱而不自贵也。故去彼取此。 （王弼本第72章）	民众不再畏惧侯王的刑戮小威，即为天道大威将至之时。 侯王不能让民众居处狭小，不能让民众厌恶生活。唯有民众不厌恶生活，民众才会不厌恶侯王。 因此圣君自知无知而不自居全知，自爱己德而不自贵己德。所以摈弃秋气杀物的否术，遵循春气生物的泰道。
37 勇于不敢章	勇于敢者则杀，勇于不敢者则活。此两者，或利或害。 天之所恶，孰知其故？天之道，不争而善胜，不言而善应，不召而自来，默然而善谋。天网恢恢，疏而不失。 （王弼本第73章）	敢于加威于民的俗君必遭天降大威而死，不敢加威于民的圣君可免天降大威而活。这两类侯王，俗君认为加威于民于己有利，圣君认为加威于民于己有害。 天道厌恶侯王加威于民，谁能知晓原因？因为天之道，不与物争而善胜万物，不欲倡言而善于回应，不须召唤而自动降临，静默无声而善于谋划。天道之网恢宏疏朗，然而永不失手。
38 民不畏死章	若民恒且不畏死，奈何以杀惧之也？若使民恒且畏死，而为奇者吾得而杀之，夫孰敢矣？ 若民恒且必畏死，则恒有司杀者。夫代司杀者杀，是代大匠斫也。夫代大匠斫者，则希不伤其手矣。 （王弼本第74章）	倘若民众恒常厌恶生活而不怕死，侯王怎能以刑杀使之恐惧？倘若侯王让民众恒常安居乐业而怕死，而且诛杀奉行否术的官吏，那么谁敢奉行否术刑杀民众逼民反叛？ 倘若民众恒常安居乐业而普遍怕死，那么自有天道恒常司杀万物。所以侯王僭代天道刑杀万物，如同拙工僭代大匠斫木。拙工僭代大匠斫木，鲜有不伤其手者。
39 民饥轻死章	民之饥也，以其上取食税之多也，是以饥。 民之不治者，以其上之有以为也，是以不治。 民之轻死者，以其求生之厚也，是以轻死。 夫唯无以生为者，是贤于贵生也。 （王弼本第75章）	民众之所以饥饿，是因为居于上位的侯王征税太多，所以才会饥饿。 民众之所以不治，是因为居于上位的侯王有为妄作，所以才会不治。 民众之所以轻死反叛，是因为求生的欲望深厚，所以才会轻死反叛。 民众唯因生不如死，才会认为轻死反叛胜于怕死忍受。

续表

40 生也柔弱章	人之生也柔弱，其死也坚强。草木之生也柔脆，其死也枯槁。 故曰：坚强者，死之徒也。柔弱者，生之徒也。 是以兵强则不胜，木强则折。故强大居下，柔弱居上。 （王弼本第76章）	人类生存之时柔弱，死亡之后坚强。草木生存之时柔脆，死亡之后枯槁。 所以说：坚强的否术，是秋气杀物之术。柔弱的泰道，是春气生物之道。 因此兵力强大就会失败，树木强大就会折断。所以民众强大居于下位，侯王柔弱居于上位。
德经	八、《德经》结论四章（41—44）	今译
41 天道张弓章	天之道，犹张弓者也。高者抑之，下者举之。有余者损之，不足者补之。 故天之道，损有余而益不足。人之道不然，损不足而奉有余。 孰能有余而又取奉于天者？唯有道者也。 是以圣人为而不有，成功而不居也，若此其不欲见贤也。 （王弼本第77章）	天之道，犹如张弓瞄准目标。瞄准太高必须降低，瞄准太低必须升高。升降有余必须减损升降，升降不足必须补足升降。 所以天之道，减损有余而增益不足。人之道却非如此，减损不足而进奉有余。 谁能有余而供奉天道？唯有遵循泰道的圣君。 因此圣君顺道无为而不占有，治理成功而不居功，如此不欲被人视为贤明。
42 柔之胜刚章	天下莫柔弱于水，而攻坚强者莫之能先也，以其无以易之也。 柔之胜刚，弱之胜强，天下莫不知，莫能行。 故圣人之言云："受国之诟，是谓社稷之主；受国之不祥，是谓天下之王。"正言若反。（以上王弼本第78章） 和大怨，必有余怨，安可以为善？是以圣人执左契，而不责于人。 故有德司契，无德司彻。"天道无亲，恒与善人。"（以上王弼本第79章）	天下柔弱之物莫过于水，然而水能击败一切坚强之物，因为无物能够改变水之柔弱。 柔之胜刚，弱之胜强，天下无人不知，然而无人遵行。 所以圣君有言曰："承受国人的诟病，才能成为社稷的宗主；承担国家的灾难，才能成为天下的君王。"正言如同反言。 圣君和解民众大怨，民众必定仍有余怨，圣君怎么可以自诩善政？因此圣君手执债权人的左契，却不苛责债务人。 所以有德圣君重视君民的契约，无德俗君重视民众的赋税。太一上帝神谕曰："天道对待万物无所亲疏，恒常保佑有德圣君。"

续表

43 小国寡民章	小国寡民，使有什佰人之器而不用，使民重死而远徙。 虽有舟车，无所乘之；虽有甲兵，无所陈之。 使民复结绳而用之，甘其食，美其服，乐其俗，安其居。邻国相望，鸡狗之声相闻，民至老死不相往来。 （王弼本第80章）	理想的邦国是小国寡民，侯王对十人百人中的成器贤人不予重用，让民众害怕死亡而远离迁徙。 侯王即使拥有舟车，也无须驾乘；侯王即使拥有甲兵，也无须陈列。 理想的邦国让民众恢复结绳记事，食物甘甜，衣服美丽，风俗怡乐，居室安全。邻国互相看见，鸡狗之声互相听见，民众老死不相往来。
44 信言不美章	信言不美，美言不信。知者不博，博者不知。善者不多，多者不善。 圣人无积，既以为人，己愈有；既以予人，己愈多。 故天之道，利而不害；人之道，为而不争。 （王弼本第81章）	可信的进言必不华美，华美的进言必不可信。 知晓尊道贵德的圣君不欲博闻仁义礼，博闻仁义礼的俗君不知尊道贵德。 善于治国的圣君不欲多知仁义礼，多知仁义礼的俗君不善治国。 圣君不事积财，越是为人谋利，自己越是富有；越是给予他人，自己越是多财。 所以天之道，利人而不害人；人之道，为人而不争斗。

下经《道经》三十三章（45—77）

道经	一、《道经》绪论四章（45—48）	今译
45 道可道章	道，可道也，非恒道也；名，可名也，非恒名也。 无，名万物之始也；有，名万物之母也。 故恒无，欲以观其妙；恒有，欲以观其所窍。 两者同出，异名同谓。玄之又玄，众妙之门。 （王弼本第1章）	关于天道，可以言说的，即非恒道；关于（天道的）名相，可以命名的，即非恒名。 无，命名不可言说的万物始祖；有，命名可以言说的万物母体。 所以命名无极恒道为无，意欲观照万物始祖的玄妙；命名太一常道为有，意欲观照万物母体生出万物的孔窍。 无、有二名同出一源，名相虽异均指天道。玄妙而又玄妙的天道，是宇宙众妙的产门。

续表

46 天下知美章	天下皆知美之为美，斯恶矣；皆知善之为善，斯不善矣。 有、无之相生也，难、易之相成也，长、短之相形也，高、下之相盈也，音、声之相和也，先、后之相随也，恒也。 是以圣人居无为之事，行不言之教；万物作而不辞也，为而不恃也，成功而不居也。夫唯不居也，是以不去也。 （王弼本第2章）	天下皆以俗君所美为美，这是以丑为美；天下皆以俗君所善为善，这是以不善为善。 俗君有为、圣君无为之相对产生，百姓难治、百姓易治之相对构成，国祚长久、国祚短暂之相对形成，居于高位、居于下位之相对容纳，发布政令、接受政令之相对应和，侯王居先、百姓居后之相对追随，源于侯王是否知晓自己不知恒道。 所以圣君知晓自己不知恒道，崇尚无为之事，实行无言之教；听任万物兴作而不推辞己责，听任万物自为而不自恃己德，听任万物成功而不自居己功。唯因圣君不自居己功，所以其功不会失去。
47 不尚贤章	不尚贤，使民不争；不贵难得之货，使民不为盗；不见可欲，使民不乱。 是以圣人之治也，虚其心，实其腹，弱其志，强其骨，恒使民无知无欲也，使夫知不敢。弗为而已，则无不治矣。 （王弼本第3章）	圣君不崇尚贤人，使民不争贤名；不贵难得之货，使民不做盗贼；不呈现可欲的名利，使民不欲作乱。 因此圣君治理邦国，使民冲虚德心、柔弱心志而不争贤名，使民充实肠胃、刚强骨骼而不争货利；使民恒常无知于贤名、无欲于货利，使民不敢争名夺利。圣君无为而知止，于是国事无不治理。
48 道冲不盈章	道冲，而用之有不盈也。渊兮，似万物之宗。 挫其锐，解其纷；和其光，同其尘。湛兮，似或存。 吾不知其谁之子，象帝之先。 （王弼本第4章）	恒道冲虚，然而功用永不满盈。恒道渊深，所以中士、下士疑其是否万物宗主。 恒道钝挫各方尖锐，化解各方纷争；和合物德之光，浑同万物之尘。恒道深湛，所以中士、下士疑其是否存在。 吾人不知恒道是谁之子，仅知恒道在太一上帝之先。

道经	二、天地不仁四章（49—52）	今译
49 天地不仁章	天地不仁，以万物为刍狗。圣人不仁，以百姓为刍狗。 天地之间，其犹橐籥欤？虚而不屈，动而愈出。 多闻数穷，不若守于中。 （王弼本第5章）	天地不仁，以万物为祭祀太一上帝的刍狗而一视同仁无所亲疏。圣君不仁，以百姓为祭祀太一上帝的刍狗而一视同仁无所亲疏。 天地之间，大概犹如风箱吧？天道虚己而不屈一物，天道运转而泽及万物。 侯王多闻末度必将本数穷困，不如持守太一中道。

续表

50 谷神不死章	谷神不死，是谓玄牝。玄牝之门，是谓天地之根。绵绵若存，用之不勤。（以上王弼本第6章） 天长地久。天地之所以能长且久者，以其不自生也，故能长生。 是以圣人后其身而身先，外其身而身存。不以其无私乎？故能成其私。（以上王弼本第7章）	春气生物的泰道之神永生不死，叫作玄牝。玄牝是天地万物的产门，是天地万物的根本。泰道玄牝绵绵长存，自发作用不须勤劳。 天空长生而清明，大地久存而宁定。天地之所以能够长生而且久存，是因为不能自生而生于泰道，所以能够长生久存。 所以圣君遵循泰道自后己身方能身先，自外己身方能身存。不是因为圣君遵循泰道对百姓一视同仁无所偏私吗？所以圣君能够成就国祚长久之私。
51 上善若水章	上善若水。水善利万物而不争，居众人之所恶，故几于道矣。 居善地，心善渊，予善天，言善信，正善治，事善能，动善时。 夫唯不争，故无尤。 （王弼本第8章）	上善的泰道如同水性之趋下。水善于造福万物却不争高位，甘居众多俗君厌恶的下位，所以近于泰道。 圣君居室善于择地，德心善于渊深，给予善于法天，政令善于诚信，身正善于治国，从事善于赋能，行动善于应时。 唯因圣君如水不争，所以没有过失。
52 持而盈之章	持而盈之，不若其已。 揣而锐之，不可长葆。 金玉盈室，莫能守也。 贵富而骄，自遗咎也。 功遂身退，天之道也。 （王弼本第9章）	侯王自得而至满盈，不如止于未满。 侯王突出而至尖锐，不能长葆不折。 侯王金玉堆满居室，难以长守不失。 侯王贵富而至骄溢，自招怨咎祸事。 侯王功成事遂身退，才是效法天道。
道经	三、抱一贵德四章（53—56）	今译
53 抱一爱民章	载营魄抱一，能毋离乎？ 抟气致柔，能婴儿乎？ 涤除玄鉴，能毋有疵乎？ 爱民治国，能毋以知乎？ 天门启闭，能为雌乎？ 明白四达，能毋以知乎？ 故生之畜之，生而不有，长而不宰，是谓玄德。 （王弼本第10章）	侯王运用身心抱持太一，能否永不背离？ 侯王因袭气母遵循泰道，能否柔如婴儿？ 侯王涤除外撄明鉴无知，能否达至无疵？ 侯王爱护民众治理邦国，能否不用其知？ 侯王认知天门开启闭合，能否持守雌德？ 侯王明白四季循环往复，能否不用其知？ 所以圣君统摄民生、蓄养民众，保障民生而不占有，身为君长而不主宰，这是至上之德。

续表

54 辐共一毂章	三十辐共一毂，当其无，有车之用。 　　埏埴以为器，当其无，有器之用。 　　凿户牖，当其无，有室之用。 　　故有之以为利，无之以为用。 　　（王弼本第11章）	三十辐条共抱同一轮毂，仅当轮毂中间空无，车子才有功用。 　　抟土制作陶器，仅当陶器中间空无，器物才有功用。 　　凿出门户窗牖，仅当门窗中间空无，居室才有功用。 　　所以民众循德有为之利，正是侯王顺道无为之用。
55 五色目盲章	五色令人目盲，五音令人耳聋，五味令人口爽，驰骋田猎令人心发狂，难得之货令人行妨。 　　是以圣人之治也，为腹而不为目。故去彼取此。 　　（王弼本第12章）	五色容易使人目盲，五音容易使人耳聋，五味容易败坏口味，驰骋打猎容易使人心灵疯狂，难得之货容易妨害德行。 　　所以圣君治理天下，只求饱腹而不求悦目。所以去除声色犬马，仅求安居乐业。
56 宠辱若惊章	宠辱若惊，贵大患若身。 　　何谓宠辱若惊？宠为下也。得之若惊，失之若惊，是谓宠辱若惊。 　　何谓贵大患若身？吾所以有大患者，为吾有身。及吾无身，吾有何患？ 　　故贵以身为天下，若可以托天下；爱以身为天下，若可以寄天下。 　　（王弼本第13章）	上德侯王被民众宠辱如受惊吓，重视己德如同重视大患。 　　为何被民众宠辱如受惊吓？因为被民众宠辱即为下德侯王。得到民众宠辱如受惊吓，失去民众宠辱如受惊吓，这叫被民众宠辱如受惊吓。 　　为何重视己德如同重视大患？因为寡人之所以有大患，正是寡人拔高己德。倘若寡人永不拔高己德，寡人还有什么大患？ 　　所以上德侯王重视己德而治理天下，方能托付天下；上德侯王珍爱己德而治理天下，方能交付天下。
道经	四、知常尊道三章（57—59）	今译
57 执今之道章	视之不见，名之曰微；听之不闻，名之曰希；搏之不得，名之曰夷。三者不可至计，故混而为一。一者，其上不皦，其下不昧。 　　寻寻不可名，复归于无物，是谓无状之状。 　　无物之象，是谓芴芒。随而不见其后，迎而不见其首。 　　执今之道，以御今之有。以知古始，是谓道纪。 　　（王弼本第14章）	无极恒道目视不能见，可名为微；耳听不能闻，可名为希；手触不能得，可名为夷。微、希、夷三者不可计算历法，所以通过混沌认知太一常道。太一常道之上的无极恒道不明亮，太一常道之下的天象历数不暗昧。 　　反复探寻不可名状的无极恒道，复归于空无一物，那是没有状貌的状貌。 　　从空无一物中显现的可知天象，就是太阳光芒的表木投影。尾随太一常道之后不见其尾，迎接太一常道之前不见其首。 　　圣君执守今人可知的太一常道，驾驭今人可见的宇宙万有。以此知晓古人认知无极恒道始于认知太一常道，并将太一常道视为无极恒道之纲纪。

		续表
58 古之善士章	古之善为士者，微妙玄达，深不可识。 夫唯不可识，故强为之颂曰： 豫兮其若冬涉川，犹兮其若畏四邻，俨兮其若客，涣兮其若冰释，沌兮其若朴，混兮其若浊，旷兮其若谷。 孰能浊以静者？将徐清。孰能牝以主者？将徐生。 葆此道者，不欲盈。夫唯不欲盈，是以能敝而成。 （王弼本第15章）	古之圣君善于执守太一常道，所以微妙玄达，深不可识。 唯因古之圣君深不可识，所以勉强颂扬如下： 审慎啊如若冬天涉过大川，戒惧啊如若提防四周邻国，拘谨啊如若身为宾客，涣散啊如若薄冰将释，敦厚啊如若未雕朴木，浑沌啊如若混浊之水，空旷啊如若无人山谷。 谁能守浊而静处？必将徐徐澄清。谁能守雌而为主？必将徐徐生成。 古之圣君葆此太一常道，不欲满盈。唯因不欲满盈，故能摆脱敝坏而新成。
59 守静知常章	至虚，极也；守静，督也。 万物并作，吾以观其复也。 天道圆圆，各复其根。 归根曰静，静曰复命。复命，常也。知常，明也。不知常，妄作凶。 知常容，容乃公，公乃王，王乃天，天乃道，道乃久，殁身不殆。 （王弼本第16章）	太一上帝至虚，方能成为天极；太一上帝守静，方能居于天中。 万物遵循太一常道并行作息，吾人以此观其复归。 天道周行旋转，是宇宙万物复归之根。 侯王归根方能清静无为，清静无为方能复归天命。复归天命方能认知常道，认知常道方能德心澄明。不知常道，妄作必凶。 侯王认知常道方能宽容，宽容方能为公，为公方能为王，为王方能顺天，顺天方能尊道，尊道方能长久，终身没有危殆。
道经	五、侯王四境六章（60—65）	今译
60 太上不知章	太上，不知有之。其次，亲而誉之。其次，畏之。其下，侮之。 信不足焉，有不信。 犹兮，其贵言也。功成事遂，百姓皆谓我自然。（以上王弼本第17章） 故大道废焉，有仁义。智慧出焉，有大伪。六亲不和焉，有孝慈。国家昏乱焉，有忠臣。（以上王弼本第18章） 绝知弃辩，民利百倍。绝巧弃利，盗贼无有。绝为弃作，民复孝慈。 此三言也，以为文未足，故令之有所属：见素抱朴，少私寡欲（以上王弼本第19章），绝学无忧。	圣君以德治国，百姓不知有君。贤君以仁治国，百姓亲而誉之。暴君以义治国，百姓畏而惧之。昏君以礼治国，百姓侮而辱之。 后三境俗君诚信不足，百姓不予信任。 第一境圣君犹豫审慎，施行不言之教。功业成就政事顺遂，百姓都说我自然。 所以俗君废弃以德治国的大道，才有仁义礼的伪道。仁义礼的伪智慧出现，才有天下大伪。六亲不和，才有伪装的父慈子孝。国家昏乱，才有伪装的君信臣忠。 圣君绝弃以知治国的言辩，百姓自然获利百倍。圣君绝弃巧取豪夺的重税，百姓自然不做盗贼。圣君绝弃有为妄作的礼教，百姓自然父慈子孝。 以上绝弃三言，褒扬圣君尚嫌不足，所以再予概括：圣君显现纯素抱持朴德，少其私心寡其私欲，拒学有为即可无忧。

续表

61 敬天畏人章	唯之与诃，相去几何？ 美之与恶，相去何若？ 人之所畏，亦不可以不畏人。 芒兮，其未央哉！ 众人熙熙，若享太牢而春登台。 我泊兮未兆，若婴儿之未孩，累兮若无所归。 众人皆有余，而我独若匮。 我愚人之心也哉，沌沌兮！ 俗人昭昭，我独昏昏。 俗人察察，我独闷闷。 芴兮其如晦，芒兮其无所止。 众人皆有以，而我独顽以鄙。 我欲独异于人，而贵食母。 （王弼本第20章）	百姓应诺或诃骂俗君，相去多远？ 百姓赞美或厌恶俗君，相差多大？ 天下人畏惧侯王，侯王也不可以不畏惧天下人。 太阳光芒啊，尚未抵达昆仑台中央！ 众多俗君熙熙攘攘，春分泰卦之日登临昆仑台祭祀太一上帝却不遵循太一常道。 寡人淡泊啊治于祸乱未兆，如同婴儿尚未发笑，孤独前行啊似无同道。 众多俗君自命有余，唯寡人自知不足。 寡人之心如同愚人啊，永葆婴儿混沌初德。 众多俗君自居全知全能，唯独寡人自知无知。 众多俗君自居明察秋毫，唯独寡人自知昏愦。 寡人自比圭影啊自知德晦，俗君自比太阳啊有殆不止。 众多俗君不知鄙陋有为妄作，唯独寡人自知鄙陋无为守拙。 寡人异于众多俗君，独贵仰食太一气母。
62 唯道是从章	孔德之容，唯道是从。 道之为状，唯芒唯芴。 芴兮芒兮，其中有象。 芒兮芴兮，其中有物。 幽兮冥兮，其中有精。 其精甚真，其中有信。 自今及古，其名不去，以顺众父。 吾何以知众父之然哉？以此。 （王弼本第21章）	圣君冲虚德心之容止，唯知顺从无极恒道。 无极恒道显现之状貌，唯有日芒所投圭影。 经由圭影认知日芒，其中就有伏羲卦象。 观测日芒所成圭影，其中就有节令物候。 幽微玄冥的无极恒道，经由太一常道显现精华。 其中精华十分真实，其中规律甚为可信。 由今溯古，历代不去伏羲卦名，以此顺从宇宙众父。 吾人如何知晓宇宙众父之本然而顺从之？凭借这些。
63 曲则全章	曲则全，枉则正。洼则盈，敝则新。少则得，多则惑。是以圣人执一以为天下牧。 不自见故明，不自是故彰，不自伐故有功，不自矜故能长。 夫唯不争，故天下莫能与之争。 古之所谓"曲则全"者，岂虚语哉？诚全而归之。 （王弼本第22章）	侯王自知其曲方能全生，自矫其枉方能得正。侯王自洼其德方能充盈，自治其敝方能新生。侯王少闻必将有得，多闻必将困惑。所以圣君执守太一常道牧民天下。 圣君不拔高己德所以德心澄明，不自以为是所以天道彰显，不自居有功所以治国成功，不自我矜夸所以能为君长。 唯因圣君不争，所以天下侯王不能与之争。 古训所言"自知其曲方能全生"，岂是虚语呢？百姓若能全生，天下必将归心。

续表

64 希言自然章	希言自然。 飘风不终朝，骤雨不终日。孰为此者？天地。天地尚不能久，而况于人乎？ 故从事于道者，同于道。德者，同于德。失者，同于失。 同于德者，道亦德之。同于失者，道亦失之。 信不足焉，有不信。 （王弼本第23章）	侯王无为少发政令，百姓自为合于自然。 暴风不能持续一天，骤雨不能持续一日。发动风雨的是谁？天地。天地有为尚且不能持久，侯王有为怎么可能持久？ 所以侯王四境，同于治国四道。第一境圣君以德治国，所以有德。后三境俗君以仁义礼治国，所以有失。 第一境圣君以德治国，天道视为有德之君。后三境俗君以仁义礼治国，天道视为失德之君。 后三境俗君诚信不足，百姓不予信任。
65 跂者不立章	跂者不立，跨者不行。 自见者不明，自是者不彰，自伐者无功，自矜者不长。 其在道也，曰余食赘行，物或恶之，故有欲者弗居。 （王弼本第24章）	踮起脚跟不能久立，跨行大步不能久行。 俗君拔高己德不能德心澄明，自以为是不能彰显天道，自居有功不能治国成功，自我矜夸不能担任民长。 以道观之，俗君奉行的仁义礼均属弃余之食、附赘之形，百姓容易厌恶，所以欲治天下的圣君不取。
道经	六、道法自然三章（66—68）	今译
66 有状混成章	有状混成，先天地生。寂兮寥兮，独立而不改，周行而不殆，可以为天地母。 吾不知其名，字之曰道，强为之名曰大。大曰逝，逝曰远，远曰反。 道大，天大，地大，人亦大。域中有四大，而人居其一焉。 人法地，地法天，天法道，道法自然。 （王弼本第25章）	有种状貌（无极恒道）浑然天成，先于天地宇宙而生。寂静无声抽象无形，独立存在永恒不变，周行循环永无损坏，可以视为天地宇宙的母体。 吾人不知无极恒道之名，为其取字叫道，勉强为其取名叫大，大之义是逝，逝之义是远，远之义是返。 无极恒道至大，（从属于无极恒道的）太一天球次大，（从属于太一天球的）地球次大，（居于地球的）人类又次大。寰宇之中共有四大，人类属于四大之一。 人类作息效法地球节气，地球节气效法天球周行，天球周行效法恒道循环，恒道循环效法自己本然。
67 重为轻根章	重为轻根，静为躁君。是以君子终日行，不离辎重。 虽有荣观，燕处超然。奈何万乘之王，而以身轻于天下？ 轻则失本，躁则失君。 （王弼本第26章）	侯王慎重方能成为轻浮之民的根本，侯王清静方能成为躁动之民的君长。所以圣君终日出行，不离辎重之车。 侯王虽然可有荣华的宫观，但宜超然处之。为何万乘之王，为了身外之物而轻用己身妄为天下？ 侯王轻率妄作就会失去根本，躁动有为就会失去君位。

续表

道经	68 善行无迹章	善行者，无辙迹。 善言者，无瑕谪。 善数者，不用筹策。 善闭者，无关键而不可启。 善结者，无绳约而不可解。 是以圣人恒善救人，而无弃人。物无弃材，是谓袭明。 故善人，善人之师也；不善人，善人之资也。 不贵其师，不爱其资，虽知大迷。此谓要妙。 （王弼本第 27 章）	善于行走之人，没有车辙印迹。 善于言辞之人，没有瑕疵过失。 善于本数之人，不用卜筮末度。 善于关门之人，不用门闩而他人无法打开。 善于打结之人，不用绳结而他人无法解开。 因此圣君恒常善于救人，而无抛弃之人。每人均有可取之处，这叫因袭太一常道而德心澄明。 因此善良之民是引导圣君向善的老师，不善之民是启发圣君向善的资材。 俗君不尊重引人向善的老师，不爱惜启人向善的资材，即使多知仍属大迷。这是要义妙谛。
道经		七、知雄守雌四章（69—72）	今译
	69 知雄守雌章	知其雄，守其雌，为天下溪。为天下溪，恒德不离，复归于婴儿。 知其白，守其辱，为天下谷。为天下谷，恒德乃足，复归于朴。 知其白，守其黑，为天下式。为天下式，恒德不贷，复归于无极。 朴散则为器，圣人用之则为官长。 （王弼本第 28 章）	圣君认知雄强之祸，持守雌弱之福，成为天下之溪沟。成为天下之溪沟，就能恒德不离，复归于婴儿初德。 圣君认知亲誉之祸，持守诟辱之福，成为天下之山谷。成为天下之山谷，就能恒德富足，复归于素朴真德。 圣君认知自益之祸，持守自损之福，成为天下之法式。成为天下之法式，就能恒德长在，复归于无极恒道。 倘若素朴的恒德离散为仁义礼之器，圣君以器治国就会降格为官长。
	70 大制无割章	夫大制无割，将欲取天下而为之，吾见其不得已。 天下神器也，非可为者也。为之者败之，执之者失之。 物或行或随，或嘘或吹，或强或挫，或培或堕。是以圣人去甚，去大，去奢。 （王弼本第 29 章）	泰道大制不可割裂，侯王欲取天下而作为，吾人见其迫不得已。 天下是至大的神器，并非侯王可以有为之物。侯王有为必将败坏天下，坚执有为必将失去天下。 万物或自行或跟随，或吸气或吹气，或强悍或软弱，或上升或下堕。因此圣君去除过度干预，去除自大妄为，去除奢靡无度。

续表

71 以道佐君章	以道佐人主者，不欲以兵强于天下，其事好还。 师之所处，荆棘生焉。大军之后，必有凶年。 善者果而已，不以取强。果而毋骄，果而毋矜，果而毋伐，果而毋得已居，是谓果而不强。 物壮则老，谓之不道，不道早已。 （王弼本第30章）	以泰道辅佐人主的卿相，不欲用兵戈强行征服天下，因为天道不断循环。 师旅驻扎之处，必将荆棘丛生。邦国大战之后，必将面临凶年。 圣君善于保住胜果而知止，不会乘胜逞强。有胜果不骄溢，有胜果不矜夸，有胜果不自满，有胜果不居为己功，这叫有胜果不逞强。 万物强壮即趋衰老，这叫不合泰道，不合泰道必定早死。
72 兵者不祥章	夫兵者不祥之器也，物或恶之，故有欲者弗居。 君子居则贵左，用兵则贵右。故兵者非君子之器也，不祥之器也。不得已而用之，恬淡为上，勿美也。若美之，是乐杀人也。夫乐杀人，不可以得志于天下矣。 是以吉事尚左，丧事尚右。偏将军居左，上将军居右，言以丧礼居之也。故杀人众，则以悲哀莅之。战胜，则以丧礼居之。 （王弼本第31章）	兵戈是不祥之器，百姓容易厌恶，所以欲取天下的圣君不取。 先王定制，承平之时效法太一历法图左面的泰卦，用兵之时效法太一历法图右面的否卦。所以兵戈不是治国之器，而是不祥之器。侯王迫不得已用兵，恬淡克制为上，勿以兵戈为美。若以兵戈为美，就是乐于杀人。乐于杀人，不能得志于天下。 因此先王定制，吉事之礼效法太一历法图左面的泰卦，丧事之礼效法太一历法图右面的否卦。偏将军居于兵车左面，上将军居于兵车右面，这是采用丧礼处置兵事。所以杀人众多，则以悲哀临之。战胜敌国，则以丧礼处置。
道经	八、《道经》结论五章（73—77）	今译
73 道恒无名章	道恒无名，朴虽小，天地不敢臣。侯王若能守之，万物将自宾。 天地相合，以降甘露，民莫之命而自均。 始制有名，名亦既有，夫亦将知止，知止所以不殆。 譬道之在天下也，犹小谷之与江海。（以上王弼本第32章） 故知人者知也，自知者明也；胜人者有力也，自胜者强也；知足者富也，强行者有志也；不失其所者久也，死而不亡者寿也。（以上王弼本第33章）	天道永恒无名，天道所施朴德虽然微小，但是天地不敢以朴德为臣。侯王若能尊道贵德，万物将会自居宾位。 天地遵循泰道冲气合和，以此降下雨露，民众无须命令就会循德自为而天下均平。 伏羲始制泰卦之名，泰卦之名既有之后，侯王宜于遵循泰道而知止，知止即无危殆。 天道大于天下，犹如江海大于小谷。所以侯王凭借认知人心而认知天下，凭借自知无知而明白天道；凭借战胜敌人而有力，凭借战胜自我而强大；凭借知足寡欲而使民富裕，凭借强力行道而得志天下；凭借不失其位而在位长久，凭借身死国存而国祚长久。

续表

74 天道左右章	道泛兮，其可左右。成功遂事，而弗名有也。 爱利万物而不为主，可名于小。 万物归焉而不知主，可名于大。 是以圣人之能成大也，以其不为大也，故能成大。 （王弼本第34章）	天道遍在永在，可以左生右杀。成就生杀万物之伟业，却不宣称占有万物。 天道爱利万物却不做万物之主，可以命名天道为小。 万物归于天道却不知万物之主，可以命名天道为大。 因此圣君能成其大，是因为效法天道而不自大，所以能成其大。
75 人道大象章	执大象，天下往。往而不害，安平泰。 药与饵，过客止。故道之出言，淡乎其无味也？视之不足见，听之不足闻，用之不可既也。 （王弼本第35章）	圣君执守泰卦之象，天下民众无不归往。民众归往而不受伤害，是为安康平和的泰道。 药物与药引，过客望而却步。为何吾书言说泰道，平淡而无味？因为眼睛看不见泰道，耳朵听不见泰道，泰道之用不可穷尽。
76 柔弱胜刚强章	将欲翕之，必固张之；将欲弱之，必固强之；将欲废之，必固兴之；将欲夺之，必固予之。是谓微明：柔弱胜刚强。 鱼不可脱于渊，国之利器不可以示人。 （王弼本第36章）	将要关闭之，必先开启之；将要弱化之，必先强化之；将要废除之，必先兴盛之；将要剥夺之，必先给予之。这是天道在幽微之中的显明：柔弱的泰道必胜刚强的否术。 泰道如鱼不可脱离渊水，否术利器不可轻易示人。
77 道恒无为章	道恒无为，侯王若能守之，万物将自为。 为而欲作，将镇之以无名之朴。夫亦将知足，知足以静，万物将自定。 （王弼本第37章）	天道永恒无为，侯王若能效法天道持守无为，万物将会循德自为。 万物自为若欲悖道妄作，将被天道分施的无名朴德限定范围。那么万物将会知足，知足就能守静，万物将会自定。

附录一
老子生平年表

老子生前大事		
公元前	春秋纪年	事件
606	周定王元年、陈灵公八年	老子生前三十六年。楚庄王至周，问九鼎轻重。
600	周定王七年、陈灵公十四年	老子生前三十年。陈灵公与大夫孔宁、仪行父通于夏姬。
598	周定王九年、陈成公元年	老子生前二十八年。夏姬之子夏征舒弑陈灵公，楚庄王灭陈，设为楚县。申叔时谏之，复立陈成公。陈国第一次亡国，第一次复国。

青年求道期≈周灵王在位期		
公元前	春秋纪年	事件
570	周灵王二年、陈成公二十九年	老子生于陈国相邑，一岁。此前已建太昊陵。●陈成公背叛与楚之盟。
569	周灵王三年、陈成公三十年	老子二岁，在陈。●楚恭王伐陈。陈成公死，楚罢兵。
568	周灵王四年、陈哀公元年	老子三岁，在陈。
567	周灵王五年、陈哀公二年	老子四岁，在陈。
566	周灵王六年、陈哀公三年	老子五岁，在陈。●楚恭王围陈，复释之。
565	周灵王七年、陈哀公四年	老子六岁，在陈。
564	周灵王八年、陈哀公五年	老子七岁，在陈。
563	周灵王九年、陈哀公六年	老子八岁，在陈。
562	周灵王十年、陈哀公七年	老子九岁，在陈。
561	周灵王十一年、陈哀公八年	老子十岁，在陈。

续表

公元前	春秋纪年	事件
560	周灵王十二年、陈哀公九年	老子十一岁，在陈。
559	周灵王十三年、陈哀公十年、楚康王元年	老子十二岁，在陈。●伍子胥生于楚。
558	周灵王十四年、陈哀公十一年	老子十三岁，在陈。
557	周灵王十五年、陈哀公十二年	老子十四岁，在陈。
556	周灵王十六年、陈哀公十三年	老子十五岁，在陈。
555	周灵王十七年、陈哀公十四年	老子十六岁，在陈。
554	周灵王十八年、陈哀公十五年	老子十七岁，在陈。
553	周灵王十九年、陈哀公十六年	老子十八岁，在陈。
552	周灵王二十年、陈哀公十七年	老子十九岁，在陈。师事宋人常枞，研习《归藏》。
551	周灵王二十一年、陈哀公十八年、鲁襄公二十二年	老子二十岁，在陈。●孔子生于鲁。
550	周灵王二十二年、陈哀公十九年	老子二十一岁，在陈。
549	周灵王二十三年、陈哀公二十年	老子二十二岁，在陈。
548	周灵王二十四年、陈哀公二十一年、齐庄公六年	老子二十三岁，在陈。●崔杼弑齐庄公。
547	周灵王二十五年、陈哀公二十二年	老子二十四岁，在陈。
546	周灵王二十六年、陈哀公二十三年	老子二十五岁，在陈。
545	周灵王二十七年、陈哀公二十四年	老子二十六岁，在陈。

中年史官期≈周景王在位期

公元前	春秋纪年	事件
544	周景王元年、陈哀公二十五年、晋平公十四年	老子二十七岁，仕周。●吴公子季札使晋，曰："晋国之政卒归于赵武子、韩宣子、魏献子之后矣。"
543	周景王二年、陈哀公二十六年、郑简公二十三年	老子二十八岁，仕周。●子产相郑。
542	周景王三年、陈哀公二十七年	老子二十九岁，仕周。
541	周景王四年、陈哀公二十八年	老子三十岁，仕周。
540	周景王五年、陈哀公二十九年	老子三十一岁，仕周。
539	周景王六年、陈哀公三十年、齐景公九年、晋平公十九年	老子三十二岁，仕周。●齐相晏婴使晋，谓叔向曰："齐之政后卒归田氏。"叔向曰："晋国之政将归六卿。"

续表

538	周景王七年、陈哀公三十一年	老子三十三岁，仕周。
537	周景王八年、陈哀公三十二年	老子三十四岁，仕周。
536	周景王九年、陈哀公三十三年、郑简公三十年、晋平公二十二年	老子三十五岁，仕周。●郑相子产铸刑鼎。晋人叔向反对曰："民知有辟（避），则不忌于上。"范蠡生于楚。
535	周景王十年、陈哀公三十四年、齐景公十三年	老子三十六岁，仕周。●孙武生于齐。
534	周景王十一年、陈哀公三十五年、楚灵王七年	老子三十七岁，仕周。●楚公子弃疾灭陈，被楚灵王封为陈公。陈国第二次亡国。
533	周景王十二年、陈惠公元年	老子三十八岁，仕周。
532	周景王十三年、陈惠公二年	老子三十九岁，仕周。
531	周景王十四年、陈惠公三年	老子四十岁，仕周。
530	周景王十五年、陈惠公四年	老子四十一岁，仕周。
529	周景王十六年、陈惠公五年、楚灵王十二年	老子四十二岁，仕周。●楚公子弃疾弑楚灵王自立，即楚平王。楚平王立陈惠公，陈国第二次复国。
528	周景王十七年、陈惠公六年	老子四十三岁，仕周。
527	周景王十八年、陈惠公七年	老子四十四岁，仕周。
526	周景王十九年、陈惠公八年	老子四十五岁，仕周。
525	周景王二十年、陈惠公九年	老子四十六岁，仕周。
524	周景王二十一年、陈惠公十年	老子四十七岁，仕周。
523	周景王二十二年、陈惠公十一年	老子四十八岁，仕周。
522	周景王二十三年、陈惠公十二年、郑定公八年、吴王僚五年	老子四十九岁，仕周。●郑相子产死。伍子胥仕吴。
521	周景王二十四年、陈惠公十三年、鲁昭公二十一年	老子五十岁，仕周。●孔子三十一岁，自鲁至周问于道老子。考察明堂、太庙，见太庙金人及《金人铭》。这是老子撰著《老子》的重要触媒。
520	周景王二十五年、陈惠公十四年	老子五十一岁，仕周。●周景王死，王子朝弑兄自立，国人另立周敬王。争位第一年。
519	周敬王元年、陈惠公十五年、吴王僚八年	老子五十二岁，仕周。●争位第二年。吴王僚使公子光伐陈。
518	周敬王二年、陈惠公十六年	老子五十三岁，仕周。●争位第三年。

续表

公元前	春秋纪年	事件
517	周敬王三年、陈惠公十七年、晋顷公九年、鲁昭公二十五年	老子五十四岁，仕周。●争位第四年。晋卿赵简子问礼于子大叔，子大叔援引郑相子产之言："夫礼，天之经也，地之义也，民之行也。……协于天地之性，是以长久。"（《左传·昭公二十五年》）这是老子撰著《老子》的直接动机。

老年归隐期 ≈ 周敬王在位期		
公元前	春秋纪年	事件
516	周敬王四年、陈惠公十八年、宋景公元年、楚平王十三年	老子五十五岁，辞官，居宋第一年。●争位第五年，王子朝携籍奔楚。
515	周敬王五年、陈惠公十九年、宋景公二年	老子五十六岁，居宋第二年。
514	周敬王六年、陈惠公二十年、宋景公三年	老子五十七岁，居宋第三年。
513	周敬王七年、陈惠公二十一年、宋景公四年、晋顷公十三年、鲁昭公二十九年	老子五十八岁，居宋第四年。授徒范蠡、文子等人。●晋卿赵简子铸刑鼎。孔子反对曰："民在鼎矣，何以尊贵？"《左传·昭公二十九年》
512	周敬王八年、陈惠公二十二年、宋景公五年、吴王阖闾三年	老子五十九岁，居宋第五年。《老子》成书之时间下限。●孙武仕吴。
511	周敬王九年、陈惠公二十三年、宋景公六年、晋定公元年、韩平子三年、越王允常二十八年	老子六十岁，居宋第六年。●晋人叔向八十岁，与韩平子评论《老子》"天下之至柔，驰骋乎天下之至坚"。范蠡、文种仕越。
510	周敬王十年、陈惠公二十四年、宋景公七年、鲁定公元年	老子六十一岁，居宋第七年。●鲁人孔子，与弟子评论《老子》"以德报怨"。
509	周敬王十一年、陈惠公二十五年、宋景公八年	老子六十二岁，居宋第八年。授徒庚桑楚、南荣趎、柏矩等人。
508	周敬王十二年、陈惠公二十六年、宋景公九年	老子六十三岁，居宋第九年。
507	周敬王十三年、陈惠公二十七年、宋景公十年	老子六十四岁，居宋第十年。
506	周敬王十四年、陈惠公二十八年、宋景公十一年、吴王阖闾九年、楚昭王十年	老子六十五岁，居宋第十一年。●吴王阖闾使伍子胥、孙武伐楚入郢，掘墓鞭尸楚平王。楚昭王出奔随国、郑国。

续表

505	周敬王十五年、陈怀公元年、宋景公十二年、楚昭王十一年、吴王阖闾十年、越王允常三十四年	老子六十六岁，居宋第十二年。●周敬王趁楚乱，派人刺杀王子朝于楚。越趁吴后方空虚伐吴。
504	周敬王十六年、陈怀公二年、宋景公十三年、晋定公八年	老子六十七岁，居宋第十三年。●王子朝之徒复作乱，周敬王出奔晋国。
503	周敬王十七年、陈怀公三年、宋景公十四年、晋定公九年	老子六十八岁，居宋第十四年。●晋定公送周敬王归周。
502	周敬王十八年、陈怀公四年、宋景公十五年、吴王阖闾十三年	老子六十九岁，居宋第十五年。●陈怀公应吴王阖闾之召，朝吴，死于吴。
501	周敬王十九年、陈湣公元年、鲁定公九年、宋景公十六年、郑献公十三年	老子七十岁，居宋第十六年。●孔子五十一岁，任中都宰。郑人邓析卒。
500	周敬王二十年、陈湣公二年、鲁定公十年、宋景公十七年、齐景公四十八年	老子七十一岁，居宋第十七年。●孔子五十二岁，相鲁。齐相晏婴卒。
499	周敬王二十一年、陈湣公三年、鲁定公十一年、宋景公十八年	老子七十二岁，居宋第十八年。●孔子五十三岁，任大司寇。
498	周敬王二十二年、陈湣公四年、鲁定公十二年、宋景公十九年	老子七十三岁，居宋第十九年。●孔子五十四岁，大司寇兼摄相事。
497	周敬王二十三年、陈湣公五年、鲁定公十三年、宋景公二十年、卫灵公三十八年	老子七十四岁，居宋第二十年。●孔子五十五岁，离鲁至卫，周游列国第一年。
496	周敬王二十四年、陈湣公六年、宋景公二十一年、吴王阖闾十九年、越王勾践元年	老子七十五岁，居宋第二十一年。●孔子五十六岁，周游列国第二年。吴王阖闾伐越而死。
495	周敬王二十五年、陈湣公七年、宋景公二十二年、曹伯阳七年、吴王夫差元年	老子七十六岁，居宋第二十二年。●孔子五十七岁，周游列国第三年，自曹至宋，在沛邑第二次问道于老子。日食，助葬。吴王夫差伐陈。
494	周敬王二十六年、陈湣公八年、宋景公二十三年	老子七十七岁，居宋第二十三年。●孔子五十八岁，周游列国第四年。越王勾践欲伐吴，范蠡进谏暗引《老子》："夫勇者，逆德也。兵者，凶器也。争者，事之末也。阴谋逆德，好用凶器，始于人者，人之所卒也。因佚之事，上帝之禁也。"（《国语·越语下》）

续表

493	周敬王二十七年、陈湣公九年、宋景公二十四年	老子七十八岁，居宋第二十四年。●孔子五十九岁，周游列国第五年。
492	周敬王二十八年、陈湣公十年、宋景公二十五年、晋定公二十年	老子七十九岁，居宋第二十五年。●晋卿范氏、中行氏与赵氏冲突，知氏、魏氏、韩氏支持赵氏。苌弘支持范氏，被周敬王流放至蜀，自杀。孔子六十岁，周游列国第六年，过宋，宋司马桓魋恶之，欲杀孔子，孔子微服去。
491	周敬王二十九年、陈湣公十一年、宋景公二十六年、晋定公二十一年	老子八十岁，居宋第二十六年。●晋国六卿内战。孔子六十一岁，周游列国第七年，居陈第一年。
490	周敬王三十年、陈湣公十二年、宋景公二十七年、晋定公二十二年	老子八十一岁，居宋第二十七年。●晋卿赵鞅伐灭范氏、中行氏。孔子六十二岁，周游列国第八年，居陈第二年。
489	周敬王三十一年、陈湣公十三年、宋景公二十八年、吴王夫差七年、楚昭王二十七年	老子八十二岁，居宋第二十八年。●孔子六十三岁，周游列国第九年，居陈第三年。吴伐陈，楚救陈。孔子离陈至楚，叶公礼之。
488	周敬王三十二年、陈湣公十四年、宋景公二十九年	老子八十三岁，居宋第二十九年。
487	周敬王三十三年、陈湣公十五年、宋景公三十年、曹伯阳十五年	老子八十四岁，居宋第三十年。●宋景公灭曹。
486	周敬王三十四年、陈湣公十六年、宋景公三十一年、吴王夫差十年、楚昭王三十年	老子八十五岁，居宋第三十一年。●陈湣公应吴王夫差之召，朝吴，楚惠王怒而伐陈。
485	周敬王三十五年、陈湣公十七年、宋景公三十二年	老子八十六岁，居宋第三十二年。
484	周敬王三十六年、陈湣公十八年、宋景公三十三年、卫出公九年、鲁哀公十一年、吴王夫差十二年	老子八十七岁，居宋第三十三年。●孔子六十八岁，周游列国第十四年，自卫返鲁。曾参、子夏此后入门。吴王夫差诛伍子胥。
483	周敬王三十七年、陈湣公十九年、宋景公三十四年、鲁哀公十二年	老子八十八岁，居宋第三十四年。●孔子答曾参、子夏问，四次追忆在宋第二次问道于老子。
482	周敬王三十八年、陈湣公二十年、宋景公三十五年、越王勾践十五年、吴王夫差十四年	老子八十九岁，居宋第三十五年。●吴王夫差北伐中原。越趁机伐吴。
481	周敬王三十九年、陈湣公二十一年、宋景公三十六年、鲁哀公十四年、齐简公四年	老子九十岁，居宋第三十六年。●颜回死于鲁。田常弑齐简公，田齐代姜齐。《春秋》绝笔此年。

续表

480	周敬王四十年、陈湣公二十二年、宋景公三十七年、卫出公十三年	老子九十一岁,居宋第三十七年。●子路死于卫。墨子生于宋。荧惑守心,宋景公罪己。
479	周敬王四十一年、陈湣公二十三年、宋景公三十八年、楚惠王十年、鲁哀公十六年	老子九十二岁,居宋第三十八年。●楚惠王灭陈,杀陈湣公,陈国绝祀。孔子死于鲁。
478	周敬王四十二年、宋景公三十九年、秦悼公十三年	老子九十三岁,出关往秦,留书关尹。
477	周敬王四十三年、秦悼公十四年	老子九十四岁,在秦第一年。
476	周元王元年、秦厉共公元年	老子九十五岁,在秦第二年。
475	周元王二年、秦厉共公二年	老子九十六岁,在秦第三年。
474	周元王三年、秦厉共公三年	老子九十七岁,在秦第四年。
473	周元王四年、秦厉共公四年、越王勾践二十四年、吴王夫差二十三年	老子九十八岁,在秦第五年。●越灭吴。范蠡功成身退。
472	周元王五年、秦厉共公五年	老子九十九岁,在秦第六年。
471	周元王六年、秦厉共公六年	老子百岁,在秦第七年。
470	周元王七年、秦厉共公七年	老子死于秦,秦佚吊之。●春秋终,战国始。

附录二
《老子》大事年表

《老子》成书之前因、动机、时间上限、时间下限			
时间	地点	人物	事件
前 521 老子五十岁	周都洛邑	孔子	孔子自鲁至周问"礼之本"于老子。●是为老子撰著《老子》之前因,证见第一章。
前 517 老子五十四岁	晋都绛邑	子大叔（游吉）	子产殁后五年,子大叔对赵简子转述先大夫郑相子产曰:"夫礼,天之经也,地之义也,民之行也。……协于天地之性,是以长久。"(《左传·昭公二十五年》)老子撰著《老子》之直接动机,是反驳子产对"礼之本"的阐释,重新定义"天之经,地之义,民之行",重新阐释"协于天地之性,是以长久"。●是为老子撰著《老子》之时间上限,证见第三章。
前 512 老子五十九岁	宋国沛邑	老子	《老子》初始本成书于老子六十岁之前。●为老子撰著《老子》之时间下限,证见第一章。

《老子》初始本：上经《德经》,下经《道经》			
时间	地点	人物	事件
前 511 叔向八十岁	晋都绛邑	叔向	叔向与韩平子评论《老子》"天下之至柔,驰骋乎天下之至坚"。●《说苑·敬慎》,叔向明引《老子》。
前 510 孔子四十二岁	鲁都曲阜	孔子	孔子与弟子评论《老子》"以德报怨"。●《论语·宪问》,暗引《老子》。
前 536—前 448 范蠡生卒年	越都会稽	范蠡	老子弟子范蠡曰:"夫勇者,逆德也。兵者,凶器也。争者,事之末也。阴谋逆德,好用凶器,始于人者,人之所卒也。因佚之事,上帝之禁也。"●《国语·越语下》,范蠡暗引《老子》。事在"越王勾践即位三年"(前 494),范蠡四十三岁。

续表

前479后 楚灭陈后	函谷关	关尹	老子出关往秦，留书关尹。●《老子》成书三十余年之后。
战国初期	地点不详	文子	老子弟子所著《文子》大量引用、评论《老子》。
前480—前390 墨子生卒年	宋都商丘	墨子	墨子曰："故《老子》曰：'道冲，而用之有弗盈也。'"●《太平御览》兵部卷五十三引《墨子》，墨子明引《老子》。不见今本《墨子》。
前369—前319 魏惠王在位年	魏都安邑	魏惠王	《老子》曰："圣人无积，尽以为人，己愈有；既以与人，己愈多。"●《战国策·魏策一·魏公叔痤为魏将》，明引《老子》。事在魏惠王八年（前363），其时尚未迁都大梁。
前369—前286 庄子生卒年	宋国蒙邑	庄子	《庄子》大量引用、评论《老子》。
前350—前285 尹文生卒年	齐都临淄	尹文	《老子》曰："道者万物之奥，善人之宝，不善人之所宝。……以政治国，以奇用兵，以无事取天下。……民不畏死，如何以死惧之。"●《尹文子》三次明引《老子》。
前350—前284 苏秦生卒年	楚国鄢都	苏秦	苏秦说楚威王曰："臣闻：治之其未乱也，为之其未有也。"●《史记·苏秦列传》（《战国策·楚策一·苏秦为赵合从说楚威王》同），苏秦暗引《老子》。
前350—前275 慎到生卒年	楚国鄢都	慎到	楚顷襄王太傅、赵人慎到死，葬入湖北荆州（楚国鄢都）郭店一号墓，随葬《老子》摘抄三种，以及老子后学阐释《老子》的《太一生水》。●战国中期《老子》初始本之考古实证。1993年出土。
前319—前301 齐宣王在位年	齐都临淄	颜斶	《老子》曰："虽贵，必以贱为本；虽高，必以下为基。是以侯王称孤、寡、不榖，是其贱之本与？"●《战国策·齐策四·齐宣王见颜斶》，颜斶明引《老子》。
前313—前238 荀况生卒年	赵都邯郸	荀况	《荀子·天论》："老子有见于诎，无见于信。"●荀况评论《老子》。
前290—前235 吕不韦生卒年	秦都咸阳	吕不韦	《吕氏春秋·制乐》："故祸兮福之所倚，福兮祸之所伏。"●吕不韦暗引《老子》。
前280—前233 韩非生卒年	韩都新郑	韩非	《韩非子》之《解老》《喻老》，阐释《老子》。●韩非大量明引、评论《老子》。
战国晚期	楚国某地	鹖冠子	《鹖冠子·世兵》："祸乎福之所倚，福乎祸之所伏，祸与福如纠缠。浑沌错纷，其状若一，交解形状，孰知其则。芴芒无貌，唯圣人而后决其意。"《鹖冠子·备知》："故为者败之，治者乱之。"●鹖冠子暗引《老子》。

续表

前206—前202 楚汉之际	楚地彭城	项羽妾	项羽妾死，葬于彭城（原为宋国沛邑），随葬《老子》。北齐后主高纬武平五年（574）彭城人盗掘得之，为唐初傅奕版《老子》之祖本。唐后亡佚。●楚汉之际《老子》初始本之考古实证。
前200—前168 贾谊生卒年	长沙国	贾谊	《新书·审微》："老聃曰：'为之于未有，治之于未乱。'"●贾谊明引《老子》。
前179—前122 刘安生卒年	淮南国	刘安	《淮南子》大量明引、评论《老子》。
前169—前110 司马谈生卒年	汉都长安	司马谈	《论六家要指》："道家使人精神专一，动合无形，赡足万物。其为术也，因阴阳之大顺，采儒墨之善，撮名法之要，与时迁移，应物变化，立俗施事，无所不宜，指约而易操，事少而功多。"●司马谈评论《老子》。
前145—前90 司马迁生卒年	汉都长安	司马迁	《史记·老子列传》："老子乃著书上下篇。"
西汉早期	长沙国	利苍子	长沙国相利苍之子死，葬入长沙马王堆三号墓，随葬《老子》帛甲本、帛乙本和《黄帝四经》。●西汉早期崇尚"黄老"及《老子》初始本之考古实证。1973年出土。
西汉中期	地点不详	不详	西汉中期汉简本《老子》：上经《德经》四十四章，下经《道经》三十三章。●西汉中期《老子》初始本之考古实证。民间盗掘，2009年入藏北京大学。
西汉晚期	四川成都	严遵	《老子指归》：上经《德经》四十章（今存），下经《道经》三十二章（今佚）。●西汉晚期《老子》初始本之文献实证。

《老子》传世本：上经《道经》，下经《德经》			
时间	地点	人物	事件
西汉晚期	汉都长安	刘向	编定官方钦定本《老子》：上经《道经》三十七章，下经《德经》四十四章。●《老子》传世本之祖本。
东汉晚期	地点不详	河上公	河上公《老子注》：上经《道经》三十七章，下经《德经》四十四章。●《老子》传世本之第一主流传世本。
三国魏	魏都洛阳	王弼	王弼《老子注》：上经《道经》三十七章，下经《德经》四十四章。●《老子》传世本之第二主流传世本。

续表

唐代初期	唐都长安	傅奕	傅奕《老子古本篇》以项羽妾冢本为底本，据河上本、王弼本而颠倒上下经：上经《道经》三十七章，下经《德经》四十四章。●《老子》传世本之第三主流传世本。
唐代	甘肃敦煌	张道陵	敦煌藏经洞东汉张道陵《老子想尔注》抄本残卷：上经《道经》三十七章（今存），下经《德经》四十四章（今佚）。●《老子》传世本之第四主流传世本。现藏大英博物馆，斯坦因编目6825号。
唐代以降	全国全球	注家	唐后《老子》传世本注本：上经《道经》三十七章，下经《德经》四十四章。

附录三
《老子》初始本、王弼本经文对比（繁体字版）

德经

德经	初始本上经《德经》四十四章（1—44）	王弼本下经《德经》四十四章（38—81）
1 上德不德章	上德不德，是以有德。下德不失德，是以無德。 上德無為而無以為，上仁為之而無以為，上義為之而有以為，上禮為之而莫之應，則攘臂而扔之。 故失道而後德，失德而後仁，失仁而後義，失義而後禮。 夫禮者，忠信之薄，而亂之首也。前識者，道之華，而愚之首也。 是以大丈夫居其厚，不居其薄；居其實，不居其華。故去彼取此。	上德不德，是以有德。下德不失德，是以無德。 上德無為而無以為，下德為之而有以為，上仁為之而無以為，上義為之而有以為，上禮為之而莫之應，則攘臂而扔之。 故失道而後德，失德而後仁，失仁而後義，失義而後禮。 夫禮者，忠信之薄而亂之首。前識者，道之華而愚之始。 是以大丈夫處其厚，不居其薄；處其實，不居其華。故去彼取此。（第38章）
2 侯王得一章	昔之得一者，天得一以清，地得一以寧，神得一以靈，谷得一以盈，侯王得一以為天下正。 其致之也，天毋已，清將恐裂；地毋已，寧將恐廢；神毋已，靈將恐歇；谷毋已，盈將恐竭；侯王毋已，貴高將恐蹶。 是故貴必以賤為本，高必以下為基。是以侯王自謂孤、寡、不穀，此其賤之本邪？非也？故致數譽無譽。不欲琭琭如玉，珞珞如石。	昔之得一者，天得一以清，地得一以寧，神得一以靈，谷得一以盈，萬物得一以生，侯王得一以為天下貞。 其致之，天無以清將恐裂，地無以寧將恐發，神無以靈將恐歇，谷無以盈將恐竭，萬物無以生將恐滅，侯王無以貴高將恐蹶。 故貴以賤為本，高以下為基。是以侯王自謂孤、寡、不穀，此非以賤為本歟？非乎？故致數輿無輿。不欲琭琭如玉，珞珞如石。（第39章）
3 反者道动章	反者道之動，弱者道之用。 天下萬物生於有，有生於无。	反者道之動，弱者道之用。 天下萬物生於有，有生於無。（第40章）

续表

德经	初始本上经《德经》四十四章（1—44）	王弼本下经《德经》四十四章（38—81）
4 上士闻道章	上士聞道，勤而行之。中士聞道，若存若亡。下士聞道大笑之，不笑不足以為道。 是以建言有之：明道若昧，進道若退，夷道若纇。上德若谷，大白若辱，廣德若不足，建德若偷，質貞若渝。大方無隅，大器免成，大音希聲。 天象無形，道隱無名。夫唯道，善始且善成。	上士聞道，勤而行之。中士聞道，若存若亡。下士聞道大笑之，不笑不足以為道。 故建言有之：明道若昧，進道若退，夷道若纇。上德若谷，大白若辱，廣德若不足，建德若偷，質真若渝。大方無隅，大器晚成，大音希聲，大象無形。 道隱無名。夫唯道，善貸且成。（第41章）
5 道生一章	道生一，一生二，二生三，三生萬物。 萬物負陰而抱陽，沖氣以為和。 人之所惡，唯孤、寡、不穀，而王公以自名也。是故物或損之而益，或益之而損。 人之所教，亦我而教人。故"強梁者不得其死"，吾將以為教父。	道生一，一生二，二生三，三生萬物。 萬物負陰而抱陽，沖氣以為和。 人之所惡，唯孤、寡、不穀，而王公以為稱。故物或損之而益，或益之而損。 人之所教，我亦教之。強梁者不得其死，吾將以為教父。（第42章）
6 天下至柔章	天下之至柔，馳騁於天下之至堅。 無有人於無間，吾是以知無為之有益也。 不言之教，無為之益，天下希及之矣。	天下之至柔，馳騁天下之至堅。 無有人無間，吾是以知無為之有益。 不言之教，無為之益，天下希及之。（第43章）
7 名身孰亲章	名與身孰親？身與貨孰多？得與亡孰病？ 是故甚愛必大費，多藏必厚亡。故知足不辱，知止不殆，可以長久。	名與身孰親？身與貨孰多？得與亡孰病？ 是故甚愛必大費，多藏必厚亡。知足不辱，知止不殆，可以長久。（第44章）
8 大成若缺章	大成若缺，其用不敝。大盈若沖，其用不窮。 大直若屈，大巧若拙，大盛若絀。 躁勝寒，靜勝熱，清靜為天下正。	大成若缺，其用不弊。大盈若沖，其用不窮。 大直若屈，大巧若拙，大辯若訥。 躁勝寒，靜勝熱，清靜為天下正。（第45章）
9 天下有道章	天下有道，卻走馬以糞。天下無道，戎馬生於郊。 故罪莫大於可欲，禍莫大於不知足，咎莫憯於欲得。 故知足之足，恒足矣。	天下有道，卻走馬以糞。天下無道，戎馬生於郊。 禍莫大於不知足，咎莫大於欲得。 故知足之足，常足矣。（第46章）

续表

德经	初始本上经《德经》四十四章（1—44）	王弼本下经《德经》四十四章（38—81）
10 不出于户章	不出於戶，以知天下；不窺於牖，以知天道。 其出彌遠，其知彌少。 是以聖人不行而知，不見而明，不為而成。	不出戶，知天下；不窺牖，見天道。 其出彌遠，其知彌少。 是以聖人不行而知，不見而名，不為而成。（第47章）
11 为学日益章	為學者日益，為道者日損。 損之又損之，以至於無為。無為而無不為。 取天下也，恒以無事。及其有事，不足以取天下。	為學日益，為道日損。 損之又損，以至於無為。無為而無不為。 取天下常以無事。及其有事，不足以取天下。（第48章）
12 圣人无心章	聖人恒無心，以百姓之心為心。 善者善之，不善者亦善之，德善也。信者信之，不信者亦信之，德信也。 聖人之在天下也，歙歙焉，為天下渾其心。百姓皆屬其耳目焉，聖人皆孩之。	聖人無常心，以百姓心為心。 善者吾善之，不善者吾亦善之，德善。信者吾信之，不信者吾亦信之，德信。 聖人在天下，歙歙焉，為天下渾其心。聖人皆孩之。（第49章）
13 出生入死章	出生入死。 生之徒，十有三。死之徒，十有三。民之生生而動，動皆之死地，亦十有三。 夫何故也？以其生生之厚也。 蓋聞善攝生者，陸行不避兕虎，入軍不被甲兵。兕無所投其角，虎無所措其爪，兵無所容其刃。 夫何故也？以其無死地焉。	出生入死。 生之徒，十有三。死之徒，十有三。人之生，動之死地，亦十有三。 夫何故？以其生生之厚。 蓋聞善攝生者，陸行不遇兕虎，入軍不被甲兵。兕無所投其角，虎無所措其爪，兵無所容其刃。 夫何故？以其無死地。（第50章）
14 道生德畜章	道生之，德畜之，物形之，器成之，是以萬物尊道而貴德。 道之尊也，德之貴也，夫莫之爵而恒自然。故道生之畜之，長之育之，成之熟之，養之覆之；生而不有，為而不恃，長而不宰，是謂玄德。	道生之，德畜之，物形之，勢成之，是以萬物莫不尊道而貴德。 道之尊，德之貴，夫莫之命而常自然。故道生之，德畜之，長之育之，亭之毒之，養之覆之；生而不有，為而不恃，長而不宰，是謂玄德。（第51章）
15 天下有始章	天下有始，以為天下母。 既得其母，以知其子。既知其子，復守其母，歿身不殆。 塞其兑，閉其門，終身不勤。啟其兑，濟其事，終身不勑。 見小曰明，守柔曰強。用其光，復歸其明。毋遺身殃，是謂襲常。	天下有始，以為天下母。 既得其母，以知其子。既知其子，復守其母，沒身不殆。 塞其兑，閉其門，終身不勤。開其兑，濟其事，終身不救。 見小曰明，守柔曰強。用其光，復歸其明。無遺身殃，是為習常。（第52章）

续表

德经	初始本上经《德经》四十四章（1—44）	王弼本下经《德经》四十四章（38—81）
16 挈然有知章	使我挈然有知，行於大道，唯迤是畏。 大道甚夷，人甚好徑。 朝甚除，田甚蕪，倉甚虛。服文綵，帶利劍，饜飲食，而資貨有餘。是謂盜竽，非道也。	使我介然有知，行於大道，唯施是畏。 大道甚夷，而民好徑。 朝甚除，田甚蕪，倉甚虛。服文綵，帶利劍，厭飲食，財貨有餘，是謂盜夸，非道也哉。（第53章）
17 善建不拔章	善建者不拔，善抱者不脫，子孫以其祭祀不絕。 修之於身，其德乃貞；修之於家，其德乃餘；修之於鄉，其德乃長；修之于國，其德乃豐；修之天下，其德乃博。 以身觀身，以家觀家，以鄉觀鄉，以國觀國，以天下觀天下。 吾何以知天下之然哉？以此。	善建者不拔，善抱者不脫，子孫以祭祀不輟。 修之於身，其德乃真；修之於家，其德乃餘；修之於鄉，其德乃長；修之于國，其德乃豐；修之於天下，其德乃普。 故以身觀身，以家觀家，以鄉觀鄉，以國觀國，以天下觀天下。 吾何以知天下然哉？以此。（第54章）
18 含德之厚章	含德之厚者，比於赤子；蜂蠆虺蛇不螫，攫鳥猛獸不搏。 骨弱筋柔而握固，未知牝牡之合而朘怒，精之至也。終日號而不嗄，和之至也。 和曰常，知曰明，益生曰祥，心使氣曰強。物壯則老，謂之不道，不道早已。	含德之厚，比於赤子；蜂蠆虺蛇不螫，猛獸不據，攫鳥不搏。 骨弱筋柔而握固，未知牝牡之合而全作，精之至也。終日號而不嗄，和之至也。 知和曰常，知常曰明。益生曰祥，心使氣曰強。物壯則老，謂之不道，不道早已。（第55章）
19 知者不言章	知者不言，言者不知。 塞其兌，閉其門，和其光，同其塵；挫其銳，解其紛。是謂玄同。 故不可得而親，亦不可得而疏；不可得而利，亦不可得而害；不可得而貴，亦不可得而賤。故為天下貴。	知者不言，言者不知。 塞其兌，閉其門；挫其銳，解其分；和其光，同其塵。是謂玄同。 故不可得而親，不可得而疏；不可得而利，不可得而害；不可得而貴，不可得而賤。故為天下貴。（第56章）
20 以正治國章	以正治國，以奇用兵，以無事取天下。 吾何以知其然也？夫天下多忌諱而民彌叛，民多利器而國家滋昏，人多知而奇物滋起，法令滋彰而盜賊多有。 是以聖人之言曰：我無為而民自為，我好靜而民自正，我無事而民自富，我欲不欲而民自樸。	以正治國，以奇用兵，以無事取天下。 吾何以知其然哉？以此。天下多忌諱，而民彌貧。民多利器，國家滋昏。人多伎巧，奇物滋起。法令滋彰，盜賊多有。 故聖人云：我無為而民自化，我好靜而民自正，我無事而民自富，我無欲而民自樸。（第57章）

附录三 《老子》初始本、王弼本经文对比（繁体字版）

续表

德经	初始本上经《德经》四十四章（1—44）	王弼本下经《德经》四十四章（38—81）
21 其政悶悶章	其政悶悶，其民淳淳。其政察察，其民缺缺。 禍兮福之所倚，福兮禍之所伏，夫孰知其極？ 其無正也，正復為奇，善復為妖。人之迷也，其日固久矣。 是以聖人方而不割，廉而不劌，直而不肆，光而不耀。	其政悶悶，其民淳淳。其政察察，其民缺缺。 禍兮福之所倚，福兮禍之所伏，孰知其極？其無正？ 正復為奇，善復為妖。人之迷，其日固久。 是以聖人方而不割，廉而不劌，直而不肆，光而不耀。（第58章）
22 治人事天章	治人事天莫若嗇。夫唯嗇，是以早服。早服是謂重積德，重積德則無不克，無不克則莫知其極，莫知其極則可以有國。 有國之母，可以長久，是謂深根固柢、長生久視之道也。	治人事天莫若嗇。夫唯嗇，是謂早服。早服謂之重積德，重積德則無不克，無不克則莫知其極。莫知其極，可以有國。 有國之母，可以長久，是謂深根固柢、長生久視之道。（第59章）
23 大國小鮮章	治大國若烹小鮮。 以道莅天下，其鬼不神。非其鬼不神也，其神不傷人也。非其神不傷人也，聖人亦不傷民也。 夫兩不相傷，則德交歸焉。	治大國若烹小鮮。 以道莅天下，其鬼不神。非其鬼不神，其神不傷人。非其神不傷人，聖人亦不傷人。 夫兩不相傷，故德交歸焉。（第60章）
24 大國下流章	大國者下流也，天下之牝也。天下之交也，牝恒以靜勝牡。以其靜也，故宜為下。 故大國以下小國，則取小國；小國以下大國，則取於大國。故或下以取，或下而取。故大國不過欲兼畜人，小國不過欲入事人。夫各得其欲，則大者宜為下。	大國者下流，天下之交，天下之牝。牝常以靜勝牡，以靜為下。 故大國以下小國，則取小國；小國以下大國，則取大國。故或下以取，或下而取。大國不過欲兼畜人，小國不過欲入事人。夫兩者各得其所欲，大者宜為下。（第61章）
25 道主萬物章	道者萬物之主也，善人之葆也，不善人之所葆也。人之不善，何棄之有？ 美言可以市尊，美行可以加人。故立天子，置三公，雖有拱璧，以先駟馬，不如坐而進此。 古之所以貴此者何也？不謂求以得，有罪以免歟？故為天下貴。	道者萬物之奧，善人之寶，不善人之所保。 美言可以市，尊行可以加人。人之不善，何棄之有？故立天子，置三公，雖有拱璧，以先駟馬，不如坐進此道。 古之所以貴此道者何？不曰以求得，有罪以免邪？故為天下貴。（第62章）

续表

德经	初始本上经《德经》四十四章（1—44）	王弼本下经《德经》四十四章（38—81）
26 为无为章	為無為，事無事，味無味。 大小多少，報怨以德。 圖難於其易，為大於其細。天下難事必作於易，天下大事必作於細。是以聖人終不為大，故能成其大。 夫輕諾者必寡信，多易者必多難。是以聖人猶難之，故終無難。	為無為，事無事，味無味。 大小多少，報怨以德。 圖難於其易，為大於其細。天下難事必作於易，天下大事必作於細。是以聖人終不為大，故能成其大。 夫輕諾必寡信，多易必多難，是以聖人猶難之，故終無難矣。（第63章）
27 其安易持章	其安，易持也。其未兆，易謀也。其脆，易泮也。其微，易散也。 為之於未有也，治之於未亂也。 合抱之木，作於毫末。九成之臺，作於蔂土。百仞之高，始於足下。	其安易持，其未兆易謀，其脆易泮，其微易散。 為之於未有，治之於未亂。 合抱之木，生於毫末；九層之臺，起於累土；千里之行，始於足下。
28 为者败之章	為之者敗之，執之者失之。是以聖人無為，故無敗；無執，故無失。 人之敗也，恒於其且成也敗之。故慎終如始，則無敗事。 是以聖人欲不欲，不貴難得之貨；學不學，復眾人之所過；以輔萬物之自然，而不敢為。	為者敗之，執者失之。是以聖人無為，故無敗；無執，故無失。 民之從事，常於幾成而敗之。慎終如始，則無敗事。 是以聖人欲不欲，不貴難得之貨；學不學，復眾人之所過；以輔萬物之自然，而不敢為。（第64章）
29 古之为道章	古之為道者，非以明民也，將以愚之也。 民之難治，以其知也。故以知治國，國之賊也；不以知治國，國之德也。 恒知此兩者，亦稽式也。恒知稽式，是謂玄德。玄德深矣，遠矣，與物反矣，乃至大順。	古之善為道者，非以明民，將以愚之。 民之難治，以其智多。故以智治國，國之賊；不以智治國，國之福。 知此兩者，亦稽式。常知稽式，是謂玄德。玄德深矣，遠矣，與物反矣，然後乃至大順。（第65章）
30 江海百谷章	江海之所以能為百谷王者，以其善下之也，故能為百谷王。 是以聖人之欲上民也，必以其言下之；其欲先民也，必以其身後之。 故居上而民不重，居前而民不害也，天下樂推而不厭也。 以其不爭也，故天下莫能與之爭。	江海所以能為百谷王者，以其善下之，故能為百谷王。 是以欲上民，必以言下之；欲先民，必以身後之。 是以聖人處上而民不重，處前而民不害，是以天下樂推而不厭。 以其不爭，故天下莫能與之爭。（第66章）

续表

德经	初始本上经《德经》四十四章（1—44）	王弼本下经《德经》四十四章（38—81）
31 泰道三宝章	天下皆謂我大，大而不宵。夫唯大，故不宵。若宵，久矣其細也夫！ 我恒有三寶，持而保之：一曰慈，二曰儉，三曰不敢為天下先。 慈，故能勇；儉，故能廣；不敢為天下先，故能為成事長。今舍其慈且勇，舍其儉且廣，舍其後且先，則死矣。夫慈，以戰則勝，以守則固。天將建之，以慈衛之。	天下皆謂我道大，似不肖。夫唯大，故似不肖。若肖，久矣其細也夫！ 我有三寶，持而保之：一曰慈，二曰儉，三曰不敢為天下先。 慈，故能勇；儉，故能廣；不敢為天下先，故能成器長。今舍慈且勇，舍儉且廣，舍後且先，死矣。夫慈，以戰則勝，以守則固。天將救之，以慈衛之。（第67章）
32 善为士者章	善為士者不武，善戰者不怒，善勝敵者不與，善用人者為之下。 是謂不爭之德，是謂用人，是謂配天，古之極也。	善為士者不武，善戰者不怒，善勝敵者不與，善用人者為之下。 是謂不爭之德，是謂用人之力，是謂配天，古之極。（第68章）
33 用兵有言章	用兵有言曰："吾不敢為主而為客，不敢進寸而退尺。"是謂行無行，攘無臂，執無兵，扔無敵。 禍莫大於無敵，無敵近亡吾寶矣。故抗兵相若，則哀者勝矣。	用兵有言："吾不敢為主而為客，不敢進寸而退尺。"是謂行無行，攘無臂，扔無敵，執無兵。 禍莫大於輕敵，輕敵幾喪吾寶。故抗兵相加，哀者勝矣。（第69章）
34 吾言易知章	吾言甚易知，甚易行。而人莫之能知，莫之能行。 言有宗，事有君。夫唯無知，是以不我知。知我者希，則我貴矣，是以聖人被褐而懷玉。	吾言甚易知，甚易行。天下莫能知，莫能行。 言有宗，事有君。夫唯無知，是以不我知。知我者希，則我者貴，是以聖人被褐懷玉。（第70章）
35 知不知章	知不知，上矣。不知不知，病矣。 是以聖人之不病，以其病病也，是以不病。	知不知，上。不知知，病。 夫唯病病，是以不病。聖人不病，以其病病，是以不病。（第71章）
36 民不畏威章	民不畏威，則大威將至矣。 毋狹其所居，毋厭其所生。夫唯弗厭，是以不厭。 是以聖人自知而不自見也，自愛而不自貴也。故去彼取此。	民不畏威，則大威至。 無狎其所居，無厭其所生。夫唯不厭，是以不厭。 是以聖人自知不自見，自愛不自貴。故去彼取此。（第72章）

续表

德经	初始本上经《德经》四十四章（1—44）	王弼本下经《德经》四十四章（38—81）
37 勇于不敢章	勇於敢者則殺，勇於不敢者則活。此兩者，或利或害。 天之所惡，孰知其故？天之道，不爭而善勝，不言而善應，不召而自來，默然而善謀。天網恢恢，疏而不失。	勇於敢則殺，勇於不敢則活。此兩者，或利或害。 天之所惡，孰知其故？是以聖人猶難之。天之道，不爭而善勝，不言而善應，不召而自來，繟然而善謀。天網恢恢，疏而不失。（第73章）
38 民不畏死章	若民恒且不畏死，奈何以殺懼之也？若使民恒且畏死，而為奇者吾得而殺之，夫孰敢矣？ 若民恒且必畏死，則恒有司殺者。夫代司殺者殺，是代大匠斵也。夫代大匠斵者，則希不傷其手矣。	民不畏死，奈何以死懼之？若使民常畏死，而為奇者吾得執而殺之，孰敢？ 常有司殺者殺。夫代司殺者殺，是謂代大匠斵。夫代大匠斵者，希有不傷其手矣。（第74章）
39 民饥轻死章	民之饑也，以其上取食稅之多也，是以饑。 民之不治者，以其上之有以為也，是以不治。 民之輕死者，以其求生之厚也，是以輕死。 夫唯無以生為者，是賢於貴生也。	民之饑，以其上食稅之多，是以饑。 民之難治，以其上之有為，是以難治。 民之輕死，以其求生之厚，是以輕死。 夫唯無以生為者，是賢於貴生。（第75章）
40 生也柔弱章	人之生也柔弱，其死也堅強。草木之生也柔脆，其死也枯槁。 故曰：堅強者，死之徒也。柔弱者，生之徒也。 是以兵強則不勝，木強則折。故強大居下，柔弱居上。	人之生也柔弱，其死也堅強。萬物草木之生也柔脆，其死也枯槁。 故堅強者死之徒，柔弱者生之徒。 是以兵強則不勝，木強則兵。強大處下，柔弱處上。（第76章）
41 天道张弓章	天之道，猶張弓者也。高者抑之，下者舉之。有餘者損，不足者補之。 故天之道，損有餘而益不足。人之道不然，損不足而奉有餘。 孰能有餘而又取奉於天者？唯有道者也。 是以聖人為而不有，成功而不居也，若此其不欲見賢也。	天之道，其猶張弓歟？高者抑之，下者舉之。有餘者損之，不足者補之。 天之道，損有餘而補不足。人之道則不然，損不足以奉有餘。 孰能有餘以奉天下？唯有道者。 是以聖人為而不恃，功成而不處，其不欲見賢。（第77章）

附录三 《老子》初始本、王弼本经文对比（繁体字版）

续表

德经	初始本上经《德经》四十四章（1—44）	王弼本下经《德经》四十四章（38—81）
42 柔之胜刚章	天下莫柔弱於水，而攻堅强者莫之能先也，以其無以易之也。 柔之勝剛，弱之勝强，天下莫不知，莫能行。 故聖人之言云："受國之訴，是謂社稷之主；受國之不祥，是謂天下之王。"正言若反。 和大怨，必有餘怨，安可以為善？是以聖人執左契，而不責於人。 故有德司契，無德司徹。"天道無親，恒與善人。"	天下莫柔弱於水，而攻堅强者莫之能勝，其無以易之。 弱之勝强，柔之勝剛，天下莫不知，莫能行。 是以聖人云：受國之垢，是謂社稷主；受國不祥，是為天下王。正言若反。（第78章） 和大怨，必有餘怨，安可以為善？是以聖人執左契，而不責於人。 有德司契，無德司徹。天道無親，恒與善人。（第79章）
43 小国寡民章	小國寡民，使有什佰人之器而不用，使民重死而遠徙。 雖有舟車，無所乘之；雖有甲兵，無所陳之。 使民復結繩而用之，甘其食，美其服，樂其俗，安其居。鄰國相望，雞狗之聲相聞，民至老死不相往來。	小國寡民，使有什伯之器而不用，使民重死而不遠徙。 雖有舟輿，無所乘之；雖有甲兵，無所陳之。 使人復結繩而用之。甘其食，美其服，安其居，樂其俗。鄰國相望，雞犬之聲相聞，民至老死不相往來。（第80章）
44 信言不美章	信言不美，美言不信。知者不博，博者不知。善者不多，多者不善。 聖人無積，既以為人，己愈有；既以予人，己愈多。 故天之道，利而不害；人之道，為而不爭。	信言不美，美言不信。善者不辯，辯者不善。知者不博，博者不知。 聖人不積，既以為人，己愈有；既以與人，己愈多。 天之道，利而不害；聖人之道，為而不爭。（第81章）

道经

道经	初始本下经《道经》三十三章（45—77）	王弼本上经《道经》三十七章（1—37）
45 道可道章	道，可道也，非恒道也；名，可名也，非恒名也。 無，名萬物之始也；有，名萬物之母也。 故恒無，欲以觀其妙；恒有，欲以觀其所竅。 兩者同出，異名同謂。玄之又玄，眾妙之門。	道可道，非常道；名可名，非常名。 無名，天地之始；有名，萬物之母。 故常無欲，以觀其妙；常有欲，以觀其徼。 此兩者同出而異名，同謂之玄。玄之又玄，眾妙之門。（第1章）

续表

道经	初始本下经《道经》三十三章（45—77）	王弼本上经《道经》三十七章（1—37）
46 天下知美章	天下皆知美之為美，斯惡矣；皆知善之為善，斯不善矣。 有、無之相生也，難、易之相成也，長、短之相形也，高、下之相盈也，音、聲之相和也，先、後之相隨也，恒也。 是以聖人居無為之事，行不言之教；萬物作而不辭也，為而不恃也，成功而弗居。夫唯不居也，是以不去也。	天下皆知美之為美，斯惡已；皆知善之為善，斯不善已。 故有、無相生，難、易相成，長、短相較，高、下相傾，音、聲相和，前、後相隨。 是以聖人處無為之事，行不言之教；萬物作焉而不辭，生而不有，為而不恃，功成而弗居。夫唯弗居，是以不去。（第2章）
47 不尚賢章	不尚賢，使民不爭；不貴難得之貨，使民不為盜；不見可欲，使民不亂。 是以聖人之治也，虛其心，實其腹，弱其志，強其骨，恒使民無知無欲也，使夫知不敢。弗為而已，則無不治矣。	不尚賢，使民不爭；不貴難得之貨，使民不為盜；不見可欲，使民心不亂。 是以聖人之治，虛其心，實其腹，弱其志，強其骨；常使民無知無欲，使夫智者不敢為也。為無為，則無不治。（第3章）
48 道沖不盈章	道沖，而用之有不盈也。淵兮，似萬物之宗。 挫其銳，解其紛；和其光，同其塵。湛兮，似或存。 吾不知其誰子，象帝之先。	道沖而用之或不盈，淵兮似萬物之宗。 挫其銳，解其紛；和其光，同其塵。湛兮似或存。 吾不知誰之子，象帝之先。（第4章）
49 天地不仁章	天地不仁，以萬物為芻狗。聖人不仁，以百姓為芻狗。 天地之間，其猶橐籥歟？虛而不屈，動而愈出。 多聞數窮，不若守於中。	天地不仁，以萬物為芻狗；聖人不仁，以百姓為芻狗。 天地之間，其猶橐籥乎？虛而不屈，動而愈出。 多言數窮，不如守中。（第5章）
50 谷神不死章	谷神不死，是謂玄牝。玄牝之門，是謂天地之根。綿綿若存，用之不勤。 天長地久。天地之所以能長且久者，以其不自生也，故能長生。 是以聖人後其身而身先，外其身而身存。不以其無私乎？故能成其私。	谷神不死，是謂玄牝。玄牝之門，是謂天地根。綿綿若存，用之不勤。（第6章） 天長地久。天地所以能長且久者，以其不自生，故能長生。 是以聖人後其身而身先，外其身而身存。非以其無私邪？故能成其私。（第7章）
51 上善若水章	上善若水。水善利萬物而不爭，居眾人之所惡，故幾於道矣。 居善地，心善淵，予善天，言善信，正善治，事善能，動善時。 夫唯不爭，故無尤。	上善若水。水善利萬物而不爭，處眾人之所惡，故幾於道。 居善地，心善淵，與善仁，言善信，正善治，事善能，動善時。 夫唯不爭，故無尤。（第8章）

续表

道经	初始本下经《道经》三十三章（45—77）	王弼本上经《道经》三十七章（1—37）
52 持而盈之章	持而盈之，不若其已。 揣而銳之，不可長葆。 金玉盈室，莫能守也。 貴富而驕，自遺咎也。 功遂身退，天之道也。	持而盈之，不如其已。 揣而梲之，不可長保。 金玉滿堂，莫之能守。 富貴而驕，自遺其咎。 功遂身退，天之道。（第9章）
53 抱一愛民章	載營魄抱一，能毋離乎？ 搏氣致柔，能嬰兒乎？ 滌除玄鑒，能毋有疵乎？ 愛民治國，能毋以知乎？ 天門啟閉，能為雌乎？ 明白四達，能毋以知乎？ 故生之畜之，生而不有，長而不宰，是謂玄德。	載營魄抱一，能無離乎？ 專氣致柔，能嬰兒乎？ 滌除玄覽，能無疵乎？ 愛民治國，能無知乎？ 天門開闔，能無雌乎？ 明白四達，能無為乎？ 生之畜之，生而不有，為而不恃，長而不宰，是謂玄德。（第10章）
54 輻共一轂章	三十輻共一轂，當其無，有車之用。 埏埴以為器，當其無，有器之用。 鑿戶牖，當其無，有室之用。 故有之以為利，無之以為用。	三十輻共一轂，當其無，有車之用。 埏埴以為器，當其無，有器之用。 鑿戶牖以為室，當其無，有室之用。 故有之以為利，無之以為用。（第11章）
55 五色目盲章	五色令人目盲，五音令人耳聾，五味令人口爽，馳騁田獵令人心發狂，難得之貨令人行妨。 是以聖人之治也，為腹不為目。故去彼取此。	五色令人目盲，五音令人耳聾，五味令人口爽，馳騁畋獵令人心發狂，難得之貨令人行妨。 是以聖人為腹不為目，故去彼取此。（第12章）
56 寵辱若驚章	寵辱若驚，貴大患若身。 何謂寵辱若驚？寵為下也。得之若驚，失之若驚，是謂寵辱若驚。 何謂貴大患若身？吾所以有大患者，為吾有身。及吾無身，吾有何患？ 故貴以身為天下，若可以托天下；愛以身為天下，若可以寄天下。	寵辱若驚，貴大患若身。 何謂寵辱若驚？寵為下。得之若驚，失之若驚，是謂寵辱若驚。 何謂貴大患若身？吾所以有大患者，為吾有身。及吾無身，吾有何患？ 故貴以身為天下，若可寄天下；愛以身為天下，若可託天下。（第13章）

续表

道经	初始本下经《道經》三十三章（45—77）	王弼本上经《道經》三十七章（1—37）
57 执今之道章	視之不見，名之曰微；聽之不聞，名之曰希；搏之不得，名之曰夷。三者不可至計，故混而為一。一者，其上不皦，其下不昧。 尋尋不可名，復歸於無物，是謂無狀之狀。 無物之象，是謂芴芒。隨而不見其後，迎而不見其首。 執今之道，以禦今之有。以知古始，是謂道紀。	視之不見名曰夷，聽之不聞名曰希，搏之不得名曰微。此三者不可致詰，故混而為一。其上不皦，其下不昧。 繩繩不可名，復歸於無物。 是謂無狀之狀，無物之象，是謂惚恍。迎之不見其首，隨之不見其後。 執古之道，以禦今之有。能知古始，是謂道紀。（第14章）
58 古之善士章	古之善為士者，微妙玄达，深不可識。 夫唯不可識，故強為之頌曰： 豫兮其若冬涉川，猶兮其若畏四鄰，儼兮其若客，渙兮其若冰釋，沌兮其若樸，混兮其若濁，曠兮其若谷。 孰能濁以靜者？將徐清。孰能牝以主者？將徐生。 葆此道者，不欲盈。夫唯不欲盈，是以能敝而成。	古之善為士者，微妙玄通，深不可識。 夫唯不可識，故強為之容： 豫焉若冬涉川，猶兮若畏四鄰，儼兮其若容，渙兮若冰之將釋，敦兮其若樸，曠兮其若谷，混兮其若濁。 孰能濁以靜之？徐清。孰能安以久動之？徐生。 保此道者，不欲盈。夫唯不盈，故能蔽不新成。（第15章）
59 守靜知常章	至虛，極也；守靜，督也。 萬物並作，吾以觀其復也。 天道圓圓，各復其根。 歸根曰靜，靜曰復命。復命，常也。知常，明也。不知常，妄作凶。 知常容，容乃公，公乃王，王乃天，天乃道，道乃久，歿身不殆。	致虛極，守靜篤。 萬物並作，吾以觀復。 夫物芸芸，各復歸其根。 歸根曰靜，是謂復命。覆命曰常，知常曰明。不知常，妄作凶。 知常容，容乃公，公乃王，王乃天，天乃道，道乃久，沒身不殆。（第16章）
60 太上不知章	太上，不知有之。其次，親而譽之。其次，畏。其下，侮之。 信不足焉，有不信。 猶兮，其貴言也。功成事遂，百姓皆謂我自然。 故大道廢焉，有仁義。智慧出焉，有大偽。六親不和焉，有孝慈。國家昏亂焉，有忠臣。 絕知棄辯，民利百倍。絕巧棄利，盜賊無有。絕為棄作，民復孝慈。 此三言也，以為文未足，故令之有所屬：見素抱樸，少私寡欲，絕學無憂。	太上，下知有之。其次，親而譽之。其次，畏之。其次，侮之。 信不足焉，有不信焉。 悠兮其貴言。功成事遂，百姓皆謂我自然。（第17章） 大道廢，有仁義。智慧出，有大偽。六親不和，有孝慈。國家昏亂，有忠臣。（第18章） 絕聖棄智，民利百倍。絕仁棄義，民復孝慈。絕巧棄利，盜賊無有。 此三者，以為文不足，故令有所屬：見素抱樸，少私寡欲。（第19章）

附录三 《老子》初始本、王弼本经文对比（繁体字版）　　505

续表

道经	初始本下经《道经》三十三章（45—77）	王弼本上经《道经》三十七章（1—37）
61 敬天畏人章	唯之與訶，相去幾何？ 美之與惡，相去何若？ 人之所畏，亦不可以不畏人。 芒兮，其未央哉！ 衆人熙熙，若享太牢而春登臺。 我泊兮未兆，若嬰兒之未孩，縈兮若無所歸。 衆人皆有餘，而我獨若匱。 我愚人之心也哉，沌沌兮！ 俗人昭昭，我獨昏昏。 俗人察察，我獨悶悶。 芴兮其如晦，芒兮其無所止。 衆人皆有以，而我獨頑以鄙。 我欲獨異於人，而貴食母。	絕學無憂。 唯之與阿，相去幾何？ 善之與惡，相去若何？ 人之所畏，不可不畏。 荒兮，其未央哉！ 衆人熙熙，如享太牢，如春登臺。 我獨泊兮其未兆，如嬰兒之未孩，儽儽兮若無所歸。 衆人皆有餘，而我獨若遺。 我愚人之心也哉，沌沌兮！ 俗人昭昭，我獨昏昏。 俗人察察，我獨悶悶。 澹兮其若海，飂兮若無止。 衆人皆有以，而我獨頑似鄙。 我獨異於人，而貴食母。（第20章）
62 唯道是从章	孔德之容，唯道是從。 道之爲狀，唯芒唯芴。 芴兮芒兮，其中有象。 芒兮芴兮，其中有物。 幽兮冥兮，其中有精。 其精甚真，其中有信。 自今及古，其名不去，以順衆父。 吾何以知衆父之然哉？以此。	孔德之容，惟道是從。 道之爲物，惟恍惟惚。 惚兮恍兮，其中有象。 恍兮惚兮，其中有物。 窈兮冥兮，其中有精。 其精甚真，其中有信。 自古及今，其名不去，以閱衆甫。 吾何以知衆甫之狀哉？以此。（第21章）
63 曲则全章	曲則全，枉則正。窪則盈，敝則新。少則得，多則惑。是以聖人執一以爲天下牧。 不自見故明，不自是故彰，不自伐故有功，不自矜故能長。 夫唯不爭，故天下莫能與之爭。 古之所謂"曲則全"者，豈虛語哉？誠全而歸之。	曲則全，枉則直。窪則盈，敝則新。少則得，多則惑。是以聖人抱一爲天下式。 不自見故明，不自是故彰，不自伐故有功，不自矜故長。 夫唯不爭，故天下莫能與之爭。 古之所謂"曲則全"者，豈虛言哉？誠全而歸之。（第22章）
64 希言自然章	希言自然。 飄風不終朝，驟雨不終日。孰爲此者？天地。天地尚不能久，而況於人乎？ 故從事於道者，同於道。德者，同於德。失者，同於失。 同於德者，道亦德之。同於失者，道亦失之。 信不足焉，有不信。	希言自然。 故飄風不終朝，驟雨不終日。孰爲此者？天地。天地尚不能久，而況於人乎？ 故從事於道者，道者同於道，德者同於德。失者同於失。 同於道者，道亦樂得之。同於德者，德亦樂得之。同於失者，失亦樂得之。 信不足，焉有不信焉。（第23章）

续表

道经	初始本下经《道经》三十三章（45—77）	王弼本上经《道经》三十七章（1—37）
65 跂者不立章	跂者不立，跨者不行。 自見者不明，自是者不彰，自伐者無功，自矜者不長。 其在道也，曰餘食贅行，物或惡之，故有欲者弗居。	企者不立，跨者不行。 自見者不明，自是者不彰，自伐者無功，自矜者不長。 其在道也，曰餘食贅行，物或惡之，故有道者不處。（第24章）
66 有狀混成章	有狀混成，先天地生。寂兮寥兮，獨立而不改，周行而不殆，可以為天地母。 吾不知其名，字之曰道，強為之名曰大。大曰逝，逝曰遠，遠曰反。 道大，天大，地大，人亦大。域中有四大，而人居其一焉。 人法地，地法天，天法道，道法自然。	有物混成，先天地生。寂兮寥兮，獨立不改，周行而不殆，可以為天下母。 吾不知其名，字之曰道，強為之名曰大。大曰逝，逝曰遠，遠曰反。 故道大，天大，地大，王亦大。域中有四大，而王居其一焉。 人法地，地法天，天法道，道法自然。（第25章）
67 重為輕根章	重為輕根，靜為躁君。是以君子終日行，不離輜重。 雖有榮觀，燕處超然。奈何萬乘之王，而以身輕於天下？ 輕則失本，躁則失君。	重為輕根，靜為躁君。是以聖人終日行，不離輜重。 雖有榮觀，燕處超然。奈何萬乘之主，而以身輕天下？ 輕則失本，躁則失君。（第26章）
68 善行無迹章	善行者，無轍跡。 善言者，無瑕謫。 善數者，不用籌策。 善閉者，無關鍵而不可啟。 善結者，無繩約而不可解。 是以聖人恒善救人，而無棄人。物無棄材，是謂襲明。 故善人，善人之師也；不善人，善人之資也。 不貴其師，不愛其資，雖知大迷。此謂要妙。	善行無轍跡。 善言無瑕謫。 善數不用籌策。 善閉無關鍵而不可開。 善結無繩約而不可解。 是以聖人常善救人，故無棄人；常善救物，故無棄物，是謂襲明。 故善人者，不善人之師；不善人者，善人之資。 不貴其師，不愛其資，雖智大迷。是謂要妙。（第27章）
69 知雄守雌章	知其雄，守其雌，為天下溪。為天下溪，恒德不離，復歸於嬰兒。 知其白，守其辱，為天下谷。為天下谷，恒德乃足，復歸於樸。 知其白，守其黑，為天下式。為天下式，恒德不貸，復歸於無極。 樸散則為器，聖人用之則為官長。	知其雄，守其雌，為天下溪。為天下溪，常德不離，復歸於嬰兒。 知其白，守其黑，為天下式。為天下式，常德不忒，復歸於無極。 知其榮，守其辱，為天下谷。為天下谷，常德乃足，復歸於樸。 樸散則為器，聖人用之則為官長，故大制不割。（第28章）

附录三 《老子》初始本、王弼本经文对比（繁体字版）

续表

道经	初始本下经《道经》三十三章（45—77）	王弼本上经《道经》三十七章（1—37）
70 大制无割章	夫大制無割，將欲取天下而爲之，吾見其不得已。 天下神器也，非可爲者也。爲之者敗之，執之者失之。 物或行或隨，或噓或吹，或强或挫，或培或墮。是以聖人去甚，去大，去奢。	將欲取天下而爲之，吾見其不得已。 天下神器，不可爲也。爲者敗之，執者失之。 故物或行或隨，或歔或吹，或强或羸，或挫或隳。是以聖人去甚，去奢，去泰。（第29章）
71 以道佐君章	以道佐人主者，不欲以兵强於天下，其事好還。 師之所處，荊棘生焉。大軍之後，必有凶年。 善者果而已，不以取强。果而毋驕，果而毋矜，果而毋伐，果而毋得已居，是謂果而不强。 物壯則老，謂之不道，不道早已。	以道佐人主者，不以兵强天下，其事好還。 師之所處，荊棘生焉。大軍之後，必有凶年。 善有果而已，不敢以取强。果而勿矜，果而勿伐，果而勿驕，果而不得已，果而勿强。 物壯則老，是謂不道，不道早已。（第30章）
72 兵者不祥章	夫兵者不祥之器也，物或惡之，故欲者弗居。 君子居則貴左，用兵則貴右。故兵者非君子之器也，不祥之器也。不得已而用之，恬淡爲上，勿美也。若美之，是樂殺人也。夫樂殺人，不可以得志於天下矣。 是以吉事尚左，喪事尚右。偏將軍居左，上將軍居右，言以喪禮居之也。故殺人眾，則以悲哀莅之。戰勝，則以喪禮居之。	夫佳兵者，不祥之器，物或惡之，故有道者不處。 君子居則貴左，用兵則貴右。兵者不祥之器，非君子之器。不得已而用之，恬淡爲上，勝而不美。而美之者，是樂殺人。夫樂殺人者，則不可以得志於天下矣。 吉事尚左，凶事尚右；偏將軍居左，上將軍居右，言以喪禮處之。殺人之眾，以哀悲泣之。戰勝，以喪禮處之。（第31章）
73 道恒无名章	道恒無名，樸雖小，天下不敢臣。侯王若守之，萬物將自賓。 天地相合，以降甘露，民莫之命而自均。 始制有名，名亦既有，夫亦將知止，知止所以不殆。 譬道之在天下也，猶小谷之與江海。 故知人者知也，自知者明也；勝人者有力也，自勝者强也；知足者富也，强行者有志也；不失其所者久也，死而不亡者壽也。	道常無名，樸雖小，天下莫能臣也。侯王若能守之，萬物將自賓。 天地相合，以降甘露，民莫之令而自均。 始制有名，名亦既有，夫亦將知止，知止可以不殆。 譬道之在天下，猶川谷之與江海。（第32章） 知人者智，自知者明；勝人者有力，自勝者强；知足者富，强行者有志；不失其所者久，死而不亡者壽。（第33章）

续表

道经	初始本下经《道经》三十三章（45—77）	王弼本上经《道经》三十七章（1—37）
74 天道左右章	道泛兮，其可左右。成功遂事，而弗名有也。 愛利萬物而不為主，可名於小。 萬物歸焉而不知主，可名於大。 是以聖人之能成大也，以其不為大也，故能成大。	大道泛兮，其可左右。萬物恃之而生而不辭，功成不名有。 衣養萬物而不為主，常無欲，可名於小。 萬物歸焉而不為主，可名為大。 以其終不自為大，故能成其大。（第34章）
75 人道大象章	執大象，天下往。往而不害，安平泰。 藥與餌，過客止。故道之出言，淡乎其無味也？視之不足見，聽之不足聞，用之不可既也。	執大象，天下往。往而不害，安平太。 樂與餌，過客止。道之出口，淡乎其無味。視之不足見，聽之不足聞，用之不足既。（第35章）
76 柔弱胜刚强章	將欲翕之，必固張之；將欲弱之，必固強之；將欲廢之，必固興之；將欲奪之，必固予之。是謂微明：柔弱勝剛強。 魚不可脫于淵，國之利器不可以示人。	將欲歙之，必固張之；將欲弱之，必固強之；將欲廢之，必固興之；將欲奪之，必固興之。是謂微明。柔弱勝剛強。 魚不可脫于淵，國之利器不可以示人。（第36章）
77 道恒无为章	道恒無為，侯王若能守之，萬物將自為。 為而欲作，將鎮之以無名之樸。夫亦將知足，知足以靜，萬物將自定。	道常無為而無不為，侯王若能守之，萬物將自化。 化而欲作，吾將鎮之以無名之樸。無名之樸，夫亦將無欲。不欲以靜，天下將自定。（第37章）

说明：《老子》初始本经文，为张远山据《老子》十大版本（两大文献本：《庄子》、《韩非子》所引《老子》；四大出土本：楚简本、汉简本、帛甲本、帛乙本；四大传世本：严遵本《德经》、河上本、王弼本、傅奕本、想尔本《道经》）综合校勘。《老子》王弼本经文，参考《老子道德经注校释》（王弼注，楼宇烈校释，中华书局2008）。

跋　语
《老子》天下第一

按照"由庄溯老，由老溯易"的写作计划，撰写《老子奥义》之前，我费时八年（2005—2013）完成了庄学三书，即《庄子奥义》、《庄子复原本》、《庄子传》。

2013年1月《庄子传》出版以后，我决定给自己放个长假。过完春节，3月初我去海南三亚度假，从零开始学习帆船技术，然后参加了为期十天的环海南岛帆船赛。4月初回到上海，开写《老子奥义》，先写绪论《华夏古道溯源》，概述老子实现中国哲学突破之前的五千五百年（前6000—前500），华夏智慧从无到有的上升之路。

老子之前的华夏古道典籍，主要是"三易"，即夏《连山》、商《归藏》、周《周易》。汉武帝"罢黜百家，独尊儒术"之后，夏《连山》、商《归藏》亡佚，周《周易》独存。汉代以后，夏《连山》从未出土，商《归藏》出土了两次。第一次，西晋太康初年出土于汲郡（河南卫辉）的战国魏襄王墓，编入晋《中经》，称为《易繇阴阳卦》，后经束皙、荀勖等人研究，判定为商代《归藏》，史称"汲冢《归藏》"，《隋书·经籍志》、新旧《唐书·艺文志》著录了晋司马参军薛贞的十三卷注本，宋代尚存《初经》、《郑母经》、《本蓍经》，宋后全部亡佚，今存清代马国翰、严可均的两种辑本。第二次，1993年出土于湖北江陵王家台十五号秦墓，习称"王家台《归藏》"。

我研究马国翰、严可均的《归藏》辑本有年，苦于缺损太多，难以窥其堂奥。王家台《归藏》出土以后，我在写作计划中列入了《归藏奥义》，不断积累资料和笔记。2010年10月，我排出了《归藏》双圈卦序，推定其为伏羲初始卦序。

2013 年 4 月初，我开写《老子奥义》绪论《华夏古道溯源》。为了补充考古实证，5 月初我实地考察了甘肃天水大地湾、陕西西安半坡、陕西延安黄帝陵等重要遗址，参观了大量博物馆，阅读了大量考古报告，发现上古仰韶龙山时代至中古夏商周的陶玉铜纹样，是解密华夏古道的图像学宝藏。一篇简短的《华夏古道溯源》，已经难以容纳其丰富内容，于是调整写作计划，暂停《老子奥义》，费时八年（2013—2021）完成了伏羲学三书，即《伏羲之道：解密华夏文化总基因》，《玉器之道：解密中国文明源代码》，《青铜之道：解密华夏天帝饕餮纹》。伏羲学三书对华夏古道的溯源，对上古至中古华夏知识总图的补充，远远超出了我此前的最大胆预期，也远远超出了汉后两千年任何人的最大胆想象。

2021 年底完成《青铜之道》之后，我在庄学三书、伏羲学三书的基础上，重新续写《老子奥义》，已经具有 2013 年完全没有的知识视野和知识储备，原定计划的"由庄溯老，由老溯易"，变成了"首先明庄，其次明易，最后明老"。新庄学的文字丰富性，伏羲学的图像丰富性，填充、夯实了新老学的哲学抽象性。不接地气、极其空泛的旧老学，升华为逻辑严密、义理缜密的新老学，站立在新庄学的坚实大地之上，翱翔于伏羲学的浩瀚宇宙之中。

2022 年 4 月至 5 月，我每天沉浸在老子的至高哲学智慧之中。2022 年 9 月 12 日，我母亲去世，我忍着巨大悲痛继续天天写作。2022 年 12 月，新冠疫情进入尾声，我完成了伏老庄三学的收官之作《老子奥义》。

《老子奥义》完成以后，我对《老子》天下第一有了全新认知：老子在两千五百年前抵达人类智慧巅峰的中国哲学突破，至今仍对全人类具有重大的启示意义。

《老子》第一基石"道生一"的重大启示是：人类运用天道独赐的特殊智慧，首先认知了"浑天说"范畴的宇宙局部太阳系规律"太一常道"。然后由此出发，持续逼近"宣夜说"范畴的宇宙总体规律"无极恒道"。但是人类永远不可能终极认知、彻底拥有"无极恒道"，因为正如老子的杰出继承者庄子所言："无极之外，复无极也。"

《老子》第一命题"侯王得一以为天下正"的重大启示是：人类必须按照其所认知的天道规律管理人类社会，管理者必须顺道无为，被管理者必须循德自为，这是人类走向文明的唯一正道。

《老子》第一宗旨"扬泰抑否"的重大启示是：驯服权力，终止战争，是人类文明的两大难题。

《老子》第一教诲"知不知"的重大启示是：人类对天道、人道、宗教、科学的第一认知，是彻底认知人类的永恒无知。

上古四千年（前6000—前2000）是第一轴心时代，人类建构了初级文明。人类认知天道，学会合作，组成社会，个体让渡有限权利，首领执掌有限权力，率领人类从地球生物圈的食物链中低端，跃居地球生物圈的食物链顶端。

中古以降四千年（前2000—2000）是第二轴心时代，人类建构了中级文明。天道知识被人道权力征用，人类社会在其内部重建了地球生物圈的整个食物链，大部分人居于人类内部食物链的中低端，极少数人居于人类内部食物链的顶端。人类走出丛林以后建立的社会，多数仍是丛林社会。

现在开始的第三轴心时代（2000—），人类将会建构高级文明。天道知识将会驯服人道权力，丛林社会将会变成文明社会。人类不仅将在认知上继续逼近"宣夜说"范畴的"无极恒道"，而且将从地球出发，飞向浩瀚无垠的宇宙深处。

2022年12月30日腊八节

从声音到文字，分享人类智慧

天喜文化